税收实务与纳税筹划

主　　编　徐春梅
主　　审　罗宏清
副 主 编　周丹婷　黄　孜
参编人员　黄嘉妮　韦柳鸣　万俊敏
　　　　　韦燕琼　周烨玫　杨乐燕
　　　　　肖科斌　吴雪莲

北京理工大学出版社
BEIJING INSTITUTE OF TECHNOLOGY PRESS

版权专有　侵权必究

图书在版编目(CIP)数据

税收实务与纳税筹划 / 徐春梅主编． －－北京：北京理工大学出版社，2024.1
　ISBN 978－7－5763－3438－8

Ⅰ．①税… Ⅱ．①徐… Ⅲ．①纳税－税收管理－中国－高等学校－教材 Ⅳ．①F812.423

中国国家版本馆 CIP 数据核字(2024)第 033450 号

责任编辑：徐艳君　　　　**文案编辑**：徐艳君
责任校对：周瑞红　　　　**责任印制**：施胜娟

出版发行 / 北京理工大学出版社有限责任公司
社　　址 / 北京市丰台区四合庄路 6 号
邮　　编 / 100070
电　　话 / (010) 68914026（教材售后服务热线）
　　　　　　　(010) 68944437（课件资源服务热线）
网　　址 / http://www.bitpress.com.cn

版 印 次 / 2024 年 1 月第 1 版第 1 次印刷
印　　刷 / 涿州市新华印刷有限公司
开　　本 / 787 mm × 1092 mm　1/16
印　　张 / 20.25
字　　数 / 550 千字
定　　价 / 98.00 元

图书出现印装质量问题，请拨打售后服务热线，负责调换

前 言

税收实务与纳税筹划课程是大数据与会计、大数据与财务管理专业核心课程。根据高等职业院校财会类专业教育发展要求，我们与多家企业深入合作，依据企业涉税工作内容、最新财税政策和涉税实务办理规定，编写"岗、课、赛、证"融合的教材，培养会办理涉税事务、能筹划节税、规避税务风险的财会人才。

为适应专业升级和人工智能对财税领域的影响，本教材突破传统按税法理论体系讲税的思路，重构课程结构，增加了智能财税、金税征管系统、纳税信用评价等内容。教材具有以下特色：

1. 理实一体、"岗、课、赛、证"融合

教材内容理实一体、"岗、课、赛、证"融合，以企业税务会计岗位为导向，基于大数据与会计、大数据与财务管理专业人才培养方案要求，对接"业财税融合大数据应用"等技能比赛和初级会计师证书、智能财税等"1+X"证书内容。

2. 融入思政元素和思政案例，加强立德树人教育

围绕"遵纪守法、诚实守信"这一思政主线，结合社会热点、传统文化，融入思政元素和思政案例，在提升个人素养、职业素养、法律素养，塑造正确价值观基础上，让学生充分认识我国税制的优越性，深刻体会国家通过税收调节分配、促进发展、改善民生、保护环境的重要意义，从而更加坚定中华民族伟大复兴的信念。

3. 有配套在线教学资源，便于开展混合式教学

税收实务与纳税筹划课程为广西工业职业技术学院精品在线课程，对各模块知识点、技能点设置视频、动画、虚拟仿真等，每个在线视频都有配套课件、教学设计、实务案例、思政案例、测验标准、习题、试题等原创教学资源，便于开展混合式教学，提升自主学习能力。

4. 坚持"产教融合、科教融汇"

积极响应党的二十大会议要求，坚持"产教融合、科教融汇"，根据校企合作企业所涉业务提炼教学案例，依据数字经济和人工智能给财税领域带来的变革修订教材内容。

5. 依据最新税收政策法规，反映税改最新动态

依据国家发布的最新财税政策法规，按最新发布的纳税申报表和增值税发票模板，反映税改最新动态，具有实用性、前瞻性。

6. 针对中小企业主要涉税业务增加纳税筹划

高职学生就业对口单位主要以中小企业为主，这些企业需要复合型财务人才，本教材针对中小企业主要税种及涉税业务增加了纳税筹划，为学生的可持续性发展奠定基础。

7. 编写成员"课、企、税"结合，保证教材质量

本教材全部教师作者均具有双师资格及双师素质，课程教师同思政教师、企业财税专家、税局税务顾问"课、企、税"相结合，共同编写本教材。

本教材主编为广西工业职业技术学院高级会计师徐春梅，她也是在线精品课程"税道趣成—税收实务与纳税筹划"负责人，有20年企业财务工作经历，熟悉企业涉税实务及纳税筹划，是典型的双师型教师；广西工业职业技术学院经济师、讲师黄孜及会计师、讲师周丹婷担任副主编；广西工业职业技术学院经济师、讲师罗宏清担任主审；参与编写人员有广西国际商务职业技术学院副教授、会计师黄嘉妮，广西工业职业技术学院副教授、会计师韦柳鸣，注册税务师、会计师、讲师万俊敏，会计师韦燕琼，经济师、讲师周烨玫，副教授杨乐燕，广西投资集团咨询有限公司会计师、税务师肖科斌，广西玉柴物流集团有限公司高级会计师吴雪莲。全书共九个项目，项目一由周烨玫编写；项目二由韦燕琼编写；项目三由徐春梅编写；项目四由黄孜编写；项目五由罗宏清、肖科斌编写（其中任务二、三、四、五由肖科斌编写）；项目六由韦柳鸣、万俊敏编写；项目七由周丹婷编写；项目八由黄嘉妮编写；项目九由吴雪莲编写；课程思政元素及思政案例由杨乐燕提炼。

本教材在编写过程中，除选用现行税收政策法规外，还参考了一些专家、学者的有关文章和教材，在此表示由衷的感谢。

由于水平有限，书中疏漏之处在所难免，恳请读者批评指正。

目 录

项目一　初识税收真面目 …………………………………………………… (1)
　　任务一　税收关乎你我他 ……………………………………………… (2)
　　任务二　谈古论今话税制 ……………………………………………… (4)
　　任务三　现行税种知多少 ……………………………………………… (9)

项目二　获取身份报缴税 …………………………………………………… (13)
　　任务一　税务登记获身份 ……………………………………………… (14)
　　任务二　报税缴税与征税 ……………………………………………… (20)

项目三　无关盈亏增值税 …………………………………………………… (32)
　　任务一　揭秘一哥增值税 ……………………………………………… (34)
　　任务二　巧算增值之税款 ……………………………………………… (45)
　　任务三　巧选身份降税负 ……………………………………………… (52)
　　任务四　节税角度话销售 ……………………………………………… (57)
　　任务五　发票管理须牢记 ……………………………………………… (62)
　　任务六　教你轻松开发票 ……………………………………………… (75)
　　任务七　如何申报增值税 ……………………………………………… (83)

项目四　流转兄弟奇妙事 …………………………………………………… (113)
　　任务一　消费未必消费税 ……………………………………………… (114)
　　任务二　轻松计算消费税 ……………………………………………… (124)
　　任务三　进口商品为何贵 ……………………………………………… (131)
　　任务四　出口退税进口征 ……………………………………………… (138)

项目五　跳出会计学企税 …………………………………………………… (148)
　　任务一　暖心一姐属企税 ……………………………………………… (149)
　　任务二　计税依据最关键 ……………………………………………… (153)
　　任务三　税款计算并不难 ……………………………………………… (173)
　　任务四　合法筹划降企税 ……………………………………………… (174)

任务五　企税申报好深奥 ··· (178)

项目六　关注民生新个税 ··· (208)

　　任务一　个税并非工资税 ··· (209)
　　任务二　综合家庭巧算税 ··· (216)
　　任务三　其他项目咋算税 ··· (226)
　　任务四　个税申报超简单 ··· (233)

项目七　别具一格小税种 ··· (245)

　　任务一　房奴都要交何税 ··· (247)
　　任务二　何为土地增值税 ··· (254)
　　任务三　通过税收保资源 ··· (260)
　　任务四　有车一族看过来 ··· (271)
　　任务五　合同证券也交税 ··· (279)
　　任务六　附加税费及其他 ··· (285)

项目八　税收征管不可违 ··· (296)

　　任务一　税收违法与违规 ··· (297)
　　任务二　纳税信用见高低 ··· (300)
　　任务三　金税系统法力高 ··· (306)

项目九　智能财税显神威 ··· (313)

　　任务一　智能财税显神威 ··· (314)

参考文献 ·· (318)

项目一

初识税收真面目

学习目标

（一）知识目标
（1）说出税收的概念与特征；
（2）列举税收的职能与作用；
（3）知晓我国税制的发展历程；
（4）陈述税制与税法的关系；
（5）阐述我国税法的构成要素；
（6）说出我国现行的主要税种。

（二）能力目标
（1）知道不同税种的征管机构；
（2）明确税法涉及的具体内容；
（3）判断实务中涉及的税种对应的纳税人与负税人；
（4）对比起征点与免征额的区别；
（5）明确我国税制的构成及其关系，随时关注最新财税政策。

（三）素质目标
（1）认识税收对管理国家、促进经济发展、调节收入和消费、维护社会公平、调节国际关系、保护资源、改善环境的重要性；
（2）知道依法纳税是每个公民的义务，树立依法纳税的意识；
（3）能够在生活和工作中普及税法知识，宣讲我国税法理论体系。

思政目标

（1）能够依法纳税，体会纳税利国为民的荣耀；
（2）通过了解古今税制发展，加强制度自信、文化自信；
（3）强调依法征税，税法面前人人平等，体现依法治国、依法执政的重要性；
（4）结合社会热点问题，体会我国现行税制的优越性。

知识结构

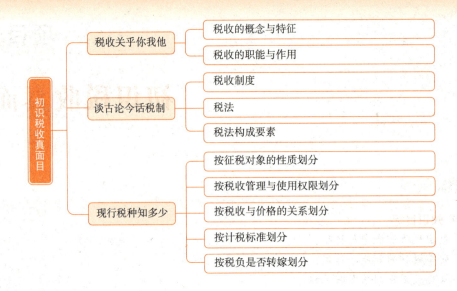

任务导入

话说悟空坐拥花果山得天独厚的自然资源，日子过得可谓是逍遥快活，眼见牛魔王在翠云山生意做得风生水起，还带动了当地经济发展，悟空也想利用花果山的优势资源带领当地百姓创业致富。他虽有一身本领，对创业却是一窍不通，他决定向牛魔王取经。牛魔王热情接待了悟空，跟他分享了自己的创业经，也讲了创业初期因为不懂税收栽跟头的陈年旧事。

"税收？大哥在这上面栽过跟头？"悟空听得一头雾水。

到底什么是税收呢？悟空创业过程中又会发生哪些税收故事呢？我们先跟他一起认识什么是税收……

任务一　税收关乎你我他

【引言】"在这个世界上，只有死亡和税收是不可避免的。"（本杰明·富兰克林）

【思考】税收真的跟每个人都息息相关吗？假如自己不注册公司，工资又没达到5 000元，是不是就不用交税了呢？

【教学资源】本知识点对应精品课程视频。

税收关乎你我他

一、税收的概念与特征

（一）税收的概念

税收是生产力发展到一定阶段，随着国家的产生而产生的。

税收是国家为满足社会公共需要，凭借公共权力，按照法律标准，采用强制性手段和程序，无偿取得财政收入的一种特定分配形式。

（二）税收的本质

1. 税收的征税主体是国家和政府

税收是国家取得财政收入的一种手段，征税权力只属于国家，包括中央政府和地方政府，由各级税务机关和海关代表国家和政府完成征税工作。

2. 国家凭借其政治权力征税

税收以国家名义,通过一定的法律程序,按事先确定的标准强制征收。

3. 国家征税的目的是满足社会公共需要

税收收入是我国财政收入的最主要来源。任何一个国家,为了保证其社会管理职能都需要一定的物质基础。国家本身并不直接创造物质财富,只能以税收的形式参与社会产品的分配,取得物质财富,行使国家职能,满足社会公共需要。

"取之于民,用之于民"是我国税收最显著的特点。因此税收跟每个人的生活都息息相关。

惠民服务

从美丽乡村到乡村振兴

党的二十大擘画了以中国式现代化全面推进中华民族伟大复兴的宏伟蓝图。全面建设社会主义现代化国家,最艰巨最繁重的任务仍然在农村。《中共中央国务院关于做好2023年全面推进乡村振兴重点工作的意见》指出:"强国必先强农,农强方能国强。"守好"三农"基本盘至关重要、不容有失。要加大对农村投入,强化农业基础设施建设,提升农业科技和装备支撑水平等。

从美丽乡村到乡村振兴,农民的生活环境发生了翻天覆地的变化。农村生活基础建设越来越全面,城市和农村的生活差距正在逐渐缩小。农村的巨变离不开国家财政的支持,而税收又是财政收入的主要来源。

4. 税收是国家参与社会产品分配的一种特殊形式

国家凭借政治权力,把社会产品的一部分由个人和企业向国家转移,变为国家所有,因此税收执行着社会产品分配的职能。

(三) 税收的特征

税收作为一种特定的分配形式,具有强制性、无偿性和固定性,这三个特征是税收区别于其他财政收入的基本标志。

1. 强制性

税收的强制性,不仅要求纳税人必须依法纳税,而且要求征税机关依法征税,如不依法征税,无论是多征还是少征,都要受到相应的制裁。

我国宪法明确规定"依法纳税是每个公民应尽的义务"。

依法纳税既是每个公民应尽的义务,也是我们无上的荣耀。我们的国防支出、科研支出、医疗教育、市政建设等,哪一项都离不开纳税人的贡献。

2. 无偿性

无偿性指国家取得税收收入既不需要偿还,也不需付出任何代价。

3. 固定性

固定性指国家必须通过法律形式,事先确定征税对象、征税范围和征收比例。

"税收上的任何特权都是不公平的。"(伏尔泰)

每个人在税法面前都是平等的,任何人不得享有税收特权。

税收三个特征是相互联系的统一体,其中无偿性是核心,强制性是保证,固定性是前两者的必然结果。

二、税收的职能与作用

（一）组织收入

税收是国家财政收入最主要的来源，组织收入是税收的最基本职能。

（二）调节经济、引导消费

税收是调控经济的重要手段，税收作为经济杠杆，通过增税或减税，相应调整单位和个人的购买力，使社会供需趋向平衡，维持经济稳定发展。通过变动税收分配的方法，引导企业和个人调整自己的活动，以配合产业政策，促进生产结构、消费结构的调整。

（三）实现收入再分配

在市场经济中，每个人获取收入的能力及占有财产的状况不同，在收入分配上必然出现差距。为了协调矛盾，避免冲突，维护社会稳定，需要用税收手段进行再分配，保证社会公平。

（四）在国际经济交往中维护国家利益

在国际交往中，任何国家对在本国境内从事生产、经营的外国企业或个人都拥有税收管辖权，这是国家权益的具体体现。

（五）节约资源、保护环境

对特殊资源和行为征税，能保护环境，提高资源使用效率，合理利用有限的自然资源。

任务二　谈古论今话税制

【思考】税收是什么时候出现的呢？它是近代经济的产物吗？税制等于税法吗？

【教学资源】本知识点对应精品课程视频。

谈古论今话税制

一、税收制度

（一）税收制度的概念

税收制度，简称税制，是指国家法律形式规定的各种税收法令和征收管理办法的总称。税制是税务机关向纳税单位和个人征税的法律依据与工作规程，也是纳税单位和个人履行纳税义务的法律准则。

（二）中国古代税制发展概况

税收并非近代经济发展的产物，先秦《周礼·大宰》记载"以九赋敛财贿"，九赋就是九种赋税。

（1）夏、商、周时期：出现贡、助、彻三种税收的雏形。

（2）春秋战国时期：实行按亩征税的田赋制度，即"初税亩"，中国税收由雏形阶段进入成熟时期。

（3）秦朝：征收田赋、户赋和口赋在内的人头税，秦朝税赋很重，赋税额度占百姓收成的三分之二，这也是秦朝政权被农民起义推翻的重要原因。

（4）汉朝初期：吸取教训推行"休养生息"政策，减轻了百姓税负，恢复经济发展的同时，开始征收关税与各种市税。

（5）唐朝中期：以户税和地税代替人头税为主的租庸调制，分夏秋两季征收，即"两税法"。"两税法"合并了以往的苛捐杂税，主要以土地资产作为征税对象，是古代赋税史上的里程碑。

（6）宋朝时期：对工业和商业征收工商税，王安石变法首次对商业税立法。

（7）明朝：张居正推行"一条鞭法"，将田赋、徭役及其他杂税按比例折成银两分摊于田亩征税，简化了税制，方便税款征收。"一条鞭法"上承唐代"两税法"，下启清代的"摊丁入亩"，具有重要意义。

（8）清朝时期：雍正皇帝实行"摊丁入亩"，彻底结束了中国古代的人头税。

"水能载舟、亦能覆舟；税能安邦，亦能亡国"，结合中国古代封建王朝兴衰，纵观古代税制变迁史，税制在国家统治中起着举足轻重的作用。

（三）中华人民共和国成立后税制的建立与发展

（1）20世纪50—70年代：税法的建立与修订阶段。1954年，首部宪法规定"中华人民共和国公民有依法纳税的义务"；1956年，我国最高立法机关首次通过税收法律《文化娱乐税条例》。

（2）20世纪80年代：税收法制建设的初创阶段。

（3）20世纪90年代：税收法制建设的完善阶段。

制度自信

为了使计划经济向市场经济转型，1994年推行分税制改革，重构了流转税体系，取消产品税，开征增值税、消费税和营业税等税种；划分中央税、地方税及中央地方共享税；在政府之间采取税收返还制度。这次改革构建了与市场经济相适应的现代财税管理体制，科学划分了中央与地方的财权关系，增加了财政收入。

（4）21世纪初：税收法制建设的规范化阶段。

①"营改增"政策。"营改增"即营业税改征增值税，以前缴纳营业税的项目改为缴纳增值税。"营改增"从2012年1月1日在上海交通运输业和部分现代服务业开始试点，到2016年5月1日全面实现"营改增"。

"营改增"减少重复征税，降低了企业税负，对营造公平竞争的市场环境、促进国家经济发展作出了很大贡献。

②国税地税合并。

简政便民

为了构建优化高效统一的税收征管体系，2018年国税地税合并，实行以国家税务总局为主，与省（自治区、直辖市）人民政府双重领导的管理体制，实现纳税人便捷办税，促进优化营商环境，提升了税收征管效率。

二、税法

（一）税法的概念

税法是国家制定的用以调整国家与纳税人之间在征税方面的权利与义务关系的法律规范的总称。它是国家及纳税人依法征税、依法纳税的行为准则，其目的是保障国家利益和纳税人的合法权益，维护正常的税收秩序，保证国家的财政收入。

【对比】税法≠税收，税法是法学概念，侧重解决权利义务关系；税收是经济学概念，侧重解决分配关系。

（二）税法的主体

（1）征税主体：代表国家行使征税职责的国家各级税务机关和海关。

（2）纳税主体：履行纳税义务的人，包括法人、自然人和其他组织，包括在华外国企业、组织、外籍人、无国籍人,以及在华没有机构场所,但有来源于中国境内所得的外国企业或组织。

(三) 税法的分类

(1) 按照税法的功能作用,分为税收实体法和税收程序法(税收征收管理法)。

(2) 按照税收法律级次,分为税收法律、税收行政法规、税收行政规章制度和税收规范性文件。

①全国人民代表大会及其常务委员会制定的税收法律最具权威性,如《中华人民共和国企业所得税法》《中华人民共和国个人所得税法》;

②国务院制定的税收行政法规,如现行增值税、个人所得税法实施条例;

③国务院及其财税主管部门,主要是财政部、国家税务总局、海关总署和国务院关税税则委员会制定的规章制度及规范性文件,包括命令、通知、公告等;

④地方人民代表大会及其常务委员会制定的地方性法规和有关规范性文件。

【提示】下一级的内容是对上一级政策法规的补充和完善,不能跟上一级的规定冲突。

三、税法构成要素

(一) 纳税人

纳税人是纳税义务人的简称,即纳税主体,是税法规定直接负有纳税义务的单位和个人。纳税人包括法人、自然人和其他组织。

与纳税人相关的概念:

1. 负税人

负税人指实际承担税款的单位或个人。

【思考】纳税人和负税人一定是同一个单位或个人吗?

2. 代扣代缴义务人

代扣代缴义务人是指有义务从纳税人收入中扣除其应纳税款并代为缴纳的企业、单位或个人。

对税法规定的扣缴义务人,税务机关向其颁发代扣代缴证书,明确其代扣代缴义务。代扣代缴义务人必须严格履行扣缴义务,对不履行扣缴义务的,税务机关应视情节轻重予以适当处置,并责令其补缴税款。

如《中华人民共和国个人所得税法》规定:个人所得税以所得人为纳税人,以支付所得的单位或者个人为扣缴义务人。

3. 代收代缴义务人

代收代缴义务人是指有义务通过经济交往向纳税人收取税款并代为缴纳的单位,如委托加工应税消费品的受托方是消费税的代收代缴义务人。

【对比】代扣代缴义务人与代收代缴义务人的区别。

代扣代缴义务人直接持有纳税人的收入,可从中扣除纳税人的应纳税款。

代收代缴义务人不直接持有纳税人的收入,只能在与纳税人的经济往来中收取纳税人的应纳税款并代为缴纳。

4. 代征代缴义务人

代征代缴义务人是指受税务机关委托向纳税人代征税款的单位或个人。

(二) 征税对象

征税对象,又称课税对象、课税客体。它指明对什么征税,是某种物品还是行为;它是区别不同税种的重要标志,其他要素的内容一般都是以征税对象为基础确定的。

与征税对象相关的概念有计税依据、税源和税目。

1. 计税依据

计税依据又称税基，它是计算应征税额的依据，不同税种的计税依据是不同的。

【对比】征税对象与计税依据的关系。

征税对象是从质的方面对征税的规定，而计税依据则是从量的方面对征税的规定，计税依据是征税对象量的表现。

2. 税源

税源指税款的最终来源、税收负担的归宿，表明纳税人负担能力。

3. 税目

税目是各个税种所规定的具体征税项目，它是征税对象的具体化，反映具体的征税范围。并非所有税种都规定税目，征税对象简单明确的税种，不必另行规定税目。如果征税对象比较复杂，且不同征税对象又需要采取不同的税率档次进行调节，就需进一步划分征税对象，作出具体规定，这就是税目。

（三）税率

税率是税法规定的对征税对象的征收比率或征收额度，是计算应纳税额的尺度，也是衡量税负轻重与否的重要标志，税率是税收法律制度中的核心要素。

常用税率形式：

1. 比例税率

比例税率就是对同一征税对象，不分数额大小，规定相同的征收比例的税率。比例税率是最常见的税率，计算简便。

比例税率又可划分为行业比率税率、产品比例税率、地区差别比例税率、幅度比例税率、分档比例税率和有免征额的比例税率等。

2. 累进税率

累进税率是指对同一征税对象，随着数量的增加，征收比例也随之增高的税率。即将征税对象按数额大小划分为若干等级，对不同等级规定由低到高的不同税率，包括最低税率、最高税率和若干级次的中间税率。

（1）全额累进税率。全额累进税率把征税对象的数额分为若干等级，每个等级规定对应的税率，计税依据超过某个级距时，征税对象的全部数额都按提高后级距的对应税率征税。

【提示】目前我国已不再采用全额累进税率。

（2）超额累进税率。超额累进税率就是把征税对象的数额分为若干等级，每个等级规定对应的税率，税率依次提高，将征税对象数额超过前一级的部分按高一级的税率计算应纳税的累进税率。我国对个人所得税某些征税项目采用超额累进税率。

（3）超率累进税率。超率累进税率是以征税对象数额的相对率划分若干级距，分别规定相应的差别税率，相对率每超过一个级距的，对超过部分按高一级的税率计税。我国对土地增值税采用超率累进税率。

3. 定额税率

定额税率又称固定税额，根据征税对象计量单位直接规定固定的征税数额。一般适用于从量征税的情况，如车船税、城镇土地使用税、耕地占用税等税种采用定额税率。

（四）纳税环节

纳税环节指征税对象在从生产到消费的流转过程中应当缴纳税款的环节。

1. 一次课征制（单一环节征税）

一次课征制指同一税种在商品流转的全过程中只选择某一环节课征的制度，如资源税在生产、开采环节课征，消费税主要在生产环节课征，所得税在分配环节课征。

2. 多次课征制（多环节征税）

多次课征制指同一税种在商品流转全过程中选择两个或两个以上环节课征的制度，如增值税在商品流通的每个环节都课征。

（五）纳税期限

纳税期限指税法规定的纳税人向国家缴纳税款的法定期限。国家对各个税种都有纳税期限的明确规定，这对保证财政收入的稳定性和及时性有重要作用。我国现行税制的纳税期限有三种形式：

（1）按期纳税：分为1天、3天、5天、10天、15天、1个月、1个季度，如增值税按月或按季度纳税。

（2）按次纳税：根据纳税行为的发生次数确定纳税期限，如耕地占用税。

（3）按年计征、分期预缴：如企业所得税按年计征、分期预缴，房产税、城镇土地使用税按年计征、分期缴纳。

（六）纳税地点

纳税地点是指各个税种纳税对象的纳税环节和有利于税款的源泉控制而规定的纳税人（包括代征代缴、代扣代缴、代收代缴义务人）的具体纳税地点，如机构所在地、经济活动发生地、财产所在地、报关地等。

（七）税收优惠

税收优惠是国家对某些纳税人和征税对象给予税收减免或照顾的一种特殊政策规定。

为了鼓励或支持某些特定行业或项目发展采取特定的税收优惠政策，如对高新技术企业有很多税收优惠措施；为照顾特殊情况下某些纳税人的特殊困难，有一些具有时限性的特定优惠政策，如新冠病毒疫情期间推出了一系列税收优惠政策。

惠民服务

针对新冠病毒疫情推行的税收优惠政策

2020年新冠病毒疫情在武汉暴发后，对湖北省适用3%征收率的增值税小规模纳税人，免征增值税；湖北省外其他地区适用3%征收率的增值税小规模纳税人，增值税减按1%征收率。2021—2023年对小规模纳税人减按1%征收率征收增值税的优惠政策延长。自2020年1月1日起，企业和个人直接向承担疫情防治任务的医院捐赠用于应对新冠病毒疫情的物品，允许在计算应纳税所得额时全额扣除。国家税务总局还编制发布新冠病毒疫情防控税收优惠政策指引，使纳税人更好地了解掌握相关优惠政策和征管规定。

减税是从应征税款中减征部分税款，免税是全部免征税款。

减税、免税的形式有三种：

1. 税基式减免

税基式减免是通过缩小计税依据方式来实现税收减免。具体应用形式有设起征点、免征额、允许跨期结转等。

（1）起征点。起征点是对征税对象达到一定数额才开始征税的界限。没有达到起征点的不征税，达到起征点的按全部数额征税。

【案例1-1】假设甲当年收入80 000元，税率为3%，如果起征点是60 000元，在不考虑其他因素时，甲当年应纳税额 = 80 000 × 3% = 2 400（元）。

（2）免征额。免征额是对征税对象总额中免予征税的数额。即对征税对象一部分给予减免，只就减免后的剩余部分征税。

【案例1-2】假设甲当年收入80 000元，税率为3%，如果免征额是60 000元，在不考虑其他因素时，甲应纳税额=(80 000-60 000)×3%=600（元）。

2. 税率式减免

税率式减免是通过降低税率的方式来实现税收减免。

3. 税额式减免

税额式减免是通过直接减免税额的方式来实现税收减免，具体包括全额免征、减半征收、核定减征率、核定减征额等。

【对比】起征点、免征额对不超标准的都不征税。超过标准的，起征点按全额征税，免征额则按差额征税。

（八）法律责任

法律责任是对违反税法规定的行为人采取的处罚措施，一般包括税收违法行为和违反税法规定应承担的法律责任两部分。纳税主体和征税主体违反税法规定，都应依法承担法律责任。

四、我国现行税制的优越性

（1）根据不同税种的特点设定对应的纳税人和征税对象。

（2）多数税种采用比例税率或定额税率，为了缩小收入或消费差异，对个别税种采用累进税率。

（3）强调税收公平和依法纳税的同时，对特殊事项给予减免税优惠。

（4）与时俱进，根据社会经济发展情况适时调整相关政策规定和征管方式。

任务三　现行税种知多少

一、按征税对象的性质划分

（一）流转税

流转税是对销售商品或提供劳务的流转额征收的税，如现行增值税、消费税、关税。

（二）所得税

所得税是对纳税人一定期间获取的应纳税所得额征收的税。所得税实行"多得多征，少得少征，无所得不征"的原则，如现行企业所得税、个人所得税。

（三）资源税

资源税是对开发和利用各种自然资源获取的收入征收的税。征税目的是保护和合理使用国家自然资源，如现行资源税、城镇土地使用税、耕地占用税。

（四）行为税

行为税是对纳税人的某些特定行为征收的税。行为税多为实现国家某一时期的政策，达到一定政治经济目的开征的，具有较强的政策性，如现行印花税、车辆购置税、环境保护税。

（五）财产税

财产税是对纳税人所有或属其支配的财产征收的税，如现行房产税、契税、车船税。

二、按税收管理与使用权限划分

(一) 中央税

中央税是指由中央政府征收管理，收入归中央政府所有的税种。一般是指税源集中、收入大、涉及面广而由全国统一立法和统一管理的税种，如现行关税、消费税、车辆购置税等。

(二) 地方税

地方税是指由中央统一立法，或由中央授予地方一定立法权，收入归地方，并由地方政府管理的税种。一般是与地方经济联系紧密，税源比较分散的税种，如现行房产税、车船税、土地使用税、契税等。

(三) 中央地方共享税

中央地方共享税属于中央地方分享的收入。立法和管理都归中央，但其收入由中央、地方分享。一般把与经济发展直接相关、收入较大、便于兼顾各方面经济利益的税种列为中央地方共享税，如现行增值税、资源税、企业所得税、个人所得税等。

【提示】除关税、船舶吨税由海关负责征收和管理外，其他税种均由税务机关征管（但进口环节的增值税和消费税由海关代征）。

三、按税收与价格的关系划分

(一) 价内税

价内税是指税金是价格的组成部分，其计税依据为含税价格，如消费税等。

(二) 价外税

价外税是指税金是价格的一个附加或附加比例，其计税依据为不含税价格，如增值税。

四、按计税标准划分

(一) 从价税

从价税是以征税对象的价值为计税依据征收的各种税，如增值税等。

(二) 从量税

从量税是以征税对象的自然实物量（重量、数量、面积、体积等）为计税依据的各种税，如城镇土地使用税、耕地占用税、车船税等。

五、按税负是否转嫁划分

(一) 直接税

直接税是税收由纳税人直接负担、通常不能转嫁他人的税种，如企业所得税、个人所得税等。

(二) 间接税

间接税是纳税人可以将税负全部或部分转嫁他人负担的税种，纳税人不是税收的实际负税人，纳税人能通过提高价格或提高收费标准等方法把税收负担转嫁给别人，如增值税、消费税等。

【小结】税收是我国财政收入的最主要来源，"取之于民、用之于民"是我国税收最主要的特点，依法纳税是每个公民应尽的义务，也是我们无上的荣耀，我们不仅要自己知税懂税，还要做税法的普法宣传者。

拓展训练

一、单选题

1. 以下不属于流转税的税种是（　　）。
   A. 消费税　　　　B. 印花税　　　　C. 关税　　　　D. 增值税
2. 增值税不属于以下哪种分类？（　　）
   A. 价内税　　　　B. 流转税　　　　C. 间接税　　　　D. 价外税
3. 我国现行税制中不采用的税率是（　　）。
   A. 超额累进税率　　B. 全额累进税率　　C. 定额税率　　　D. 超率累进税率
4. 下列不属于税务机关征管的税种是（　　）。
   A. 城市维护建设税　B. 土地增值税　　　C. 资源税　　　　D. 关税
5. 以下最具有权威性的是（　　）。
   A. 个人所得税法　　　　　　　　　　B. 个人所得税法实施条例
   C. 国家税务专家发布的公告　　　　　D. 省级人民代表大会制定的法规

二、判断题

1. 征税主体违反税法规定，不需依法承担法律责任。（　　）
2. 税法规定只对超过起征点的数额征税，对不超过起征点部分不予征税。（　　）
3. 增值税和消费税都对流通领域的每个环节征税。（　　）

三、简答题

简述税收的三个基本特征及相互关系。

四、判断分析题

八戒是翠云山酒厂的一名员工，他当月取得工资收入15 000元，应该缴纳个人所得税2 548元，由翠云山酒厂代扣代缴税款，请问负税人是谁？在该项涉税业务中翠云山酒厂的身份是什么？

五、思政活动

1. 向本专业外的人（5人以上）宣传税收"取之于民、用之于民"的特点及依法纳税的重要性（可以通过抖音、微信朋友圈等方式）。
2. 上网查阅2020年新冠病毒疫情暴发后我国针对疫情采取的税收优惠政策，体会我国税制的优越性。
3. 查阅分税制改革背景、措施及带来的影响，分析税收对经济调控的重要意义。

学习评价

	评价项目	评价标准	评价方式	分值/分	得分/分
专业知识学习能力	学习在线视频	按照完成率计分	学银在线平台自评	18	
	课前测验	按照系统题量及正确率自动计分	学银在线平台自评	6	
	课堂互动	按照参与活动数量及系统设置分数计分	学银在线平台自评	12	
	课后作业	按照系统题量及正确率自动计分	学银在线平台自评	6	
	项目测验	按照系统题量及正确率自动计分	学银在线平台自评	18	

续表

评价项目		评价标准	评价方式	分值/分	得分/分
职业素养	课前活动布置准备	场地布置、情景模拟道具等	教师评价	5	
	考勤	不迟到、不早退、不旷课	学银在线平台自评	5	
	课堂纪律	不喧哗讲话、不玩手机、不睡觉等	教师评价	5	
	课堂小组活动	每次课小组得分：其他小组点评50%+教师点评50%；确定小组总分后由组长在组员间分配	小组互评+教师评价+组长评分	10	
思政教育	宣传税收	宣传对象超过5人，拍图或视频上传平台	教师评价	5	
	查阅新冠病毒疫情优惠政策	复制链接上传平台	教师评价	5	
	查阅分析分税制	复制链接并分析税收调控经济的意义上传平台	教师评价	5	
总分				100	
教师签字：					

项目二

获取身份报缴税

学习目标

（一）知识目标

(1) 说出税务登记的种类及办理流程；
(2) 陈述新设企业"多证合一"的流程；
(3) 知晓税务变更的范围；
(4) 列举新设企业涉税套餐办理内容及办理方式；
(5) 知晓纳税申报与税款缴纳相关规定；
(6) 对比不同税款征收措施的适用条件、方式及范围。

（二）能力目标

(1) 能够办理新设企业注册和设立税务登记；
(2) 能够办理新设企业涉税套餐；
(3) 能够根据公司经营情况进行各种税务登记；
(4) 能够办理网上纳税申报、缴税工作。

（三）素质目标

(1) 加强自主学习能力，随时关注最新财税政策及办税流程；
(2) 提升专业技能，强化服务水平；
(3) 培育第二课堂调研能力；
(4) 加强团队协作精神；
(5) 提升自我认知，理性追星。

思政目标

(1) 能够客观公正、坚持准则、不做假账、不偷税漏税；
(2) 形成遵纪守法、诚实守信、依法纳税的理念；
(3) 认识税收征管工作与时俱进，简政便民服务不断升级，形成为民服务的意识；
(4) 树立科学的人生观、正确的价值观；
(5) 体会依法征税、依法治国的重要性。

知识结构

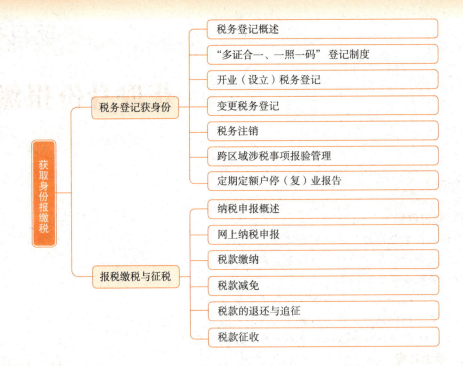

任务导入

对税收有了初步认识后,悟空意识到税收的重要性,也知道自己创业必须依法纳税,他该如何缴纳税款呢?又怎么向税务机关证明自己如实交税了呢?我们跟他一起学习如何获取税务身份并缴纳税款。

任务一 税务登记获身份

【思考】个人没有身份证几乎寸步难行,企业要不要有一个能验明正身的证件呢?企业又能否一证在手畅行无忧呢?

【教学资源】本知识点对应精品课程视频。

一、税务登记概述

税务登记获身份

税务登记是税务机关对纳税人的生产经营活动进行登记,并据此对纳税人实施税务管理的法定制度。税务登记是税务机关对纳税人实施税收管理的起点,是纳税人必须依法履行的义务。

税务登记包括开业(设立)登记、变更登记、注销登记、跨区域涉税事项报验管理、定期定额户停(复)业报告等。

【提示】税务登记主管机关指县级以上(含本级)税务局(分局)。

二、"多证合一、一照一码"登记制度

(一)"五证合一、一照一码"登记制度

"五证合一、一照一码"等级制度是指将原先分别到市场监督管理局、技术质量监督局、税务局、社会保障局、统计局五个部门办理的营业执照、组织机构代码证、税务登记证、社会保险

证、统计登记证这五本证照，统一合并到由市场监督管理部门向企业颁发加载组织机构代码、纳税人识别号、社会保险登记证号和统计登记证号的营业执照。

（二）"多证合一、一照一码"登记制度

"多证合一、一照一码"登记制度是在企业"五证合一、一照一码"及个体工商户营业执照、税务登记证"两证整合"的基础上，将其他部门的登记、备案等事项和各类证照进一步整合到营业执照上，实现"多证合一、一照一码"，使营业执照成为企业唯一身份证，使统一社会信用代码成为企业唯一身份代码，从而使企业"一照一码"走天下的夙愿得以实现。

【提示】"多证合一、一照一码"登记制度并非取消了税务登记，而是加载统一社会信用代码的营业执照在税务机关完成信息补录后，具备税务登记证的法律地位和作用。

多证合一后，营业执照的统一社会信用代码就是税务登记证的纳税人识别号。

（三）"多证合一、一照一码"注册流程

1. 网上登记名称

（1）可以通过国家市场监督管理总局网站（https://www.samr.gov.cn/）注册。

（2）广西的企业还可以通过广西壮族自治区市场监督管理局网站（http://scjdglj.gxzf.gov.cn/）注册。

2. 提交材料申请设立登记

向市场监督管理部门提交材料申请设立登记，市场监督管理部门受理后会出具《受理通知书》。

3. 发放营业执照

企业收到短信通知后，凭《受理通知书》领取营业执照。

4. 刻制印章

在公安机构准许的制作单位刻制公章、法人章、财务章、其他章。

【提示】公章刻制备案已经纳入"多证合一"事项，申请人可以自选公章制作单位，不需要由市场监督管理部门指定地点办理。

三、开业（设立）税务登记

市场监督管理部门会将企业注册信息推送给对应的其他主管部门，企业获取营业执照后，一般要在15日内跟主管税务机关确认"多证合一"登记信息确认表，并补充更正不全或错误的信息。

【思考】如果悟空注册公司不办理开业设立税务登记会有什么后果呢？

不办理开业设立税务登记无法正常报税。一旦不按时报税，就会出现税务异常的情况，进而影响纳税人的征信情况，无法乘坐高铁、飞机等交通工具，无法贷款买房买车，严重的还会被列入失信名单。税务登记是纳税人必须履行的义务，纳税人办理了税务登记才能享受相应的税收优惠政策。

（一）新办企业"套餐式"税务服务

简政便民

为了深化税收领域"放管服"改革，持续优化税收营商环境，简化企业开办涉税事项办理程序、压缩办理时间、提高办税效率，国家税务总局从减事项、减表单、减资料、减流程、减操作五个方面进行改革，2018年开始在全国各地全面推行新办企业"套餐式"服务，可以一次办结多个涉税事项。"套餐式"服务主要包括以下涉税事项：

（1）企业登记信息确认。

（2）增值税一般纳税人登记。

（3）发票票种核定。

（4）增值税专用发票最高开票限额审批。

(5) 增值税税控系统专用设备初始发行。

【提示】全面推行"数电票"后，不再使用税控系统开具纸质发票，无论是数电票还是纸质票，一律在电子发票服务平台中开具。

(6) 发票领用。

(7) 银税三方（委托）划缴协议。

纳税人可以线上办理，也可以在办税服务窗口办理。

广西的纳税人线上办理：登录"国家税务总局广西壮族自治区税务局"官网，执行"广西电子税务局"→"我要办税"→"企业业务"→"新办纳税人套餐"命令，如图2-1~图2-4所示。

图2-1 广西电子税务局

图2-2 我要办税

图2-3 新办纳税人套餐企业业务

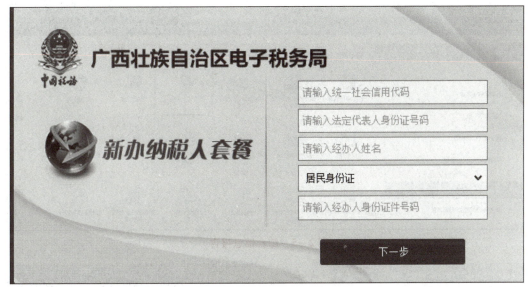

图 2-4 新办纳税人套餐

【提示】纳税人使用符合电子签名法规定条件的电子签名,与手写签名或者盖章具有同等法律效力。

如果在服务窗口办理,只需提交新办纳税人涉税事项综合申请表就可以即时办结以上业务。

(二) 存款账户账号、会计制度备案

1. 存款账户账号报告

从事生产、经营的纳税人应当自开立基本存款账户或者其他存款账户之日起 15 日内,向主管税务机关书面报告其全部账号;发生变化的,应当自发生变化之日起 15 日内,向主管税务机关书面报告。

【提示】随着金税征管系统不断完善,税务征管系统纳入了"非税"业务,可以实时监控企业的开户情况及交易记录。

2. 财务会计制度及核算软件备案报告

从事生产、经营的纳税人应当自首次办理涉税事宜之日起 15 日内,将其财务、会计制度或者财务、会计处理办法及核算软件等信息报送税务机关备案。

纳税人未准确填报适用的财务会计制度的,将影响财务会计报告报送等事项的办理。

3. 备案方式

广西的纳税人办理"新办纳税人套餐"后,登录"国家税务总局广西壮族自治区电子税务局"官网,执行"我要办税"→"综合信息报告"→"制度信息报告"→"存款账户账号报告"→"财务会计制度备案"命令,线上完成相关信息备案,如图 2-5~图 2-7 所示。

四、变更税务登记

变更税务登记指纳税人办理税务登记后,登记内容发生变化,需要对原登记内容更改,向主管税务机关办理的税务登记。

1. 在市场监督管理部门办理的信息发生变更

市场监督管理部门登记信息发生变更的,如企业生产经营地、法定代表人、经营范围、经济类型、股东,应向市场监督管理部门申报办理变更登记。自 2023 年 4 月 1 日起,纳税人在市场

图 2-5 综合信息报告

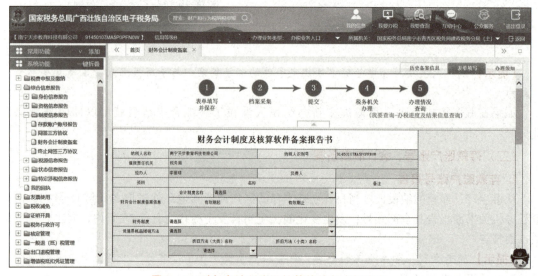

图 2-6 财务会计制度及核算软件备案报告书

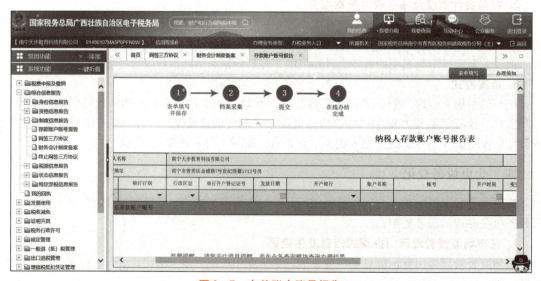

图 2-7 存款账户账号报告

监督管理部门依法办理变更登记后，无须向税务机关报告登记变更信息；各省、自治区、直辖市和计划单列市税务机关根据市场监督管理部门共享的变更登记信息，在金税征管系统自动同步变更登记信息。

2. 在税务机关办理的信息发生变更

非市场监督管理部门登记信息发生变更的，如财务负责人、办税员变更，向主管税务机关申报办理变更。

五、税务注销

（一）清税申报

纳税人向市场监督管理部门申请办理注销登记前，须先向税务机关申报清税，结清应纳税款、多退（免）税款、滞纳金和罚款，缴销发票和其他税务证件。清税完毕后，税务机关向纳税人出具清税证明，纳税人持清税证明到原登记机关办理注销手续。

【提示】清税在前，注销在后。

清税注意事项：

（1）企业所得税纳税人应就其清算所得申报缴纳企业所得税。

（2）纳税人未办理土地增值税清算手续的，应在清税申报前进行土地增值税清算。

（3）出口企业应在结清出口退（免）税款后再办理清税申报。

（4）未办理过涉税事宜的，或办理过涉税事宜但未领用发票、无欠税（滞纳金）及罚款的，免予办理清税证明，可以直接向市场监督管理部门申请办理简易注销登记。

（二）注销税务登记

1. 适用范围

（1）纳税人经营期限届满自动解散。

（2）企业因改组、分立、合并而被撤销。

（3）资不抵债破产。

（4）经营场地迁移改变原主管税务机关。

（5）被市场监督管理部门吊销营业执照。

（6）其他依法终止纳税义务等情况。

2. 时间要求

（1）被吊销营业执照：从营业执照被吊销之日起15日内办理税务注销登记。

（2）经营场地迁移改变原主管税务机关：应当在向市场监督管理部门或者其他机关申请办理变更、注销登记前，或者住所、经营地点变动前，先向原主管税务机关办理注销登记，自注销税务登记之日起30日内向迁达地税务机关申报办理税务登记。

【案例2-1】悟空将花果山旅游公司经营地址从花果山路1号迁到花果山路10号，牛魔王将酒厂从翠云山迁到积雷山，他们的办理流程相同吗？

【解析】悟空的迁址行为没有引起主管税务机关调整，应该按税务变更流程，先到花果山市场监督管理局办理经营地址变更，再到花果山税务局确认变更信息。牛魔王的迁址行为引起主管市场监督管理部门和主管税务机关改变，应按注销流程，先到翠云山税务局清税，办理税务注销，再凭清税证明到翠云山市场监督管理局办理注销，然后到积雷山市场监督管理局办理注册登记，最后到积雷山税务局核准信息登记备案。

【对比】经营场地迁移不改变原主管税务机关的，按税务变更流程，改变原主管税务机关的，按注销流程。

（3）其他情况终止纳税义务：在向市场监督管理部门办理注销登记前，向主管税务机关办理注销登记；如不需在市场监督管理部门注销登记的，自批准或宣告终止之前起15日内办理税务注销登记。

六、跨区域涉税事项报验管理

（一）具体规定

（1）纳税人跨省（自治区、直辖市和计划单列市）临时从事生产经营活动的，应向机构所在地的国税机关填报《跨区域涉税事项报告表》。纳税人在省（自治区、直辖市和计划单列市）内跨县（市）临时从事生产经营活动的，是否实施跨区域涉税事项报验管理由各省（自治区、直辖市和计划单列市）税务机关自行确定。

（2）按跨区域经营合同执行期限作为报验管理有效期限。合同延期的，纳税人可向经营地或机构所在地的税务机关办理报验管理有效期限延期手续。

（3）实行跨区域涉税事项报验管理信息电子化。跨区域报验管理事项的报告、报验、延期、反馈等信息，通过信息系统在机构所在地和经营地的税务机关间传递。

（二）办理流程

1. 跨区域涉税事项报告

纳税人可通过网上办税系统，填报《跨区域涉税事项报告表》。

2. 跨区域涉税事项报验

跨区域涉税事项由纳税人首次在经营地办理涉税事宜时，向经营地的税务机关报验。

【提示】纳税人报验跨区域涉税事项时，应出示营业执照原件。

3. 跨区域涉税事项信息反馈

纳税人跨区域经营活动结束后，应当结清经营地税务机关的应纳税款及其他涉税事项，向经营地的税务机关填报《经营地涉税事项反馈表》。

经营地的税务机关核对《经营地涉税事项反馈表》后，会及时将相关信息反馈给机构所在地的税务机关，纳税人不需另行向机构所在地的税务机关反馈。

【案例2-2】悟空的花果山房地产开发公司需要到西牛贺洲开发房地产项目，该如何在两地税务机关办理手续呢？

【解析】向注册地花果山税务局填报《跨区域涉税事项报告表》→向经营地西牛贺洲税务局进行跨区域涉税事项报验→项目开发并缴纳税款→项目结束后在西牛贺洲税务局结清税款及其他涉税事项，填报《经营地涉税事项反馈表》→西牛贺洲税务局反馈信息给花果山税务局。

七、定期定额户停（复）业报告

（1）实行定期定额征收的个体工商户或依照定期定额户管理的个人独资企业需要停业的，应当在停业前向税务机关办理停业报告。纳税人的停业期不得超过一年。

（2）办理停业登记的纳税人，恢复生产经营的，应当向主管税务机关办理复业登记。

（3）停业期间发生纳税义务或提前复业的，应当按照税收法律、法规的规定申报缴纳税款。

（4）纳税人停业期满不能及时恢复生产经营的，应当在停业期满前向税务机关申请延长停业。

（5）纳税人停业期满未按期复业又不申请延长停业的，视为已恢复生产经营，税务机关将纳入正常管理，并按核定税额按期征收税款。

任务二　报税缴税与征税

【引言】2020年年初某女演员被曝涉嫌隐瞒缴纳1.6亿元片酬合同的税款，她声称自己一直按时报税，但经上海税务局核查，发现她 2019 年至 2020 年未依法申报收入高达 1.91 亿元，偷税 4 526.96 万元，其他少缴税款 2 652.07 万元，被追缴税款、加收滞纳金并处罚款共计 2.99 亿元。

【思考】 为何她按时报税仍然被按偷税处罚？报税等于缴税吗？

【教学资源】 本知识点对应精品课程视频。

报税缴税咋回事

一、纳税申报概述

（一）纳税申报的含义

纳税申报即报税，是指纳税人按照税法规定的内容，计算应该缴纳的税款，在规定期限向税务机关提交有关纳税事项书面报告的法律行为。纳税申报是确定纳税人履行纳税义务、界定法律责任的主要依据。

（二）纳税申报的主体

凡是负有纳税义务的纳税人（包括取得临时应税收入或发生应税行为的纳税人，享有减税、免税待遇的纳税人）和扣缴义务人，无论本期有无应纳、应缴税款，都必须按照税法规定的期限向主管税务机关办理纳税申报。

（三）纳税申报的方式

1. 直接申报

纳税人自行到税务机关的办税服务厅办理纳税申报。

2. 数据电文申报

数据电文申报是指经税务机关批准的纳税人通过电话语音、电子数据交换和网络传输等形式办理的纳税申报，以税务机关的计算机网络收到该数据电文的时间为申报日期。

【提示】 网上申报是最便捷通用的数据电文申报方式。

3. 邮寄申报

税务机关批准的纳税人可以使用邮寄申报，纳税申报日期以邮政部门寄出的邮戳日期为准。

4. 代理申报

纳税人委托中介机构（会计代理记账公司、税务师事务所等）代为申报纳税。

（四）纳税申报的具体要求

（1）纳税人和扣缴义务人，无论本期是否发生纳税义务，除经税务机关批准外，都必须进行纳税申报。

在税务机关办理了税务登记的纳税人、扣缴义务人当期未发生应税行为，按照国家税收法律、行政法规和规章的规定，应向税务机关办理零申报手续，并注明当期无应税事项。纳税申报的所属期内没有发生应税收入（销售额），同时也没有应纳税额的情况，称为零申报。

（2）实行定期定额方式缴纳税款的纳税人，可以实行简易申报、简并征期等申报方式。纳税人可以通过 12366 服务电话申报。

（3）纳税人享受减免税的，在减税、免税期间应当办理纳税申报。

（4）纳税人、扣缴义务人因不可抗力，不能按期办理纳税申报的，可以延期办理，但在不可抗力消除后应立即向税务机关报告。

经核准可以延期办理申报的，应当在纳税期内按照上期实际缴纳的税额或者税务机关核定的税额预缴税款，并在核准的延期内办理税款结算。

【提示】 延期申报 ≠ 延期缴税。

（5）纳税人未按照规定的期限办理纳税申报和报送纳税资料的，或扣缴义务人未按照规定的期限向税务机关报送代扣代缴、代收代缴税款报告表和有关资料的，由税务机关责令限期改正，可以处二千元以下的罚款；情节严重的，可以处二千元以上一万元以下的罚款。

二、网上纳税申报

新设立企业在办理税务登记后，要及时开通网上纳税申报。首先在电子税务局网上申请，再上传开户银行盖章的三方协议，验证通过后就可以进行网上纳税申报，如图2-8和图2-9所示。

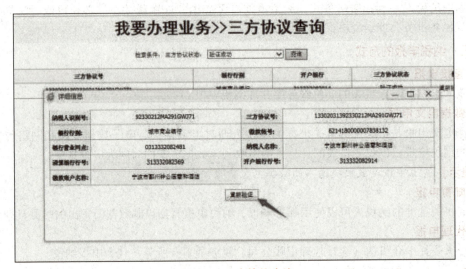

图2-8　三方协议申请

图2-9　三方协议查询

【提示】纳税人采用新办纳税人"套餐式"服务的，可在"套餐式"服务内一并办理财务会计制度及核算软件备案报告、存款账户账号报告、银税三方（委托）划缴协议等后续事项。

惠民服务

为了给纳税人提供更加高效便捷的办税服务，改善营商环境，国家税务总局与中国人民银行携手推行跨省异地电子缴税。跨区域经营的纳税人无须在经营地办理三方协议，在注册地办理《跨省三方协议》，就可以在经营地纳税申报后实施扣缴税款。

下面是网上纳税申报流程：

（1）在规定申报期内登录"国家税务总局广西壮族自治区税务局"网站，执行"我要办税"→"企业业务"→"综合申报"→"我的待办"命令，如图2-10～图2-11所示。

（2）选择需要填报的税种，进入该报表的申报界面，填写申报资料后提交，如图2-12所示。

项目二　获取身份报缴税

图 2－10　我要办税

图 2－11　企业业务

三、税款缴纳

（一）网上申报税款缴纳

提交申报资料后，在网上申报系统进行扣缴税款操作，就可以向指定的税款划缴银行发出指令，从开立的账户中划缴税款。纳税人应在申报缴款期限内及时存足税款，如果由于银行账户余额不足等原因造成扣款未成功的，逾期视同欠税处理。

图 2-12 综合申报——我的待办

（二）延期缴纳税款

纳税人因有特殊困难，不能按期缴纳税款的，经省、自治区、直辖市国家税务局、地方税务局批准，可以延期缴纳税款，批准延期内免收滞纳金。但是延期期限最长不得超过三个月，而且同一笔税款不得滚动审批。

根据相关规定，当企业出现以下两种情况时可以延期申报纳税。

（1）因不可抗力，导致纳税人发生较大损失，正常生产经营活动受到较大影响的。

（2）当期货币资金在扣除应付职工工资、社会保险费后，不足以缴纳税款的。

【提示】纳税人需要延期缴纳税款的，应当在缴纳税款期限届满前提出申请。

四、税款减免

（1）减免税分为核准类减免税和备案类减免税。核准类减免税是指法律、法规规定税务机关核准的减免税项目；备案类减免税是指不需要税务机关核准的减免税项目。

（2）纳税人享受核准类减免税，应当提交核准材料，提出申请，经依法具有批准权限的税务机关按本办法规定核准确认后执行。未按规定申请或虽申请但未经有批准权限的税务机关核准确认的，纳税人不得享受减免税。

纳税人享受备案类减免税，应当具备相应的减免税资质，并履行规定的备案手续。

简政便民

为了简政放权，提高办税效率，税务机关对很多税收优惠政策改"核准"为"备案"，有些政策，如小微企业增值税免税政策、小型微利企业所得税税收优惠政策，采取"自行判别、申报享受、相关资料留存备查"的办理方式，无须主管税务机关审批。

（3）纳税人享受减税、免税的条件发生变化时，应自发生变化之日起 15 日内向税务机关报告，不报告又不符合减免税条件的，税务机关有权追回已减免税款。

（4）纳税人在享受减免税待遇期间，仍应按规定办理纳税申报。

五、税款的退还与追征

（一）税款的退还

纳税人超过应纳税额缴纳的税款，税务机关发现后应当立即退还；纳税人自结算缴纳税款之日起三年内发现的，可以向税务机关要求退还多缴的税款并加算银行同期存款利息，税务机关及时查实后应当立即退还；涉及从国库中退库的，依照法律、行政法规有关国库管理的规定退还。

【提示】依法预缴税款形成的结算退税、出口退税和各种减免退税，不得加算银行同期存款利息。

（二）税款的追征

税务机关对超过纳税期限未缴或少缴税款的纳税人可以在规定的期限内予以追征。税款的追征具体有以下三种情形：

（1）因税务机关的责任，致使纳税人、扣缴义务人未缴或者少缴款的，税务机关在3年内可以要求纳税人、扣缴义务人补缴税款，但是不得加收滞纳金。

（2）因纳税人、扣缴义务人计算错误等失误未缴或者少缴款的，税务机关在3年内可以追征税款，并加收滞纳金；特殊情况追征期可以延长到5年。

（3）对因纳税人、扣缴义务人和其他当事人偷税、抗税、骗税等原因而造成未缴或者少缴的税款，或骗取的退税款，税务机关可以无限期追征。

法治中国

演艺人员偷税，屡禁不止

2020年4月初，上海市税务局第一稽查局依法受理了关于某女演员涉嫌偷逃税问题的举报，上海市税务局第一稽查局对该女演员追缴税款、加收滞纳金并处罚款共计2.99亿元。

本以为有该女演员的"前车之鉴"，演艺人员都会老老实实交税，但在2022年3月15日下午，某男演员逃税漏税1.06亿元的新闻又上了热搜，瞬间引无数网友关注。

近年来，税务部门持续加强对高收入人群、高风险行业的税收监管，会同相关部门深入开展影视行业税收秩序综合治理。针对当前影视行业个别从业人员偷逃税的新手法，税务部门与广电、电影等行业主管部门密切协作，加强对影视企业和从业人员的法治宣传教育，保障影视企业和从业人员合法权益，完善跨部门常态化联动监管机制，持续提升精准监管能力，加大"双随机、一公开"抽查力度，严厉查处和曝光各类恶意偷逃税行为，进一步规范影视行业税收秩序，弘扬社会主义核心价值观，促进影视行业长期健康规范发展。

【提示】如果纳税人有偷税、抗税、骗税行为，即使公司注销也不能避免责任。

六、税款征收

税款征收是税务机关依照税法规定，将纳税人应缴纳税款组织入库的一系列活动的总称。

（一）税款征收方式

确定税款征收方式的原则：保证国家税款及时足额入库、方便纳税人、降低税收成本。

1. 查账征收

查账征收方式指税务机关按照纳税人提供的账表所反映的经营情况，依照适用税率计算缴纳税款的方式。这种方式适用于账簿、凭证、会计等核算制度比较健全，能够据以如实核算生产经营情况，正确计算应纳税款的纳税人。

【提示】账簿、凭证的设置时间：从事生产、经营的纳税人应从取得营业执照或者发生纳税义务之日起15日内设置账簿。

2. 核定征收

核定征收方式指税务机关对不能完整、准确提供纳税资料的纳税人，采用特定方法确定其应纳税收入或应纳税额，纳税人据以缴纳税款的征收方式。具体包括下面三种方式：

（1）查定征收。指对会计核算不健全，但能控制其原材料、产量或进销货物的纳税人，由税务机关根据正常生产下的生产能力查定产量、销售额并确定应纳税额的征收方式。这种方式适用于生产规模较小、会计核算不健全的小型厂房或作坊。

（2）查验征收。指税务机关对纳税人的应税商品，通过查验数量，按市场一般销售单价计算其销售收入并据以征税的方式。这种方式适用于财务制度不健全、生产经营不固定、零星分散、流动性大的税源，对城乡集贸市场中的临时经营者和机场、码头等场所的经销商多采用该方式。

（3）定期定额征收。指对达不到规定设置账簿标准，难以查账征收，不能准确计算营业额、所得额的小型个体工商户（包括个人独资企业），由税务机关核定一定时期、一定经营范围内的应税收入或所得额，据以确定应纳税额的征收方式。一般实行多税种合并征收的方式，按月或按季度征收税款。

3. 代扣代缴、代收代缴征收

代扣代缴是指支付纳税人收入的单位和个人从所支付的纳税人收入中扣缴其应纳税款并向税务机关解缴的行为。代收代缴是指与纳税人有经济往来关系的单位和个人借助经济往来关系向纳税人收取其应纳税款并向税务机关解缴的行为。

4. 委托征收

委托征收方式指税务机关依法委托其他部门、单位或个人，以税务机关名义代为执行税款征收任务的一种税款征收方式。这种方式主要适用于零星、分散、流动性大的税款征收，如车船税。

（二）应纳税额的核定与调整

1. 核定应纳税额的情形

（1）依照法律、行政法规的规定可以不设置账簿的。

（2）依照法律、行政法规的规定应当设置账簿但未设置的。

（3）擅自销毁账簿或者拒不提供纳税资料的。

（4）虽设置账簿，但账目混乱或者成本资料、收入凭证、费用凭证残缺不全，难以查账的。

（5）发生纳税义务，未按照规定的期限办理纳税申报，经税务机关责令限期申报，逾期仍不申报的。

（6）纳税人申报的计税依据明显偏低，又无正当理由的。

2. 核定应纳税额的方法

（1）参照当地同类行业或者类似行业中经营规模和收入水平相近的纳税人的税负水平核定。

（2）按照营业收入或成本加合理的费用及利润核定。

（3）按照耗用的原材料、燃料、动力等推算或测算核定。

（4）按照其他合理方法核定。

（三）税款征收措施

1. 责令缴纳

（1）纳税人或扣缴义务人、纳税担保人未按规定期限缴纳或解缴税款的，由税务机关发出限期缴纳税款通知书，责令限期（最长期限不得超过15日）缴纳税款，并从滞纳之日起，按日加收滞纳税款万分之五的滞纳金。

【提示】对欠税行为人，税务机关可责令其先行缴纳欠税，再依法缴纳滞纳金。

【注释】税款滞纳金起止时间：从纳税期限届满次日起，至实际缴纳或解缴税款之日止（算尾不算头）。

【案例2-3】（单选题）翠云山酒厂应该在5月15日缴纳税款15万元，逾期未缴税，税务局责令其在本年度5月31日前缴纳，但直到6月10日翠云山酒厂才缴纳税款，则滞纳金为（　　）元。

A. 825　　　　　B. 2 025　　　　　C. 750　　　　　D. 1 950

【答案】D

【解析】滞纳天数为5月16日至6月10日，共26天。

滞纳金 = 150 000 × 0.5‰ × 26 = 1 950（元）。

（2）对未按照规定办理税务登记的从事生产、经营的纳税人和临时从事经营的纳税人，由税务机关核定其应纳税额，责令缴纳。

（3）税务机关有根据认为纳税人有逃避纳税义务行为的，可在规定纳税期限前责令限期缴纳税款。

2. 责令提供纳税担保

（1）适用纳税担保的情形：

①税务机关有根据认为从事生产、经营的纳税人有逃避纳税义务行为，在规定纳税期之前经责令其限期缴纳应纳税款，在限期内发现纳税人有明显转移、隐匿其应纳税的商品、货物或者其他财产或者应税收入的迹象，责成纳税人提供纳税担保的；

②欠缴税款、滞纳金的纳税人或者其法定代表人需要出境的；

③纳税人同税务机关在纳税上发生争议而未缴清税款，需要申请行政复议的；

④税收法律、行政法规规定可以提供纳税担保的其他情形。

（2）纳税担保的方式：保证、抵押、质押。

（3）纳税担保的范围：税款、滞纳金和实现税款、滞纳金的费用。

3. 税收保全措施

（1）适用税收保全措施的情形：税务机关认为纳税人有逃避纳税义务行为，责令纳税人提供纳税担保而拒绝提供或无力提供的，经县以上税务局（分局）局长批准，税务机关可以采取税收保全措施。

【提示】税务机关采取税收保全措施的期限一般不得超过6个月；重大案件需要延长的，应当报国家税务总局批准。

（2）税收保全措施的方式：

①书面通知纳税人开户银行或其他金融机构冻结金额相当于应纳税款的存款；

②扣押、查封纳税人价值相当于应纳税款的商品、货物或者其他财产。

（3）税收保全措施的范围：纳税人的应纳税款。

4. 税收强制执行措施

（1）适用税收强制执行措施的情形：从事生产、经营的纳税人、扣缴义务人未按照规定期限缴纳或解缴税款，纳税担保人未按照规定期限缴纳所担保的税款，由税务机关责令限期缴纳，逾期仍未缴纳的，经县以上税务局（分局）局长批准，税务机关可以采取强制执行措施。

（2）税收强制执行措施的方式：

①书面通知其开户银行或其他金融机构从其存款中扣缴税款；

②扣押、查封、依法拍卖或者变卖其价值相当于应纳税款的商品、货物或者其他财产，以拍卖或者变卖所得抵缴税款。

（3）税收强制执行措施的范围：纳税人、扣缴义务人、纳税担保人未缴纳的税款及滞纳金。

【提示】不适用税收保全措施和税收强制执行措施的物品包括下面两类：

①个人及其所扶养家属维持生活必需的住房和用品。必需的住房和用品不包括机动车辆、金银饰品、古玩字画、豪华住宅或者一处以外的住房。

由此可见我国税务机关执法人性化的一面，就算是欠税的"老赖"，也不会因为被采取强制执行措施而流离失所。

②单价5 000元以下的其他生活用品。

【提示】税收保全措施并不是强制执行措施的必经前置程序；实践中，可能先采取税收保全措施，然后再采取强制执行措施；也可能未采取税收保全措施，而直接采取强制执行措施。

税收保全措施与税收强制执行措施的区别如表2-1所示。

表2-1 税收保全措施与税收强制执行措施的区别

区别点	税收保全措施	税收强制执行措施
实施对象	纳税人	纳税人、扣缴义务人、纳税担保人
实施条件	责令限期缴纳在前，提供纳税担保居中，税收保全措施断后	责令限期缴纳在前，强制执行措施断后
实施时间	纳税期限届满之前实施	纳税期限届满，而且责令限期缴纳届满之后实施
执行范围	应纳税款	应纳税款、滞纳金
实施措施	冻结银行存款，扣押、查封财产，未剥夺纳税人财产所有权	从银行存款扣缴税款，拍卖、变卖财产，纳税人财产所有权变更

5. 阻止出境

欠缴税款的纳税人或其法定代表人在出境前未按规定结清税款、滞纳金或没有提供纳税担保的，税务机关可以通知出入境管理机关阻止其出境。

【小结】依法办理税务登记、按时报税缴税是纳税人应尽的义务，税款及时上缴国库，社会公共服务才能有序运行，国家经济才能持续发展。演艺人员偷税风波再次给纳税人起了警示作用，偷税漏税会付出更大的代价，身为公众人物更应该知法守法，作出表率。年轻人应树立科学的人生观、正确的价值观，不要过度娱乐、盲目追星，我们应该追的是那些为国家发展和民族进步作出贡献的科学之星和民族英雄。

拓展训练

一、单选题

1. 2023年3月税务机关调查发现某酒店有虚假申报情形,税务机关可采取的税款征收措施是(   )。
   A. 采取强制执行措施　　　　　　　　B. 责令其缴纳税款
   C. 责令提供纳税担保　　　　　　　　D. 采取税收保全措施

2. 税务机关责令某公司提供纳税担保,遭其拒绝后可以采取的税款征收措施是(   )。
   A. 核定其应纳税额　　　　　　　　　B. 采取税收保全措施
   C. 采取税收强制执行措施　　　　　　D. 到公司直接征收税款

3. 关于税收强制执行措施的表述正确的是(   )。
   A. 税收强制执行措施不适用于纳税担保人
   B. 作为家庭唯一代步工具的轿车,不在税收强制执行的范围之内
   C. 税务机关可对纳税人未缴纳的滞纳金同时采取税收强制执行
   D. 必须在采取税收保全措施后才能采取税收强制执行措施

4. 甲公司2023年5月增值税申报截止期限是6月15日,但未按期缴税。主管税务机关责令其于当年6月30日前缴纳税款,甲公司7月14日才缴纳税款。主管税务机关对甲公司加收滞纳金的起止时间是(   )。
   A. 2023年6月30日至2023年7月15日
   B. 2023年6月15日至2023年7月15日
   C. 2023年7月1日至2023年7月14日
   D. 2023年6月16日至2023年7月14日

二、多选题

1. 以下属于税款征收方式的有(   )。
   A. 查账征收　　　B. 查验征收　　　C. 查定征收　　　D. 核定应纳税额

2. 以下属于税款征收措施的有(   )。
   A. 没收违法所得　B. 责令缴纳　　　C. 税收保全措施　D. 阻止出境

3. 以下属于税收担保范围的是(   )。
   A. 税收滞纳金　　　　　　　　　　　B. 罚款
   C. 税款　　　　　　　　　　　　　　D. 实现税款、滞纳金的费用

4. 税务机关可以对纳税人下列哪些财产采取税收强制执行措施。(   )
   A. 小汽车　　　　B. 金银饰品　　　C. 古玩字画　　　D. 一处以外的住房

5. 下列选项中,应当办理注销税务登记的有(   )。
   A. 纳税人停业
   B. 纳税人破产
   C. 纳税人被吊销营业执照
   D. 纳税人变更经营地址,但不涉及主管税务机关变更

三、判断题

1. 从事生产、经营的纳税人应从取得营业执照或者发生纳税义务之日起15日内设置账簿。 (   )

2. 纳税人享受减税、免税期间可以不需要办理纳税申报。 (   )

3. 税收保全措施是强制执行措施的必经前置程序,必须先采取税收保全措施然后才能采取强制执行措施。 (   )

4. 税款滞纳金从纳税期限届满次日算起，至实际缴纳税款的前一日止。（ ）

5. 因纳税人、扣缴义务人计算错误等失误，未缴或者少缴税款金额在 5 万元以上的，税务机关在 10 年内可以追征税款、滞纳金。（ ）

四、业务分析题

1. 甲公司于 2023 年 3 月 20 日取得营业执照，该公司会计认为现在执行"多证合一"登记制度，市场监督管理部门会推送注册信息给主管税务机关，不需要进行税务登记备案就可以纳税申报，请判断他的观点是否正确，并说明理由。

2. 乙公司于 2023 年 5 月办理开业税务登记，2023 年 6 月没有营业收入，判断该公司 6 月份是否需要纳税申报，并说明理由。

3. 花果山酒店是采用查账征收的有限责任公司，停业装修期间是否必须跟主管税务机关报告？解释原因。

五、能力拓展题

1. 分组到附近的市场监督管理局、税务局调研并制作《"多证合一"注册登记报告》。

2. 分组到税务局和企业调研并制作《新办企业涉税事项报告》。

六、思政活动

1. 通过熟人访谈、查阅资料等方式调查了解 20 年内我国企业注册登记流程变化，分析我国行政审批制度改革、简政放权对社会经济发展的重要性。

2. 查阅演艺人员或网红偷税漏税、吸毒等违法行为典型案例，组织开展演讲或辩论，讨论要不要追星，该如何追星。

学习评价

评价项目		评价标准	评价方式	分值/分	得分/分
专业知识学习能力	学习在线视频	按照完成率计分	学银在线平台自评	12	
	课前测验	按照系统题量及正确率自动计分	学银在线平台自评	4	
	课堂互动	按照参与活动数量及系统设置分数计分	学银在线平台自评	8	
	课后作业	按照系统题量及正确率自动计分	学银在线平台自评	4	
	项目测验	按照系统题量及正确率自动计分	学银在线平台自评	12	
实践操作能力	能够办理新设企业注册登记	智能财税平台注册成功	智能财税软件自评	20	
	能够办理新设企业税务套餐	线上办理流程，操作截图上传	教师评价	10	
职业素养	课前活动布置准备	场地布置、情景模拟道具等	教师评价	2	
	考勤	不迟到、不早退、不旷课	学银在线平台自评	5	
	课堂纪律	不喧哗讲话、不玩手机、不睡觉等	教师评价	5	
	课堂小组活动	每次课小组得分：其他小组点评 50% + 教师点评 50%；确定小组总分后由组长在组员间分配	小组互评 + 教师评价 + 组长评分	8	

续表

	评价项目	评价标准	评价方式	分值/分	得分/分
思政教育	分析行政审批制度改革、简政放权的重要性	走访熟人视频、查阅资料链接、分析感悟等资料上传平台	教师评价	5	
	组织演讲或辩论，讨论追星行为	上传视频到平台	教师评价	5	
总分				100	
教师签字：					

项目三

无关盈亏增值税

学习目标

（一）知识目标

(1) 阐述增值税的概念及特点；
(2) 明确增值税的征税范围和纳税人；
(3) 列举增值税一般纳税人与小规模纳税人的区别；
(4) 分清增值税两种计税方法的适用条件和应纳税额的计算；
(5) 阐述两种纳税人增值税纳税申报表内容及申报流程；
(6) 列举增值税税收优惠政策；
(7) 区别不同销售方式的增值税税收筹划；
(8) 陈述增值税发票管理具体规定。

（二）能力目标

(1) 能熟练进行增值税税款计算；
(2) 能熟练进行增值税纳税申报；
(3) 能够根据实际情况选择增值税纳税人身份合法降税；
(4) 能熟练运用增值税知识，对不同销售方式合法筹划降低税负；
(5) 能够根据实际业务开具合适的发票。

（三）素质目标

(1) 学无止境，活到老学到老，养成自主学习的习惯；
(2) 培育凡事筹划在先的意识，认真规划自己的学习、职业和人生；
(3) 培养严谨细致、精益求精的工作作风；
(4) 形成遵纪守法、依法纳税的法律意识；
(5) 诚实守信，杜绝做假账虚开发票；
(6) 具有创新意识，能通过税收筹划合法降低税负。

思政目标

(1) 能够热爱劳动、爱岗敬业；
(2) 能够客观公正、坚持准则；
(3) 遵纪守法、诚实守信、依法纳税；
(4) 具有全局意识，能够做到集体利益优先、国家利益至上；
(5) 体会纳税为国、纳税利民，培养社会责任感和奉献担当精神；
(6) 通过增值税改革认识我国税制优越性，坚持制度自信。

知识结构

任务导入

悟空顺利注册了花果山系列公司,办理了开业税务登记,开通了网上纳税申报,他选择采用查账征收方式,在牛魔王的帮助下,找到会计建好了账,接下来看看悟空的企业到底要缴纳哪些税种。首先登场的是税收界大佬增值税,下面就跟悟空一起揭秘税收一哥增值税……

任务一 揭秘一哥增值税

【思考】增值税为何能赢得"税收一哥"的称号呢?

因为增值税在我国税收收入中占的比重最高、征税范围广、纳税人众多,具有征收的普遍性和连续性。"营改增"后几乎每个企业都要缴纳增值税。

制度自信

增值税发展历程及"营改增"意义

增值税1954年在法国开征,有效解决了销售税重复征税问题,迅速被世界其他国家采用,增值税征税范围大多覆盖所有货物和劳务。我国1979年开征增值税,最初仅在襄阳、上海、柳州等城市针对机器机械等5类货物试行。1984年国务院发布增值税条例(草案),在全国范围内对机器机械、汽车、钢材等12类货物征收增值税。1994年税制改革,将增值税征税范围扩大到所有货物和加工修理修配劳务,对其他劳务、无形资产和不动产征收营业税。

营业税存在重复计征现象,如果一件物品需要三道工序,不管零件交付下一工序还是成品销售,都要缴纳营业税。

将营业税改征增值税,有利于完善税制,消除重复征税;有利于促进企业转型升级,社会专业化分工,促进三次产业融合;有利于降低企业税收成本,增强企业发展能力;有利于优化投资、消费和出口结构,促进国民经济健康协调发展。

【教学资源】本知识点对应精品课程视频。

揭秘一哥增值税

没有收入还交税?

一、增值税的概念与特点

(一)增值税的概念

增值税是对销售货物或者加工、修理修配劳务、销售服务、无形资产或者不动产的行为实现的增值额征收的一种税。

(二)增值税的特点

1. 对增值额计税,但以全部销售额为计税依据

增值额是指纳税人销售商品或提供劳务、服务所取得的收入与当期购进商品与劳务的价格的差额。

增值税是对流通环节实现的增值额征税,由于增值额有时难以直接确定,一般对增值税采用间接法计税,根据销售额全额计算销项税,再扣除购进环节的进项税。

2. 对不同纳税人计税方法不同

根据纳税人的经营规模与会计核算健全程度不同，增值税纳税人分一般纳税人和小规模纳税人，两者计税方法不同。

一般纳税人多数业务采用一般计税法（购进扣税法），特殊业务允许选择简易计税法；小规模纳税人只能采用简易计税法。一般计税法购进环节符合条件的税款可以扣除；简易计税法不允许扣除购进环节的税款，按照销售额全额计税。

3. 税负具有转嫁性

增值税属于间接税，谁消费谁承担税款，在整个流通过程中从采购到生产、批发、零售逐环节转嫁，最后由终端消费者承担全部税款。我们日常消费支付的款项中包含增值税。

4. 实行比例税率

增值税采用比例税率，对不同行业和产品采用不同的征税比率。

二、增值税纳税人

凡在中华人民共和国境内销售货物，提供加工、修理修配劳务，销售服务、无形资产或者不动产，以及进口货物的单位和个人，为增值税的纳税人。

【注释】我国现行税法的"中国境内"指中国大陆地区，目前还不包括中国香港、中国澳门和中国台湾地区。

三、增值税征税范围

（一）销售货物

销售货物指有偿转让货物的所有权，包括电力、热力、气体在内的有形动产，不包括销售的无形资产和不动产。

（二）提供加工、修理修配劳务

加工：受托加工货物，委托方提供主要原材料，受托方按照委托方要求制造货物并收取加工费。

修理修配：受托方对委托方损伤或者丧失功能的货物进行修复，恢复原有形状和功能。

【提示】单位或者个体工商户聘用的员工为本单位或雇主提供加工、修理修配劳务的不包括在内，如伯乐汽车服务公司雇用的修理工人在本店提供的修车劳务。

（三）销售服务

销售服务是指提供交通运输服务、邮政服务、电信服务、建筑服务、金融服务、现代服务、生活服务。

1. 交通运输服务

交通运输服务是指利用运输工具将货物或者旅客送达目的地，使其空间位置得到转移的业务活动，包括陆路运输服务、水路运输服务、航空运输服务和管道运输服务。

（1）陆路运输服务，是指通过陆路（地上或者地下）运送货物或者旅客的运输业务活动，包括铁路运输服务和其他陆路运输服务。

①铁路运输服务，是指通过铁路运送货物或者旅客的运输业务活动。

②其他陆路运输服务，是指铁路运输以外的陆路运输业务活动，包括公路运输、缆车运输、索道运输、地铁运输、城市轻轨运输等。

【提示】出租车公司向使用本公司自有出租车的出租车司机收取的管理费用，按照陆路运输服务缴纳增值税。

（2）水路运输服务，是指通过江、河、湖、川等天然、人工水道或者海洋航道运送货物或者旅客的运输业务活动。

【提示】 水路运输的程租、期租业务，属于水路运输服务。

①程租业务，是指运输企业为租船人完成某一特定航次的运输任务并收取租赁费的业务。

②期租业务，是指运输企业将配备有操作人员的船舶承租给他人使用一定期限，承租期内听候承租方调遣，不论是否经营，均按天向承租方收取租赁费，发生的固定费用均由船东负担的业务。

（3）航空运输服务，是指通过空中航线运送货物或者旅客的运输业务活动。

【提示】 航空运输的湿租业务，属于航空运输服务。

①湿租业务，是指航空运输企业将配备有机组人员的飞机承租给他人使用一定期限，承租期内听候承租方调遣，不论是否经营，均按一定标准向承租方收取租赁费，发生的固定费用均由承租方承担的业务。

②航天运输服务，是指利用火箭等载体将卫星、空间探测器等空间飞行器发射到空间轨道的业务活动。

航天运输服务，按照航空运输服务缴纳增值税。

（4）管道运输服务，是指通过管道设施输送气体、液体、固体物质的运输业务活动。

【提示】 无运输工具承运业务，按照交通运输服务缴纳增值税。

无运输工具承运业务，是指经营者以承运人身份与托运人签订运输服务合同，收取运费并承担承运人责任，然后委托实际承运人完成运输服务的经营活动。

2. 邮政服务

邮政服务是指中国邮政集团公司及其所属邮政企业提供邮件寄递、邮政汇兑和机要通信等邮政基本服务的业务活动，包括邮政普遍服务、邮政特殊服务和其他邮政服务。

（1）邮政普遍服务，是指函件、包裹等邮件寄递，以及邮票发行、报刊发行和邮政汇兑等业务活动。

①函件，是指信函、印刷品、邮资封片卡、无名址函件和邮政小包等。

②包裹，是指按照封装上的名址递送给特定个人或者单位的独立封装的物品，其重量不超过 50 千克，任何一边的尺寸不超过 150 厘米，长、宽、高合计不超过 300 厘米。

（2）邮政特殊服务，是指义务兵平常信函、机要通信、盲人读物和革命烈士遗物的寄递等业务活动。

（3）其他邮政服务，是指邮册等邮品销售、邮政代理等业务活动。

【提示】 邮政储蓄业务按照金融服务缴纳增值税。

3. 电信服务

电信服务是指利用有线、无线的电磁系统或者光电系统等各种通信网络资源，提供语音通话服务，传送、发射、接收或者应用图像、短信等电子数据和信息的业务活动，包括基础电信服务和增值电信服务。

（1）基础电信服务，是指利用固网、移动网、卫星、互联网，提供语音通话服务的业务活动，以及出租或者出售带宽、波长等网络元素的业务活动。

（2）增值电信服务，是指利用固网、移动网、卫星、互联网、有线电视网络，提供短信和彩信服务、电子数据和信息的传输，以及应用服务、互联网接入服务等业务活动。

【提示】 卫星电视信号落地转接服务，按照增值电信服务缴纳增值税。

4. 建筑服务

建筑服务是指各类建筑物、构筑物及其附属设施的建造、修缮、装饰，线路、管道、设备、设施等的安装，以及其他工程作业的业务活动，包括工程服务、安装服务、修缮服务、装饰服务和其他建筑服务。

【提示】物业服务企业为业主提供的装修服务、纳税人将建筑施工设备出租给他人使用并配备操作人员，均按建筑服务缴纳增值税。

（1）工程服务，是指新建、改建各种建筑物、构筑物的工程作业，包括与建筑物相连的各种设备或者支柱、操作平台的安装或者装设工程作业，以及各种窑炉和金属结构工程作业。

【提示】工程勘察勘探服务按照现代服务业的研发和技术服务缴纳增值税。

（2）安装服务，是指生产设备、动力设备、起重设备、运输设备、传动设备、医疗实验设备，以及其他各种设备、设施的装配、安置工程作业，包括与被安装设备相连的工作台、梯子、栏杆的装设工程作业，以及被安装设备的绝缘、防腐、保温、油漆等工程作业。

【提示】固定电话、有线电视、宽带、水、电、燃气、暖气等经营者向用户收取的安装费、初装费、开户费、扩容费以及类似收费，按照安装服务缴纳增值税。

（3）修缮服务，是指对建筑物、构筑物进行修补、加固、养护、改善，使之恢复原来的使用价值或者延长其使用期限的工程作业。

（4）装饰服务，是指对建筑物、构筑物进行修饰装修，使之美观或者具有特定用途的工程作业。

（5）其他建筑服务，是指上列工程作业之外的各种工程作业服务，如钻井（打井）、拆除建筑物或者构筑物、平整土地、园林绿化、疏浚（不包括航道疏浚）、建筑物平移、搭脚手架、爆破、矿山穿孔、表面附着物（包括岩层、土层、沙层等）剥离和清理等工程作业。

【对比】疏浚属于其他建筑服务，航道疏浚属于物流辅助业务。

5. 金融服务

金融服务是指经营金融保险的业务活动，包括贷款服务、直接收费金融服务、保险服务和金融商品转让。

（1）贷款服务，是指将资金贷与他人使用而取得利息收入的业务活动。

各种占用、拆借资金取得的收入，包括金融商品持有期间（含到期）利息（保本收益、报酬、资金占用费、补偿金等）收入、信用卡透支利息收入、买入返售金融商品利息收入、融资融券收取的利息收入，以及融资性售后回租、押汇、罚息、票据贴现、转贷等业务取得的利息及利息性质的收入，按照贷款服务缴纳增值税。

融资性售后回租，是指承租方以融资为目的，将资产出售给从事融资性售后回租业务的企业后，从事融资性售后回租业务的企业将该资产出租给承租方的业务活动。

【提示】以货币资金投资收取的固定利润或者保底利润，按照贷款服务缴纳增值税。

（2）直接收费金融服务，是指为货币资金融通及其他金融业务提供相关服务并且收取费用的业务活动，包括提供货币兑换、账户管理、电子银行、信用卡、信用证、财务担保、资产管理、信托管理、基金管理、金融交易场所（平台）管理、资金结算、资金清算、金融支付等服务。

（3）保险服务，是指投保人根据合同约定，向保险人支付保险费，保险人对于合同约定的可能发生的事故因其发生所造成的财产损失承担赔偿保险金责任，或者当被保险人死亡、伤残、疾病或者达到合同约定的年龄、期限等条件时承担给付保险金责任的商业保险行为，包括人身保险服务和财产保险服务。

（4）金融商品转让，是指转让外汇、有价证券、非货物期货和其他金融商品所有权的业务活动。

其他金融商品转让包括基金、信托、理财产品等各类资产管理产品和各种金融衍生品的转让。

【提示】银行销售金、银、铂等贵金属产品，按照销售货物缴纳增值税。

6. 现代服务

现代服务是指围绕制造业、文化产业、现代物流产业等提供技术性、知识性服务的业务活动，包括研发和技术服务、信息技术服务、文化创意服务、物流辅助服务、租赁服务、鉴证咨询服务、广播影视服务、商务辅助服务和其他现代服务。

（1）研发和技术服务，包括研发服务、合同能源管理服务、工程勘察勘探服务、专业技术服务。

①研发服务，又称技术开发服务，是指就新技术、新产品、新工艺或者新材料及其系统进行研究与试验开发的业务活动。

②合同能源管理服务，是指节能服务公司与用能单位以契约形式约定节能目标，节能服务公司提供必要的服务，用能单位以节能效果支付节能服务公司投入及其合理报酬的业务活动。

③工程勘察勘探服务，是指在采矿、工程施工前后，对地形、地质构造、地下资源蕴藏情况进行实地调查的业务活动。

④专业技术服务，是指气象服务、地震服务、海洋服务、测绘服务、城市规划、环境与生态监测服务等专项技术服务。

（2）信息技术服务，是指利用计算机、通信网络等技术对信息进行生产、收集、处理、加工、存储、运输、检索和利用，并提供信息服务的业务活动，包括软件服务、电路设计及测试服务、信息系统服务、业务流程管理服务和信息系统增值服务。

①软件服务，是指提供软件开发服务、软件维护服务、软件测试服务的业务活动。

②电路设计及测试服务，是指提供集成电路和电子电路产品设计、测试及相关技术支持服务的业务活动。

③信息系统服务，是指提供信息系统集成、网络管理、网站内容维护、桌面管理与维护、信息系统应用、基础信息技术管理平台整合、信息技术基础设施管理、数据中心、托管中心、信息安全服务、在线杀毒、虚拟主机等业务活动，包括网站对非自有的网络游戏提供的网络运营服务。

④业务流程管理服务，是指依托信息技术提供的人力资源管理、财务经济管理、审计管理、税务管理、物流信息管理、经营信息管理和呼叫中心等服务的活动。

⑤信息系统增值服务，是指利用信息系统资源为用户附加提供的信息技术服务，包括数据处理、分析和整合、数据库管理、数据备份、数据存储、容灾服务、电子商务平台等。

（3）文化创意服务，包括设计服务、知识产权服务、广告服务和会议展览服务。

【提示】宾馆、旅馆、旅社、度假村和其他经营性住宿场所提供会议场地及配套服务，按照会议展览服务缴纳增值税。

广告代理属于"文化创意服务——广告服务"，不属于经纪代理服务。

（4）物流辅助服务，包括航空服务、港口码头服务、货运客运场站服务、打捞救助服务、装卸搬运服务、仓储服务和收派服务。

①航空服务，包括航空地面服务和通用航空服务。

航空地面服务，是指航空公司、飞机场、民航管理局、航站等向在境内航行或者在境内机场停留的境内外飞机或者其他飞行器提供的导航等劳务性地面服务的业务活动，包括旅客安全检查服务、停机坪管理服务、机场候机厅管理服务、飞机清洗消毒服务、空中飞行管理服务、飞机起降服务、飞行通信服务、地面信号服务、飞机安全服务、飞机跑道管理服务、空中交通管理服务等。

通用航空服务，是指为专业工作提供飞行服务的业务活动，包括航空摄影、航空培训、航空测量、航空勘探、航空护林、航空吊挂播撒、航空降雨、航空气象探测、航空海洋监测、航空科学实验等。

②港口码头服务，是指港务船舶调度服务、船舶通信服务、航道管理服务、航道疏浚服务、灯塔管理服务、航标管理服务、船舶引航服务、理货服务、系解缆服务、停泊和移泊服务、海上船舶溢油清除服务、水上交通管理服务、船只专业清洗消毒检测服务和防止船只漏油服务等为船只提供服务的业务活动。

港口设施经营人收取的港口设施保安费按照港口码头服务缴纳增值税。

③货运客运场站服务，是指货运客运场站提供货物配载服务、运输组织服务、中转换乘服务、车辆调度服务、票务服务、货物打包整理、铁路线路使用服务、加挂铁路客车服务、铁路行包专列发送服务、铁路到达和中转服务、铁路车辆编解服务、车辆挂运服务、铁路接触网服务、铁路机车牵引服务等业务活动。

【提示】货运客运场站服务的车辆停放服务属于不动产租赁服务。

④打捞救助服务，是指提供船舶人员救助、船舶财产救助、水上救助和沉船沉物打捞服务的业务活动。

⑤装卸搬运服务，是指使用装卸搬运工具或者人力、畜力将货物在运输工具之间、装卸现场之间或者运输工具与装卸现场之间进行装卸和搬运的业务活动。

⑥仓储服务，是指利用仓库、货场或者其他场所代客贮放、保管货物的业务活动。

⑦收派服务，是指接受寄件人委托，在承诺的时限内完成函件和包裹的收件、分拣、派送服务的业务活动。

收件服务，是指从寄件人收取函件和包裹，并运送到服务提供方同城的集散中心的业务活动。

分拣服务，是指服务提供方在其集散中心对函件和包裹进行归类、分发的业务活动。

派送服务，是指服务提供方从其集散中心将函件和包裹送达同城的收件人的业务活动。

（5）租赁服务，包括融资租赁服务和经营租赁服务。

按照标的物的不同，融资租赁服务可分为有形动产融资租赁服务和不动产融资租赁服务。

【提示】

①融资性售后回租按照"金融服务——贷款服务"缴纳增值税。

②将建筑物、构筑物等不动产或者飞机、车辆等有形动产的广告位出租给其他单位或者个人用于发布广告，按照经营租赁服务缴纳增值税。

③车辆停放服务、道路通行服务（包括过路费、过桥费、过闸费等）等按照不动产经营租赁服务缴纳增值税。

【对比】水路运输的光租业务、航空运输的干租业务，属于经营租赁；水路运输的承租和期租业务、航空运输的湿租业务属于交通运输服务。

【提示】光租业务，是指运输企业将船舶在约定的时间内出租给他人使用，不配备操作人员，不承担运输过程中发生的各项费用，只收取固定租赁费的业务活动。

干租业务，是指航空运输企业将飞机在约定的时间内出租给他人使用，不配备机组人员，不承担运输过程中发生的各项费用，只收取固定租赁费的业务活动。

（6）鉴证咨询服务，包括认证服务、鉴证服务和咨询服务。

①认证服务，是指具有专业资质的单位利用检测、检验、计量等技术，证明产品、服务、管理体系符合相关技术规范、相关技术规范的强制性要求或者标准的业务活动。

②鉴证服务，是指具有专业资质的单位受托对相关事项进行鉴证，发表具有证明力的意见的业务活动，包括会计鉴证、税务鉴证、法律鉴证、职业技能鉴定、工程造价鉴证、工程监理、资产评估、环境评估、房地产土地评估、建筑图纸审核、医疗事故鉴定等。

③咨询服务，是指提供信息、建议、策划、顾问等服务的活动，包括金融、软件、技术、财务、税收、法律、内部管理、业务运作、流程管理、健康等方面的咨询。

【提示】 翻译服务和市场调查服务按照咨询服务缴纳增值税。

（7）广播影视服务，包括广播影视节目（作品）的制作服务、发行服务和播映（含放映，下同）服务。

（8）商务辅助服务，包括企业管理服务、经纪代理服务、人力资源服务、安全保护服务。

①企业管理服务，是指提供总部管理、投资与资产管理、市场管理、物业管理、日常综合管理等服务的业务活动。

②经纪代理服务，是指各类经纪、中介、代理服务，包括金融代理、知识产权代理、货物运输代理、代理报关、法律代理、房地产中介、职业中介、婚姻中介、代理记账、拍卖等。

货物运输代理服务，是指接受货物收货人、发货人、船舶所有人、船舶承租人或者船舶经营人的委托，以委托人的名义，为委托人办理货物运输、装卸、仓储和船舶进出港口、引航、靠泊等相关手续的业务活动。

代理报关服务，是指接受进出口货物的收、发货人委托，代为办理报关手续的业务活动。

③人力资源服务，是指提供公共就业、劳务派遣、人才委托招聘、劳动力外包等服务的业务活动。

④安全保护服务，是指提供保护人身安全和财产安全，维护社会治安等的业务活动，包括场所住宅保安、特种保安、安全系统监控以及其他安保服务。

【提示】 纳税人为银行提供武装守护押运服务，属于安全保护服务。

（9）其他现代服务，是指除研发和技术服务、信息技术服务、文化创意服务、物流辅助服务、租赁服务、鉴证咨询服务、广播影视服务和商务辅助服务以外的现代服务。

【对比】 纳税人对安装运行后的电梯提供维护保养服务，属于其他现代服务；提供植物养护服务，属于其他生活服务。

无运输工具承运业务，按照交通运输服务缴纳增值税；货物运输代理服务属于"现代服务业——商务辅助服务"。

7. 生活服务

生活服务是指为满足城乡居民日常生活需求提供的各类服务活动，包括文化体育服务、教育医疗服务、旅游娱乐服务、餐饮住宿服务、居民日常服务和其他生活服务。

【提示】 在游览场所经营索道、摆渡车、电瓶车、游船等按照文化体育服务缴纳增值税。

提供餐饮服务的纳税人销售外卖食品、现场制作食品并直接销售给消费者，按照餐饮服务缴纳增值税。

纳税人出租酒店并提供配套服务的，按照住宿服务缴纳增值税。

（四）销售无形资产

销售无形资产是指转让无形资产所有权或者使用权的业务活动。无形资产是指不具实物形态，但能带来经济利益的资产，包括技术、商标、著作权、商誉、自然资源使用权和其他权益性无形资产。

技术，包括专利技术和非专利技术。

自然资源使用权，包括土地使用权、海域使用权、探矿权、采矿权、取水权和其他自然资源使用权。

其他权益性无形资产，包括基础设施资产经营权、公共事业特许权、配额、经营权（包括特许经营权、连锁经营权、其他经营权）、经销权、分销权、代理权、会员权、席位权、网络游戏虚拟道具、域名、名称权、肖像权、冠名权、转会费等。

（五）销售不动产

销售不动产是指转让不动产所有权的业务活动。不动产是指不能移动或者移动后会引起性质、形状改变的财产,包括建筑物、构筑物等。

1. 建筑物

建筑物包括住宅、商业营业用房、办公楼等可供居住、工作或者进行其他活动的建造物。

2. 构筑物

构筑物包括道路、桥梁、隧道、水坝等建造物。

【对比】转让建筑物有限产权或者永久使用权的,转让在建的建筑物或者构筑物所有权的,以及在转让建筑物或者构筑物时一并转让其占用土地使用权的,按照销售不动产缴纳增值税。单独转让土地使用权,按照销售无形资产缴纳增值税。

(六) 进口货物

进口货物是指申报进入中国海关境内的货物。凡是报关进口的货物,除享受免税政策外,在进口环节均应缴纳增值税。

【思考】销售货物,提供加工、修理修配劳务,销售服务、无形资产和不动产都实现了收入,进口货物是采购业务,没有实现收入,为何还要缴纳增值税?

对国内产品普遍征收增值税;为了体现税负公平,提高国内产品市场竞争力,因此要对进口货物征收增值税。进口环节征收的增值税,可以作为进项税抵扣。

(七) 视同销售行为

(1) 将货物交付他人代销,即代销中的委托方缴纳增值税。

(2) 销售代销货物,即代销中的受托方缴纳增值税。

(3) 设有两个以上机构并统一实行核算的纳税人,将货物从一个机构移送其他机构用于销售,但相关机构设在同一县(市)的除外。例如:牛魔王将葡萄酒从翠云山酒厂移送到积雷山的分公司销售,属于视同销售行为;如果仅仅是从翠云山酒厂移送到积雷山分公司存放,则不属于视同销售行为。

(4) 将自产、委托加工的货物用于集体福利或个人消费。

(5) 将自产、委托加工或购进的货物作为投资提供给其他单位或个体经营者。

(6) 将自产、委托加工或购进的货物分配给股东或投资者。

(7) 将自产、委托加工或购进的货物无偿赠送他人。

【提示】将购进货物用于集体福利、个人消费的,不属于视同销售行为。

(8) "营改增"视同销售行为。

①单位或者个体工商户向其他单位或者个人无偿提供服务,但用于公益事业或者以社会公众为对象的除外。

②单位或者个人向其他单位或者个人无偿转让无形资产或者不动产,但用于公益事业或者以社会公众为对象的除外。

【思考】视同销售货物与"营改增"视同销售服务、无形资产、不动产有什么区别?

【案例3-1】花果山旅游公司为庆五一组织下面的活动。

(1) 为职工免费发放自产旅游纪念品一套;

(2) 为职工免费提供花果山庄园一日游一次。

以上活动是否都属于视同销售行为?

【答案】为职工免费发放纪念品属于视同销售行为,为职工免费提供庄园旅游不属于视同销售行为。

【解析】自产或委托加工货物用于集体福利、个人消费的,属于视同销售行为;单位或者个体工商户为有雇佣关系的职工无偿提供应税服务,不属于视同销售行为。

【案例3-2】翠云山发生地震,牛魔王进行下面的援助。

(1) 无偿捐赠葡萄饮料 1 000 箱；

(2) 调动公司的货车无偿提供救灾运输服务。

以上行为是否都属于视同销售行为？

【答案】 无偿捐赠饮料属于视同销售行为，无偿提供救灾运输服务不属于视同销售行为。

【解析】 将自产、委托加工或者购进的货物无偿赠送其他单位或者个人，视同销售货物；单位或者个体工商户向其他单位或者个人无偿提供用于公益事业或者以社会公众为对象的应税服务、无形资产或不动产，不属于视同销售行为。

【提示】 增值税传统视同销售≠"营改增"视同销售，两者税收规定不尽一致。

将以公益活动为目的或者以社会公众为对象的无偿提供服务、无偿转让无形资产或不动产，不作为视同销售行为征税，有利于促进社会公益事业的发展。

【思考】 为何以上行为没有收款，会计准则不要求确认收入，而税法却要视同销售行为必须征税呢？

对视同销售行为征税主要基于下面的原因：

(1) 保证增值税税款抵扣链条完整连续，如上述将货物交付他人代销、销售代销货物两项代销业务就是基于这个原因征税。

(2) 体现税制的公平性，堵塞征管漏洞，防止采用上述行为逃避纳税义务，导致税款流失。

(3) 体现增值税计算的配比原则，购进环节抵扣了进项税，就应该有对应的销售额及相应的销项税额。

四、增值税税率与征收率

（一）增值税税率

增值税税率是指增值税的适用税率，指法定税率，只适用于实行进项扣除一般计税法的增值税一般纳税人。

1. 基本税率13%

(1) 销售或者进口货物，除了9%税率适用范围的商品及个别销售自己使用过的物品或旧货。

(2) 提供的加工、修理修配劳务。

(3) 有形动产租赁。

2. 较低税率9%

(1) "营改增"业务。

①交通运输服务；

②邮政服务；

③建筑服务；

④销售基础电信服务；

⑤销售不动产；

⑥转让土地使用权；

⑦不动产租赁服务。

(2) 销售或者进口货物。

①粮食等农产品、食用植物油、食用盐。

【提示】 粮食包括稻谷、大米、大豆、小麦、杂粮、鲜山芋、山芋干、山芋粉及经过加工的面粉（花式面粉除外）；农产品指种植业、养殖业、林业、牧业、水产业生产的各种植物、动物的初级产品。其中灭菌乳、鲜奶、玉米胚芽、晾烟叶、晒烟叶、初烤烟叶属于初级农产品，但淀粉、玉米浆、玉米皮、玉米纤维、玉米蛋白粉、速冻食品、方便面、副食品、各种熟食品、蔬菜罐头、水果罐头、果脯、蜜饯、中成药等不属于初级农产品。

②自来水、暖气、冷气、热水、煤气、石油液化气、天然气、二甲醚、沼气、居民用煤炭制品（不包括原煤和工业用煤）。

③图书、报纸、杂志、音像制品、电子出版物。

④饲料、化肥、农药、农机、农膜。

【提示】农机指农机整机，农机零部件适用基本税率；人们日常生活的各种日用卫生用药，如杀虫剂、驱虫剂、驱蚊剂、蚊香等适用基本税率。

⑤国务院规定的其他货物。

3. 低税率6%（均为"营改增"业务）

（1）增值电信服务。

（2）金融服务。

（3）现代服务（不含租赁服务）。

（4）生活服务。

（5）销售无形资产（转让土地使用权除外）。

4. 零税率

（1）出口货物或劳务适用增值税零税率，国务院另有规定的除外。

零税率是为了降低出口产品税收成本、提高本国制造国际竞争力，鼓励企业出口的一种税收优惠。

【思考】零税率是否等同于免税？

【对比】零税率≠免税。免税指某一环节免税；而零税率是整体税负为零，不仅出口环节免税，还可退还以前纳税环节已经缴纳的税款。

（2）国际运输服务。

（3）航天运输服务。

（4）向境外单位提供的完全在境外消费的研发服务、合同能源管理服务、设计服务、广播影视节目（作品）的制作和发行服务、软件服务、电路设计及测试服务、信息系统服务、业务流程管理服务、离岸服务外包业务、转让技术。

（5）财政部和国家税务总局规定的其他服务。

（二）增值税征收率

增值税征收率主要是针对小规模纳税人和一般纳税人适用或者选择采用简易计税方法计税的项目。采用征收率的业务，不允许按一般计税法计税。

1. 征收率3%的一般规定

（1）小规模纳税人适用3%征收率。

除有特殊规定按5%征收率计征增值税的小规模纳税人，其他都按3%的征收率计征增值税。

（2）一般纳税人可以选择适用简易计税方法，按照3%征收率计税的货物。

①县级及县级以下小型水力发电单位生产的电力。

②建筑用和生产建筑材料所用的砂、土、石料。

③以自己采掘的砂、土、石料或其他矿物连续生产的砖、瓦、石灰（不含黏土实心砖、瓦）。

④商品混凝土（仅限以水泥为原料生产的水泥混凝土）。

⑤用微生物、微生物代谢产物、动物毒素、人或动物的血液或组织制成的生物制品。

⑥自产的自来水。

【提示】上述第①项至第⑥项必须为纳税人自产货物。

⑦寄售商店代销寄售物品。

⑧典当业销售死当物品。

⑨生产销售和批发、零售罕见病药品、抗癌药品，药品经营企业销售生物制品，兽用药品经营企业销售兽用生物制品。

⑩单采血浆站销售非临床用人体血液。

（3）一般纳税人可以选择适用简易计税方法，按照3%征收率计税的服务。

①非学历教育、教育辅助服务。

②公共交通运输服务，包括轮客渡、公交客运、地铁、城市轻轨、出租车、长途客运、班车。

【提示】航空运输、铁路客运服务不得选择简易办法。

③电影放映服务、仓储服务、装卸搬运服务、收派服务和文化体育服务。

④经认定的动漫企业为开发动漫产品提供的服务，以及在境内转让动漫版权。

⑤以"营改增"试点前取得的有形动产经营租赁服务及"营改增"试点前签订的尚未执行完的有形动产租赁合同。

⑥提供以下建筑服务：

a. 以清包工方式提供建筑服务；

b. 为甲供工程提供的建筑服务；

c. 为建筑工程老项目提供的建筑服务。

⑦提供物业管理服务的纳税人，向服务接受方收取的自来水水费。

⑧非企业性单位中的一般纳税人提供的研发和技术服务、信息技术服务、鉴证咨询服务，以及销售技术、著作权等无形资产，提供技术转让、技术开发和与之相关的技术咨询、技术服务。

⑨公路经营企业收取"营改增"试点前开工的高速公路的车辆通行费。

⑩提供下列金融服务：

a. 农村信用社、村镇银行、农村资金互助社、由银行业机构全资发起设立的贷款公司、法人机构在县（县级市、区、旗）及县以下地区的农村合作银行和农村商业银行提供金融服务收入。

b. 对中国农业银行纳入"三农金融事业部"试点的各省、自治区、直辖市、计划单列市分行下辖的县域支行（县事业部），提供农户贷款、农村企业和农村各类组织贷款取得的利息收入。

【提示】至2027年12月31日，增值税小规模纳税人适用3%征收率的应税销售收入，减按1%征收率征收增值税。

2. 征收率5%的一般规定

（1）一般纳税人销售其2016年4月30日前取得的不动产选择简易计税方法计税的，适用5%征收率。

（2）房地产开发企业的一般纳税人销售自行开发的房地产老项目，选择适用简易计税方法的，适用5%征收率。

（3）小规模纳税人销售不动产、出租不动产，适用5%征收率。

【提示】个人出租住房，应按照5%的征收率减按1.5%计算应纳税额。

（4）一般纳税人出租其2016年4月30日前取得的不动产，选择适用简易计税方法计税，适用5%征收率。

（5）纳税人提供劳务派遣服务，选择差额纳税的，征收率为5%。

（6）纳税人提供安全保护服务，选择差额纳税的，征收率为5%。

（7）一般纳税人提供人力资源外包服务，选择简易计税方式计税的，征收率为5%。

3. 特殊规定——销售自己使用过的固定资产或旧货

（1）一般纳税人销售自己使用过的不得抵扣且未抵扣进项税的固定资产，依照3%征收率减按2%征收增值税。

【税政改革】根据对外购固定资产的处理方式，增值税分三种类型，一是生产型增值税，不允许扣除任何外购固定资产的税款；二是收入型增值税，允许扣除当期计入产品价值的折旧费承担的部分税款；三是消费型增值税，允许将当期购入固定资产税款一次性全部扣除。我国在2008年12月31日前采用生产型增值税，从2009年1月1日转为消费型增值税，一般纳税人外购用于生产经营的固定资产（自用小汽车、摩托车、游艇除外）允许进项扣税。自2013年8月1日起，一般纳税人购进自用的小汽车、摩托车、游艇允许进项扣税。

我国增值税转型虽然短期内减少了税收收入，但刺激了投资，鼓励技术更新，促进了产业发展，对实现经济增长和经济转型具有重要意义。

（2）一般纳税人销售自己使用过的已经抵扣进项税的固定资产，依照正常销售货物适用税率征收增值税。

【提示】一般纳税人销售自己使用过的除固定资产以外的物品，按正常适用税率征收增值税。

一般纳税人销售自己使用过的物品，要先区分资产类别，如果是固定资产再看购进时间，然后判断增值税征税比例和计税方式。

（3）小规模纳税人（除其他个人外）销售自己使用过的固定资产，适用3%征收率减按2%征收。

【提示】小规模纳税人（除其他个人外）销售自己使用过的除固定资产以外的物品，按3%的征收率征收增值税。

（4）纳税人（含一般纳税人和小规模纳税人）销售旧货，依照3%征收率减按2%征收增值税。

【注释】"旧货"指进入二次流通具有部分使用价值的货物（含旧汽车、旧摩托车、旧游艇），但不包括自己使用过的物品。

任务二 巧算增值之税款

【思考】一哥增值税果真如其名，对所有纳税人都按增值额征税吗？

【教学资源】本知识点对应精品课程视频。

巧算增值之税款

购进税款不全扣

增值税计税方法主要包括一般计税方法（购进扣税法）和简易计税方法，增值税一般纳税人和小规模纳税人采用不同的计税方法，只有一般计税法才允许进项扣税。

一、一般计税法

一般计税法就是国际上通用的购进扣税法，先按当期销售额和适用税率计算销项税额，再扣除当期购进项目已经缴纳的税款，间接计算当期增值税应纳税额的方法。

【提示】一般计税法只适用于增值税一般纳税人。

当期应纳税额＝当期销项税额－当期准予抵扣的进项税额－上期留抵税额。

（一）销项税额

1. 销项税额的含义

销项税额是纳税人销售货物、劳务、服务、无形资产或者不动产，按照销售额和税法规定的税率计算并向购买方收取的增值税额。

销项税额＝销售额×适用税率。

2. 销售额的含义

销售额是指纳税人销售货物或提供应税劳务向购买方收取的全部价款和价外费用，也就是通常说的销售收入或营业收入。

【提示】销售额以人民币计算。纳税人以人民币以外的货币结算销售额的，应当折合成人民币计算。折合率可以选择销售额发生的当天或者当月1日的人民币汇率中间价。纳税人应事先确定采用何种折合率，确定后1年内不得变更。

价外费用指正常结算价格之外收取的费用，包括销售方在价外向购买方收取的手续费、补贴、基金、集资费、返还利润、奖励费、违约金、滞纳金、延期付款利息、赔偿金、代收款项、代垫款项、包装费、包装物租金、储备费、优质费、运输装卸费以及其他各种性质的价外收费。

【思考】纳税人向购买方收取的销项税是否属于价外费用？

增值税属于价外税，销项税不属于价外费用。

如果是缴纳消费税的消费品，纳税人收取的消费税是否要计入销售额呢？

消费税属于价内税，因此应计入销售额。

下面是不属于增值税价外费用的项目：

（1）增值税销项税额。

（2）代为收取的同时满足以下条件的政府性基金或者行政事业性收费：

①由国务院或者财政部批准设立的政府性基金，由国务院或者省级人民政府及其财政、价格主管部门批准设立的行政事业性收费；

②收取时开具省级以上财政部门印制的财政票据；

③所收款项全额上缴财政。

（3）代收代付、代收代缴的往来款：

①卖货方代垫的运费，由承运方给购货方开具运费发票，卖货方将该项发票交给购货方；

②销货方代办保险收取的保险费、代购买方缴纳的车辆购置税、车辆牌照费；

③受托加工应征消费税的消费品由加工方代收代缴的消费税。

3. 含税销售额的换算

销售额＝含税销售额÷（1＋适用税率）

推理过程如下：

含税销售额＝销售额＋销项税额
　　　　　＝销售额＋销售额×适用税率
　　　　　＝销售额×（1＋适用税率）

销售额＝含税销售额÷（1＋适用税率）

【案例3-3】翠云山酒厂为增值税一般纳税人，2023年3月销售葡萄酒1 000瓶，适用增值税税率为13%，每瓶含增值税单价为113元，另外收取包装费565元，代垫运费1 000元，运输公司将运费发票开具给购货单位高老庄超市，葡萄酒送达后将该运费发票交给高老庄超市，一并结算货款及代垫运费，计算该业务增值税销售额和销项税额。

【答案】销售额＝113÷(1＋13%)×1 000＋565÷(1＋13%)＝100 500（元）；

销项税额＝100 500×13%＝13 065（元）。

【解析】包装费565元为含税价外费用，运费1 000元为符合条件的代收代付的往来款，不属于价外费用。

【案例3-4】伯乐汽车销售公司为增值税一般纳税人，2023年3月销售给花果山房地产公司一辆小汽车，增值税税率为13%，含税价格为226 000元，另外收取装饰费5 650元，收取代办保险费3 000元、代缴车辆购置税20 000元、车辆牌照费2 000元，计算该项业务增值税销售额和销项税额。

【答案】销售额＝226 000÷(1＋13%)＋5 650÷(1＋13%)＝205 000（元）；

销项税额＝205 000×13%＝26 650（元）。

【解析】装饰费5 650元为含税价外费用，代办保险费3 000元、代缴车辆购置税20 000元、车辆牌照费2 000元为符合条件的代收代付往来款，不属于价外费用。

【提示】一般情况下价外费用是含增值税的，需要换算成不含税的价外费用。

能力提升

合同"不含税价"引出的纠纷

佛山BJ家具有限公司与广州RD家具有限公司因买卖合同的"不含税价"发生纠纷诉讼，法院认为：双方签订的销售合同载明以上产品报价为出厂价，包安装与运输，不含税票，明确双方约定的货款为不含税价；RD公司对此亦予确认，可见双方均认同合同所载价格为不含税价款。在BJ公司依法向RD公司开具增值税发票的情况下，涉及的税费增加了BJ公司的销售成本。

RD公司亦明知此事实和法律后果，如继续以原合同约定价格作为结算价格，RD公司实际减少了应负担的购货成本；根据《中华人民共和国增值税暂行条例》规定，BJ公司向RD公司开具增值税专用发票，受票方可以抵扣进项税额，获得了税收利益。因此，在双方没对开发票税费约定的情况下，由RD公司负担增值税款更符合公平合理原则。

4. 需要核定销售额的确定

(1) 需要主管税务机关核定销售额的两种情况：

①视同销售中无结算价款的；

②价格明显偏低且无正当理由。

(2) 销售额的核定顺序及对应方法：

①按纳税人最近时期同类货物的平均销售价格确定；

②按其他纳税人最近时期同类货物的平均销售价格确定；

③用以上两种方法均不能确定其销售额的情况下，可按组成计税价格确定销售额。计算公式为：

$$组成计税价格＝成本＋利润＝成本×(1＋成本利润率)$$

【提示】销售自产货物的成本为实际生产成本，销售外购货物的成本为实际采购成本。

成本利润率由国家税务总局确定。

固定资产视同销售行为无法确定销售额的，以固定资产净值为销售额。

【案例3-5】2023年6月，花果山旅游公司研制一款新型美猴王纪念品，为了进行市场推广和宣传，无偿赠送100件给游客，该纪念品无同类产品市场价格，生产成本50元/件，成本利润率为10%。

【解析】销项税额＝100×50×(1＋10%)×13%＝715（元）。

【思考】 如果牛魔王将新研制的缴纳消费税的新款葡萄酒发放给员工品尝，增值税的组成计税价格还是这个计算公式吗？

缴纳消费税的消费品的组成计税价格 = 成本 + 利润 + 消费税。

（二）进项税额

1. 进项税额的含义

一般纳税人购进货物、加工修理修配劳务、服务、无形资产或不动产而支付或负担的，准予从当期销项税额中抵扣的增值税额。

2. 准予抵扣的进项税额

不是所有购进货物或者接受应税劳务所支付的增值税都可以从销项税额扣除，准予抵扣的进项税额如下：

（1）增值税专用发票（包括电子专用发票、税务机关代开专用发票）。

（2）销售机动车或通用车的单位开具的税控机动车销售统一发票。

（3）从海关取得的海关进口增值税专用缴款书。

（4）向农业生产者购买免税农产品取得（开具）的农产品收购发票。

向农业生产者购进的免税农产品，按照农产品收购发票或者销售发票上注明的农产品买价和扣除率（9%或10%）计算抵扣进项税额。

$$进项税额 = 买价 \times 扣除率$$

$$采购成本 = 买价 - 进项税额$$

纳税人购进农产品用于生产或委托加工13%税率货物的，扣除率为10%；购进农产品用于生产销售其他货物服务的，扣除率为9%；购进农产品既用于生产或委托加工13%税率货物，又用于生产销售其他货物服务的，应当分别核算，否则均按9%的扣除率扣除进项税额。

【提示】 纳税人购进农产品用于生产或委托加工13%税率货物的，不能在购入环节直接抵扣10%的进项税额。购进当期进项税额 = 买价×9%；在生产领用当期再加计扣除1%，加计扣除税额 = 买价×(1 − 9%)×1%。

乡村振兴

农业生产者销售自产的农产品免征增值税，免税货物不得开具专用发票。虽然国家为了扶持农业发展，对农产品免征增值税，但是如果购买方无法获得专票扣税，自己的税负会大大提高，他们会压低农产品收购价格转移税负，最终还是农民的利益受损，因此对免税自产农产品普通发票也允许抵扣。不仅对农产品免征增值税，很多税种对农业生产都有优惠政策，我国惠农利农政策是全面覆盖的。

时代楷模

当代愚公、时代楷模毛相林

重庆市巫山县的下庄村，曾经极度偏僻、交通不便，被"锁"在"天坑"之中。1997年起，时任下庄村党支部书记的毛相林带领村民问天要路，以血肉之躯，在绝壁上凿出了一条长8千米的出山路。出山公路修通后，他又带领村民披荆斩棘、攻坚克难，历经13年时间探索培育出"三色"经济，并于2016年在全县率先实现整村脱贫。多年以来，毛相林坚守初心，凿出"脱贫路"，带领村民奋进在脱贫致富奔小康的路上，也铺出一条建设美好生活的道路。

【案例3-6】 花果山食品有限公司为一般纳税人，2023年5月从当地农民手中购进免税的葡萄直接对外销售，收购发票上注明买价50 000元，为运输该批货物向小规模纳税人支付运费，取得专用发票注明运费1 000元。计算允许抵扣的进项税额和采购成本。

【答案】进项税额 = 50 000 × 9% + 1 000 × 3% = 4 530（元）；

采购成本 = 50 000 × (1 - 9%) + 1 000 = 46 500（元）。

【案例 3-7】花果山食品有限公司 2023 年 6 月从当地农民手中购进水蜜桃，当月全部领用制作水果罐头，买价 50 000 元；向一般纳税人支付运费，取得增值税专用发票注明运费 1 000 元。计算允许抵扣的进项税额和采购成本。

【答案】购进时进项税额 = 50 000 × 9% + 1 000 × 9% = 4 590（元）；

采购成本 = 50 000 × (1 - 9%) + 1 000 = 46 500（元）；

领用时加计扣除税额 = 50 000 × (1 - 9%) × 1% = 455（元）。

【提示】纳税人从批发、零售环节购进免征增值税的蔬菜、部分鲜活肉蛋取得的普通发票，不得抵扣进项税额。

(5) 向小规模纳税人购买农产品取得的增值税专用发票。

从小规模纳税人购进已税农产品开具专用发票的，以专票上注明的金额和 9% 的扣除率计算进项税额。

【提示】从小规模纳税人购进已税农产品开具普通发票的，不得抵扣进项税额。

(6) 购进国内旅客运输服务。

①增值税电子普通发票：按发票上注明的税额抵扣；

②注明旅客身份信息的航空运输电子客票行程单：

进项税额 = (票价 + 燃油附加费) ÷ (1 + 9%) × 9%；

③注明旅客身份信息的铁路车票：进项税额 = 票面金额 ÷ (1 + 9%) × 9%；

④注明旅客身份信息的公路、水路等其他客票：进项税额 = 票面金额 ÷ (1 + 3%) × 3%。

【提示】只有与本单位签订劳动合同的员工，以及本单位接受的劳务派遣员工发生的国内旅客运输服务才允许进项扣除。

(7) 支付道路、桥、闸的通行费，取得的通行费发票（不含财政票据）。

①取得增值税电子普通发票的，按发票上注明的增值税额抵扣进项税额。

②纳税人支付的桥、闸通行费，暂按以下方式抵扣进项税额：

进项税额 = 桥、闸通行费发票上注明的金额 ÷ (1 + 5%) × 5%。

(8) 从境外购进货物或劳务，从税务机关或者扣缴义务人取得的增值税完税凭证。

【案例 3-8】翠云山酒厂 2023 年 8 月购进原材料一批，货款已付，取得增值税专用发票注明的增值税为 130 000 元；支付采购原材料承担的运费取得增值税专用发票注明的增值税为 1 800 元；购买办公用品一批，取得增值税普通发票税额为 300 元；从国外进口原材料一批，海关进口增值税专用缴款书上的增值税税额为 20 000 元。求本月准予抵扣的增值税进项税额。

【答案】进项税额 = 130 000 + 1 800 + 20 000 = 151 800（元）。

【解析】购买办公用品的增值税普通发票不能进项扣除。

【提示】除机动车销售统一发票、农产品销售发票、通行费发票、收费公路通行费电子普通发票，以及国内旅客运输服务的增值税电子普通发票、航空运输电子客票行程单、铁路车票和公路、水路等其他客票外，增值税普通发票不能抵扣进项税额。

3. 如何选择供应商增值税身份

虽然小规模纳税人能提供专用发票，但是按适用征收率开具专票，同等价格下小规模纳税人的专用发票比一般纳税人的专用发票抵扣的进项税额低，因此一般纳税人外购货物、劳务或服务时不应只考虑价格因素，还要看增值税纳税人类型。

一般纳税人采购时应该根据购货净成本选择供应商。

忽略附加税费的购货净成本 = 含税采购价 - 可以抵扣的增值税进项税。

考虑附加税费的购货净成本 = 含税采购价 - 可以抵扣的增值税进项税 × (1 + 7% + 3% +

2%）。

【案例 3-9】 翠云山酒厂（增值税一般纳税人）拟外购一批包装材料，若从甲企业（一般纳税人，增值税税率为13%）处购入，则含税价格为 50 000 元；若从乙企业（小规模纳税人）处购买，可取得征收率为3%的专用发票，含税价格为 44 000 元。请分析应从何处购买（忽略附加税费）。

【答案】 若从甲企业购买，则购货净成本为：$50\,000 - 50\,000 \div (1 + 13\%) \times 13\% = 44\,247.79$（元）。

若从乙企业购买，则购货净成本为：$44\,000 - 44\,000 \div (1 + 3\%) \times 3\% = 42\,718.45$（元）。

因此扣除进项税后应选择从乙企业（小规模纳税人）处购入原材料。

4. 不得抵扣的进项税额

（1）购进货物、劳务、服务、固定资产、无形资产和不动产，用于简易计税法计税项目、免征增值税项目、集体福利或者个人消费。

【提示】 购进固定资产、无形资产（不包括其他权益性无形资产）、不动产，既用于增值税应税项目（简易计税项目除外），又用于简易计税项目、增值税免税项目、集体福利或个人消费的可以抵扣进项税额。

购进其他权益性无形资产（包括基础设施资产经营权、公共事业特许权、配额、经营权、经销权、分销权、代理权、会员权、席位权、网络游戏虚拟道具、域名、名称权、肖像权、冠名权、转会费等）无论是专用于上述项目，还是兼用于上述项目，均可以抵扣进项税额。

【对比】 将购进货物用于集体福利和个人消费不得抵扣进项税额；将购进货物用于投资、分配给股东和投资者、无偿赠送他人按视同销售行为缴税。

【思考】 购进货物不得抵扣进项税额与视同销售行为对增值税应纳税额的影响相同吗？

以上项目不允许抵扣进项税额再次体现增值税一般计税法的配比原则，既然没有销项税额，购进环节的进项税额也不应该扣除。

（2）非正常损失的购进货物，以及相关的加工修理修配劳务和交通运输服务。

（3）非正常损失的在产品、产成品所耗用的购进货物（不包括固定资产）、加工修理修配劳务和交通运输服务。

（4）非正常损失的不动产，以及该不动产所耗用的购进货物、设计服务和建筑服务。

（5）非正常损失的不动产在建工程所耗用的购进货物、设计服务和建筑服务。

【注释】 非正常损失，指合理损耗之外因管理不善造成货物被盗、丢失、霉烂变质，以及因违反法律法规造成货物或不动产被依法没收、销毁、拆除的情形。

【提示】 自然灾害、不可抗力的损失不属于非正常损失，因自然灾害、不可抗力导致的损失，进项税额准予抵扣。

上述非正常损失项目对应的购进货物、劳务及服务均没有在经营活动中进一步创造价值和使用价值的可能，亦不会形成销项税额，因此进项税不允许抵扣。

（6）购进贷款服务、餐饮服务、居民日常服务、娱乐服务。

【注释】 支付的贷款利息进项税额不得抵扣，与该笔贷款直接相关的投融资顾问费、手续费、咨询费等费用，进项税额也不得抵扣。

（7）纳税人取得的增值税扣税凭证不符合法律、行政法规或者国家税务总局有关规定的，其进项税额不得从销项税额中抵扣。

【提示】 纳税人凭完税凭证抵扣进项税额的，应当具备书面合同、付款证明和境外单位的对账单或者发票。资料不全的，其进项税额不得从销项税额中抵扣。

（8）有下列情形之一的，不得抵扣进项税额，按销售额依照增值税税率计算应纳税额：

①一般纳税人会计核算不健全，或者不能够提供准确税务资料的。

②除另有规定的外，纳税人销售额超过小规模纳税人标准，未申请办理一般纳税人认定或登记手续的。

【案例3-10】 （多选题）根据规定，下列项目进项税额不得从销项税额中抵扣的有（ ）。

A. 因地震毁损的库存商品
B. 因管理不善被盗窃的产成品所耗用的外购原材料
C. 购进一辆面包车既用于市内送货，又用于食堂采购
D. 生产免税产品接受的加工劳务

【答案】 BD

【解析】 选项A是自然灾害损失，不属于非正常损失；选项C的购进固定资产既用于生产经营，又用于职工福利，其进项税额允许抵扣。

【思考】 对不得抵扣增值税的进项税如何处理呢？

（1）未抵扣前确定不予抵扣的，直接计入购货成本。

（2）已抵扣后改变用途、发生非正常损失等，作进项税转出处理。

存在进项转出时增值税一般计税法的计算公式可以演变为：

当期应纳税额 = 当期销项税额 −（当期进项税额 − 当期进项税额转出）− 上期留抵税额

即：

当期应纳税额 = 本期销项税额 − 本期进项税额 − 上期留抵税额 + 本期进项税额转出

（三）上期留抵税额

上期留抵税额是指上期增值税进项税额大于销项税额，应该缴纳的增值税为负数，即上一期没抵扣完的进项税额，留待下一期继续抵扣。

【案例3-11】 高老庄超市为一般纳税人，增值税税率为13%，2023年7月实现不含税销售收入100万元，当月可抵扣的进项税额为8万元，上期留抵税额为2万元，求本月增值税应纳税额。

【答案】 销项税额 = 100 × 13% = 13（万元）；

本月增值税应纳税额 = 13 − 8 − 2 = 3（万元）。

（四）期末留抵税额退税

自2019年4月1日起，试行增值税期末留抵税额退税制度。

同时符合以下条件的纳税人，可以向主管税务机关申请退还增量留抵税额。

（1）自2019年4月税款所属期起，连续6个月（按季纳税的，连续两个季度）增量留抵税额均大于零，且第6个月增量留抵税额不低于50万元。

【注释】"增量留抵税额"是指与2019年3月底相比新增加的期末留抵税额。

（2）纳税信用等级为A级或B级。

（3）申请退税前36个月未发生骗取留抵退税、出口退税或虚开增值税专用发票情形的。

（4）申请退税前36个月未因偷税被税务机关处罚两次及以上的。

（5）自2019年4月1日起未享受即征即退、先征后返（退）政策的。

二、简易计税法

简易计税法按照销售额和增值税征收率计算增值税应纳税额，不得抵扣进项税额。

（一）适用范围

（1）小规模纳税人。

（2）一般纳税人可以选择按征收率采用简易计税的项目。

【提示】一般纳税人选择简易法计算缴纳增值税后,36个月内不得变更。

（二）税款计算

1. 一般业务

$$应纳税额 = 销售额 \times 征收率$$
$$= 含税销售额 \div (1 + 征收率) \times 征收率$$

【案例3-12】翠云山酒厂为一般纳税人,兼营运输、仓储、装卸搬运服务,对仓储服务、装卸搬运服务选择按简易计税法缴纳增值税,2023年4月实现仓储服务不含税收入20万元,实现装卸搬运服务不含税收入80万元,当月购进装卸业务专用的小型叉车1台,取得增值税专用发票税额为1.3万元,求本月仓储服务、装卸搬运服务增值税应纳税额。

【答案】增值税应纳税额 = (20+80)×3% = 3（万元）。

【解析】对仓储服务、装卸搬运服务选择按简易计税法缴纳增值税,因此购进装卸业务专用的设备不能作进项扣除。

2. 销售自己使用过的固定资产和销售旧货

$$增值税销售额 = 含税销售额 \div (1 + 3\%)$$
$$增值税应纳税额 = 含税销售额 \div (1 + 3\%) \times 2\%$$

【案例3-13】美猴王装修公司为小规模纳税人,2023年5月提供装修服务取得含税收入20万元;销售自己使用过的固定资产取得含税收入1万元。计算当月应纳增值税。

【答案】应纳税额 = 200 000 ÷ (1+3%) × 3% + 10 000 ÷ (1+3%) × 2% = 6 019.42（元）。

【解析】销售自己使用过的固定资产,采用3%的征收率减按2%计税。

（三）简易计税法与一般计税法的区别

（1）一般计税法适用法定增值税税率,简易计税法适用征收率。

（2）一般计税法用销售额计算的是销项税额,简易计税法计算的是应纳税额。

（3）一般计税法可以抵扣进项税,简易计税法不能抵扣进项税。

【提示】简易计税法不存在销项税额、进项税额。

三、进口货物应纳增值税的计算

虽然进口环节要缴纳增值税,但一般纳税人进口环节缴纳的增值税,可以作为进项税抵扣。

由于进口环节增值税计算涉及关税,我们认识关税后再讲解进口环节增值税税款计算。

任务三　巧选身份降税负

【思考】增值税一般纳税人与小规模纳税人的计税方法、征税比例都不相同,悟空的美猴王装修公司即将开业,选择一般纳税人税负低还是小规模纳税人税负低呢?

【教学资源】本知识点对应精品课程视频。

巧选身份降税负

一、增值税纳税人分类

（一）分类依据

1. 年应税销售额

年应税销售额≤500万元的为增值税小规模纳税人,年应税销售额>500万元的为增值税一般纳税人。

【注释】年应税销售额,是指纳税人在连续不超过 12 个月或 4 个季度的经营期内累计应征增值税销售额,包括纳税申报销售额(含免税销售额和税务机关代开发票销售额)、稽查查补销售额、纳税评估调整销售额。

【提示】连续不超过 12 个月的经营期内不是指会计年度,可跨年度累计。如果高老庄超市在 2023 年 4 月 1 日开业,从 2023 年 4 月 1 日至 2024 年 3 月 31 日,这连续 12 个月就是一个经营期。

销售服务、无形资产或者不动产,销售额有扣除项目的,年应税销售额按未扣除之前的销售额计算。

纳税人偶然发生的销售无形资产、转让不动产的销售额,不计入年应税销售额。

2. 会计核算是否健全

会计核算健全,能按规定报送有关税务资料的才能登记为一般纳税人。

【注释】"会计核算健全"是指能够按照国家统一的会计制度规定设置账簿,根据合法、有效凭证进行核算。

3. 综合考虑两个标准确定增值税纳税人身份

(1)未超过 500 万元可以登记一般纳税人的:年应税销售额未超过规定标准的纳税人,会计核算健全,能够提供准确税务资料的,可以向主管税务机关办理一般纳税人登记。

(2)超过 500 万元不能登记一般纳税人的:除个体工商户之外的个人。

(3)超过 500 万元可以选择不登记一般纳税人的:非企业性单位、不经常发生应税行为的企业、单位和个体工商户可选择按小规模纳税人纳税。

【注释】"不经常发生应税行为"指一年内累计没有应税行为的月份不超过一定时间,目前国家税务总局没有明确标准,以各地主管税务机关确定的为准。

(二)一般纳税人登记时间

(1)新设立符合一般纳税人条件的,在办理新办纳税人税务套餐时一并办理。

(2)已开业的小规模纳税人,年应税销售额超过规定标准要登记为一般纳税人的,在年应税销售额超过规定标准的月份(或季度)的所属申报期结束后 15 日内办理一般纳税人登记手续。

纳税人自一般纳税人生效之日起,按照增值税一般税法计算应纳税额,并可以按照规定领用增值税专用发票,财政部、国家税务总局另有规定的除外。

【提示】如果小规模纳税人原来是按季申报,登记为一般纳税人后按月申报,要注意申报时间衔接。

【思考】一般纳税人能否转为小规模纳税人呢?

除国家税务总局另有规定外,纳税人一经登记为一般纳税人后,不得转为小规模纳税人。

(三)一般纳税人资格查询

可以在税务机关官网查询一般纳税人资格。例如,广西纳税人登录国家税务总局广西壮族自治区税务局网站,执行"我要查询"→"公众查询"→"一般纳税人状态查询"命令,可查询相关企业是否为一般纳税人,如图 3-1 和图 3-2 所示。

二、一般纳税人与小规模纳税人的区别

一般纳税人与小规模纳税人的区别如表 3-1 所示。

图 3-1 我要查询

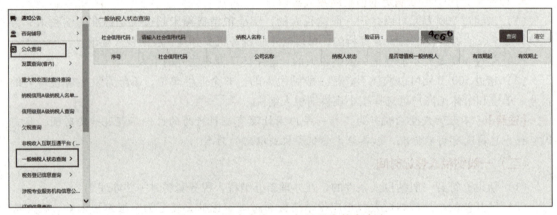

图 3-2 公众查询——一般纳税人状态查询

表 3-1 一般纳税人与小规模纳税人的区别

对比项目	一般纳税人	小规模纳税人
征税比例	有 13%、9%、6%、0% 四档增值税税率；部分业务适用 3% 或 5% 的征收率	有 3%、5% 两档征收率
计税方法	实行一般计税法（购进扣税法），部分业务可选择简易计税法	按照销售额全额采用简易计税法，不可以抵扣进项税
纳税期限	按月申报纳税	一般按季申报纳税
账务处理	应交税费-应交增值税进行明细科目设置	应交税费-应交增值税不设明细核算
专票开具	按适用税率开具增值税专用发票。易获取优质客户，扩大经营规模	按征收率开具专用发票，同等价格下进项税抵扣额度低
税收优惠	不得享受小微企业增值税免税政策	享受小微企业增值税免税政策

三、影响增值税纳税人身份的关键因素

1. 外部因素——主要客户对进项抵扣的需求

如果主要客户是一般纳税人，需要抵扣进项税，会要求按增值税税率开具专用发票，即使年

应税销售额不超过500万元也只能做一般纳税人。如果主要客户不是一般纳税人,如行政事业单位、个人,不需要抵扣进项税,那就可以不做一般纳税人。

2. 内部因素——能否取得可抵扣进项税额的票据

【案例3-14】美猴王装修公司会计核算健全,主要提供包工不包料的室内装修服务,预计2023年全年应税销售额为480万元,假设登记为一般纳税人,当年可抵扣的进项税额为6万元,判断做一般纳税人税负低还是小规模纳税人税负低。

【答案】假设公司登记一般纳税人,当年增值税应纳税额为480×9%-6=37.2(万元);

假设为小规模纳税人,当年增值税应纳税额为480×3%=14.4(万元)。

结论:做小规模纳税人税负更低。

【思考】美猴王装修公司2024年应税销售额预计600万元,还能否维持小规模纳税人身份?

【提示】年应税销售额超过500万元、会计核算健全的小规模纳税人要在申报期结束后15日内办理一般纳税人登记手续;未按规定时限办理的,主管税务机关应当在规定时限结束后5日内制作《税务事项通知书》,告知纳税人应当在5日内向主管税务机关办理相关手续;逾期仍不办理的,次月起按销售额依照增值税税率计算应纳税额,不得抵扣进项税额,直至纳税人办理相关手续为止。

【思考】能否通过合法的税收筹划使应税销售额不超过500万元,继续维持小规模纳税人身份呢?

四、税收筹划的概念及特征

(一)税收筹划的概念

税收筹划又称纳税筹划,是指在不违反税法及相关法律、法规的前提下,通过对纳税主体的经营、投资、理财等涉税事项做出事先筹划和安排,从而享受最大的税收利益,降低企业税收成本,实现企业价值最大化的一种财务管理活动。

(二)税收筹划的特征

1. 合法性

税收筹划不仅要遵守税收政策法规,还体现了税收的政策导向,有明确的法律条文为依据。

【提示】税收筹划的前提是合法,一定要在依据税收政策法规履行纳税义务的前提下设计税收筹划方案。

2. 事先性

纳税行为是在纳税人应税经营活动发生后才发生的,但税收筹划要在经营活动前进行。

【提示】不只税收筹划要提前规划,我们的学习、工作和生活都要提前规划,人生需要有目标,目标要靠规划和行动来实现。

3. 目的性

税收筹划的目的,就是要减轻纳税人税收负担,同时使纳税人的各项税收风险降为零,追求税收利益的最大化。

4. 专业性

税收筹划涉及税收、财务、企业管理等多方面的知识,具有很强的专业性,需要具备专业技能的财税专业人员或税务代理机构来操作。

5. 全面性

税收筹划关系到纳税人生产经营、投资、理财、营销等活动的全过程,应当从全局出发,用发展的眼光看问题。税收筹划还要综合考虑纳税人涉及的各个税种,不能顾此失彼。税收筹划活动不能仅限于本企业,要同其他单位联合,寻求共同节税的途径。

【提示】我们要有全局意识，从全局和长远进行决策分析，开展工作。当个人利益跟集体利益、国家利益冲突时，能保证集体利益优先、国家利益至上。

6. 时效性

税收筹划不是一成不变的，要随着税收政策法规的调整及纳税人经营发展的变化适时调整筹划方案。

【提示】我们既要"与税俱进"，时刻关注税收政策调整，又不能局限于税收层面，要用战略和发展的眼光看问题定方案。

7. 风险性

节税收益越大，税务风险也就越大，税收筹划虽然能带来一定的税收利益，过度筹划会招致更大的税务风险。如果对税收政策把握不准或滥用政策，税收筹划会造成事实上的偷税，将面临税务处罚的风险，纳税人要付出更大的代价。因此，纳税人要综合考虑税收筹划带来的效益、成本及风险。

【提示】税收筹划≠包减百税，税收筹划会带来税务风险，某网络主播过度筹划陷入偷税风波被重罚就是典型的税收筹划反面案例。

五、利用税收筹划改变增值税纳税人身份降低税负

（一）通过拆分业务改变纳税人身份

【案例3-15】美猴王装修公司为小规模纳税人，主要为个人提供家庭装修服务，预计2023年全年应税销售额为600万元，假如做一般纳税人当年可抵扣的进项税额为10万元，应如何进行税收筹划降低增值税税负？

【答案】假设不做任何筹划，年应税销售额超过500万元应登记一般纳税人。

应纳税额 = 600 × 9% − 10 = 44（万元）。

因为公司主要客户是个人，不需要增值税专用发票抵扣，从外部因素考虑无须做一般纳税人。可以新设立一个公司，通过拆分方式将业务分到两个公司，每个公司年应税销售额为300万元，不超过一般纳税人规定，仍然可以维持小规模纳税人身份。

筹划后应纳税额 = 600 × 3% = 18（万元）。

筹划效果：利用拆分法维持小规模纳税人身份合法节税26万元。

【提示】要提前规划，年初注册新公司，通过新公司签订合同开具发票，不能等年底原公司收入超过500万元再拆分。

（二）巧妙利用小微企业增值税免税政策和拆分法节税

自2023年1月1日至2027年12月31日，对月销售额不超过10万元（按季度申报的，季度销售额不超过30万元）的增值税小规模纳税人，免征增值税。适用增值税差额征税的小规模纳税人，按照差额后的销售额确定。

【案例3-16】利用小微企业增值税免税政策和拆分法进行税收筹划，让美猴王装修公司2023年增值税税负最低。

【答案】可以将该公司拆分为5个公司，每个公司年应税销售额在120万元内，再将每个公司每个月的收入控制在10万元以内，可以享受小微企业增值税免税政策，实现增值税零税负。

法治中国

税筹方案如何演变为虚构业务偷税违法行为

杭州市税务局稽查局对某网络主播涉嫌偷逃税问题进行了查处，并在2021年年末做出了处理结果。该网络主播通过隐匿个人收入、虚构业务转换收入性质进行虚假申报偷逃税款，被依法

追缴税款、加收滞纳金并处罚款，共计13.41亿元。

2019年至2020年期间，该网络主播通过隐匿其从直播平台取得的佣金收入虚假申报偷逃税款；通过设立多家个人独资企业、合伙企业虚构业务，将其个人从事直播带货取得的佣金、坑位费等劳务报酬所得转换为企业经营所得进行虚假申报偷逃税款；从事其他生产经营活动取得收入，未依法申报纳税。

【思考】税务机关通报中提到该网络主播通过设立多家个人独资企业、合伙企业虚构业务，虚假申报偷逃税款。拆分法算不算虚构业务呢？

【提示】到底什么是虚构业务呢？

没有合理的经营需要，安排不具有合理的商业目的，仅仅是为了获得不当税收利益的行为就是虚构业务。如果美猴王装修公司业务范围遍及花果山市各个辖区和县份，基于业务扩展需求，在业务所辖地区注册公司开展经营就是合理的经营需要；如果当地没有开展业务，没有合理的经营需要，仅仅为了利用税收优惠政策获得不当税收利益，在当地注册公司并签订合同、开具发票就是虚构业务。

【提示】税收筹划≠偷税漏税，税收筹划必须建立在依法纳税的前提下，纳税人切勿曲解税收筹划，采用偷税手段牟取不当税收利益，否则会付出更大的代价。

任务四　节税角度话销售

【思考】在市场经济下，商家的销售方式可谓花样百出，商家要不要从节税角度选择促销、营销方式呢？

【教学资源】本知识点对应精品课程视频。

节税角度巧促销

混合销售与兼营

一、不同销售方式的税收筹划

（一）折扣销售

1. 商业折扣

商业折扣又称折扣销售，指纳税人为促进商品销售而给予的价格优惠。

如果销售额和折扣额在同一张发票上分别注明的，按折扣后的销售额征税；如果将折扣额另开发票，不论财务上如何处理，折扣额不得从销售额扣除。

【注释】"销售额和折扣额在同一张发票上分别注明"是指销售额按折扣前的金额在发票的"金额"栏，折扣额以负数金额在发票的"金额"栏列示。

【提示】如果未在同一张发票的"金额"栏注明折扣额，仅在发票的"备注"栏注明折扣额的，折扣额不得从销售额扣除。

商业折扣税收筹划：保证销售额和折扣额在同一张发票上分别注明。

2. 实物折扣

实物折扣指纳税人将自产、委托加工或购买的商品或劳务、服务采用"买一赠一"等方式实现销售的行为，赠送的实物视同销售行为征收增值，不得享受折扣销售税收优惠。

【思考】能否将实物折扣转换为商业折扣获取节税收益呢?

【提示】"买一赠一"同时满足以下条件,赠品允许不按视同销售行为征税:

（1）有资料证明买一赠一活动起止时间;

（2）同步结转主商品和赠品的销售成本;

（3）必须按折扣销售的规定在同一张发票注明主商品和赠品。

【案例3-17】翠云山酒厂庆中秋对葡萄酒实行"买一赠一"的促销方案,销售一瓶100元的葡萄酒赠送一瓶10元的葡萄饮料（以上价格均为不含税价格）。如何使该促销行为实现增值税节税收益?

【答案】葡萄酒按售价100元计税,赠品葡萄汁正常售价10元计税,计税销售额为110元,实际收入为100元,100÷(100+10)=91%,将100元的葡萄酒和10元的葡萄汁都按照9.1折的折扣方式开具商业折扣发票,就可以依据商业折扣的规定按100元计税。

3. 现金折扣

现金折扣又称销售折扣,指销售方实现销售后为了鼓励购买方及时付款而许诺给予的折让优待（如10天内付款,货款折扣2%;20内付款,货款折扣1%;30天内全价付款）。

【思考】现金折扣如何进行账务处理?

现金折扣是一种融资性质的理财费用,因此不得享受折扣销售税收优惠,必须按照货款总价即折让前的销售额征收增值税。

【提示】现金折扣税款不允许折让,纳税人不应该对买方给予税款折让。

【对比】商业折扣在实现销售开具发票时就明确给予折扣,现金折扣在实现销售时并不能确认购买方一定能提前付款兑现折扣,因此两者税收规定不同。

（二）以旧换新

以旧换新是纳税人销售商品时,折价收回同类旧货物,并以折价款冲抵新货物价款的一种销售方式。

（1）一般货物以旧换新销售,按新货物同期销售价格征收增值税,不得扣减旧货物收购价格。

（2）金银首饰以旧换新销售,按新货物同期销售价格扣减旧货物收购价格征收增值税。

【案例3-18】高老庄超市为增值税一般纳税人,2023年5月采取"以旧换新"方式销售电视机100台,原零售价每台5 000元,旧电视机每台折价500元,计算该业务的增值税销项税额。

【答案】增值税销项税额=5 000×100÷(1+13%)×13%=57 522.12（元）。

【提示】零售价一般指增值税含税价格。

【案例3-19】高老庄超市2023年5月采取"以旧换新"方式销售金项链100条,原零售价每条5 000元,旧项链每条折价2 000元,计算该业务的增值税销项税额。

【答案】增值税销项税额=(5 000-2 000)×100÷(1+13%)×13%=34 513.27（元）。

【提示】金银首饰"以旧换新"销售从增值税节税角度可取,其他商品"以旧换新"销售从增值税节税角度不可取。

（三）还本销售

还本销售指销售货物后,到一定期限由销售方一次或分次退还给购货方部分或全部价款。还本销售按照货物销售价格征收增值税,不得扣除还本支出。

【提示】还本销售虽然可以提高销售额度,尽快回笼资金,缓解资金紧张的局面,但从增值税节税角度并非理想促销方式,除销售不畅的滞销品外,纳税人应尽量避免采用该促销方式。

（四）以物易物

以物易物指购销双方不通过货币结算,而是通过同等价款的商品相互结算,实现货物购销的交易方式。

以物易物双方都应做购销处理，以各自发出的货物计算增值税销项税，以各自收到的货物计算增值税进项税。

【提示】以物易物如果双方都是一般纳税人，开具专用发票可以购销相抵，从增值税节税角度可取，如果有一方不是一般纳税人则不可取。

【案例3-20】花果山食品有限公司为增值税一般纳税人，2023年4月以不含税价15万元的葡萄，交换一般纳税人翠云山酒厂不含税价8万元的葡萄酒，差价由翠云山酒厂以银行存款支付，双方均向对方开具专用发票，并在当月抵扣进项税，计算该业务花果山公司应缴纳增值税税款。

【答案】增值税应纳税额 = 15 × 9% − 8 × 13% = 0.31（万元）。
【解析】葡萄是初级农产品，适用税率为9%。

（五）直销

直销指企业招募的直销员在固定营业场所之外直接向消费者销售产品的经销方式。
（1）货物：直销企业→直销员→消费者；货款：消费者→直销员→直销企业。
销售额为向直销员收取的全部价款和价外费用。
（2）货物：直销企业→消费者；货款：消费者→直销企业。
销售额为向消费者收取的全部价款和价外费用。

【思考】如何区分直销和传销？
【注释】"传销"是指组织者发展人员，通过对被发展人员以其直接或者间接发展的人员数量或业绩为依据计算和给付报酬，或要求被发展人员以缴纳一定费用为条件取得加入资格等方式获得财富的违法行为。

素养提升

张某等人传销案

演员张某夫妇实际控制的上海某贸易有限公司，2022年4月被湖北保康县市场监督管理局认定构成组织策划传销违法行为，被没收违法所得1 927.99万元，罚款170万元。2022年11月石家庄裕华区市场监督管理局再次对19个涉案主体做出113亿元的行政处罚。

传销有下面的行为和特征：
（1）收取"入伙费"；
（2）发展下线"拉人头"，按照法律规定，代理超过三级就可能被认定为传销。
（3）"团队计酬"：通过"发展下线、层层提成"的方式诱骗财富。

传销要么没产品，纯靠"拉人头"，要么有产品，但定价虚高，利润完全违背市场经济规律。

很多微商实际是传销，利用想发达、财富攀比等心理，以及亲情友情等强感情纽带实现蒙骗。微商早把魔掌伸向了学生群体，学生涉世未深，最容易被骗，大家一定要提高警惕。

二、混合销售与兼营业务的税收筹划

（一）混合销售

1. 含义

混合销售指同一项销售行为既涉及货物又涉及服务。

2. 税务处理

（1）从事货物的生产、批发或者零售的单位和个体工商户的混合销售行为，按照销售货物缴纳增值税。

(2) 其他单位和个体工商户的混合销售行为,按照销售服务缴纳增值税。

【注释】"从事货物的生产、批发或者零售的单位和个体工商户"包括以从事货物的生产、批发或者零售为主,并兼营销售服务的单位和个体工商户。

3. "经营主业"的确定

混合销售根据"经营主业"交税。

(1) 如果纳税人从事货物的生产、批发或者零售的年销售额超过总销售额的50%,则按照销售货物缴纳增值税。

(2) 如果纳税人从事销售服务的年销售额超过总销售额的50%,则按照销售服务缴纳增值税。

【提示】纳税人的销售行为是否属于混合销售行为,由国家税务总局所属征税机关确定,因此纳税人对混合销售行为进行税收筹划应事先得到主管税务机关认可,才能获取正当的税收利益。

案例分析

【案例3-21】花果山装修公司为增值税一般纳税人,2023年8月销售设备并同时提供安装服务,共取得不含税收入100万元,由于该设备属于高尖端产品,安装费用较高,与设备价款相当。该企业取得与设备相关的可抵扣进项税额为7万元,与提供安装服务相关的可抵扣进项税额为1万元,如何为其进行增值税税收筹划?

【答案】如果该企业从事货物的生产、批发或者零售的年销售额超过总销售额的50%,则按照销售货物缴纳增值税。

增值税应纳税额 = $100 \times 13\% - 7 - 1 = 5$(万元)。

如果使该企业从事销售服务的年销售额超过总销售额的50%,则按照销售服务缴纳增值税。

增值税应纳税额 = $100 \times 9\% - 7 - 1 = 1$(万元)。

销售设备适用13%增值税税率;建筑服务——安装服务适用9%增值税税率,应使该企业从事销售服务的年销售额超过总销售额的50%,这样可以按照9%的增值税税率缴纳增值税。

【提示】自2017年5月1日起,纳税人销售活动板房、机器设备、钢结构件等自产货物的同时提供建筑、安装服务,不属于混合销售,应分别核算货物和建筑服务的销售额。

(二)兼营业务

1. 含义

兼营业务指纳税人的经营范围既包括销售货物和加工、修理修配劳务,又包括销售服务、无形资产或者不动产。

【提示】销售货物、加工修理修配劳务、服务、无形资产或者不动产不同时发生在同一项销售行为中。

2. 税务处理

(1) 分别适用不同税率或者征收率征税的,要求分别核算销售额;未分别核算销售额的,从高适用税率或征收率征税。

(2) 纳税人兼营减税、免税项目的,应当分别核算免税、减税项目的销售额;未分别核算销售额的,不得免税、减税。

【提示】兼营业务税务处理方法对其他税种同样适用。

【案例3-22】翠云山通信公司为增值税一般纳税人,2023年9月提供语音通话服务取得不含税收入600万元,提供短信彩信服务、信息传递活动取得不含税收入200万元,当月可抵扣的进项税额为20万元,请对该通信公司进行增值税税收筹划。

【答案】如果不分别核算销售额:本月应纳税额 = $(600 + 200) \times 9\% - 20 = 52$(万元)。

如果对不同业务分别核算销售额：本月应纳税额 = 600×9% + 200×6% – 20 = 46（万元）。
分别核算少缴纳增值税6万元，因此应对不同业务分别核算销售额。

（三）混合销售和兼营行为的区别

混合销售和兼营行为的区别如表3–2所示。

表3–2 混合销售和兼营行为的区别

行为	区别	增值税税务处理
混合销售	同一项销售行为中既存在不同类别经营项目销售货物又提供服务，强调在同一项销售行为中存在不同类别经营项目，各项目间有从属关系	所有项目按"经营主业"适用的税率（征收率）一并征收增值税
兼营行为	强调在同一纳税人的经营活动中存在不同类别经营项目，但不是发生在同一项销售行为中，各项目间无从属关系	按项目各自适用的税率（征收率）分别核算征收增值税，否则从高征税

【案例3–23】请判断下列业务哪些属于混合销售，哪些属于兼营业务。
（1）空调经销企业销售空调并负责安装；
（2）百货公司既销售商品，又提供餐饮服务；
（3）啤酒制造商销售啤酒，出租仓库；
（4）软件开发商销售软件并同时收取安装费、培训费；
（5）房地产开发公司销售房产，转让自用过的二手车；
（6）餐厅向现场餐饮消费的顾客销售白酒；
（7）服装厂为银行设计并制作工作服；
（8）装修公司为客户提供设计及装修服务；
（9）家具厂销售家具并提供送货到门服务。

【答案】属于混合销售的有（1）、（4）、（6）、（7）、（9）；属于兼营业务的有（2）、（3）、（5）、（8）。

【解析】业务（8）虽然设计与装修服务同时发生，但两项都是服务，没有销售货物，因此不是混合销售。混合销售一定是销售货物与提供服务同时发生。

三、一般计税法与简易计税法的税收筹划

【案例3–24】伯乐物流公司为增值税一般纳税人，该公司2023年业务构成及年营业收入额如下：运输业务不含税年收入额1 000万元，装卸搬运业务不含税年收入额200万元，仓储业务不含税年收入额100万元，全年取得可抵扣的进项税额为50万元，其中装卸搬运业务取得可抵扣的进项税额为2万元，仓储业务取得可抵扣的进项税额为1万元，问该物流公司如何进行税收筹划，使增值税税负最低。

【答案】一般纳税人的"电影放映服务、仓储服务、装卸搬运服务、收派服务和文化体育服务"可以选择适用简易计税法，按照3%征收率计算应纳税额。

方案一：该物流公司对仓储服务、装卸搬运服务选择不按简易计税法计算，2023年增值税应纳税额 = 1 000×9% + (200 + 100)×6% – 50 = 58（万元）。

方案二：该物流公司对仓储服务和装卸搬运服务选择按简易计税法计算，2023年增值税应纳税额 = 1 000×9% – (50 – 2 – 1) + (200 + 100)×3% = 52（万元）。

【提示】简易计税项目不得抵扣进项税。

方案二比方案一少缴纳增值税6万元，对仓储服务和装卸搬运服务选择按简易计税法缴纳增

值税税负最低。

【提示】一般纳税人选择适用简易计税法的项目一般可以抵扣的进项税较少，采用简易计税法税负更低。

四、包装物租金、押金的税收筹划

（一）包装物租金

包装物租金属于价外费用，应并入销售额计征增值税。

（二）包装物押金

（1）纳税人为销售货物而出租、出借包装物收取的押金，单独记账核算，且时间在 1 年以内，又未逾期的，不并入销售额征税。

（2）对逾期或超过 1 年的包装物押金，无论是否退还，均应并入销售额征税。

【提示】合约到期继续合作的，为了避免押金逾期认定产生分歧，可以先将押金退还购买方，再重新转账。

（3）销售酒类产品（啤酒、黄酒除外）收取的包装物押金，无论是否返还及单独核算，均应并入销售额征税。

（三）税收筹划

（1）将包装物收取租金变为包装物收取押金。

（2）将包装物押金单独记账核算，并保证包装物押金不逾期。

（3）啤酒、黄酒之外的酒类产品应通过其他方式制约购买方，尽量避免收取押金。

【案例 3-25】翠云山酒厂为增值税一般纳税人，2023 年 8 月销售啤酒，开具增值税专用发票，发票不含税销售额为 800 万元，本月收取啤酒包装物押金 22.6 万元；本月逾期未退还啤酒包装物押金 20 万元。计算本月啤酒增值税销项税额。

【答案】啤酒销项税额 = 800 × 13% + 20 ÷ (1 + 13%) × 13% = 106.3（万元）。

【解析】啤酒包装物押金在逾期或超过一年时才缴纳增值税。

【案例 3-26】翠云山酒厂为增值税一般纳税人，2023 年 8 月销售白酒，开具增值税专用发票，发票不含税销售额 800 万元，本月收取白酒包装物押金 22.6 万元；本月逾期未退还白酒包装物押金 30 万元。计算本月白酒增值税销项税额。

【答案】白酒销项税额 = 800 × 13% + 22.6 ÷ (1 + 13%) × 13% = 106.6（万元）。

【解析】白酒只要收取包装物押金就要当期缴纳增值税，预期的白酒包装物押金 30 万元在收取时已经缴税，逾期时不再计税。

任务五　发票管理须牢记

【思考】增值税专用发票允许进项抵扣，增值税普通发票不得进项抵扣。除了这两种发票，还有哪些发票呢？税务机关对发票又是如何管理的呢？

【教学资源】本知识点对应精品课程视频。

火眼金睛识发票

发票管理须牢记

一、增值税发票种类

发票是在购销商品、提供或者接受服务以及从事其他经营活动中，开具、收取的收付款凭证。它是确定经济收支行为发生的法定凭证，是会计核算的原始依据。

纳税人可以使用的发票种类如图3-3所示。

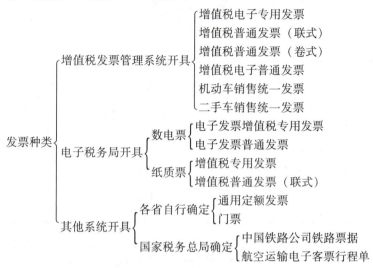

图3-3 增值税发票种类

（一）增值税专用发票

1. 增值税纸质专用发票

纸质专用发票由基本联次或者基本联次附加其他联次构成，分为三联版和六联版两种。基本联次为三联：第一联为记账联，是销售方记账凭证；第二联为抵扣联，是购买方扣税凭证；第三联为发票联，是购买方记账凭证。其他联次用途，由纳税人自行确定。增值税纸质专用发票如图3-4所示。

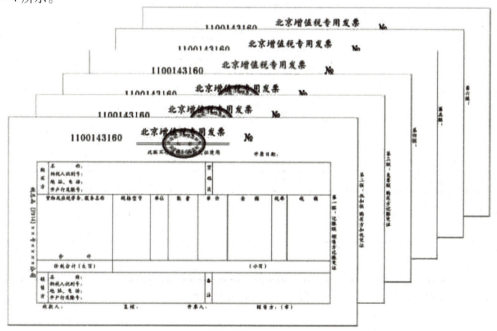

图3-4 增值税纸质专用发票

2. 增值税电子专用发票

增值税电子专用发票如图 3-5 所示。

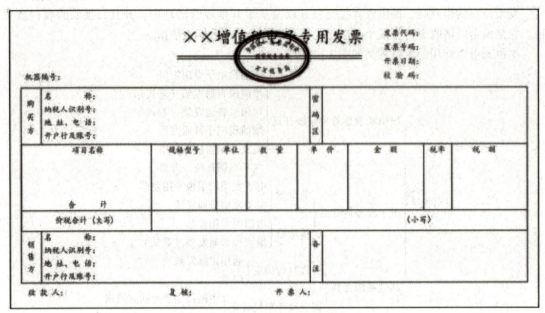

图 3-5 增值税电子专用发票

3. 数电专用发票

全面数字化的电子发票简称数电发票。数电专用发票票样如图 3-6 所示。

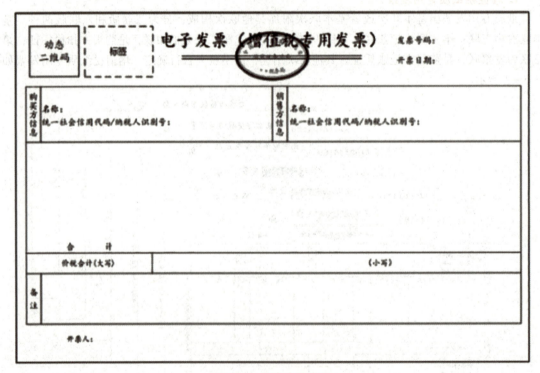

图 3-6 数电专用发票

数字经济、惠民服务

全面推行数电票

为了全面推进税收征管数字化升级和智能化改造，降低征纳成本，国家税务总局建设了全国统一的电子发票服务平台，24小时在线免费为纳税人提供全面数字化的电子发票开具、交付、查验等服务，实现发票全领域、全环节、全要素电子化。2021年12月1日起，上海、广东、内蒙古开始"全电"发票试点工作，广西自2023年4月27日起开展数电票试点。

（二）增值税普通发票

1. 增值税普通发票（折叠式）

增值税普通发票（折叠式）由基本联次或者基本联次附加其他联次构成，分为两联版和五联版两种。基本联次为两联：第一联为记账联，是销售方记账凭证；第二联为发票联，是购买方记账凭证。其他联次用途，由纳税人自行确定。增值税普通发票（折叠式）如图3-7所示。

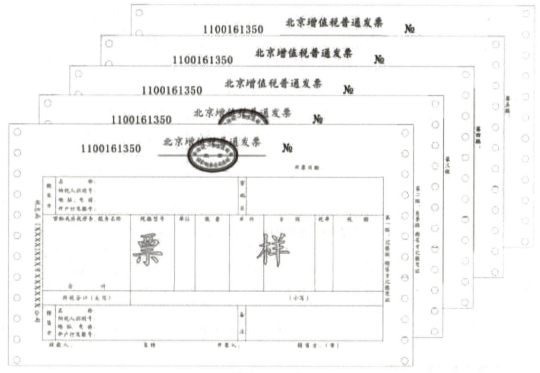

图3-7 增值税普通发票（联式）

【提示】增值税普通发票（折叠式）的发票代码为12位，发票代码编码规则为：第1位为0，第2~5位代表省、自治区、直辖市和计划单列市，第6~7位代表年度，第8~10位代表批次，第11~12位代表票种和联次，其中04代表二联增值税普通发票（折叠式）、05代表五联增值税普通发票（折叠式）。

2. 增值税普通发票（卷票）

增值税普通发票（卷票）分为两种规格：57 mm×177.8 mm、76 mm×177.8 mm，均为单联。它的特点是金额、税额不分开，票面金额为含税销售额。增值税普通发票（卷票）如图3-8所示。

图 3-8 增值税普通发票(卷票)

纳税人通过增值税发票管理系统开具印有本单位名称的增值税普通发票(卷票)。纳税人可按照《中华人民共和国发票管理办法》及其实施细则要求,书面向国税机关要求使用印有本单位名称的增值税普通发票(卷票),国税机关按规定确认印有该单位名称发票的种类和数量,其式样、规格、联次和防伪措施等与原有增值税普通发票(卷票)一致,并加印企业单位名称。

3. 增值税电子普通发票

增值税电子普通发票如图 3-9 所示。

4. 数电普通发票

数电普通发票如图 3-10 所示。

(三) 通用定额发票

通用定额发票的特点有以下几方面:
(1) 金额固定;
(2) 没有买方单位名称;
(3) 金额、税额不分开,票面金额为含税销售额。

通用定额发票如图 3-11 所示。

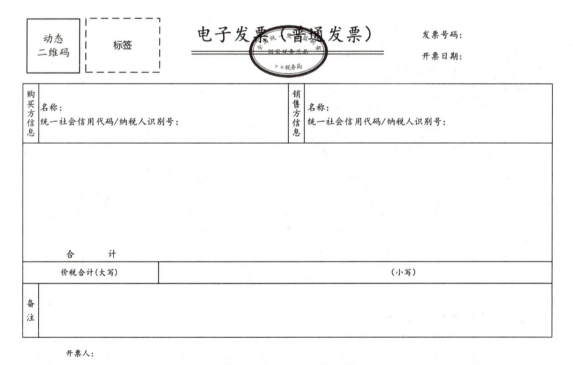

××增值税电子普通发票

机器编号：

发票代码：
发票号码：
开票日期：
校验码：

购买方	名称： 纳税人识别号： 地址、电话： 开户行及账号：	密码区					
货物或应税劳务、服务名称	规格型号	单位	数量	单价	金额	税率	税额
合计							
价税合计（大写）					（小写）		
销售方	名称： 纳税人识别号： 地址、电话： 开户行及账号：	备注					

图 3－9　增值税电子普通发票

动态二维码　　标签

电子发票（普通发票）

发票号码：
开票日期：

购买方信息	名称： 统一社会信用代码/纳税人识别号：	销售方信息	名称： 统一社会信用代码/纳税人识别号：
合计			
价税合计（大写）	（小写）		
备注			

开票人：

图 3－10　数电普通发票

（四）机动车销售统一发票

从事机动车零售业务的单位和个人，在销售机动车（不包括销售旧机动车）收取款项时，开具机动车销售统一发票。机动车销售统一发票为六联式发票：第一联为发票联，是购货单位付款凭证；第二联为抵扣联，是购货单位扣税凭证；第三联为报税联，车购税征收单位留存；第四联为注册登记联，车辆登记单位留存；第五联为记账联，销货单位记账凭证；第六联为存根联，销货单位留存。机动车销售统一发票如图 3－12 所示。

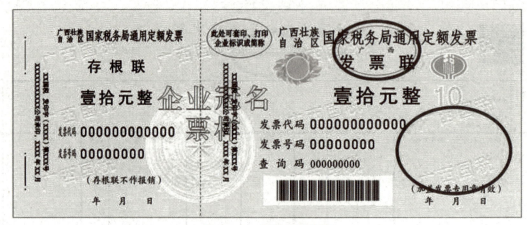

图 3-11 通用定额发票

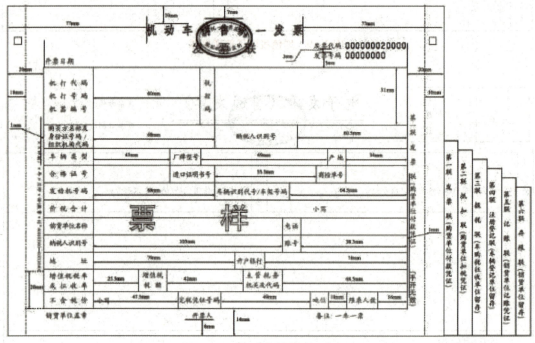

图 3-12 机动车销售统一发票

（五）二手车销售统一发票

2018 年 4 月 1 日起，二手车交易市场、二手车经销企业、经纪机构和拍卖企业应当通过增值税发票管理新系统开具二手车销售统一发票。二手车销售统一发票"车价合计"栏次仅注明车辆价款。二手车交易市场、二手车经销企业、经纪机构和拍卖企业在办理过户手续过程中收取的其他费用，应当单独开具增值税发票。

【提示】二手车销售统一发票不属于增值税专用发票，不可以抵扣进项税额。

二、增值税发票领取

税务机关是增值税发票的主管机关，负责印制、领购、开具、取得、保管、缴销的管理和监督。增值税专用发票由国务院税务主管部门确定的企业印制；其他发票按照国务院税务主管部门的规定，由省级税务机关确定的企业印制。

（一）发票票种核定

企业在首次领取发票前需要先核定发票票种。新设企业在新办企业税务套餐服务时一并办理发票票种核定。

发票票种核定的内容包括以下两方面：

（1）纳税人领用发票的种类。

（2）最高开票限额、每次申领发票的数量和领用方式。

【注释】"最高开票限额"是指单份发票开具的销售额合计数的上限额度。

首次申领增值税专用发票最高开票限额不超过10万元，每月最高领用数量不超过25份；增值税普通发票最高开票限额不超过10万元，每月最高领用数量不超过50份。

【提示】纳税人因实际经营情况发生变化提出增加发票领用数量和最高开票限额，经依法依规审核未发现异常的，主管税务机关会及时为纳税人办理发票"增版""增量"。

（二）发票领取方式

1. 纸质发票领取方式

（1）自助领取。

纳税人可以在办税服务厅的自助领票机领取发票。

【提示】自助领票需要带办税人员身份证。

（2）网上申领。

纳税人可以在当地电子税务局申请发票，网上申请后主管税务机关会快递送达。

【提示】已经经过实名信息采集和验证的纳税人，可以自愿选择使用网上申领方式领用发票和登录电子税务局以"非接触式"等方式领用发票。

（3）办税服务厅现场领取。

每次领取发票超过一定数量（一般情况下超过1 000份）的才需要到主管税务机关办税厅现场领取。

2. 电子发票领取方式

（1）网上申领。

（2）办税服务厅现场领取。

【提示】增值税电子发票采用发票赋号方式领用，税务机关会将赋予纳税人的发票号段同步至增值税电子发票系统。

3. 数电发票领取方式

数电发票不需要申请，可以直接在电子税务局开具。

三、增值税发票开具一般要求

（1）增值税一般纳税人销售货物、提供劳务和销售服务、无形资产、不动产，应使用新系统开具增值税专用发票、增值税普通发票、机动车销售统一发票、增值税电子发票。

（2）销售商品、提供服务以及从事其他经营活动的单位和个人，对外发生经营业务收取款项，收款方应当向付款方开具发票；特殊情况下，由付款方向收款方开具发票。取得发票时，不得要求变更品名和金额。

（3）增值税纳税人购买货物、劳务、服务、无形资产或不动产，索取增值税专用发票时，须向销售方提供购买方名称（不得为自然人）、纳税人识别号或统一社会信用代码、地址电话、开户行及账号信息。

购买方为企业的，索取增值税普通发票时，须向销售方提供纳税人识别号或统一社会信用代码。

购买方为个人消费者的，索取增值税普通发票时，不需向销售方提供纳税人识别号、地址电话、开户行及账号信息。

【提示】购买方索取增值税发票时，不需要提供营业执照等相关证件或其他证明材料。

（4）纳税人应在发生增值税纳税义务时开具发票。

（5）必须按发票号码顺序填开发票，填写项目齐全，内容真实，字迹清楚，全部联次一次打印，内容完全一致，并在发票联和抵扣联加盖发票专用章。

【提示】发票只能加盖发票专用章，不能用财务专用章或者公章代替发票专用章。

（6）应使用新系统选择相应的商品和服务税收分类与编码开具增值税发票。

（7）纳税人应在联网状态下在线开具增值税发票，系统可自动上传已开具的发票明细数据。纳税人因网络故障等原因无法在线开票的，在税务机关设定的离线开票时限和离线开具发票总金额范围内仍可开票，超限将无法开具发票。

（8）应当使用中文开具发票，民族自治地方可以同时使用当地通用的一种民族文字。

（9）任何单位和个人不得有下列虚开发票行为：

①为他人、为自己开具与实际经营业务情况不符的发票；

②让他人为自己开具与实际经营业务情况不符的发票；

③介绍他人开具与实际经营业务情况不符的发票。

【案例3-27】（多选题）翠云山酒厂发生的下列行为，属于虚开增值税专用发票的是（　　）。

A. 未在高老庄超市购物，让超市开具办公用品增值税专用发票

B. 购买皮鞋发福利，让高老庄超市开具劳动保护专用防水鞋的增值税专用发票

C. 在翠云山酒店召开年会，但让花果山酒店为本单位开具会务费增值税专用发票

D. 销售葡萄酒给伯乐汽车有限公司，但开具运费增值税专用发票

【答案】ABCD

【解析】虚开专用发票具体包括下面的行为：

（1）实际没有业务发生，但开具了专用发票（选项A）。

（2）实际有业务发生，但开具的发票品名、数量或金额跟实际业务不符（选项B、D）。

（3）有实际经营活动，但不是提供货物或劳务、服务的单位开具的发票（选项C）。

【提示】虚开发票不等于开具假发票，也不等于没有业务开具发票，纳税人对虚开发票一定要有全面正确的认知，避免掉进虚开发票的坑，构成违法犯罪行为。

法治中国

南宁35家公司因虚开增值税专用发票被移送公安立案侦查

2023年2月，国家税务总局广西壮族自治区税务局在其官网"重大税收违法失信案件信息公布栏"公布了一批重大税收违法失信案件信息，其中，南宁市共计有35家公司存在虚开增值税专用发票的行为，被所辖税务机关处以追缴税款、罚款，因涉嫌虚开增值税专用发票罪被移送公安机关立案侦查。

35家公司虚开的金额从110万元（税额15万多元）至8 000多万元（税额700多万元）不等。例如广西铭某建设劳务有限公司，在2017年1月1日至2018年12月31日期间，主要存在以下问题：（1）让他人为自己开具与实际经营业务情况不符的增值税专用发票129份，金额8 122.66万元，税额738.68万元；（2）为他人开具与实际经营业务情况不符的增值税专用发票178份，票面额累计14 084.19万元。税务处理处罚的结果为：对其处以追缴税款648.89万元的行政处理、处以罚款50万元的行政处罚、依法移送司法机关。虚开增值税专用发票罪的立案标

准为虚开税额10万以上，上述35家公司虚开的税额都超过了此标准，将面临刑事处罚。

依法纳税是每个公民应尽的义务。但现实中，有人心存侥幸、铤而走险，虚开发票偷逃税行为扰乱了税收征管秩序，破坏了公平有序的营商环境，也危害到国家税收安全。

四、增值税专用发票管理规定

（一）一般纳税人不得使用专用发票的情况

一般纳税人有下列销售情形之一的，不得使用增值税专用发票：

（1）会计核算不健全，不能向税务机关准确提供增值税销项税额、进项税额、应纳税额数据及其他有关增值税税务资料的。

（2）应当办理一般纳税人资格登记而未办理的。

（3）有《中华人民共和国税收征收管理法》规定的税收违法行为，拒不接受税务机关处理的。

（4）有列举行为之一，经税务机关责令限期改正而仍未改正的：
①虚开增值税专用发票；
②私自印制增值税专用发票；
③向税务机关以外的单位和个人买取增值税专用发票的；
④借用他人增值税专用发票；
⑤未按《增值税专用发票使用规定》第十一条开具增值税专用发票的；
⑥未按规定保管增值税专用发票和专用设备；
⑦未按规定申请办理防伪税控系统变更发行的；
⑧未按规定接受税务机关检查。

【提示】有上列情形的，如已领取专用发票，主管税务机关应暂扣其结存的增值税专用发票和税控专用设备。

（二）不得开具专用发票的情况

属于下列销售情形之一的，不得开具专用发票：

（1）向消费者个人销售货物，提供应税劳务或者销售服务、无形资产、不动产的。

（2）销售货物，提供应税劳务或者销售服务、无形资产、不动产适用增值税免税规定的，法律、法规及国家税务总局另有规定的除外。

（3）商业企业零售烟、酒、食品、服装、鞋帽（但劳保用品除外）、化妆品等消费品的。

（4）部分适用增值税简易征收政策规定的：
①增值税一般纳税人的单采血浆站销售非临床用人体血液选择简易计税的；
②纳税人销售旧货，按简易办法依3%征收率减按2%征收增值税的。
③纳税人销售自己使用过的固定资产，适用按简易办法依3%征收率减按2%征收增值税政策的。

【提示】纳税人销售自己使用过的固定资产，适用简易计税法依照3%征收率减按2%征收增值税政策的，可以放弃减税，按照简易计税法依照3%征收率缴纳增值税，并可以开具增值税专用发票。

④法律、法规及国家税务总局规定的其他情形。

【提示】小规模纳税人（其他个人除外）可以接受专用发票，但不能抵扣进项税，所以一般不为小规模纳税人开具专用发票。

【案例3-28】（多选题）下列情形中不得开具增值税专用发票的有（　　）。

A. 花果山酒店为西游大学的学生提供住宿服务

B. 翠云山酒厂销售自己使用过的货车按简易计税法依3%征收率减按2%计税
C. 高老庄超市零售化妆品
D. 花果山烟草公司批发卷烟给高老庄超市

【答案】 ABC

【解析】 答案A向消费者个人销售服务；答案B是销售自己使用过的固定资产享受优惠政策的；答案C是商业企业零售化妆品；答案D商业企业批发卷烟，可以开具专用发票。

【思考】 如何区别税收上的批发和零售？

批发额指销售后用于生产、经营用的商品的销售额，购买方不是终端消费者；零售额是销售给终端消费者的销售额，即使按批发价销售给终端消费者，也应计入零售额，而不计入批发额。单位集中采购自行消费的属于零售。高老庄超市购买花果山烟草公司的卷烟是为了对外销售，不是自行消费，因此花果山烟草公司销售给高老庄超市卷烟属于批发行为。

五、发票其他管理规定

（一）数电票管理规定

（1）数电票法律效力、基本用途等与纸质发票一致。

（2）纳税人以电子发票的纸质打印件作为税收凭证的，无须要求销售方在纸质打印件盖发票专用章，但必须同时保存打印该纸质件的数电票电子文件。

（3）数电票采用20位发票号码，为全国统一赋码，因此同一个纳税人开具的发票号码不连续。

（4）数电票没有开具份数和单张开票限额的限制，只要在授信金额总额度内，可以直接开具。

（二）差额征税发票管理规定

按照现行政策规定适用差额征税办法缴纳增值税，且不得全额开具增值税发票的，可以使用税控新系统的差额征税开票功能，差额征税开具发票有以下几个特点：

（1）税率栏会显示"***"。

（2）备注栏自动打印"差额征税"字样，同时体现扣除额。

（3）税额=（价税合计数－扣除额）÷（1＋适用税率或征收率）×适用税率或征收率。

差额征税的增值税专用发票如图3-13所示。

【提示】 利用差额征税开票功能开具增值税发票时，录入含税销售额和扣除额，系统会自动计算税额和不含税金额，差额征税发票不应与其他应税行为混开。

（三）税务机关代开发票管理规定

1. 专用发票代开范围

（1）增值税小规模纳税人（其他个人除外）需要开具专用发票的，可以自愿使用增值税发票管理系统自行开具。未选择自行开具专用发票的，可以申请税务机关代开专用发票。自行开具专用发票的，税务机关不再代开专用发票。

（2）未办理注册登记的自然人（即其他个人）可以申请代开专用发票的情况：

①销售或者出租其取得的不动产；

②被委托代征税款的保险企业，向个人保险代理人支付的佣金费用，可申请主管税务机关汇总代开普通发票或专用发票。证券经纪人、信用卡和旅游等行业比照执行。

2. 代开发票特点

（1）销售方资料填写代开税务机关开票信息。

（2）备注栏注明纳税人名称和纳税人识别号。

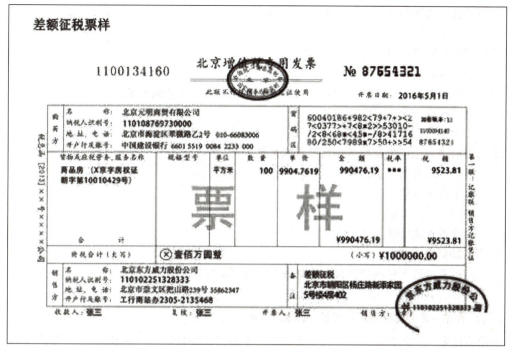

图 3-13 差额征税的增值税专用发票

3. 其他事项

(1) 代开专用发票的纳税人（其他个人除外）应在备注栏加盖本单位的发票专用章；代开普通发票或为其他个人代开专用发票，在备注栏加盖税务机关代开发票专用章。

(2) 应缴纳税款的，应先缴税，再开具发票。

六、增值税发票真伪查验

（一）通过"国家税务总局全国增值税发票查验平台"（https://inv-veri.chinatax.gov.cn/）查验

"国家税务总局全国增值税发票查验平台"查验页面如图 3-14 所示。

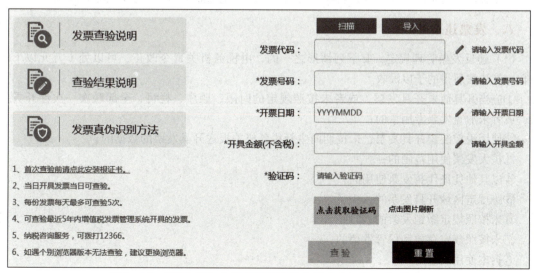

图 3-14 "国家税务总局全国增值税发票查验平台"查验页面

1. 可查验使用增值税发票管理系统开具的发票

(1) 增值税专用发票。
(2) 增值税电子专用发票。
(3) 增值税普通发票（折叠票、卷票）。
(4) 增值税电子普通发票（含收费公路通行费增值税电子普通发票）。
(5) 机动车销售统一发票。
(6) 二手车销售统一发票。

2. 可查验使用电子发票服务平台开具的发票

(1) 电子专用发票。
(2) 电子普通发票。
(3) 增值税专用发票。
(4) 增值税普通发票。

3. 查验的时间范围

(1) 可查验最近 5 年内增值税发票管理系统开具的发票。
(2) 当日开具的发票当日可进行查验。

（二）通过"发票查真伪扫一扫"小程序查询

在微信搜索"发票查真伪扫一扫"小程序，单击"发票真伪"，扫描发票左上角的二维码。

（三）携带发票原件到主管税务机关鉴定

如果纳税人对通过以上两种途径查询的结果有异议，可以携带发票原件到主管税务机关鉴定。

【提示】不符合规定的发票，不得作为财务报销凭证，任何单位和个人有权拒收。付款方取得发票后应及时核对发票开具内容是否真实、项目填写是否齐全、加盖的发票专用章是否与收款方一致。对于违反发票管理法规的行为，任何单位和个人有权向税务机关举报。

七、丢失增值税发票的处理

纳税人仅丢失发票联或抵扣联，不需要申请开具《丢失增值税专用发票已报税证明单》，也不用登报声明遗失，可用发票其他联次复印件加盖销售方的发票专用章，作为抵扣凭证、退税凭证或记账凭证。要是发票联、抵扣联都丢失的，必须在记账联复印件加盖发票专用章。

八、发票违章处理

(1) 违反发票管理规定，有下列情形之一的，由税务机关责令改正，可以处 1 万元以下的罚款；有违法所得的予以没收。

①应当开具而未开具发票，或者未按照规定的时限、顺序、栏目，全部联次一次性开具发票，或者未加盖发票专用章的；
②使用税控装置开具发票，未按期向主管税务机关报送开具发票的数据的；
③扩大发票使用范围的；
④以其他凭证代替发票使用的；
⑤跨规定区域开具发票的；
⑥未按照规定缴销发票的；
⑦未按照规定存放和保管发票的；
⑧拆本使用发票的；
⑨使用非税控电子器具开具发票，未将非税控电子器具使用的软件程序说明资料报主管税

务机关备案，或者未按照规定保存、报送开具发票的数据的。

（2）跨规定的使用区域携带、邮寄、运输空白发票，以及携带、邮寄或者运输空白发票出入境的，由税务机关责令改正，可以处1万元以下的罚款；情节严重的，处1万元以上3万元以下的罚款；有违法所得的予以没收。

丢失发票或者擅自损毁发票的，依照前款规定处罚。

（3）违反发票管理规定虚开发票的，由税务机关没收违法所得。

虚开金额在1万元以下的，可以并处5万元以下的罚款；虚开金额超过1万元的，并处5万元以上50万元以下的罚款；构成犯罪的，依法追究刑事责任。

非法代开发票的，依照前款规定处罚。

（4）有下列情形之一的，由税务机关处1万元以上5万元以下的罚款；情节严重的，处5万元以上50万元以下的罚款；有违法所得的予以没收：

①转借、转让、介绍他人转让发票、发票监制章和发票防伪专用品的；

②知道或者应当知道是私自印制、伪造、变造、非法取得或者废止的发票而受让、开具、存放、携带、邮寄、运输的。

对违反发票管理法规情节严重构成犯罪的，税务机关应当依法移送司法机关处理。

【提示】违反发票管理规定，不仅要受到处罚，还会影响纳税人信用评价级别，因此纳税人一定要牢记发票管理规定。

任务六　教你轻松开发票

【导入】我们跟悟空一起认识了各种增值税发票，并学习了增值税发票管理的相关知识，现在一起来看一下如何开具各种增值税发票。

【教学资源】本知识点对应精品课程视频。

教你轻松开发票

一、开票基础工作

（一）安装税控系统

纳税人领取税控UKey后，要先在税务机关官网下载安装税控驱动控件，才能在税控系统开具发票。

【提示】试点推行"数电票"的纳税人可以不通过税控系统开具纸质发票，无论是数电票还是纸质票（包括纸质专票和纸质折叠普通发票），一律可以在电子发票服务平台中开具。

（二）系统设置

1. 设置自身开票信息

安装税控系统后登录系统，在"系统设置"中设置开票信息，填写纳税人名称、纳税人识别号、地址、电话、开户行及账号。

2. 分配发票

纳税人领受发票后要先在增值税税控开票系统分配发票（又称读入发票），才能在系统开具发票。

分配发票后，进入系统的"发票管理"，选择需要开具的发票种类，就可以进入开票界面开具发票。

3. 商品和服务税收分类与编码

纳税人必须按照《商品和服务税收分类与编码》选择商品或服务的类别。

系统没有的编码和商品，可以在"系统设置"→"商品和服务税收分类与编码"的最末一级编码下添加下一级编码和商品名称。

4. 客户信息

开具增值税专用发票时，购买方名称、纳税人识别号或统一社会信用代码、地址、电话、开户行及账号信息都必须齐全。

开具增值税普通发票时，购买方地址、电话、开户行及账号可以不填写。

【提示】购买方名称不能用简称，纳税人识别号要跟营业执照的统一社会信用代码完全一致。

在新开票系统的"系统设置→客户编码"下，根据管理需要分类增添客户的税务信息。

纳税人开具发票时购买方信息可以直接查找，不需要在开票界面填写。

二、发票基本信息

（一）发票价格

可根据约定价格选择含税单价或不含税单价，单击右上方的"不含税"或"含税"按钮，系统可以切换两种计税价格，并自动计算对应的金额和税款。

（二）发票"备注"栏的填写

开具发票，除填写票面基本信息外，备注栏的填写也不能忽视，填写不当会导致发票无效。

（1）出口发票：合同号、贸易方式、结算方式、外币金额、汇率等可在备注中填写。如果票面开具的是 CIF 价，则在备注栏注明 FOB 价。

（2）建筑服务发票：纳税人自行开具或者税务机关代开增值税发票时，应在发票的备注栏注明建筑服务发生地县（市、区）名称及项目名称。

（3）销售不动产发票：纳税人自行开具或者税务机关代开增值税发票时，应在发票"货物或应税劳务、服务名称"栏填写不动产名称及房屋产权证书号码（无房屋产权证书的可不填写），"单位"栏填写面积单位，备注栏注明不动产的详细地址。

（4）出租不动产发票：纳税人自行开具或者税务机关代开增值税发票时，应在备注栏注明不动产的详细地址。

（5）货运发票：应将起运地、到达地、车种车号以及运输货物信息等内容填写在发票备注栏中，如内容较多可另附清单。

（6）单用途卡或多用途卡结算销售款。

单用途卡的销售方与售卡方不是同一个纳税人的，销售方在收到售卡方结算的销售款时，应向售卡方开具增值税普通发票，并在备注栏注明"收到预付卡结算款"，不得开具增值税专用发票。

【提示】单用途商业预付卡和支付机构预付卡（多用途卡）售卡或充值时收取的预收资金，不缴纳增值税。

（7）代收车船税发票：保险机构作为车船税扣缴义务人，在代收车船税并开具增值税发票时，应在增值税发票备注栏中注明代收车船税税款信息。具体包括保险单号、税款所属期（详细至月）、代收车船税金额、滞纳金金额、金额合计等。该增值税发票可作为纳税人缴纳车船税及滞纳金的会计核算原始凭证。

（8）生产企业代办退税的出口货物：生产企业向综服企业开具的增值税专用发票备注栏内应注明"代办退税专用"，作为综服企业代办退税的凭证，不得作为增值税扣税凭证。

（9）纳入试点的网络平台道路货物运输企业为符合条件的货物运输业小规模纳税人（会员）代开增值税专用发票，应在备注栏注明会员的纳税人名称、纳税人识别号、起运地、到达地、车种车号以及运输货物信息等内容，如内容较多可另附清单。

（三）发票号码

开具发票时系统有对应的发票号码，纸版发票在打印前要先核对纸版发票号码跟系统的号码是否相符，然后将几联发票同时放入针式打印机打印发票。

（四）销售机动车发票开具

1. 机动车销售统一发票

（1）纳税人从事机动车（旧机动车除外）零售业务必须开具机动车销售统一发票。

（2）如购买方需要抵扣增值税税款，"纳税人识别号"栏必须填写，其他情况可不填写。

（3）机动车发票票面的车辆信息必须按照车辆合格证的内容填写。

（4）按照"一车一票"原则开具机动车销售统一发票。

【提示】若因开具单张发票金额有限制，需要联系主管税务机关提升开票限额。

2. 增值税专用发票

（1）纳税人从事机动车（旧机动车除外）非零售业务开具增值税专用发票时应选择"机动车开具"模式。

（2）应正确选择机动车的商品和服务税收分类编码。

【提示】销售材料、配件、维修、保养、装饰等非机动车整车销售业务，不能通过"机动车开具"模式开具发票，而应选择"普通开具"模式开具发票。

（3）发票"规格型号"栏应填写机动车车辆识别代号/车架号，"单位"栏应选择"辆"。

（五）成品油发票

所有成品油发票均须通过增值税发票管理新系统中成品油发票开具模块开具。

纳税人需要开具成品油发票的，由主管税务机关开通成品油发票开具模块。

成品油发票是指销售汽油、柴油、航空煤油、石脑油、溶剂油、润滑油、燃料油等成品油所开具的增值税专用发票和增值税普通发票。

三、汇总开具增值税发票

可以单击"新增行"按钮增加商品和服务，但单张发票只能开具8行，超过8行的可以汇总开具发票。

纳税人销售货物、提供加工修理修配劳务和发生应税行为可汇总开具增值税专用、普通发票。汇总开具发票的，应同时使用开票系统开具《销售货物或者提供应税劳务清单》，并加盖发票专用章。

单击"清单"按钮，进入《销售货物或者提供应税劳务、服务清单》的填写界面。可以直接查找输入货物、劳务或服务信息，也可以用表格导入，所有信息填完，单击"开具"按钮，就可以生成清单对应的发票。

【提示】必须在系统开具《销售货物或者提供应税劳务、服务清单》，在系统外填写的清单无效。

四、增值税折扣发票开具

折扣商品、劳务或服务必须将折扣前的销售额和折扣额在同一张发票上分别用正数和负数列示，方可按折扣后的销售额征税。

选择要折扣的商品、劳务或服务，然后单击"折扣行"选项，填写折扣比率，单击"保存"按钮就可以生成折扣发票。

五、增值税发票作废及红冲

(一) 增值税专用发票作废

纳税人在开具增值税专用发票当月，发生销货退回、开票有误等情形，收到退回的发票联、抵扣联符合作废条件的，按作废处理。

开具时发现有误的，可即时作废。

同时具有下列情形的，为上述所称"作废条件"：

(1) 收到退回的发票联、抵扣联，且时间未超过销售方开票当月。

(2) 销售方未抄税且未记账。

(3) 购买方未认证，或者认证结果为"纳税人识别号认证不符""增值税专用发票代码、号码认证不符"。

作废增值税专用发票须在系统中将相应的数据电文按"作废"处理，在纸质增值税专用发票（含未打印的增值税专用发票）各联次上注明"作废"字样，全联次留存。

【思考】丢失已开具发票联或抵扣联是否符合发票作废条件？

(二) 增值税专用发票红冲

1. 开具、上传红字增值税专用发票信息表

纳税人开具增值税专用发票后，发生销货退回、开票有误、应税服务中止等情形但不符合发票作废条件，或者因销货部分退回及发生销售折让，需要开具红字增值税专用发票的，按下面的方法处理。

(1) 购买方取得增值税专用发票已用于申报抵扣的，由购买方在开票系统中填开并上传《开具红字增值税专用发票信息表》（以下简称《信息表》），填开《信息表》时不填写相对应的蓝字增值税专用发票信息，应暂依《信息表》做当期进项税额转出，待取得销售方开具的红字增值税专用发票后，与《信息表》一并作为记账凭证。

(2) 购买方取得增值税专用发票未用于申报抵扣、但发票联或抵扣联无法退回的，购买方填开《信息表》时应填写相对应的蓝字增值税专用发票信息。

(3) 销售方开具增值税专用发票尚未交付购买方，以及购买方未用于申报抵扣并将发票联及抵扣联退回的，由销售方在新系统中填开并上传《信息表》。销售方填开《信息表》时应填写相对应的蓝字增值税专用发票信息。

2.《信息表》校验

主管税务机关通过网络接收纳税人上传的《信息表》，系统自动校验通过后，生成带有"红字发票信息表编号"的《信息表》，并将信息同步至纳税人端系统中。

3. 开具红字发票

销售方凭税务机关系统校验通过的《信息表》开具红字增值税专用发票，在新系统中以销项负数开具。红字增值税专用发票应与《信息表》一一对应。

(三) 增值税普通发票作废、红冲

1. 普通发票作废

(1) 开具时发现有误的，可即时作废。

(2) 开票当月收到退回的发票联，且销售方未抄税并且未记账。

2. 普通发票红冲

发生销货退回、开票有误、应税服务中止等情形但不符合普通发票作废条件，或者因销货部分退回及发生销售折让，应收回原发票并注明"作废"字样或取得对方有效证明，直接在开票系统开具红字发票。

【提示】一张蓝字普通发票在对应的金额范围内可以开具多份红字普通发票。

（四）机动车销售统一发票红冲

机动车销售统一发票不支持作废。

开具纸质机动车销售统一发票后，如发生销货退回或开具有误的，销售方应开具红字发票，红字发票内容应与原蓝字发票一一对应，并收回消费者所持有的纸质机动车销售统一发票。

六、数电票的开具

创新发展

数电票的优点

1. 领票流程更简化

开业开票"无缝衔接"。数电票实现"去介质"，纳税人不再需要预先领取专用税控设备；通过"赋码制"取消特定发票号段申领，发票信息生成后，系统自动分配唯一的发票号码；通过"授信制"自动为纳税人赋予开具金额总额度，实现开票"零前置"。基于此，新办纳税人可实现"开业即可开票"。

2. 开票用票更便捷

（1）发票服务"一站式"更便捷；
（2）发票数据应用更广泛；
（2）发票使用满足个性业务需求；
（4）纳税服务渠道更畅通。

3. 入账归档一体化

通过制发电子发票数据规范、出台电子发票国家标准，实现数电票全流程数字化流转，进一步推进企业和行政事业单位会计核算、财务管理信息化。

（一）开票信息维护

登录"国家税务总局广西壮族自治区电子税务局"，执行"开票业务"→"开票信息维护"命令，如图3-15所示。

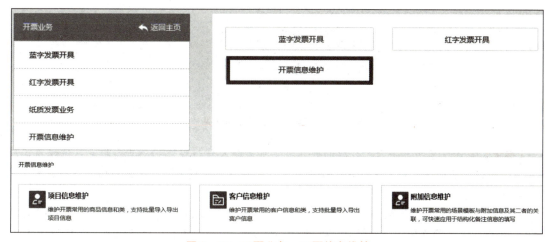

图3-15 开票业务—开票信息维护

(二)蓝字发票开具

执行"开票业务"→"蓝字发票开具"→"立即开票"命令,选择"发票种类",填写发票信息,单击"发票开具"按钮,完成蓝字发票开具,如图3-16~图3-21所示。

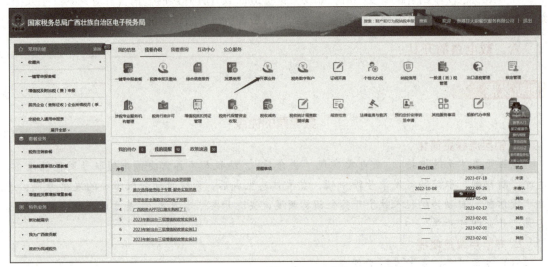

图3-16 选择"开票业务"

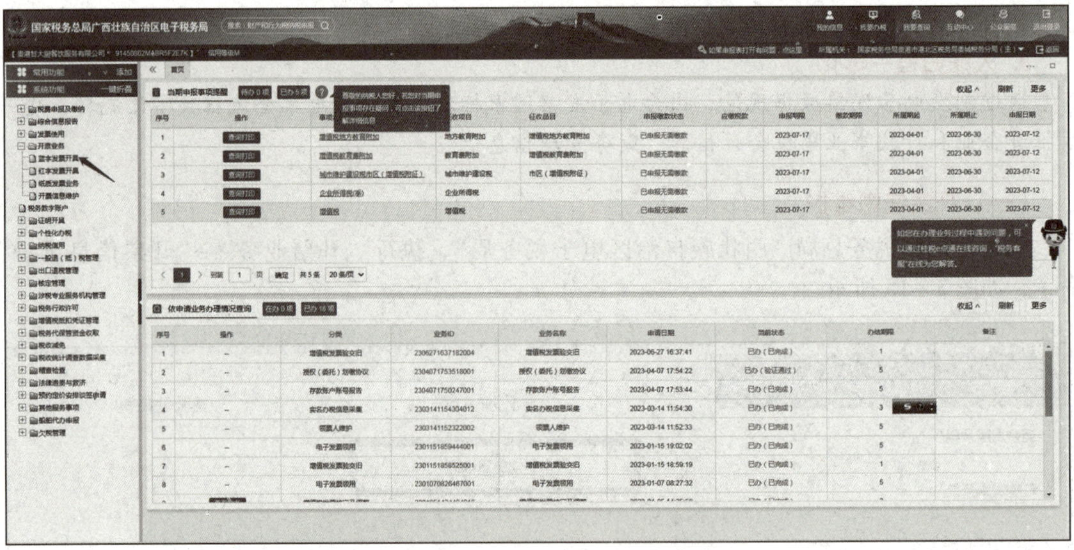

图3-17 选择"蓝字发票开具"

【提示】电子发票服务平台对发票的开具提供页面输入和扫描二维码两种模式。选择页面输入模式,即进入页面输入内容完成发票开具;选择扫描二维码模式,可通过扫描二维码的方式完成发票相关信息预采集。

数电发票没有最大开票行数限制,不需要开具清单,项目多的可以导入。单击"明细导入"按钮,单击下载《发票开具-项目信息批量导入模板》,填写完成后上传,完成开票信息导入。

【提示】开票信息的项目名称必须在项目信息维护中添加,导入时需根据实际情况选择"含税/不含税"项,如图3-22所示。

项目三 无关盈亏增值税

图 3-18 选择"立即开票"

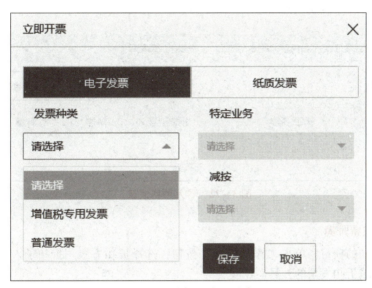

图 3-19 选择"发票种类"

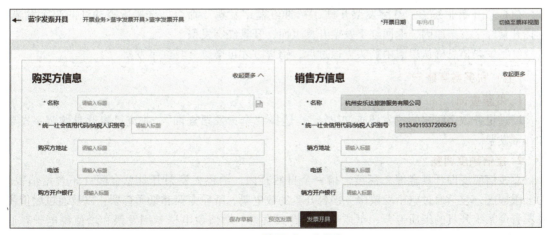

图 3-20 填写购买方信息

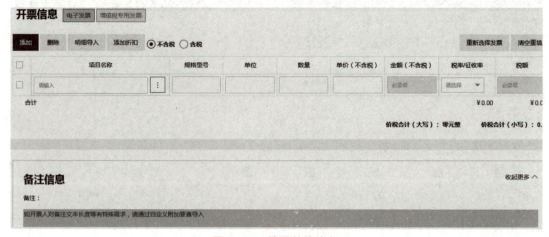

图 3-21 填写其他信息

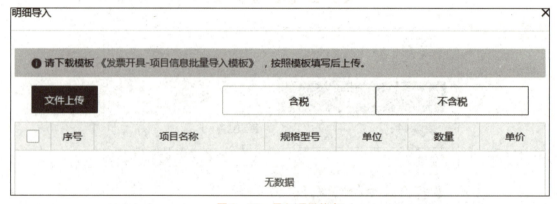

图 3-22 导入项目信息

（三）折扣发票开具

勾选需要折扣的项目，单击"添加折扣"按钮，选择折扣方式、折扣录入方式，输入折扣金额，保存后完成折扣发票的开具。

（四）红字发票开具

执行"开票业务"→"红字发票开具"→"冲红蓝字发票"命令，选择所需冲红的蓝字发票，选择开具红字发票原因，返回红字发票开具页面，开具红字发票。

红字发票信息确认单需由购买方通过后，销售方才可继续开具红字发票。

（五）税务数字账户

1. 发票查询

通过税务数字账户的"发票查询统计"，选择"全量发票查询"，查询已经开具的蓝字发票和红字发票。

2. 授信额度调整

总授信额度即开具金额总额度，指一个自然月内，纳税人发票开具总金额（不含增值税）的上限额度，包括通过电子发票服务平台开具的数电票、纸质专票和纸质普票，以及通过增值税发票管理系统开具的纸质专票、纸质普票、卷式发票、增值税电子专用发票和增值税电子普通发票。

因授信额度不足无法开具蓝字发票时,需通过"调额"或"税务数字账号"进入税务数字账户,选择"授信额度调整申请",通过"新增申请"调整额度。

任务七 如何申报增值税

【导入】我们跟悟空一起学习了开具各种增值税发票,接着学习如何进行增值税两种纳税人纳税申报。

【教学资源】本知识点对应精品课程视频。

如何申报增值税

一、增值税税收优惠

(一)增值税免税

1. 法定免税项目

(1)农业生产者销售的自产农产品。

【注释】农业生产者指从事农业生产的单位和个人。农产品是指初级农产品。

惠民政策

税惠精准浇灌,为富硒米赋足新"硒"望

广西贵港市覃塘区属于亚热带季风气候,70%以上的土壤富含硒元素,特殊的地理环境和气候优势孕育了覃塘区特色产业——富硒米。山北乡壮乡米专业合作社依托当地资源,开展富硒米规模化种植,辐射带动周边乡镇200多户农户种植富硒米1 000亩以上。富硒米产业已经成为这里增加收入的主要来源,帮助很多农民实现了脱贫致富。乡村振兴的关键是产业振兴,产业兴则农民富、农民富则乡村兴。

广西税务部门持续聚焦乡村振兴和共同富裕,贵港税务部门针对合作社特点和农户需求,整合梳理农业产业适用的税收优惠政策,对农民专业合作社销售本社成员生产的农业产品,视同农业生产者销售自产农业产品免征增值税,助力地方特色农业产业不断兴旺发展、农户农民不断"丰收"致富。

(2)避孕药品和用具。

(3)古旧图书。

【注释】"古旧图书"指向社会收购的古书和旧书。

(4)直接用于科学研究、科学试验和教学的进口仪器、设备。

对科学研究机构、技术开发机构、学校等单位进口国内不能生产或者性能不能满足需要的科学研究、科技开发和教学用品,免征进口关税和进口环节增值税、消费税。

(5)外国政府、国际组织无偿援助的进口物资和设备。

(6)由残疾人的组织直接进口供残疾人专用的物品。

(7)其他个人(个体工商户以外的个人)销售的自己使用过的物品。

【案例3-29】(多选题)下列各项中,应当计算缴纳增值税的有( )。

A. 个人销售自己使用过的轿车 B. 农业生产者销售的外购农产品
C. 电力公司向发电企业收取过网费 D. 残疾人的组织直接进口供残疾人专用的物品

【答案】BC

【解析】电力公司向发电企业收取过网费要交增值税,农业生产者销售的外购农产品,不属于免税的范围,应按规定的税率征收增值税。

2. "营改增"免税项目

（1）托儿所、幼儿园提供的保育和教育服务。
（2）养老机构提供的养老服务。
（3）残疾人福利机构提供的育养服务。
（4）婚姻介绍服务。
（5）殡葬服务。
（6）残疾人员本人为社会提供的服务。
（7）医疗机构提供的医疗服务。
（8）从事学历教育的学校提供的教育服务。
（9）学生勤工俭学提供的服务。
（10）农业机耕、排灌、病虫害防治、植物保护、农牧保险，以及相关技术培训业务，家禽、牲畜、水生动物的配种和疾病防治。
（11）纪念馆、博物馆、文化馆、文物保护单位管理机构、美术馆、展览馆、书画院、图书馆在自己的场所提供文化体育服务取得的第一道门票收入。
（12）寺院、宫观、清真寺和教堂举办文化、宗教活动的门票收入。
（13）福利彩票、体育彩票的发行收入。
（14）个人转让著作权。
（15）军队转业干部就业 3 年内免征增值税。
（16）随军家属就业 3 年内免征增值税。
（17）符合条件的合同能源管理服务。
（18）中国台湾航运公司、航空公司从事海峡两岸海上直航、空中直航业务在大陆取得的运输收入。
（19）纳税人提供的直接或者间接国际货物运输代理服务。
（20）提供技术转让、技术开发和与之相关的技术咨询、技术服务。
（21）个人销售自建自用住房。
（22）涉及家庭财产分割的个人无偿转让不动产、土地使用权。
（23）将土地使用权转让给农业生产者用于农业生产。
（24）土地所有者出让土地使用权和土地使用者将土地使用权归还给土地所有者。
（25）县级以上地方人民政府或自然资源行政主管部门出让、转让或收回自然资源使用权（不含土地使用权）。
（26）符合条件的利息收入：
①国家助学贷款；
②国债、地方政府债；
③人民银行对金融机构的贷款；
④住房公积金管理中心用住房公积金在指定的委托银行发放的个人住房贷款；
⑤外汇管理部门在从事国家外汇储备经营过程中，委托金融机构发放的外汇贷款。
（27）保险公司开办的一年期以上人身保险产品取得的保费收入。
（28）符合条件的金融商品转让。
（29）金融同业往来利息收入。
（30）被撤销金融机构以货物、不动产、无形资产、有价证券、票据等财产清偿债务。
（31）提供社区养老、托育、家政等服务取得的收入。

3. 阶段性减免

以下阶段性减免，延续至 2027 年 12 月 31 日：

(1) 对月销售额不超过 10 万元（按季度申报的，季度销售额不超过 30 万元）的增值税小规模纳税人，免征增值税。

【提示】适用增值税差额征税的小规模纳税人，按照差额后的销售额确定。

(2) 增值税小规模纳税人适用 3% 征收率的应税销售收入，减按 1% 征收率征收增值税。

(3) 采取一次性收取不动产租金收入的其他个人，按月分摊后的月租金不超过 10 万元的，免征增值税。

(4) 对金融机构向小型企业、微型企业及个体工商户发放小额贷款取得的利息收入，免征增值税。

（二）增值税起征点

(1) 按期纳税的，为月应税销售额 5 000～20 000 元（含本数）。
(2) 按次纳税的，为每次（日）销售额 300～500 元（含本数）。

【提示】此规定仅限于个人，不包括登记为一般纳税人的个体工商户。

（三）增值税即征即退

实际税负超过 3% 的部分即征即退的：软件产品、管道运输、有形动产租赁和融资性售后回租。

即征即退税额 = 当期即征即退项目增值税应纳税额 - 当期即征即退项目销售额 × 3%。

二、增值税征收管理

（一）纳税义务发生时间

1. 一般规定

(1) 销售货物、劳务、服务无形资产或不动产：纳税义务发生时间为收讫销售款或取得索取销售款凭据的当天。先开具发票的，为开具发票的当天。

(2) 进口货物：纳税义务发生时间为报关进口的当天。

(3) 增值税扣缴义务发生时间为增值税纳税义务发生的当天。

2. 具体规定

增值税纳税义务发生时间具体规定如表 3－3 所示。

表 3－3　增值税纳税义务发生时间具体规定

销售方式		纳税义务发生时间
销售货物或提供劳务	直接收款	不论货物是否发出，均为收到销售款或者取得索取销售款凭据的当天
	托收承付和委托银行收款	发出货物并办妥托收手续的当天
	赊销和分期收款	书面合同约定的收款日期的当天，无书面合同的或者合同没有约定收款日期，为货物发出的当天
	预收货款	货物发出的当天。但生产销售生产工期超过 12 个月的大型机械设备等货物，为收到预收款或者书面合同约定的收款日期的当天
	委托他人代销货物	收到代销单位的代销清单、收到全部或者部分货款的当天，最晚不超过发出代销货物满 180 天的当天

续表

销售方式		纳税义务发生时间
销售货物或提供劳务	其他视同销售货物行为	货物移送的当天
销售服务、无形资产或不动产		收到销售款或者取得索取销售款凭据的当天
提供租赁服务采取预收款方式		收到预收款的当天
从事金融商品转让		金融商品权属转移的当天
视同销售服务、无形资产或不动产的		服务、无形资产转让完成的当天或者不动产权属变更的当天

【提示】若预知不能及时收到货款，合同应采取赊销和分期付款结算方式，尽量避免托收承付和委托银行收款。

（二）纳税期限

增值税的纳税期限分别为 1 日、3 日、5 日、10 日、15 日、1 个月或者 1 个季度。纳税人的具体纳税期限，由主管税务机关根据纳税人应纳税额的大小分别核定；不能按照固定期限纳税的，可以按次纳税。

【提示】以 1 季度为纳税期限的，适用于小规模纳税人、银行、财务公司、信托投资公司、信用社等。

（1）一般纳税人：一般按月申报纳税，次月 15 日内申报缴税。

（2）小规模纳税人：一般按季度申报纳税，次季度 15 日内申报缴税。

（3）进口货物：海关填发税款缴纳证的次日起 15 日内缴纳。

（三）纳税地点

（1）固定业户：向机构所在地主管税务机关申报纳税。总分机构不在同一县（市）的，分别向各自主管税务机关缴纳，经授权的方可由总机构汇总缴纳。

固定业户到外县（市）发生增值税业务：向机构所在地主管税局报告外出经营事项的，向机构所在地主管税务机关申报纳税；未报告的向业务发生地主管税务机关申报，否则由机构所在地主管税务机关补征。

（2）非固定业户：向销售地或劳务发生地主管税务机关申报纳税；未向业务发生地主管税务机关申报的，由机构所在地主管税务机关补征。

（3）进口货物：由报关地海关代征。

（4）其他个人提供建筑服务，销售或租赁不动产，转让自然资源使用权，应向建筑服务发生地、不动产所在地、自然资源所在地税务机关申报纳税。

（5）扣缴义务人：向机构所在地或者居住地的主管税务机关申报纳税。

三、一般纳税人增值税纳税申报

（一）网上申报缴税流程

（1）登录当地主管税务机关电子税务局，在"我要办税"的"增值税抵扣凭证管理"做进项"抵扣勾选"。

（2）税控开票系统汇总上传开票资料。

（3）在"我要办税"的"税费申报及缴纳"的增值税及附加税（费）申报处进行申报。

【提示】网上申报后发现错误的可以"申报作废"，撤回重新申报。

纳税人本期没有收入的可以通过"一键零申报套餐"进行简化申报。

（4）网上扣缴税款。

【提示】扣缴税款后发现申报错误的，可以更正申报表。更正后税款减少的，在电子税务局申请退税处理；税款增加的需补缴税款，如果超期需缴纳滞纳金。

（二）申报表资料及网上申报填写顺序

根据申报表及附表之间的关系，建议申报表及附表按照下面的顺序填写。

1. 销售情况的填写

第一步：填写《增值税及附加税费申报表附列资料（一）（本期销售情况明细)》（以下简称《附列资料（一）》）的第1至11栏。

第二步："营改增"纳税人有扣除项目的填写《增值税及附加税费申报表附列资料（三）（服务、不动产和无形资产扣除项目明细)》（以下简称《附列资料（三）》），其他纳税人不需要填写。

第三步："营改增"有扣除项目的纳税人填写《附列资料（一）》的第12至14栏，其他纳税人不需要填写。

第四步：有减免税业务的纳税人填写《增值税减免税申报明细表》。

2. 进项税额的填写

第五步：填写《增值税及附加税费申报表附列资料（二）（本期进项税额明细)》（以下简称《附列资料（二)》）。

3. 税额抵减的填写

第六步：有税额抵减业务的纳税人填写《增值税及附加税费申报表附列资料（四）（税额抵减情况表)》（以下简称《附列资料（四)》）。

4.《增值税及附加税费申报表（一般纳税人适用）》（以下简称《申报表》）的填写

第七步：生成《申报表》，《申报表》很多数据会根据附列资料的数据及上期申报表数据自动生成，对个别不能自动生成的自己填写。

5. 附加税费的填写

第八步：填写《增值税及附加税费申报表附列资料（五）（附加税费情况表)》（以下简称《附列资料（五）》)，本表多数数据会根据《申报表》数据自动生成。

（三）申报表及附列资料主要项目的填写

1.《附列资料（一）》的填写

（1）"一般计税法计税"的填写。纳税人适用一般计税法的业务，当期取得的收入根据适用不同的税率确定的销售额和销项税额，分别填写到对应的"开具增值税专用发票""开具其他发票""未开具发票"列中。

【思考】不开发票是否就不用缴税？

（2）"简易计税法征税"的填写。纳税人适用简易计税法的业务，当期取得的收入根据适用不同征收率确定的销售额和应纳税额，分别填写到对应的"开具增值税专用发票""开具其他发票""未开具发票"列中。

【提示】税控开票系统上传汇总开票资料后，"开具增值税专用发票"（含税控机动车销售统一发票）列、"开具其他发票"列对应的数据会自动生成，一般不需要自己填写，只需核对税控系统对应资料。

"未开具发票"列对应数据需要根据不开发票收入及视同销售收入自己填写。

（3）"纳税检查调整"列的填写。填写纳税人因税务、财政、审计部门检查，并按一般计税法或简易计税法在本期计算调整的项目。"营改增"有扣除项目的，应填写扣除之前的不含税销售额。

【提示】享受增值税即征即退政策的货物、劳务和服务、不动产、无形资产，经纳税检查属于偷税的，不填入《申报表》的"即征即退项目"列，而应填入"一般项目"列。

(4)"营改增"扣除项目的填写。

①第12列"服务、不动产和无形资产扣除项目本期实际扣除金额"：按《附列资料（三）》第5列对应数据填写，其中本列第5栏等于《附列资料（三）》第5列的第3栏与第4栏之和。

②第13列"扣除后含税（免税）销售额"：本列各栏次＝第11列对应各栏次－第12列对应各栏次。

③第14列"扣除后销项（应纳）税额"：本列各栏次＝第13列÷(100%＋对应栏次税率或征收率)×对应栏次税率或征收率。

【提示】第12～14列的数据在填完《附列资料（三）》对应的数据后会自动生成，一般不需要自己填写。

2. 《附列资料（二）》的填写

(1)"申报抵扣的进项税额"的填写。反映纳税人按税法规定符合抵扣条件，在本期申报抵扣的进项税额。

①第1栏反映纳税人取得的认证相符本期申报抵扣的增值税专用发票情况。该栏应等于第2栏与第3栏数据之和。

②第2栏反映本期认证相符且本期申报抵扣的增值税专用发票的情况。

③第3栏反映前期认证相符且本期申报抵扣的增值税专用发票的情况。

【提示】在不存在异常增值税扣税凭证的情况下，本期认证相符的票据应该在本期申报抵扣。

机动车销售统一发票、通行费电子发票应当填写在第1～3栏对应栏次中，从小规模纳税人处购进农产品时取得的专用发票不应填写在第1～3栏中涉及的增值税专用发票处。

④第6栏"农产品收购发票或者销售发票"反映纳税人本期购进农业生产者自产农产品取得（开具）的农产品收购发票或者销售发票情况。从小规模纳税人处购进农产品时取得增值税专用发票情况填写在本栏，但购进农产品未分别核算用于生产销售13%税率货物和其他货物服务的农产品进项税额情况除外。

执行农产品增值税进项税额核定扣除办法的，只填写当期允许抵扣的农产品增值税进项税额，不用填写"份数""金额"。

⑤第8a栏"加计扣除农产品进项税额"：填写纳税人将购进的农产品用于生产销售或委托受托加工13%税率货物时加计扣除的农产品进项税额。该栏不用填写"份数""金额"。

⑥第8b栏"其他"：反映按规定本期可以申报抵扣的其他扣税凭证情况。

【提示】目前可以通过增值税发票综合服务平台"抵扣勾选"的有增值税专用发票、增值税电子专用发票、机动车发票、通行费电子发票、海关缴款书。

增值税发票综合服务平台"抵扣勾选"的进项票据会根据发票类型自动生成数据填写在"认证相符的增值税专用发票"对应的栏次中。

允许抵扣进项税但不能通过增值税发票综合服务平台"抵扣勾选"的其他票据，分别填写在第6～8b栏对应项目处。

⑦第9栏反映按规定本期用于购建不动产的扣税凭证上注明的金额和税额。本栏次包括第1栏中本期用于购建不动产的增值税专用发票和第4栏中本期用于购建不动产的其他扣税凭证。

⑧第10栏反映按规定本期购进旅客运输服务所取得的扣税凭证上注明或按规定计算的金额和税额。本栏次包括第1栏中按规定本期允许抵扣的购进旅客运输服务取得的增值税专用发票和第4栏中按规定本期允许抵扣的购进旅客运输服务取得的其他扣税凭证。

（2）"进项税额转出额"的填写。纳税人已经抵扣但按政策规定应在本期转出的进项税额，需要分别填写在第14~23b栏对应的栏次。

（3）"待抵扣进项税额"的填写。反映纳税人已经取得，但按税法规定不符合抵扣条件，暂不予在本期申报抵扣的进项税额情况及按税法规定不允许抵扣的进项税额情况。

3.《附列资料（三）》的填写

（1）第1列"本期服务、不动产和无形资产价税合计额（免税销售额）"项目：填写扣除之前的本期服务、不动产和无形资产价税合计额。属于免抵退税或免税项目的，填写扣除之前的本期服务、不动产和无形资产免税销售额。

本列各栏次等于《附列资料（一）》第11列对应栏次，其中本列第3栏和第4栏之和等于《附列资料（一）》第11列第5栏。

（2）第3列"服务、不动产和无形资产扣除项目"本期发生额：填写本期取得的按税法规定准予扣除的服务、不动产和无形资产扣除项目金额。

4.《附列资料（四）》的填写

税额抵减情况中的第1栏由发生增值税税控系统专用设备费用和技术维护费的纳税人填写，反映纳税人增值税税控系统专用设备费用和技术维护费按规定抵减增值税应纳税额的情况。

【提示】纳税人初次购买增值税税控系统专用设备的费用及定期支付的技术维护费，无论一般纳税人还是小规模纳税人，也不管开具何种发票，都可以在增值税应纳税额中全额抵减（抵减额为价税合计额），不足抵减的可结转下期继续抵减。一般纳税人支付的上述两项费用在增值税应纳税额中全额抵减的，专用发票不得再作为增值税抵扣凭证，其进项税额不得再抵扣。纳税人非初次购买增值税税控系统专用设备支付的费用，不得在增值税应纳税额中抵减。

5.《增值税减免税申报明细表》的填写

本表由享受增值税减免税优惠政策的增值税一般纳税人填写。

（1）"减税项目"：由本期按照税收法律、法规及国家有关税收规定享受减征（包含税额式减征、税率式减征）增值税优惠的增值税纳税人填写。

①"减税性质代码及名称"：根据国家税务总局最新发布的《减免性质及分类表》所列减免性质代码、项目名称填写。

【提示】同时有多个减征项目的，应分别填写。

②第2列"本期发生额"：填写本期发生的按照规定准予抵减增值税应纳税额的金额。

③第4列"本期实际抵减税额"：填写本期实际抵减增值税应纳税额的金额。本列各栏≤第3列对应各栏。

【提示】第1栏"合计"的本列数=《申报表》第23栏"一般项目"列的"本月数"。

（2）"免税项目"：由本期按照税收法律、法规及国家有关税收规定免征增值税的增值税纳税人填写。

①"免税性质代码及名称"：根据国家税务总局最新发布的《减免性质及分类表》所列减免性质代码、项目名称填写。

【提示】同时有多个免税项目的，应分别填写。

②"出口免税"：填写增值税纳税人本期按照税法规定出口免征增值税的销售额，但不包括适用免、抵、退税办法出口的销售额。

6.《申报表》的填写

（1）"即征即退项目"：填写纳税人按规定享受增值税即征即退政策的货物、劳务和服务、不动产、无形资产的征（退）税数据。

（2）"一般项目"：填写除享受增值税即征即退政策以外的货物、劳务和服务、不动产、无形资产的征（免）税数据。

(3)"销售额"的填写。一般纳税人申报表中的销售额都为不含税销售额。服务、不动产和无形资产有扣除项目的,为扣除之前的不含税销售额。销售额根据不同项目,分别填写到"按适用税率计税销售额""按简易办法计税销售额""免、抵、退办法出口销售额""免税销售额"中。

①第2栏填写本期按适用税率计算增值税的应税货物的销售额。它包含视同销售货物和价外费用销售额,以及外贸企业作价销售进料加工复出口货物的销售额。

②第3栏填写按适用税率计算增值税的应税劳务的销售额。

【提示】《申报表》的销售额多数数据会根据《附列资料(一)》中的销售额自动填写。

(4)"税款计算"的填写。

①第11栏"销项税额"填写一般纳税人本期按一般计税法计税的销项税额。"营改增"纳税人有扣除项目的,应填写扣除之后的销项税额。

本栏"一般项目"列"本月数"=《附列资料(一)》(第10列第1、3栏之和-第10列第6栏)+(第14列第2、4、5栏之和-第14列第7栏)。

本栏"即征即退项目"列"本月数"=《附列资料(一)》第10列第6栏+第14列第7栏。

②第12栏"进项税额"填写纳税人本期申报抵扣的进项税额。

本栏"一般项目"列"本月数"+"即征即退项目"列"本月数"=《附列资料(二)》第12栏"当期申报抵扣进项税额合计"。

③第13栏"上期留抵税额"的"本月数"按上期申报表第20栏"期末留抵税额"的"本月数"自动填写。本栏"一般项目"列"本年累计"不填写。

④第14栏"进项税额转出"填写纳税人应尽抵扣,但按税法规定本期应转出的进项税额。

本栏"一般项目"列"本月数"+"即征即退项目"列"本月数"=《附列资料(二)》第13栏"本期进项税转出额"。

⑤第15栏"免、抵、退税额"反映税务机关退税部门按照出口货物、劳务和服务、无形资产免、抵、退办法审批的增值税应退税额。

⑥第23栏"应纳税额减征额"填写纳税人本期按照税法规定减征的增值税应纳税额。它包含按规定可全额抵减的增值税税控系统专用设备费用以及技术维护费,支持和促进重点群体创业就业、扶持自主就业退役士兵创业就业等有关税收政策可扣减的增值税额,按规定可填列的减按征收对应的减征增值税税额等。

当本期减征额小于或等于第19栏"应纳税额"与第21栏"简易计税办法计算的应纳税额"之和时,按本期减征额实际填写;当本期减征额大于第19栏"应纳税额"与第21栏"简易计税办法计算的应纳税额"之和时,按本期第19栏与第21栏之和填写。本期减征额不足抵减部分结转下期继续抵减。

(5)"税款缴纳"的填写。

①"期末未缴税额(多缴为负数)"的"本月数"按上期申报表第32栏"期末未缴税额(多缴为负数)"的"本月数"填写。"本年累计"按上年度最后一期申报表第32栏"期末未缴税额(多缴为负数)"的"本年累计"填写。

②第26栏"实收出口开具专用缴款书退税额"不需要填写。

③第27栏"本期已缴税额"反映纳税人本期实际缴纳的增值税额,但不包括本期入库的查补税款。按表中所列公式计算填写。

7.《附列资料(五)》的填写

(1)如果"一税两费"的附加税费不存在减免情况,本表数据会根据《申报表》数据自动生成。

(2)"本期是否适用试点建设培育产教融合型企业抵免政策"指是否符合《财政部关于调整

部分政府性基金有关政策的通知》（财税〔2019〕46号）规定的试点建设培育产教融合型企业。

（3）第5栏"当期新增投资额"：填写试点建设培育产教融合型企业当期新增投资额减去股权转让、撤回投资等金额后的投资净额，该数值可为负数。

（4）第6列"减免性质代码"：按《减免税政策代码目录》中附加税费适用的减免性质代码填写，试点建设培育产教融合型企业抵免不填写此列。

（5）第8列"减免性质代码"：符合试点建设培育产教融合型企业分别填写教育费附加产教融合试点减免性质代码61101402、地方教育附加产教融合试点减免性质代码99101401。

（6）第9列"本期抵免金额"：填写试点建设培育产教融合型企业本期抵免的教育费附加、地方教育附加金额。

所用申报表如表3-4～表3-10所示。

表 3-4　增值税及附加税费申报表
（一般纳税人适用）

税款所属时间：　　　　　　　　填表日期：　　　　　　金额单位：元至角分
纳税人识别号（统一社会信用代码）：

纳税人名称：		法定代表人姓名		注册地址		生产经营地址	
开户银行及账号				登记注册类型		电话号码	
项目			栏次	一般项目		即征即退项目	
				本月数	本年累计	本月数	本年累计
销售额	（一）按适用税率计税销售额		1				
	其中：应税货物销售额		2				
	应税劳务销售额		3				
	纳税检查调整的销售额		4				
	（二）按简易办法计税销售额		5				
	其中：纳税检查调整的销售额		6				
	（三）免、抵、退办法出口销售额		7				
	（四）免税销售额		8				
	其中：免税货物销售额		9				
	免税劳务销售额		10				

续表

项目		栏次	一般项目		即征即退项目	
			本月数	本年累计	本月数	本年累计
税款计算	销项税额	11				
	进项税额	12				
	上期留抵税额	13				
	进项税额转出	14				
	免、抵、退应退税额	15				
	按适用税率计算的纳税检查应补缴税额	16				
	应抵扣税额合计	17 = 12 + 13 - 14 - 15 + 16				
	实际抵扣税额	18（如 17 < 11，则为 17，否则为 11）				
	应纳税额	19 = 11 - 18				
	期末留抵税额	20 = 17 - 18				
	按简易计税办法计算的应纳税额	21				
	按简易计税办法计算的纳税检查应补缴税额	22				
	应纳税额减征额	23				
	应纳税额合计	24 = 19 + 21 - 23				
税款缴纳	期初未缴税额（多缴为负数）	25				
	实收出口开具专用缴款书退税额	26				
	本期已缴税额	27 = 28 + 29 + 30 + 31				
	①分次预缴税额	28				
	②出口开具专用缴款书预缴税额	29				
	③本期缴纳上期应纳税额	30				
	④本期缴纳欠缴税额	31				

续表

项目		栏次	一般项目		即征即退项目	
			本月数	本年累计	本月数	本年累计
税款缴纳	期末未缴税额（多缴为负数）	32 = 24 + 25 + 26 – 27				
	其中：欠缴税额（≥0）	33 = 25 + 26 – 27				
	本期应补（退）税额	34 = 24 – 28 – 29				
	即征即退实际退税额	35				
	期初未缴查补税额	36				
	本期入库查补税额	37				
	期末未缴查补税额	38 = 16 + 22 + 36 – 37				
附加税费	城市维护建设税本期应补（退）税额	39				
	教育费附加本期应补（退）费额	40				
	地方教育附加本期应补（退）费额	41				

声明：此表是根据国家税收法律法规及相关规定填写的，本人（单位）对填报内容（及附带资料）的真实性、可靠性、完整性负责。

纳税人（签章）：

经办人： 经办人身份证号： 代理机构签章： 代理机构统一社会信用代码：	受理人： 受理税务机关（章）：	受理日期：

表3-5 增值税及附加税费申报表附列资料（一）
（本期销售情况明细）

纳税人名称：　　　　税款所属时间：　　　　金额单位：元至角分

项目及栏次			开具增值税专用发票		开具其他发票		未开具发票		纳税检查调整		合计			服务、不动产和无形资产扣除项目本期实际扣除金额	扣除后	
			销售额	销项（应纳）税额	销售额	销项（应纳）税额	销售额	销项（应纳）税额	销售额	销项（应纳）税额	销售额	销项（应纳）税额	价税合计		含税（免税）销售额	销项（应纳）税额
			1	2	3	4	5	6	7	8	9=1+3+5+7	10=2+4+6+8	11=9+10	12	13=11-12	14=13÷(100%+税率或征收率)×税率或征收率
一般计税方法计税	全部征税项目	13%税率的货物及加工修理修配劳务	1													
		13%税率的服务、不动产和无形资产	2													
		9%税率的货物及加工修理修配劳务	3													
		9%税率的服务、不动产和无形资产	4													
		6%税率	5													
	即征即退	即征即退货物及加工修理修配劳务	6													
		即征即退服务、不动产和无形资产	7													

续表

项目及栏次		开具增值税专用发票		开具其他发票		未开具发票		纳税检查调整		合计			服务、不动产和无形资产扣除项目本期实际扣除金额	扣除后	
		销售额	销项（应纳）税额	销售额	销项（应纳）税额	销售额	销项（应纳）税额	销售额	销项（应纳）税额	销售额	销项（应纳）税额	价税合计		含税（免税）销售额	销项（应纳）税额
		1	2	3	4	5	6	7	8	9=1+3+5+7	10=2+4+6+8	11=9+10	12	13=11-12	14=13÷(100%+税率或征收率)×税率或征收率
二、简易计税方法征税	全部征税项目	8 6%征收率														
		9a 5%征收率的货物及加工修理修配劳务														
		9b 5%征收率的服务、不动产和无形资产														
		10 4%征收率														
		11 3%征收率的货物及加工修理修配劳务														
		12 3%征收率的服务、不动产和无形资产														
		13a 预征率a%														
		13b 预征率b%														
		13c 预征率c%														
	即征即退	14 即征即退货物及加工修理修配劳务														
		15 即征即退服务、不动产和无形资产														

续表

项目及栏次		开具增值税专用发票		开具其他发票		未开具发票		纳税检查调整		合计			服务、不动产和无形资产扣除项目本期实际扣除金额	扣除后	
		销售额	销项(应纳)税额	销售额	销项(应纳)税额	销售额	销项(应纳)税额	销售额	销项(应纳)税额	销售额	销项(应纳)税额	价税合计		含税(免税)销售额	销项(应纳)税额
		1	2	3	4	5	6	7	8	9=1+3+5+7	10=2+4+6+8	11=9+10	12	13=11-12	14=13÷(100%+税率或征收率)×税率或征收率
三、免抵退税	货物及加工修理修配劳务	16													
	服务、不动产和无形资产	17													
四、免税	货物及加工修理修配劳务	18													
	服务、不动产和无形资产	19													

*注：14=13÷(100%+税率或征收率)×税率或征收率

表3-6 增值税及附加税费申报表附列资料（二）
（本期进项税额明细）

税款所属时间：

纳税人名称：　　　　　　　　　　　　　　　　　　　　　　　金额单位：元至角分

一、申报抵扣的进项税额				
项目	栏次	份数	金额	税额
（一）认证相符的增值税专用发票	1＝2＋3			
其中：本期认证相符且本期申报抵扣	2			
前期认证相符且本期申报抵扣	3			
（二）其他扣税凭证	4＝5＋6＋7＋8a＋8b			
其中：海关进口增值税专用缴款书	5			
农产品收购发票或者销售发票	6			
代扣代缴税收缴款凭证	7			
加计扣除农产品进项税额	8a			
其他	8b			
（三）本期用于购建不动产的扣税凭证	9			
（四）本期用于抵扣的旅客运输服务扣税凭证	10			
（五）外贸企业进项税额抵扣证明	11			
当期申报抵扣进项税额合计	12＝1＋4＋11			
二、进项税额转出额				
项目	栏次	税额		
本期进项税转出额	13＝14至23之和			
其中：免税项目用	14			
集体福利、个人消费	15			
非正常损失	16			
简易计税方法征税项目用	17			
免抵退税办法不得抵扣的进项税额	18			
纳税检查调减进项税额	19			
红字专用发票信息表注明的进项税额	20			
上期留抵税额抵减欠税	21			

续表

二、进项税额转出额		
项目	栏次	税额
上期留抵税额退税	22	
异常凭证转出进项税额	23a	
其他应作进项税额转出的情形	23b	

三、待抵扣进项税额				
项目	栏次	份数	金额	税额
（一）认证相符的增值税专用发票	24			
期初已认证相符但未申报抵扣	25			
本期认证相符且本期未申报抵扣	26			
期末已认证相符但未申报抵扣	27			
其中：按照税法规定不允许抵扣	28			
（二）其他扣税凭证	29＝30 至 33 之和			
其中：海关进口增值税专用缴款书	30			
农产品收购发票或者销售发票	31			
代扣代缴税收缴款凭证	32			
其他	33			
	34			

四、其他				
项目	栏次	份数	金额	税额
本期认证相符的增值税专用发票	35			
代扣代缴税额	36			

表 3－7　增值税及附加税费申报表附列资料（三）
（服务、不动产和无形资产扣除项目明细）

税款所属时间：

纳税人名称：　　　　　　　　　　　　　　　　　　　　金额单位：元至角分

项目及栏次		本期服务、不动产和无形资产价税合计额（免税销售额）	服务、不动产和无形资产扣除项目				
			期初余额	本期发生额	本期应扣除金额	本期实际扣除金额	期末余额
		1	2	3	4＝2＋3	5（5≤1 且 5≤4）	6＝4－5
13% 税率的项目	1						
9% 税率的项目	2						
6% 税率的项目（不含金融商品转让）	3						

续表

项目及栏次		本期服务、不动产和无形资产价税合计额（免税销售额）	服务、不动产和无形资产扣除项目				
			期初余额	本期发生额	本期应扣除金额	本期实际扣除金额	期末余额
		1	2	3	4 = 2 + 3	5（5≤1且5≤4）	6 = 4 – 5
6%税率的金融商品转让项目	4						
5%征收率的项目	5						
3%征收率的项目	6						
免抵退税的项目	7						
免税的项目	8						

表3－8　增值税及附加税费申报表附列资料（四）
（税额抵减情况表）

税款所属时间：

纳税人名称：　　　　　　　　　　　　　　　　　　　　　金额单位：元至角分

一、税额抵减情况							
序号	抵减项目	期初余额	本期发生额	本期应抵减税额	本期实际抵减税额	期末余额
		1	2	3 = 1 + 2	4≤3	5 = 3 – 4
1	增值税税控系统专用设备费及技术维护费					
2	分支机构预征缴纳税款					
3	建筑服务预征缴纳税款					
4	销售不动产预征缴纳税款					
5	出租不动产预征缴纳税款					

二、加计抵减情况						
序号	加计抵减项目	期初余额	本期发生额	本期调减额	本期可抵减额	本期实际抵减额	期末余额
		1	2	3	4 = 1 + 2 – 3	5	6 = 4 – 5
6	一般项目加计抵减额计算						
7	即征即退项目加计抵减额计算						
8	合计						

表 3-9 增值税及附加税费申报表附列资料（五）
（附加税费情况表）

税款所属时间：
纳税人名称：（公章）
金额单位：元至角分

税（费）种	计税（费）依据			税（费）率（征收率）(%)	本期应纳税（费）额	本期减免税（费）额		试点建设培育产教融合型企业		本期已缴税（费）额	本期应补（退）税（费）额
	增值税税额	增值税免抵税额	留抵退税本期抵扣额			减免性质代码	减免税（费）额	减免性质代码	本期抵免金额		
	1	2	3	4	5=(1+2-3)×4	6	7	8	9	10	11=5-7-9-10
城市维护建设税 1											
教育费附加 2											
地方教育附加 3											
合计 4											
本期是否适用试点建设培育产教融合型企业抵免政策	□是 □否										
可用于扣除的增值税留抵退税额使用情况	当期新增投资额				5						
	上期留抵可抵免金额				6						
	结转下期可抵免金额				7						
	当期新增可用于扣除的留抵税额				8						
	上期结存可用于扣除的留抵税额				9						
	结转下期可用于扣除的留抵税额				10						

表 3-10 增值税减免税申报明细表

税款所属时间：自　年　月　日至　年　月　日

纳税人名称（公章）：　　　　　　　　　　　　　　　　　　金额单位：元至角分

一、减税项目						
减税性质代码及名称	栏次	期初余额	本期发生额	本期应抵减税额	本期实际抵减税额	期末余额
		1	2	3 = 1 + 2	4 ≤ 3	5 = 3 - 4
合计	1					
	2					
	3					
	4					
	5					
	6					
二、免税项目						
免税性质代码及名称	栏次	免征增值税项目销售额	免税销售额扣除项目本期实际扣除金额	扣除后免税销售额	免税销售额对应的进项税额	免税额
		1	2	3 = 1 - 2	4	5
合计	7					
出口免税	8					
其中：跨境服务	9					
	10					
	11					
	12					
	13					
	14					

四、小规模纳税人增值税纳税申报

（一）网上申报缴税流程

小规模纳税人不需要在增值税发票综合服务平台做进项"抵扣勾选"，其他流程同一般纳税人一致。

（二）纳税申报资料及网上申报填写顺序

（1）"营改增"有扣除项目的纳税人先填写《增值税及附加税费申报表（小规模纳税人适用）附列资料（一）》。

（2）享受增值税减免政策的填写《增值税减免申报明细表》。

（3）填写《增值税及附加税费申报表（小规模纳税人适用）》。

【提示】《增值税及附加税费申报表（小规模纳税人适用）》中的多数数据会根据税控开票资料及附列资料自动生成。

(4) 填写《增值税及附加税费申报表（小规模纳税人适用）附列资料（二）（附加税费情况表）》。

（三）申报表及附列资料主要数据的填写

1.《增值税及附加税费申报表（小规模纳税人适用）附列资料（一）》的填写

"营改增"且有扣除项目的纳税人填写本表，各栏次都不包含增值税免税项目，但适用小微企业增值税免税政策且有扣除项目的应填写。

（1）第2栏"本期发生额"填写本期取得的适用3%征收率准予扣除的项目的金额。

（2）第3栏"本期扣除额"填写适用3%征收率的扣除项目本期实际扣除的金额。

（3）第5栏"全部含税收入（适用3%征收率）"：填写纳税人适用3%征收率的应税行为取得的全部价款和价外费用数额（含税）。

（4）第6栏"本期扣除额"=第3栏"本期扣除额"。

2.《增值税减免税申报明细表》的填写

仅享受支持小微企业免征增值税政策或未达起征点的增值税小规模纳税人不需填报本表。本表多数资料填写同一般纳税人的该表相同。

【提示】第4列"本期实际抵减税额"第1栏的"合计"=《增值税及附加税费申报表（小规模纳税人适用）》第16栏"本期应纳税额减征额"的"本期数"。

3.《增值税及附加税费申报表（小规模纳税人适用）》的填写

（1）第1栏"应征增值税不含税销售额（3%征收率）"：填写本期销售货物及劳务、发生应税行为适用3%征收率的不含税销售额，和销售旧货的不含税销售额、免税销售额、出口免税销售额、查补销售额，国家税务总局另有规定的除外。

【提示】"营改增"纳税人有扣除项目的，本栏填写扣除后的不含税销售额，与当期《增值税及附加税费申报表（小规模纳税人适用）附列资料（一）》第8栏的数据一致，适用小微企业增值税免税政策的纳税人除外。

（2）第2栏"增值税专用发票不含税销售额"：填写纳税人自行开具和税务机关代开的增值税专用发票销售额合计。

（3）第7栏"销售使用过的固定资产不含税销售额"：填写销售自己使用过的固定资产和销售旧货的不含税销售额，销售额=含税销售额/(1+3%)。

（4）第8栏"其中：其他增值税发票不含税销售额"：填写纳税人销售自己使用过的固定资产和销售旧货，增值税专用发票之外的其他发票的不含税销售额。

（5）第9栏"免税销售额"：填写销售免征增值税的货物及劳务、应税行为的销售额，不包括出口免税销售额。

【提示】"营改增"有扣除项目的纳税人，填写扣除之后的销售额。

（6）第10栏"其中：小微企业免税销售额"：只填写享受小微企业增值税免税政策的免税销售额。个体工商户和其他个人不填写本栏。

（7）第11栏"未达起征点销售额"：个体工商户和其他个人填写未达起征点的免税销售额，其他纳税人不填写。

（8）第16栏"本期应纳税额减征额"：填写纳税人本期按照税法规定减征的增值税应纳税额。具体项目与一般纳税人一致。

当本期减征额小于或等于第15栏"本期应纳税额"时，按本期减征额实际填写；当本期减征额大于第15栏"本期应纳税额"时，按本期第15栏填写，本期减征额不足抵减部分结转下期继续抵减。

（9）第21栏"本期预缴税额"：填写纳税人本期预缴的增值税额，但不包括查补缴纳的增值税额。

【提示】《增值税及附加税费申报表（小规模纳税人适用）》很多数据会根据税控开票系统资料及附列资料数据自动生成。

4.《增值税及附加税费申报表（小规模纳税人适用）附列资料（二）》的填写

本表项目填写与一般纳税人适用的申报表基本一致。

所用申报表如表3-11~表3-13所示。

表3-11 增值税及附加税费申报表（小规模纳税人适用）

纳税人识别号：
纳税人名称（公章）：　　　　　　　　　　　　　　　　　　　金额单位：元至角分
税款所属期：　　　　　　　　　　　　　　　　　　　　　　　填表日期：

项目	栏次	本期数		本年累计	
		货物及劳务	服务、不动产和无形资产	货物及劳务	服务、不动产和无形资产
（一）应征增值税不含税销售额（3%征收率）	1				
增值税专用发票不含税销售额	2				
其他增值税发票不含税销售额	3				
（二）应征增值税不含税销售额（5%征收率）	4	—		—	
增值税专用发票不含税销售额	5	—		—	
其他增值税发票不含税销售额	6	—		—	
（三）销售使用过的应税固定资产不含税销售额	7（7≥8）		—		—
其中：其他增值税发票不含税销售额	8		—		—
（四）免税销售额	9 = 10 + 11 + 12				
其中：小微企业免税销售额	10				
未达起征点销售额	11				
其他免税销售额	12				
（五）出口免税销售额	13（13≥14）				
其中：其他增值税发票不含税销售额	14				
本期应纳税额	15				
本期应纳税额减征额	16				
本期免税额	17				
其中：小微企业免税额	18				
未达起征点免税额	19				
应纳税额合计	20 = 15 - 16				
本期预缴税额	21				

续表

项目	栏次	本期数		本年累计	
		货物及劳务	服务、不动产和无形资产	货物及劳务	服务、不动产和无形资产
本期应补（退）税额	22 = 20 − 21				
城市维护建设税本期应补（退）税额	23				
教育费附加本期应补（退）费额	24				
地方教育附加本期应补（退）费额	25				
声明：此表是根据国家税收法律法规及相关规定填写的，本人（单位）对填报内容（及附带资料）的真实性、可靠性、完整性负责。 纳税人（签章）：					
经办人： 经办人身份证号： 代理机构签章： 代理机构统一社会信用代码：		受理人： 受理税务机关（章）： 受理日期：			

表 3−12　增值税及附加税费申报表（小规模纳税人适用）附列资料（一）

税款所属期：　　　　　　　　　　　　　　　　　　　　　填表日期：
纳税人名称（公章）：　　　　　　　　　　　　　　　　　金额单位：元至角分

应税行为（3%征收率）扣除额计算			
期初余额	本期发生额	本期扣除额	期末余额
1	2	3（3≤1+2之和，且3≤5）	4 = 1 + 2 − 3
应税行为（3%征收率）计税销售额计算			
全部含税收入（适用3%征收率）	本期扣除额	含税销售额	不含税销售额
5	6 = 3	7 = 5 − 6	8 = 7 ÷ (1 + 征收率)
应税行为（5%征收率）扣除额计算			
期初余额	本期发生额	本期扣除额	期末余额
9	10	11	12 = 9 + 10 − 11
应税行为（5%征收率）计税销售额计算			
全部含税收入（适用5%征收率）	本期扣除额	含税销售额	不含税销售额
13	14 = 11	15 = 13 − 14	16 = 15 ÷ 1.05

注：11≤9+10，且11≤13

表 3-13 增值税及附加税费申报表（小规模纳税人适用）附列资料（二）（附加税费情况表）

税（费）款所属时间：

纳税人（缴费人）名称：　　　　　　　　　　　　　　　　　　　　　金额单位：元至角分

税（费）种	计税（费）依据 增值税税额	税（费）率（征收率）（%）	本期应纳税（费）额	本期减免税（费）额		增值税小规模纳税人"六税两费"减征政策		本期已缴税（费）额	本期应补（退）税（费）额
				减免性质代码	减免税（费）额	减征比例（%）	减征额		
	1	2	3	4	5	6	7=(3-5)×6	8	9=3-5-7-8
城市维护建设税		7				50			
教育费附加		3				50			
地方教育附加		2				50			
合计		—			—		—		

【小结】"营改增"后增值税是征税范围最广、税收收入比重最高的税种，增值税纳税人应根据所处行业、客户特点及发展规模，结合税收优惠政策，选择合适的纳税人身份。结合增值税税收规定，选择恰当的促销方式。纳税人在合法的前提下可以通过税收筹划降低自身税负。企业应严格按照增值税发票管理规定使用发票，按规定按时报税缴税。

拓展训练

一、单选题

1. 某服装厂将自产服装作为福利发给职工,该批服装生产成本为10万元,成本利润率为10%,按照当月同类产品平均售价计算为18万元,计征增值税的销售额为( )元。
   A. 10　　　　　　B. 11　　　　　　C. 9　　　　　　D. 18

2. 下列属于视同销售行为,应征收增值税的是( )。
   A. 某商店为厂家代销服装
   B. 某批发部门将外购的部分饮料用于个人消费
   C. 某企业将外购的水泥用于基建工程
   D. 某食品厂将外购的花生油用于职工福利

3. 以下不准予抵扣进项税额的票据是( )。
   A. 销售方自行开具的增值税普通发票
   B. 从海关取得的海关进口增值税专用缴款书
   C. 从农业生产者购买农产品取得的农产品收购发票
   D. 汽车4S店开具的机动车销售统一发票

4. 以下不按照提供交通运输劳务缴纳增值税的是( )。
   A. 水路运输期租业务　　　　　　B. 无运输工具承运业务
   C. 航空运输湿租服务　　　　　　D. 物流公司的装卸搬运服务

5. 下列对增值税纳税人的描述正确的是( )。
   A. 一般纳税人可以转为小规模纳税人
   B. 符合条件的个体工商户可以成为一般纳税人
   C. 达不到经营规模的纳税人都不能做一般纳税人
   D. 个体工商户之外的个人可以做一般纳税人

6. 一般纳税人购进的下列服务准予抵扣进项税额的是( )。
   A. 贷款服务　　　B. 住宿服务　　　C. 餐饮服务　　　D. 娱乐服务

7. 以下属于增值税价外费用的是( )。
   A. 汽车销售公司收取的车辆牌照费
   B. 符合条件的代为收取的政府性基金或行政事业性收费
   C. 向买方收取的违约金
   D. 受托加工应征消费税的消费品由加工方代收代缴的消费税

8. 有关增值税纳税义务发生时间的说法,不正确的是( )。
   A. 纳税人提供应税服务并收讫销售款项或者取得索取销售款项凭据的当天
   B. 视同销售货物行为,为货物移送的当天
   C. 委托其他纳税人代销货物,为收到代销单位的代销清单或者收到全部或者部分货款的当天
   D. 采取赊销和分期收款方式销售货物,为实际收款日期的当天

9. 甲设计公司为增值税小规模纳税人,2023年9月提供设计服务取得含增值税价款206 000元;因服务中止,退还给客户含增值税价款10 300元,并开具红字专用发票。已知小规模纳税人增值税征收率为3%,甲设计公司当月增值税应纳税额是( )元。
   A. 6 000　　　　B. 6 180　　　　C. 5 700　　　　D. 5 871

10. 某商场为增值税一般纳税人,2023年8月因管理不善发生火灾损坏10台外购的冰箱,每台含税零售价为1 582元,每台不含税进价1 000元,不得抵扣的进项税额为( )元。

A. 1 300　　　　　B. 1 820　　　　　C. 2 056.6　　　　　D. 1 469

11. 下列行为中，应当一并按销售货物征收增值税的是（　　）。
   A. 银行从事贷款服务并销售投资金条
   B. 百货商店销售商品同时负责运输
   C. 建筑公司提供建筑服务的同时销售自产水泥预制构件等建筑材料
   D. 餐饮公司提供餐饮服务的同时销售酒水

12. 一般纳税人销售下列外购货物，增值税税率为13%的是（　　）。
   A. 初级农产品　　B. 杂志　　C. 天然气　　D. 电力

13. 甲公司为增值税一般纳税人，2023年8月销售洗衣机取得含增值税价款610.2万元，另收取包装物押金5.8万元，约定3个月内返还；当月确认逾期不予退还的包装物押金为11.3万元。已知增值税税率为13%，当月上述业务增值税销项税额是（　　）。
   A. (610.2 + 5.8 + 11.3) × 13% = 81.55（万元）
   B. (610.2 + 11.3) ÷ (1 + 13%) × 13% = 71.5（万元）
   C. (610.2 + 5.8 + 11.3) ÷ (1 + 13%) × 13% = 72.17（万元）
   D. (610.2 + 11.3) × 13% = 80.80（万元）

14. 2023年10月，甲公司员工赵某出差乘坐飞机取得航空运输电子客票行程单上注明票价6 004元，燃油附加费100元，代收的民航发展基金50元。已知航空运输电子客票行程单适用的增值税税率为9%。则甲公司本月准予抵扣的进项税额是（　　）。
   A. (6 004 + 100) ÷ (1 + 9%) × 9% = 504（元）
   B. (6 004 + 100) × 9% = 549.36（元）
   C. (6 004 + 100 + 50) ÷ (1 + 9%) × 9% = 508.13（元）
   D. 6 004 × 9% + 100 ÷ (1 + 9%) × 9% = 548.62（元）

15. 甲公司为增值税一般纳税人，2023年7月10日与乙公司签订货物买卖合同，7月15日收到乙公司预付的货款，7月20日给乙公司开具发票，8月10日向乙公司发出货物，则甲公司对该批货物的增值税纳税义务发生时间为（　　）。
   A. 2023年7月10日　　　　　B. 2023年7月15日
   C. 2023年7月20日　　　　　D. 2023年8月10日

16. 某超市为增值税一般纳税人，2023年3月从种植蔬菜的农民手里购入一批蔬菜，开具的农产品收购发票注明的买价为16万元，该批蔬菜取得含增值税销售额32.7万元。农产品的扣除率为9%，销售农产品适用的增值税税率为9%。上述业务增值税应纳税额是（　　）。
   A. 32.7 × 9% - 16 × 9% = 1.5（万元）
   B. 32.7 ÷ (1 + 9%) × 9% - 16 × 9% = 1.26（万元）
   C. 32.7 × 9% - 16 ÷ (1 + 9%) × 9% = 1.62（万元）
   D. 32.7 ÷ (1 + 9%) × 9% - 16 ÷ (1 + 9%) × 9% = 1.38（万元）

17. 某手机专卖店为增值税一般纳税人，2023年10月采用以旧换新方式销售某型号手机100部，该型号新手机含税销售价为3 164元，回收的旧手机每台折价226元，增值税税率为13%，当月该笔业务增值税销项税额是（　　）。
   A. 3 164 × 100 ÷ (1 + 13%) × 13% = 36 400（元）
   B. 3 164 × 100 × 13% = 41 132（元）
   C. (3 164 - 226) × 100 ÷ (1 + 13%) × 13% = 33 800（元）
   D. (3 164 - 226) × 100 × 13% = 38 194（元）

二、多选题

1. 以下适用9%增值税税率的是（　　）。

A. 交通运输企业的水路运输业务　　　　　B. 邮政服务企业的邮政业务
C. 销售粮食、食用植物油　　　　　　　　D. 销售增值电信服务

2. 增值税纳税人年应税销售额超过小规模纳税人标准的，除另有规定外，应申请一般纳税人资格登记。以下应计入年应税销售额的是（　　）。
A. 预售销售额　　　　　　　　　　　　　B. 免税销售额
C. 稽查查补销售额　　　　　　　　　　　D. 纳税评估调整销售额

3. 一般纳税人可以选择简易计税方法，按照3%征收率计算应纳税额的是（　　）。
A. 非学历教育服务　　　　　　　　　　　B. 公交客运、地铁
C. 仓储服务、装卸搬运服务　　　　　　　D. 文化体育服务

4. 下列各项中，应按照"金融服务"税目计算缴纳增值税的有（　　）。
A. 转让外汇　　　　　　　　　　　　　　B. 融资性售后回租
C. 货币兑换服务　　　　　　　　　　　　D. 财产保险服务

5. 以下属于增值税视同销售行为的是（　　）。
A. 将货物交付他人代销　　　　　　　　　B. 将自产的货物无偿赠送他人
C. 将购进的货物用于集体福利　　　　　　D. 将自产的货物用于集体福利

6. 下列不得抵扣进项税额的是（　　）。
A. 用于免征增值税项目的购进货物　　　　B. 不具备采购合同和付款证明的专用发票
C. 购进的旅客运输服务　　　　　　　　　D. 购进的餐饮服务

7. 下列业务属于混合销售行为的有（　　）。
A. 家电销售公司销售空调并负责安装
B. 百货公司销售化妆品，提供餐饮服务
C. 汽车制造商销售汽车，出租仓库
D. 服装厂为酒店设计并制作工作服

8. 下列各项中，属于"电信服务——增值电信服务"的有（　　）。
A. 语音通话服务和出租带宽服务　　　　　B. 短信和彩信服务
C. 互联网接入服务　　　　　　　　　　　D. 卫星电视信号落地转接服务

9. 应并入增值税销售额征税的包装物押金是（　　）。
A. 未单独记账核算、出借包装物收取的押金
B. 退还的逾期包装物押金
C. 销售啤酒收取的包装物押金
D. 销售白酒收取的包装物押金

10. 下列符合增值税税法规定的是（　　）。
A. "买一赠一"销售，赠送的实物不征收增值税
B. 现金折扣（销售折扣）必须按照折让前的销售额征收增值税
C. 以物易物的交易双方都不做购销处理
D. 还本销售按照货物销售价格征收增值税，不得扣除还本支出

11. 下列关于增值税征税范围的说法中错误的有（　　）。
A. 航道疏浚服务按"建筑服务"征收增值税
B. 工程勘察勘探服务按"建筑服务"征收增值税
C. 车辆停放服务按"物流辅助服务"征收增值税
D. 道路通行服务按"交通运输服务"征收增值税

12. 增值税一般纳税人的下列行为中，应视同销售货物，征收增值税的有（　　）。
A. 食品厂将自产的月饼发给职工作为中秋节的福利

B. 商场将购进的服装发给职工用于运动会入场式
C. 计算机生产企业将自产的计算机分配给投资者
D. 纺织厂将自产的窗帘用于职工活动中心

13. 根据增值税法律制度的规定，下列各项中免征增值税的有（　　）。
A. 农业生产者销售的自产农产品
B. 企业销售自己使用过的固定资产
C. 由残疾人的组织直接进口供残疾人专用的物品
D. 外国政府无偿援助的进口物资

14. 下列关于增值税纳税义务发生时间的表述中，正确的有（　　）。
A. 采取托收承付方式销售货物，为办妥托收手续的当天
B. 采取分期收款方式销售货物，为书面合同约定的收款日期的当天
C. 纳税人从事金融商品转让的，为金融商品所有权转移的当天
D. 委托他人代销货物，为收到代销清单或者收到全部或部分货款的当天

15. 一般纳税人发生的下列业务中，不得开具增值税专用发票的有（　　）。
A. 房地产开发企业向消费者个人销售房屋　　B. 甲公司向乙公司销售货物
C. 商业企业批发避孕药品和用具　　D. 某旧货市场销售二手设备

三、判断题

1. 适用简易计税方法的一般纳税人取得用于简易计税项目的进项税额不得抵扣。（　　）
2. 增值税一般纳税人年应税销售额是按会计年度计算的，不可跨年度累计。（　　）
3. 在不能确定其销售额的情况下，可按组成计税价格确定销售额。其计算公式为：组成计税价格＝成本×（1＋成本利润率），公式中的成本利润率由国家税务总局确定。（　　）
4. 机动车销售统一发票不是专用发票，不能抵扣进项税。（　　）
5. 商业企业零售烟酒的，可以开具增值税专用发票。（　　）
6. 将购进商品发放福利应按视同销售行为计税。（　　）
7. 只在备注栏注明商业折扣的折扣金额，计算增值税时折扣额不得扣除。（　　）
8. 所有商品以旧换新的销售都要按照销售新货物的价格计算增值税。（　　）
9. 物业公司代收的住宅专项维修资金应征收增值税。（　　）
10. 小微企业增值税税收优惠政策只适用于小规模纳税人。（　　）
11. 单位或个体工商户聘用的员工为本单位或雇主提供加工、修理修配劳务，不征收增值税。（　　）
12. 其他个人提供建筑服务，应当向其居住地税务机关申报缴纳增值税。（　　）
13. 转让建筑物时一并转让其占用土地所有权的，按照销售不动产缴纳增值税。（　　）
14. 包装物租金只要不逾期就不需要计征增值税。（　　）
15. 除国家税务总局另有规定外，已登记为小规模纳税人的企业不得再转为一般纳税人。（　　）

四、业务分析题

1. 某律师事务所于2021年5月注册成立，为增值税小规模纳税人，预计2023年全年营业收入为620万元。
（1）判断该公司2023年是否该转为增值税一般纳税人，并说明理由。
（2）如果该公司想保持小规模纳税人身份，需要如何进行税收筹划？

2. 高老庄超市是增值税一般纳税人，销售甲产品含税价为1 000元，2023年5月拟对甲商品进行促销，有以下两种方案可供选择。
方案一：8折销售。

方案二：按原价销售，但购物满 1 000 元，赠送含税价 200 元的商品。

从增值税税收筹划角度选择合适的促销方案。

3. 某物流公司为增值税一般纳税人，2023 年对仓储、装卸服务收入采取简易计税办法计算增值税应纳税额，2023 年 9 月为某家电提供运输服务，其中运费 9 000 元，装卸费 1 000 元，签订合同时按 10 000 元运费，请问是否存在不当之处，并说明理由。

4. 甲公司是一家交通运输企业，为增值税一般纳税人，对装卸业务选择按增值税简易计税方法计税，2023 年 9 月 A 客户要求开具一张装卸费增值税专用发票，请判断甲公司能否满足 A 客户的要求，并说明理由。

5. 某公司 2023 年 9 月 5 日为甲客户开具增值税专用发票一张，并于当月 20 日在税控系统进行抄税，甲客户当月 25 日因发票认证通不过要求换开发票。

（1）请问能否对该张发票作废？

（2）如果不能作废发票该如何处理？

6. 甲公司为增值税一般纳税人，2023 年 9 月为 A 客户开具增值税专用发票一张，A 客户不慎将该发票的发票联丢失。

（1）请判断甲公司能否在开票系统将该发票作废重新开具发票，并解释原因。

（2）如果不能作废重开发票，应该如何处理？

五、案例分析题

甲公司为增值税一般纳税人，2023 年 8 月生产经营情况如下：

（1）购进一台生产用机器设备，取得的增值税专用发票上注明的增值税税额为 13 万元；另外支付运费 20 万元（不含税），取得的增值税专用发票上注明的增值税税额为 1.8 万元。

（2）购进生产用原材料一批，取得的增值税专用发票上注明的增值税税额为 13.60 万元。另外支付运费 10 万元（不含税），取得的增值税专用发票上注明的增值税税额为 0.9 万元。运输途中由于保管不善，原材料丢失 10%；运输途中遭遇泥石流，原材料毁损 20%。

（3）接受乙公司提供的设计服务，取得的增值税专用发票上注明的增值税税额为 0.30 万元。

（4）接受丁公司提供的餐饮服务，支出 0.40 万元。

（5）采用分期收款方式销售货物一批，书面合同规定，不含税销售额共计 1 000 万元，本月应收回 60% 货款，其余货款于 9 月 10 日前收回，本月实际收回货款 500 万元；另收取优质费 3.39 万元。

（6）上期留抵税额为 5 万元。

假定本月取得的相关票据符合税法规定且全部在本月认证抵扣，计算甲公司当期应纳增值税税额。

六、税款计算及纳税申报题

1. 广西海博商贸有限公司主要从事钢材批发零售业务，为增值税一般纳税人，公司信息如下：

纳税人识别号：914501075615812l8F；开户银行：建设银行秀灵支行；经营地址：南宁市秀灵路 37 号。

2023 年 1 月发生以下业务：

（1）开具增值税专用发票，共实现不含税销售收入 100 万元。

（2）开具增值税普通发票，共实现不含税销售收入 10 万元。

（3）本月购进环节取得增值税发票如下：

①取得 13% 的增值税专用发票 10 张，价款为 50 万元，增值税税款为 6.5 万元；

②取得税率为 9% 的运输增值税专用发票 2 张，价款为 10 万元，增值税税款为 0.9 万元；

③从小规模纳税人处购买材料，取得增值税专用发票2张，价款为10万元，增值税税款为0.3万元；

④购进小汽车一辆，取得通用机动车销售统一发票1张，价款为10万元，增值税税款为1.3万元。

⑤购进办公用品一批，价款为0.3万元，取得增值税普通发票1张，税款为90元。

假设上述准予抵扣的进项发票在当期全部认证抵扣。

（4）上期留抵税额为1万元。

（5）没有享受任何增值税税收减免政策。

要求：计算当月增值税应纳税额，填写本期增值税纳税申报表。

2. 广西吉运物流有限公司为增值税一般纳税人，公司信息如下：

纳税人识别号是91450107561581313D；开户银行：建设银行南宁支行；经营地址：南宁市飞天路37号。

2023年1月发生以下增值税业务如下：

（1）运输业务开具增值税专用发票，不含税收入为200万元。

（2）运输业务开具增值税普通发票，不含税收入为50万元。

（3）该物流公司对仓储服务和装卸搬运服务选择简易计税方法，当月取得仓储服务不含税收入10万元，取得装卸搬运不含税收入20万元，均开具增值税专用发票。

（4）当月购进卡车1辆，价款为50万元，取得税控机动车销售统一发票1张，注明增值税税款为6.5万元。

（5）当月从小规模纳税人处采购办公用品一批，价款1万元，取得增值税专用发票1张，增值税税款为300元。

（6）本月由乙运输公司承接自己的部分家电运输业务，支付运输费用90万元，取得增值税专用发票10张，增值税税款为8.1万元。

（7）购买招待用烟酒5 000元，取得增值税普通发票一张，税款150元。

（8）上期留抵税额为1万元。

（9）没有享受任何增值税税收减免政策。

假定本月取得的相关票据符合税法规定且全部在本月认证抵扣。

要求：计算当月增值税应纳税额，填写本期增值税纳税申报表。

3. 南宁市小博士文具批发部为小规模纳税人，增值税征收率为3%，公司信息如下：

纳税人识别号：91450107561121212E；开户银行：建设银行文化路支行，经营地址：南宁市文化路17号。

2023年1～3月发生增值税业务如下：

（1）自行开具普通发票不含税销售额为50万元。

（2）自行开具增值税专用发票不含税销售额为10万元。

（3）没有享受任何增值税税收减免政策。

要求：填写本期增值税纳税申报表。

七、思政活动

1. 查阅资料分析"营改增"政策改革的背景、历程及重要意义。

2. 调查熟人中有没有陷入传销骗局的经历，总结传销常用的手段，采用微信、公众号或组织讲座方式宣传传销的危害性及如何防范。

3. 宣传索取发票对防止偷税漏税、规范税务管理的重要性及虚开发票的危害性。

学习评价

评价项目		评价标准	评价方式	分值/分	得分/分
专业知识学习能力	学习在线视频	按照完成率计分	学银在线平台自评	12	
	课前测验	按照系统题量及正确率自动计分	学银在线平台自评	4	
	课堂互动	按照参与活动数量及系统设置分数计分	学银在线平台自评	8	
	课后作业	按照系统题量及正确率自动计分	学银在线平台自评	4	
	项目测验	按照系统题量及正确率自动计分	学银在线平台自评	12	
实践操作能力	开具普通发票、专用发票、折扣发票、清单发票、红字发票、作废发票	完成模拟开票系统案例并提交	教师评价	12	
	能够进行一般纳税人增值税纳税申报	在模拟报税系统完成布置的纳税申报案例	教师评价	13	
	能够进行小规模纳税人增值税申报	完成模拟报税系统案例纳税申报并提交	教师评价	5	
职业素养	课前活动布置准备	场地布置、情景模拟道具等	教师评价	2	
	考勤	不迟到、不早退、不旷课	学银在线平台自评	3	
	课堂纪律	不喧哗讲话、不玩手机、不睡觉等	教师评价	3	
	课堂小组活动	每次课小组得分：其他小组点评50%＋教师点评50%；确定小组总分后由组长在组员间分配	小组互评＋教师评价＋组长评分	7	
思政教育	查阅"营改增"政策	查阅资料链接、分析资料上传平台	教师评价	5	
	传销活动	调查熟人视频、对外宣传活动的照片或视频上传平台	教师评价	5	
	发票	对外宣传活动的照片或视频上传平台	教师评价	5	
总分				100	
教师签字：					

项目四

流转兄弟奇妙事

学习目标

（一）知识目标
(1) 说出消费税、关税的特点；
(2) 列举消费税的征税范围、征税项目及对应的征税环节；
(3) 阐述消费税不同计税方法对应的计税依据和应纳税额的计算；
(4) 知晓关税不同税率及适用条件；
(5) 陈述进口关税、出口关税的计税依据和应纳税额的计算；
(6) 概述消费税、关税税收优惠及征管规定；
(7) 阐述出口退税政策及出口退税税款计算。

（二）能力目标
(1) 能判断对哪些物品征收消费税；
(2) 区分不同应税消费品消费税的征税环节；
(3) 能熟练计算消费税、关税的应纳税款；
(4) 能熟练计算进口环节消费税、增值税；
(5) 能够计算出口退税税款。

（三）素质目标
(1) 勤俭节约，树立正确的消费观念，不盲目攀比；
(2) 摈弃抽烟酗酒的不良习惯，不在公众场所吸烟；
(3) 生活中能够低碳出行、少用一次性筷子、坚持垃圾分类，爱护环境；
(4) 形成对比分析的学习能力；
(5) 养成归纳总结、举一反三的能力；
(6) 培养团队协作精神和沟通表达能力。

思政目标

(1) 弘扬勤俭节约的传统美德，能够富而不奢、兼济天下；
(2) 树立科学人生观和正确价值观；
(3) 远离酒驾、醉驾，珍爱生命；
(4) 认识绿色发展、推进生态文明建设的重要性；
(5) 诚实守信、遵纪守法、依法纳税；
(6) 坚持制度自信、文化自信；

(7) 认识走私的危害，坚持依法治税、依法治国；

(8) 体会出口退税政策支持中国制造扬威世界的重要性，积极推进高水平对外开放。

知识结构

任务导入

分享完税收一哥增值税的故事，我们再来探究流转税家庭另外两兄弟消费税和关税，看他们跟一哥增值税有哪些不同。流转税三兄弟到底有哪些不为人知的秘密呢？……

任务一 消费未必消费税

【思考】纳税人销售商品、提供服务及劳务要缴纳增值税，消费税又是针对哪些商品和行为征税呢？消费税是否跟增值税一样在流通的每个环节都征税呢？

【教学资源】本知识点对应精品课程视频。

消费未必消费税

消费税 PK 增值税

一、消费税概述

（一）消费税的概念

消费税是对在我国境内从事生产、委托加工、进口应税消费品的单位和个人就销售额或销售数量在特定环节征收的一种税。

【提示】对个别消费品在批发、零售环节征收消费税。

（二）消费税的特征

1. 征税项目具有选择性

消费税是以特定的消费品和消费行为作为征税对象，目前共设置 15 个税目，征税范围有限。

2. 征税环节具有单一性

消费税仅对生产、流通、消费的某一环节一次性征税。

3. 征收方法具有灵活性

消费税可以实行从量定额、从价定率、从量定额加从价定率的复合计税三种计税方法。

4. 税收调节具有特殊性

在对货物普遍征收增值税的基础上，选择少数消费品征收消费税，主要目的是调节产品结构，引导消费方向。

5. 税负具有转嫁性

消费税跟增值税一样都具有转嫁性。无论采取哪种征收方法，也不管在哪个环节征税，消费品中所含的消费税税款最终都要转嫁到消费者身上，由消费者承担。

二、消费税的纳税人与征税范围

（一）纳税人

（1）在中国境内生产、委托加工、进口消费税应税消费品的单位和个人。

（2）批发、零售特定应税消费品的单位和个人。

（二）征税范围

（1）过度消费会对人类健康、社会秩序和生态环境造成危害的特殊消费品，包括烟、酒、鞭炮与焰火、木制一次性筷子、实木地板、电池、涂料等。

（2）高价值的非生活必需品，包括贵重首饰及珠宝玉石、高档化妆品、高尔夫球及球具、高档手表等。

（3）高能耗的高档消费品，包括游艇、小汽车、摩托车等。

（4）不可再生和替代的非清洁能源，例如汽油、柴油等成品油等。

【提示】消费税征税范围的确定跟社会经济发展和消费需求的变化密切相关，更多是为了引导社会消费，调整消费结构，保护资源，改善生态环境，因此消费税的税目是随着经济和社会发展不断调整的。

(三) 征税环节

1. 生产环节

生产环节是消费税主要的征税环节，除了直接对外销售应征收消费税，纳税人将生产的应税消费品用于生产非应税消费品、以物易物、投资入股、偿还债务、馈赠、职工福利、广告等方面都应缴纳消费税。

生产应税消费品的单位和个人，实现销售时纳税。纳税人自产自用的应税消费品，用于连续生产应税消费品的，不纳税，如卷烟厂将自产烟丝连续生产卷烟；用于其他方面的，移送时纳税。

【注释】"其他方面"是指：
(1) 生产非应税消费品，如自产高档香水精连续生产普通护肤品；
(2) 用于在建工程、管理部门、非生产机构、提供劳务等；
(3) 用于馈赠、赞助、集资、广告、样品、职工福利、奖励等方面。

【补充】非工业企业的单位和个人视同生产企业征收消费税的行为。
(1) 将外购的消费税非应税产品以消费税应税产品对外销售，如购进普通化妆品按高档化妆品出售。
(2) 将外购的消费税低税率应税产品以高税率应税产品对外销售，如购进乙类啤酒按甲类啤酒销售。

对非工业企业的单位和个人上述行为按生产企业征税的目的是防止生产企业利用消费税单环节征税的特点，将生产的应税消费品低价销售给自己的非生产型关联企业，来规避生产环节的消费税。

2. 委托加工环节

委托加工应税消费品，是指委托方提供原材料和主要材料，受托方只收取加工费和代垫部分辅助材料加工，即常说的包工不包料加工方式。

委托加工应税消费品，委托方为消费税的纳税人，受托方是代收代缴义务人。

【提示】通过代加工方式生产电子烟的，由持有商标的企业缴纳消费税。只从事代加工电子烟产品业务的企业不属于电子烟消费税纳税人。电子烟生产环节纳税人从事电子烟代加工业务的，应当分别核算持有商标电子烟的销售额和代加工电子烟的销售额；未分开核算的，一并缴纳消费税。

(1) 当委托加工受托方是个人（含个体经营者）时，由委托方收回后纳税。
(2) 当委托加工受托方不是个人时，委托加工的消费税在交货时由受托方代收代缴税款。
(3) 委托加工的应税消费品，委托方用于连续生产应税消费品的，委托加工环节缴纳的税款可以按规定扣除。
(4) 委托方以不高于受托方计税价格直接出售的，不需再缴税；委托方以高于受托方计税价格销售的，应按规定缴纳消费税，但可以扣除受托方代收代缴的消费税。

【提示】受托加工方代收代缴的消费税不属于价外费用，对其收取的加工费征收增值税时不计入销售额。

3. 进口环节

单位和个人进口应税消费品，在报关时由海关代征消费税。

【提示】个人携带或者邮寄进境应税消费品时，连同关税一并计征消费税和增值税。

4. 零售环节

(1) 金、银和金基、银基合金首饰，以及金和金基、银基合金的镶嵌首饰；铂金首饰、钻石及钻石饰品。

【提示】在零售环节征税的仅限以上饰品，其他贵重首饰和珠宝玉石仍然在生产、委托加工、进口环节征税。

①金银饰品与其他产品成套销售的，按照销售额全额征税。

②既销售金银首饰、又销售非金银首饰的生产、销售单位，应将两类产品分别核算销售额。不分别核算的：在生产环节销售的从高适用税率征税；在零售环节销售的，一律按金银首饰征税。

③金银饰品连同包装物出售的，包装物应计入销售额一并征税。

④零售环节征税的金银饰品强调其主体成分是金、银，征税范围不包含镀金、包金首饰及修理、清洗金银首饰；但包含金银首饰的带料加工、翻新改制和以旧换新。

⑤以旧换新销售按实际收取的不含增值税的全部价款计税。

【提示】金银首饰以旧换新增值税和消费税计税销售额相同，均为实际收取的不含增值税的全部价款计税。

【案例4-1】（多选题）以下在零售环节征税的是（   ）。

A. 钻石戒指　　　　B. 黄金项链　　　　C. 镀金项链　　　　D. 玉手镯

【答案】AB

（2）超豪华小汽车。对超豪华小汽车，在生产、进口环节按现行税率征收消费税的基础上，在零售环节加征10%的消费税。将超豪华小汽车销售给消费者的单位和个人，为超豪华小汽车零售环节纳税人。

【注释】"超豪华小汽车"指每辆不含增值税零售价格130万元及以上的乘用车和中轻型商用客车。

5. 批发环节

（1）在批发环节征收消费税的有卷烟、电子烟。

（2）在中国境内从事卷烟批发业务的单位和个人，批发销售所有牌号规格的卷烟，均按销售额的11%征收消费税，同时按0.005元/支加征从量税。

（3）在中国境内从事电子烟批发业务的单位和个人，批发销售所有牌号规格的电子烟，均按销售额的11%征收消费税。

（4）纳税人销售卷烟、电子烟给纳税人之外的单位和个人，在销售时纳税；烟草批发企业将卷烟、电子烟销售给其他烟草批发企业的，不缴纳消费税。

【提示】纳税人兼营卷烟、电子烟批发和零售业务的，应当分别核算批发和零售环节的销售额、销售数量；未分别核算批发和零售环节销售额、销售数量的，按照全部销售额、销售数量计征批发环节消费税。

消费税的征税环节可以用表4-1概括。

表4-1 消费税的征税环节

是否单环节纳税	消费品类别	征税环节
双环节纳税	卷烟	生产、委托加工、进口、批发环节
	电子烟	生产、进口、批发环节
	超豪华小汽车	生产、委托加工、进口、零售环节
单环节纳税	金银首饰、铂金首饰、钻石及钻石饰品	零售环节
	其他消费品	生产、委托加工、进口环节

【对比】增值税在货物生产、流通的每个环节都要独立征税，属于多环节征收；消费税对单一环节征税，多数消费品集中在生产、委托加工、进口环节征税。

【案例 4-2】（多选题）下列单位不属于消费税纳税人的是（　　）。
A. 委托加工烟丝的单位　　　　　　　　B. 代加工电子烟的单位
C. 进口小汽车的单位　　　　　　　　　D. 生产金银首饰的单位
【答案】BD
【解析】委托加工业务中委托方是消费税的纳税人，受托方（个人除外）只履行代收代缴消费税的义务；通过代加工方式生产电子烟的，由持有商标的企业申报缴纳消费税；金银首饰只在零售环节纳税。

【案例 4-3】（单选题）下列消费品中，应缴纳消费税的是（　　）。
A. 零售的高档化妆品　　B. 批发的白酒　　　　C. 进口的服装　　　　D. 批发的卷烟
【答案】D

三、消费税的税目

征收消费税的消费品共有 15 个税目，有的税目还下设若干子税目。

（一）烟

凡是以烟叶为原料加工生产的产品，不论使用何种辅料，均属于本税目的征收范围。

1. 卷烟

（1）甲类卷烟：指每标准条（200 支）调拨价格在 70 元（不含增值税）以上（含 70 元）的卷烟。

（2）乙类卷烟：指每标准条（200 支）调拨价格在 70 元（不含增值税）以下的卷烟。

2. 雪茄烟

3. 烟丝

【提示】以烟叶为原料加工生产的不经卷制的散装烟按照烟丝征税。

4. 电子烟

电子烟是指用于产生气溶胶供人抽吸等的电子传输系统，包括烟弹、烟具以及烟弹与烟具组合销售的电子烟产品。

【注释】烟弹是指含有雾化物的电子烟组件。烟具是指将雾化物雾化为可吸入气溶胶的电子装置。

【提示】烟草属于一级致癌物，吸烟不仅影响吸烟者的健康与生命，同时污染空气，危害他人健康。二手烟对人体的危害比吸烟人本身受到的危害更大，特别是对少年儿童的危害尤其严重。长期吸入二手烟的人容易患上肺炎、哮喘和肺癌。我国卫健委已经颁布《公共场所控制吸烟条例》，为了自己和他人的健康，我们应该远离烟草。

（二）酒

酒是指酒精度在 1 度以上的各种酒类饮料，包含白酒、黄酒、啤酒、果啤和其他酒。

1. 白酒

白酒包括粮食白酒和薯类白酒。

【提示】用甜菜酿制的酒比照薯类白酒征税。

2. 黄酒

黄酒包括各种原料酿制的黄酒和超过 12 度（含 12 度）以上的土甜酒。

3. 啤酒

（1）甲类啤酒：每吨不含增值税出厂价格（含包装物及包装物押金）≥3 000 元。

（2）乙类啤酒：每吨不含增值税出厂价格（含包装物及包装物押金）＜3 000 元。

甲类啤酒和乙类啤酒适用的税率不同，为防止分解收入，少交消费税，啤酒包装物及包装物押金要并入出厂价格,作为判断适用税率的依据,但包装物押金不包括重复使用的塑料周转箱押金。

【提示】对饮食业、商业、娱乐业举办啤酒屋(啤酒坊)利用啤酒生产设备生产的啤酒,应当征收消费税。

无醇啤酒、啤酒源、菠萝啤酒和果啤按照啤酒征税。

4. 其他酒

其他酒指粮食白酒、薯类白酒、黄酒、啤酒以外的各种酒,包括葡萄酒、药酒、糠麸白酒、其他原料白酒、汽酒、果木酒、复制酒等。

对以黄酒为酒基生产的配制或炮制酒按其他酒征税。

【提示】调味料酒、酒精不属于消费税的征税范围。

素养提升

醉驾的危害

酒驾分为两种:驾驶人员每100毫升血液酒精含量大于或等于20毫克,并每100毫升血液酒精含量小于80毫克为酒后驾车;每100毫升血液酒精含量大于或等于80毫克为醉酒驾车。

2023年危险驾驶罪(醉驾)在全国起诉罪名中稳居第一位,根据最高检察院发布的数据,仅前9个月犯危险驾驶罪的就有263 281人,同比上升30.6%;而排在第二位的盗窃罪仅有150 922人。

虽然中国的酒文化历史悠久,但喝酒不仅伤身,酒驾、醉驾还会诱发交通事故,《中华人民共和国刑法》《中华人民共和国道路交通安全法》对酒驾、醉驾都有明确的处罚规定,我们应该坚决杜绝酒驾、醉驾。

(三)高档化妆品

高档化妆品包括高档美容、修饰类化妆品,高档护肤类化妆品和成套化妆品,对普通美容、修饰类化妆品不征收消费税。

【注释】高档美容、修饰类化妆品和高档护肤类化妆品是指生产(进口)环节销售(完税)价格(不含增值税)在10元/毫升(克)或15元/片(张)及以上的美容、修饰类化妆品和护肤类化妆品。

【提示】舞台、戏剧、影视化妆用的上妆油、卸妆油、油彩不属于本税目征税范围。

【案例4-4】(单选题)以下属于消费税征收范围的有(   )。

A. 酒精   B. 洗发液   C. 烟叶   D. 土甜酒

【答案】D

【提示】消费税开征初期对护肤护发品和普通美容、化妆品都征税,随着经济发展和总体人民消费水平的提高,后来取消对护肤护发品征税,2016年取消对普通美容、修饰类化妆品征收消费税,将"化妆品"税目名称更名为"高档化妆品"。化妆品税目的调整充分说明我国消费税征税项目是随着社会经济发展不断调整变化的。

(四)贵重首饰及珠宝玉石

贵重首饰及珠宝玉石包括各种金银珠宝首饰和经采掘、打磨、加工的各种珠宝玉石。

(1)金银首饰、铂金首饰和钻石及钻石饰品:包括凡以金、银、白金、宝石、珍珠、钻石、翡翠、珊瑚、玛瑙等高贵稀有物质以及其他金属、人造宝石等制作的各种纯金银首饰及镶嵌首饰(含人造金银、合成金银首饰等)。

(2)其他贵重首饰和珠宝玉石:包括钻石、珍珠、松石、青金石、欧泊石、橄榄石、长石、玉、石英、玉髓、石榴石、锆石、尖晶石、黄玉、碧玺、金绿玉、绿柱石、刚玉、琥珀、珊瑚、煤玉、龟甲、合成刚玉、合成宝石、双合石和玻璃仿制品等。

【提示】价格昂贵的钻石只是一种金刚石，它的化学成分是碳。钻石并不是稀有资源，它之所以价格昂贵，一是开采成本、打磨成本高，二是目前钻石是垄断开采，为了凸显钻石的"稀有"，矿业公司会限量开采生产钻石。为了卖出高昂的价格，钻石商将钻石打造成爱情的象征，"钻石恒久远，一颗永流传"，这句广告词就是很好的诠释。爱情的恒久靠的是双方相互包容、理解、关爱和支持，而不是用钻石的克拉数来衡量。

大规模开采珠宝玉石还会使环境恶化，因此很多国家会限制珠宝玉石的开采。

【提示】宝石坯是经采掘、打磨、初级加工的珠宝玉石半成品，应按规定征收消费税。

（五）鞭炮、焰火

鞭炮、焰火包括喷花类、旋转类、旋转升空类、火箭类、吐珠类、线香类、小礼花类、烟雾类、造型玩具类、爆竹类、摩擦炮类、组合烟花类、礼花弹类等。

【提示】体育用的发令纸、鞭炮药引线不按本税目征税。

鞭炮焰火虽然寓意喜庆，热闹与祥和，但会造成严重的空气污染、噪声污染，还会带来安全隐患，我们应积极遵守居住地禁止燃放烟花爆竹的规定。

（六）成品油

（1）汽油。

【提示】对以汽油、汽油组分调和生产的甲醇汽油、乙醇汽油按汽油征税。

（2）柴油。

【提示】对以柴油、柴油组分调和生产的生物柴油按柴油征税。

（3）石脑油：包括汽油、柴油、航空煤油、溶剂油以外的各种轻质油。

（4）溶剂油。

（5）润滑油。

【提示】润滑脂按润滑油征税。

（6）航空煤油。

（7）燃料油。

催化料、焦化料属于燃料油的范围，应当征收消费税。

成品油生产企业在生产成品油过程中，作为燃料、动力及原料消耗掉的自产成品油，免征消费税。

（七）摩托车

摩托车包括气缸容量在250毫升（含250毫升）以上的。

【提示】对最大设计车速不超过50千米/小时、发动机气缸总工作容积不超过50毫升的三轮摩托车不征税。

（八）小汽车

（1）乘用车：指9座以内的乘用车。

（2）中轻型商用客车：指10~23座（含23座）的中型商用客车。

【提示】对电动汽车、沙滩车、雪地车、卡丁车、高尔夫车、大客车、大货车、大卡车不征消费税。购进乘用车或中轻型商用客车整车改装生产的汽车，征收消费税。购进货车或厢式货车改装生产的商务车、卫星通信车不征消费税。

（3）超豪华小汽车：销售给消费者的超豪华小汽车，包括每辆零售价格130万元（不含增值税）及以上的乘用车和中轻型商用客车。

【提示】车辆虽然给我们的出行带来了便捷，但随着社会发展，汽车数量的增加会导致城市交通堵塞，汽车尾气也加剧了环境污染，反过来又影响人们的生活质量，因此我们应尽量绿色出行。

（九）高尔夫球及球具

高尔夫球及球具包括高尔夫球、高尔夫球杆、高尔夫球包（袋）、高尔夫球杆的杆头、杆身和握把。

（十）高档手表

高档手表指不含增值税售价每只在10 000元（含）以上的手表。

（十一）游艇

游艇指艇身长度大于8米（含）小于90米（含），内置发动机，可以在水上移动，一般为私人或团体购置，主要用于水上运动和休闲娱乐等非牟利活动的各类机动艇。

【提示】动辄几百万的游艇足够贫困山区建一所学校了。我国目前地区经济发展、收入差距还很明显，先富起来的高收入群体应该积极回馈社会，这样才能实现共同富裕的中国梦。

道德模范

杂交水稻之父袁隆平的消费观

袁隆平带领团队研发的杂交水稻是对全人类的贡献，他研发的杂交水稻多养活了全球20亿人。袁老曾经登上中央电视台《感动中国》的荣誉领奖台，当年组委会给他的颁奖词是"他是一位真正的耕耘者。当他还是一个乡村教师的时候，已经具有颠覆世界权威的胆识；当他名满天下的时候，却仍然只是专注于田畴，淡泊名利，一介农夫，播撒智慧，收获富足。他毕生的梦想，就是让所有的人远离饥饿。"

"身边人"忆袁隆平：把踏实干事当成第一要务，在个人生活上从不讲究，20元一件的衬衣穿着都觉得很好。有人送他一根名牌皮带，他却转手给了同事。袁老是个"精神富翁"，他用自己获得的奖金成立了基金会，奖励为杂交水稻事业作出贡献的人。

（十二）木制一次性筷子

木制一次性筷子指以木材为原料经过锯段、浸泡、旋切、刨切、烘干、筛选、打磨、倒角、包装等环节加工而成的各类一次性使用的筷子。

【提示】对未经打磨、倒角的木制一次性筷子征税；对竹制筷子、木制工艺筷子不征税。

木制一次性筷子消耗大量木材，甚至会因过度砍伐木材造成环境破坏。少用一双筷子守护的就是一片森林，"莫以善小而不为"，环保、节约，其实就在每个人的举手投足间。

（十三）实木地板

实木地板指以木材为原料，经锯割、干燥、刨光、截断、开榫、涂漆等工序加工而成的块状或条状的地面装饰材料。它包含各类规格的实木地板、实木指接地板、实木复合地板及用于装饰墙壁、天棚的侧端面为榫、槽的实木装饰板，以及未经涂饰的素板。

（十四）电池

电池包括原电池、蓄电池、燃料电池、太阳能电池和其他电池。

对无汞原电池、金属氢化物镍蓄电池、锂原电池、锂离子蓄电池、太阳能电池、燃料电池和全钒液流电池免征消费税。

【提示】废电池中含有汞、镉、铅、锌等重金属有毒物质。如果不进行填埋处理，其金属外壳很快会被腐蚀，废电池中的有害物质就会进入土壤、水体，对环境造成严重污染，一节5号废电池可以使一平方米土地荒废，我们一定要坚持垃圾分类，避免废电池污染环境。

(十五)涂料

对施工状态下挥发性有机物（Volatile Organic Compounds，VOC）含量低于 420 克/升（含）的涂料免征消费税。

【案例 4-5】（多选题）以下征收消费税的消费品有（　　）。

A. 卡丁车　　　　B. 竹制筷子　　　　C. 高尔夫球杆的杆头　　　　D. 实木复合地板

【答案】 CD

四、消费税的税率

消费税实行从价定率的比例税率、从量定额的定额税率、从价定率与从量定额相结合的复合计税三种形式。多数消费品采用比例税率，最高税率为 56%，最低税率为 1%；对成品油和黄酒、啤酒等实行定额税率；对卷烟、白酒实行从价定率与从量定额相结合计算应纳税额的复合计税办法。消费税税目税率表如表 4-2 所示。

表 4-2　消费税税目税率表

税目	税率
一、烟	
1. 卷烟	
(1) 甲类卷烟（生产、进口环节）	56% 加 0.003 元/支
(2) 乙类卷烟（生产、进口环节）	36% 加 0.003 元/支
(3) 甲类、乙类卷烟（批发环节）	11% 加 0.005 元/支
2. 雪茄烟（生产环节）	36%
3. 烟丝（生产环节）	30%
4. 电子烟	
(1) 生产、进口环节	36%
(2) 批发环节	11%
二、酒	
1. 白酒	20% 加 0.5 元/500 克（或者 500 毫升）
2. 黄酒	240 元/吨
3. 啤酒	
(1) 甲类啤酒	250 元/吨
(2) 乙类啤酒	220 元/吨
4. 其他酒	10%
三、高档化妆品	15%
四、贵重首饰及珠宝玉石	
1. 金银首饰、铂金首饰和钻石及钻石饰品（零售环节）	5%
2. 其他贵重首饰和珠宝玉石	10%
五、鞭炮、焰火	15%

续表

税目	税率
六、成品油	
1. 汽油	
（1）含铅汽油	1.52 元/升
（2）无铅汽油	1.52 元/升
2. 柴油	1.20 元/升
3. 航空煤油	1.20 元/升
4. 石脑油	1.52 元/升
5. 溶剂油	1.52 元/升
6. 润滑油	1.52 元/升
7. 燃料油	1.20 元/升
七、摩托车	
1. 气缸容量（排气量，下同）250 毫升的	3%
2. 气缸容量在 250 毫升以上的	10%
八、小汽车	
1. 乘用车（生产环节）	
（1）气缸容量（排气量，下同）在 1.0 升（含 1.0 升）以下的	1%
（2）气缸容量在 1.0 升以上至 1.5 升（含 1.5 升）的	3%
（3）气缸容量在 1.5 升以上至 2.0 升（含 2.0 升）的	5%
（4）气缸容量在 2.0 升以上至 2.5 升（含 2.5 升）的	9%
（5）气缸容量在 2.5 升以上至 3.0 升（含 3.0 升）的	12%
（6）气缸容量在 3.0 升以上至 4.0 升（含 4.0 升）的	25%
（7）气缸容量在 4.0 升以上的	40%
2. 中轻型商用客车（生产环节）	5%
3. 超豪华小汽车	零售环节 10%，生产环节同乘用车和中轻型商用客车
九、高尔夫球及球具	10%
十、高档手表	20%
十一、游艇	10%
十二、木制一次性筷子	5%
十三、实木地板	5%
十四、电池	4%
十五、涂料	4%

【提示】

(1) 卷烟每标准箱为 250 标准条,每标准条为 200 支,每标准箱为 50 000 支。卷烟生产环节的定额税率 0.003 元/支,即 0.6 元/条或 150 元/箱;卷烟批发环节的定额税率 0.005 元/支,即 1 元/条或 250 元/箱。

(2) 白酒的定额税率为 0.5 元/500 克,即 1 元/千克或 1 000 元/吨。

(3) 兼营不同税率应税消费品的,应分别核算;未分别核算的,从高计税。

(4) 将不同税率应税消费品组成成套消费品销售的,无论是否单独核算,都从高计税。

任务二 轻松计算消费税

【思考】增值税的计税依据是不含增值税的销售额,增值税有两种计税方法,一般计税法允许扣除进项税,消费税的计税依据是否跟增值税一致呢?外购消费品承担的消费税又能否扣除呢?

【教学资源】本知识点对应精品课程视频。

消费未必消费税

消费税 PK 增值税

一、从价定率征收消费税应纳税额的计算

(一) 生产销售应税消费品应纳税额的计算

纳税人生产销售应税消费品的计税依据为不含增值税的销售额,应纳税额的计算公式为:

$$应纳税额 = 销售额 \times 消费税适用税率$$

【提示】销售额的特殊规定:

(1) 纳税人通过自设非独立核算的门市部销售自产的应税消费品,应当按照门市部对外销售额或销售数量计税。

(2) 纳税人应税消费品计税价格明显偏低又无正当理由的,税务机关有权核定其计税价格。核定权限如下:

①卷烟、小汽车由国家税务总局核定,财政部备案;

②其他应税消费品由省、自治区、直辖市税务局核定;

③进口应税消费品由海关核定。

(3) 消费税价外费用跟增值税规定基本一致。

(4) 将非应税消费品与应税消费品组成成套消费品销售的,依销售额全额计算消费税。

【案例 4-6】甲公司是一家化妆品生产企业,属于增值税一般纳税人。2023 年 8 月,该厂销售高档化妆品取得不含增值税销售收入 100 万元,销售普通化妆品取得不含增值税销售收入 80 万元,将高档化妆品与普通化妆品组成礼盒成套销售,取得不含增值税销售额 50 万元,已知高档化妆品的消费税税率为 15%,增值税税率为 13%。计算当月消费税应纳税额。

【答案】消费税应纳税额 = (100 + 50) × 15% = 22.5 (万元)。

【解析】将高档化妆品与普通化妆品组成礼盒成套销售的,依销售额全额计算消费税。

【提示】纳税人发生销货退回的应税消费品已缴纳的消费税税款可以办理退税。

【思考】甲类、乙类卷烟适用不同的消费税税率，提价销售一定使利润增加吗？

【案例4-7】花果山卷烟厂开发生产的一种卷烟原来每标准条调拨价为60元，现拟提高到每标准条80元。假定价格提升不影响销量，请从利润的角度判断是否应该提价（不考虑城建税等附加税费）。

【答案】提价前每条应缴纳消费税 = 60×36% + 0.6 = 22.2（元）；
提价后每条应缴纳消费税 = 80×56% + 0.6 = 45.4（元）；
提价对利润的影响 = (80 - 45.4) - (60 - 22.2) = -3.2（元）。
因此提价会降低利润，不应提价销售。

（二）自产自用应税消费品应纳税额的计算

1. 有同类消费品销售价格的

（1）将自产应税消费品用于换取生产资料或消费资料、用于投资入股、抵偿债务的，按纳税人生产的同类消费品最高销售价格作为计税依据，应纳税额计算公式为：

应纳税额 = 同类消费品最高销售价格 × 自产自用数量 × 消费税适用税率

【提示】企业存在采用自产应税消费品用于换取生产资料或消费资料、用于投资入股、抵偿债务的业务时，应将这三类业务先转换成销售应税消费品，再以销售款购买物资、投资或偿债。

（2）将自产应税消费品用于其他方面的，按纳税人生产的同类消费品的同期平均销售价格（加权平均价）作为计税依据，应纳税额计算公式为：

应纳税额 = 同类消费品平均销售价格 × 自产自用数量 × 消费税适用税率

自产自用应税消费品消费税与增值税的税务处理如表4-3所示。

表4-3 自产自用应税消费品消费税与增值税的税务处理

行为	是否视同销售行为	
	增值税	消费税
用于连续生产应税消费品	×	×
用于连续生产非应税消费品	×	√ 按同类产品加权平均售价计税
用于馈赠、赞助、集资、广告、样品、职工福利、奖励等	√ 按同类产品加权平均售价计税	√ 按同类产品加权平均售价计税
用于本企业在建工程（福利等除外），如自产涂料建造本企业厂房	×（2016年5月1日后）	√ 按同类产品加权平均售价计税
用于换取生产资料或消费资料、用于投资入股、抵偿债务	√ 按同类产品加权平均售价计税	√ 按同类产品最高售价计税

【总结】同一环节既征消费税又征增值税的，消费税与增值税的计税销售额一般情况下是相同的，只有将自产应税消费品用于换取生产资料或消费资料、投资入股、抵偿债务的除外。

【案例4-8】（多选题）以下按照纳税人同类应税消费品的最高销售价格作为计税依据计算消费税的有（　　）。

A. 用于抵债的小汽车　　　　B. 用于馈赠的卷烟
C. 用于换取生产资料的葡萄酒　　D. 对外投资入股的小汽车

【答案】ACD

【案例 4-9】 某化妆品企业为增值税一般纳税人，2024 年 1 月份发生以下业务：8 日销售高档化妆品 400 箱，每箱不含增值税售价 6 000 元；15 日销售同类化妆品 500 箱，每箱不含增值税售价 6 500 元；当月将 200 箱同类化妆品与某公司换取高档精油。计算该化妆品公司当月应纳消费税（万元）。（高档化妆品消费税税率为 15%）

【答案】 应纳消费税 =（6 000×400+6 500×500+6 500×200）÷10 000×15% = 104.25（万元）。

【解析】 换取高档精油的 200 箱化妆品属于换取生产资料，按同类产品最高售价计税。

2. 没有同类消费品销售价格的

没有同类消费品销售价格的，以组成计税价格作为计税销售额。其计算公式为：

$$消费税应纳税额 = 组成计税价格 \times 消费税比例税率$$

$$组成计税价格 = 成本 + 利润 + 消费税应纳税额$$

可得：

$$组成计税价格 =（成本+利润）\div（1-消费税比例税率）$$
$$= 成本 \times（1+成本利润率）\div（1-消费税比例税率）$$

【注释】 成本利润率不是企业的实际成本利润率，而是应税消费品全国平均成本利润率，由国家税务总局确定，如表 4-4 所示。

表 4-4 应税消费品全国平均成本利润率

消费品	全国平均成本利润率/%	消费品	全国平均成本利润率/%
甲类卷烟	10	摩托车	6
乙类卷烟	5	高尔夫球及球具	10
雪茄烟	5	高档手表	20
烟丝	5	游艇	10
电子烟	10	木制一次性筷子	5
粮食白酒	10	实木地板	5
薯类白酒	5	乘用车	8
其他酒	5	中轻型商用客车	5
高档化妆品	5	电池	4
鞭炮、焰火	5	涂料	7
贵重首饰及珠宝玉石	6		

【案例 4-10】 某日用化妆品厂为增值税一般纳税人，将自产高档化妆品用于职工福利，该高档化妆品生产成本为 10 000 元，成本利润率为 5%，无同类产品销售价格。高档化妆品消费税税率为 15%，计算该批化妆品应缴纳的消费税。

【答案】 该批高档化妆品组成计税价格 = 10 000×（1+5%）÷（1-15%） = 12 352.94（元）；
该批高档化妆品应纳消费税税额 = 12 352.94×15% = 1 852.94（元）。

（三）委托加工应税消费品应纳税额的计算

（1）受托方有同类消费品销售价格的，按照受托方同类消费品的销售价格计算纳税。其计算公式为：

$$消费税应纳税额 = 销售额 \times 比例税率$$

$$销售额 = 委托加工收回数量 \times 同类消费品销售单价$$

（2）受托方没有同类消费品销售价格的，按照组成计税价格计算纳税。其计算公式为：

$$消费税应纳税额 = 组成计税价格 \times 比例税率$$
$$组成计税价格 = 材料成本 + 加工费 + 消费税应纳税额$$

可得：

$$组成计税价格 = (材料成本 + 加工费) \div (1 - 比例税率)$$

【提示】材料成本是指委托方提供的加工材料的实际成本，委托方必须在委托加工合同中注明，如合同未体现加工材料成本，受托方主管税务机关有权核定材料成本；加工费是受托方向委托方收取的全部费用，包含代垫的辅助材料成本，但不包含增值税税金。

【案例4-11】甲企业委托乙企业加工高档化妆品所用材料，原材料实际成本为20万元，不含增值税加工费为7万元，辅助材料成本1万元，高档化妆品消费税税率为15%，求委托加工材料应缴纳消费税税额。

【答案】组成计税价格 = (20 + 7 + 1) ÷ (1 - 15%) = 32.94（万元）；
消费税应纳税额 = 32.94 × 15% = 4.94（万元）。

（四）超豪华小汽车应纳消费税的计算

（1）汽车零售企业消费税应纳税额计算公式为：

$$应纳税额 = 零售环节销售额 \times 零售环节税率$$

（2）国内汽车生产企业直接销售给消费者的超豪华小汽车，消费税税率按照生产环节税率和零售环节税率加总计算。消费税应纳税额计算公式为：

$$应纳税额 = 销售额 \times (生产环节税率 + 零售环节税率)$$

二、从量定额征收消费税应纳税额的计算

纳税人生产销售的应税消费品按照销售数量和固定税额计算应纳税额。目前实行从量定额征收消费税的产品有啤酒、黄酒、成品油。其计算公式为：

$$应纳税额 = 应税消费品的销售数量 \times 单位税额$$

【提示】其他应税行为计税数量的确定：
（1）自产自用应税消费品：移送使用数量；
（2）委托加工应税消费品：委托方收回数量；
（3）进口应税消费品：海关核定的进口数量。

【案例4-12】翠云山酒厂2023年度7月销售啤酒500吨，每吨不含增值税售价2 900元，每吨收取300元包装物押金，计算当月销售啤酒应纳消费税税额。

【答案】应纳税额 = 500 × 250 = 125 000（元）。

【解析】啤酒适用定额税率，包装物押金不直接影响消费税税额的计算，但判断是适用甲类啤酒还是乙类啤酒税率时，需将包装物及包装物押金都计入啤酒出厂价。

为了规范不同产品的计量单位，准确计算消费税应纳税额，规定了从量计税的不同应税消费品的计量单位的换算标准，如表4-5所示。

表4-5 应税消费品计量单位换算表

1	黄酒	1吨 = 962升
2	啤酒	1吨 = 988升
3	汽油	1吨 = 1 388升
4	柴油	1吨 = 1 176升
5	航空煤油	1吨 = 1 246升

续表		
6	石脑油	1 吨 = 1 385 升
7	溶剂油	1 吨 = 1 282 升
8	润滑油	1 吨 = 1 126 升
9	燃料油	1 吨 = 1 015 升

三、复合计税方法应纳消费税的计算

复合计税，是指对某一应税消费品同时采用从量定额计税和从价定率计税，税额的合计数即为应纳税额。目前仅对卷烟、白酒消费税采用复合计税方法。

（一）生产销售应税消费品应纳税额的计算

$$应纳税额 = 销售额 \times 比例税率 + 销售数量 \times 固定税额$$

【提示】酒类计税销售额的特殊规定：

（1）白酒生产企业向商业销售单位收取的"品牌使用费"，不论采取何种方式以何种名义收取价款，均应并入白酒销售额计税。

（2）啤酒、黄酒以外的酒类（即白酒、其他酒）收取的包装物押金，无论是否返还及如何核算，均应计入销售额计税。

生产白酒企业白酒的销售额 = 货价（不含增值税）+ 包装物租金（不含增值税）+ 当期收取的包装物押金（不含增值税）+ 品牌使用费（不含增值税）+ 其他价外费用（不含增值税）

【案例4-13】（多选题）以下应并入白酒销售额计征消费税的是（　　）。
A. 优质费
B. 逾期发货的违约金
C. 没有逾期的包装物押金
D. 品牌使用费

【答案】ABCD

文化自信

中国酒文化

酒是人类生活中的主要饮料之一。中国制酒历史源远流长，品种繁多，名酒荟萃，享誉中外。黄酒是世界上最古老的酒类之一，约在三千多年前的商周时代，中国人独创酒曲复式发酵法，开始大量酿制黄酒。酒渗透于整个中华五千多年的文明史中，从文学艺术创作、文化娱乐到饮食烹饪、养生保健等各方面，在中国人生活中都占有重要的位置。

近些年中国葡萄酒已经赶超法国红酒，多次在国际葡萄酒大赛中荣获嘉奖，享誉国际社会。其中贺兰山东麓葡萄酒2018年在柏林葡萄酒大奖赛冬季赛中国区比赛获得金奖20枚，银奖3枚。同年3月，在第九届（2018）亚洲葡萄酒质量大赛中摘得14个金奖，32个银奖。2020年，贺兰山东麓葡萄酒入选中欧地理标志首批保护清单。

（二）自产自用应税消费品应纳税额的计算

$$消费税应纳税额 = 组成计税价格 \times 比例税率 + 自产自用数量 \times 固定税额$$
$$组成计税价格 = 成本 \times (1 + 成本利润率) + 消费税应纳税额$$

可得：

$$组成计税价格 = [成本 \times (1 + 成本利润率) + 自产自用数量 \times 定额税率] \div (1 - 比例税率)$$

【案例4-14】翠云山酒厂2023年度12月份用自产原浆白酒250公斤勾浆68°白酒500公斤，用于无偿赠送花果山酒店，没有同类白酒的销售价格，68°白酒的生产成本为300元/公斤。白酒

的成本利润率为10%，请计算酒厂该批白酒应纳消费税和增值税。

【答案】组成计税价格 = [300 × 500 × (1 + 10%) + 500 × 0.5 × 2] ÷ (1 − 20%) = 206 875（元）；

应缴纳消费税 = 206 875 × 20% + 500 × 0.5 × 2 = 41 875（元）；

应缴纳增值税 = 206 875 × 13% = 26 893.75（元）。

（三）委托加工应税消费品应纳税额的计算

$$消费税应纳税额 = 组成计税价格 × 比例税率 + 委托加工数量 × 固定税额$$
$$组成计税价格 = 材料成本 + 加工费 + 消费税应纳税额$$

可得：
$$组成计税价格 = (材料成本 + 加工费 + 委托加工数量 × 定额税率) ÷ (1 - 比例税率)$$

【案例4-15】花果山卷烟厂受托为甲卷烟厂加工卷烟2 200标准条，取得不含增值税加工费44 000元，甲卷烟厂提供原材料成本为176 000元。花果山卷烟厂无同类卷烟销售价格。已知甲类卷烟消费税比例税率为56%，定额税率为0.003元/支，每标准条为200支。计算花果山卷烟厂该笔业务应代收代缴消费税税额。

【答案】应代收代缴消费税 = (176 000 + 44 000 + 2 200 × 200 × 0.003) ÷ (1 − 56%) × 56% + 2 200 × 200 × 0.003 = 283 000（元）。

四、应税消费品已纳税款的扣除

为了避免重复征税，税法规定，纳税人用外购或委托加工收回的下列已税消费品连续生产应税消费品的，在征收消费税时可以扣除外购或委托加工已税消费品已纳的消费税税款。

（一）准予从应纳消费税中扣除已纳消费税的应税消费品的范围

(1) 以外购或委托加工收回的已税烟丝生产的卷烟。
(2) 以外购或委托加工收回的已税高档化妆品生产的高档化妆品。
(3) 以外购或委托加工收回的已税珠宝玉石生产的贵重首饰及珠宝玉石。
(4) 以外购或委托加工收回的已税鞭炮、焰火生产的鞭炮、焰火。
(5) 以外购或委托加工收回的已税杆头、杆身和握把为原料生产的高尔夫球杆。
(6) 以外购或委托加工收回的已税木制一次性筷子为原料生产的木制一次性筷子。
(7) 以外购或委托加工收回的已税实木地板为原料生产的实木地板。
(8) 以外购或委托加工收回的已税汽油、柴油、石脑油、燃料油、润滑油为原料生产的成品油。
(9) 从葡萄酒生产企业购进、进口已税葡萄酒连续生产应税葡萄酒。

【注释】上述"外购"包含"进口"。

【提示】
(1) 不是所有项目都允许扣税，葡萄酒之外的酒类、小汽车、高档手表、游艇、电池、涂料、摩托车、雪茄烟、溶剂油、航空煤油不得扣税。
(2) 不允许跨税目抵扣，允许扣税的只是同一大税目应税消费品的连续加工。
(3) 只适用生产环节扣税，在零售环节纳税的金银首饰、铂金首饰、钻石及钻石饰品不得抵扣外购珠宝玉石的已纳税款，批发环节销售的卷烟也不得抵扣外购卷烟的已纳税款。

【案例4-16】（单选题）生产企业以外购应税消费品连续生产应税消费品，以下准予扣除外购应税消费品已纳消费税税款的是（　　）。

A. 已税摩托车生产的摩托车　　　　　　B. 已税白酒生产的白酒
C. 已税烟丝生产的卷烟　　　　　　　　D. 已税珠宝玉石生产的金银镶嵌首饰

【答案】C

【解析】答案 D 的金银镶嵌首饰不在生产环节征税，因此不允许扣除外购珠宝玉石已纳税款。

（二）准予扣除的已纳税款的计算方法

用外购或委托加工已税消费品连续生产应税消费品时，按当期领用数量计算扣除已纳消费税。

1. 当期准予扣除的外购应税消费品已纳税额的计算

当期准予扣除的外购应税消费品已纳税额 = 当期准予扣除的外购应税消费品买价（或数量）× 适用税率

当期准予扣除的外购应税消费品买价（或数量）= 期初库存的外购应税消费品买价（或数量）+ 当期购进货物的外购应税消费品买价（或数量）– 期末库存货物的外购应税消费品买价（或数量）

【提示】外购已税消费品的买价是指外购已税消费品增值税专用发票上注明的不含增值税销售额；如果是取得普通发票，不可以抵扣消费税。

【案例 4-17】花果山烟厂月初库存外购应税烟丝金额 30 万元，当月外购应税烟丝金额 50 万元（不含增值税），月末库存烟丝金额 10 万元，其余全部在当月领用生产卷烟，烟丝消费税税率为 30%，计算卷烟厂当月准许扣除的外购烟丝已缴纳消费税税额。

【答案】当期准予扣除的外购烟丝买价 = 30 + 50 – 10 = 70（万元）；

当期准予扣除的外购烟丝已缴纳消费税税额 = 70 × 30% = 21（万元）。

2. 当期准予扣除的委托加工应税消费品已纳税额的计算

当期准予扣除的外购应税消费品已纳税额 = 期初库存的委托加工应税消费品已纳税款 + 当期委托加工应税消费品已纳税款 – 期末库存的委托加工应税消费品已纳税款

五、消费税的征收管理

（一）消费税纳税义务发生时间

（1）纳税人销售应税消费品的，按不同的销售结算方式，其纳税义务发生时间分别为：

①采取赊销和分期收款结算方式的，为书面合同约定的收款日期的当天，书面合同没有约定收款日期或者无书面合同的，为发出应税消费品的当天；

②采取预收货款结算方式的，为发出应税消费品的当天；

③采取托收承付和委托银行收款方式的，为发出应税消费品并办妥托收手续的当天；

④采取其他结算方式的，为收讫销售款或者取得索取销售款凭据的当天。

（2）纳税人自产自用应税消费品的，为移送使用的当天。

（3）纳税人委托加工应税消费品的，为纳税人提货的当天。

（4）纳税人进口应税消费品的，为报关进口的当天。

【对比】除委托加工应税消费品，其他消费税纳税义务发生时间与增值税相关规定基本一致。

（二）消费税纳税期限

消费税的纳税期限分别为 1 日、3 日、5 日、10 日、15 日、1 个月或者 1 个季度。纳税人的具体纳税期限，由主管税务机关根据纳税人应纳税额的大小分别核定；不能按照固定期限纳税的，可以按次纳税。

纳税人以 1 个月或者 1 个季度为 1 个纳税期的，自期满之日起 15 日内申报纳税；以 1 日、3 日、5 日、10 日或者 15 日为 1 个纳税期的，自期满之日起 5 日内预缴税款，于次月 1 日起 15 日内申报纳税并结清上月应纳税款。

纳税人进口应税消费品，应当自海关填发海关进口消费税专用缴款书之日起 15 日内缴纳税款。

（三）消费税纳税地点

（1）纳税人销售的应税消费品，以及自产自用的应税消费品，除国务院财政、税务主管部门另有规定外，应当向纳税人机构所在地或者居住地的主管税务局申报纳税。

（2）委托加工的应税消费品，除受托方为个人（含个体经营者）外，由受托方向其所在地主管税务局申报纳税；受托方为个人的，由委托方向机构所在地或者居住地主管税务局申报纳税。

（3）进口的应税消费品，由进口人或代理人向报关地海关申报纳税。

（4）纳税人到外县（市）销售或者委托外县（市）代销自产应税消费品的，于应税消费品销售后，向机构所在地或者居住地主管税务局申报纳税。

（5）纳税人的总机构与分支机构不在同一县（市）的，应当分别向各自机构所在地的主管税务机关申报纳税；经财政部、国家税务总局或者其授权的财政、税务机关批准，可以由总机构汇总向总机构所在地的主管税务机关申报纳税。

任务三　进口商品为何贵

【思考】通过对增值税、消费税的学习，我们知道进口环节要缴纳增值税和消费税，进口环节增值税和消费税的计算都跟关税有关，关税又是如何计税的呢？我国对进口商品和出口商品的关税规定又有何不同呢？

【教学资源】本知识点对应精品课程视频。

进口商品为何贵

一、关税的概念与特征

（一）关税的概念

关税是海关依法对进出关境的货物和物品征收的一种税。

【思考】关境跟国境是否一致呢？

通常情况下一个国家的关境与国境是一致的，但也有不一致的情况。

当一个国家境内设有自由港或自由贸易区时，关境的范围小于国境，我国的香港、澳门保持自由港地位，因此我国的关境小于国境。

当几个国家结成关税同盟时，同盟国之间货物进出关境不征关税，只对非同盟国的国家进出境征收关税，因此关境大于国境，如欧盟的国家。

（二）关税的特征

（1）征税对象是进出关境的各种货物和物品。

【注释】关税只对有形货物、物品征税，对无形货物、物品不征税。

（2）关税的计税依据是不包含关税的完税价格。

（3）具有较强的涉外性。

（4）由海关负责征收管理。

（三）征收关税的意义

1. 维护国家主权和经济利益

对进出口商品征收关税，不仅仅是对外贸易的税收问题，时至今日，关税已经成为各国政府维护本国政治、经济权益乃至进行国际经济斗争的重要工具。

【提示】当今国际经济、政治形势错综复杂，在全球贸易保护主义、单边主义盛行的形势下，我国多年来坚持对外开放，已经赢得了良好的国际环境，得到国际社会的高度赞誉，中国作为世界第二大经济体，在国际经济、政治舞台上起着举足轻重的作用。

2. 保护和促进本国工农业生产发展

我国作为发展中国家，一直重视利用关税保护本国生产和市场。当今中国已成为制造业第一大国、货物贸易第一大国，这其中离不开关税政策的支持。

3. 调节国民经济和对外贸易

关税不仅能调节国民经济和对外贸易，还能在某种程度上调节国内市场、物价水平和市场供求，调整国家财政和外汇收支状况。关税能在一定程度上影响进出口规模，调节国民经济活动。

4. 筹集国家财政收入

法治中国

走私货物的危害及典型案例

（1）损害国家主权和尊严、危害国家安全。

海关是国家的进出关境监督管理机关，是一国国家主权的象征，是国家利益的集中体现。而走私是逃避海关监督的行为，直接损害国家主权和形象。走私的泛滥，将导致海关职能的虚空，侵蚀国家主权。

（2）影响国家税收。

随着中国对外贸易扩大，海关征收的关税和其他税费比重也越来越大，走私直接危及国家税收，严重损害国家经济利益。

（3）破坏市场竞争，严重威胁民族工业的生存和发展。

（4）腐蚀人们的思想、败坏社会风气、诱发犯罪。

走私不单纯是破坏对外贸易管理和海关监管的犯罪，它会腐蚀人们的思想，败坏社会风气，诱发其他经济、刑事犯罪。

"9898"湛江特大走私受贿案、厦门远华特大走私案充分说明走私的背后是钱权交易，涉案人员不仅有海关，还有边防、公安、海警、商检、港务、船务，甚至地方政府官员。

二、关税的纳税人与征税对象

（一）关税的纳税人

（1）进口货物的收货人。

（2）出口货物的发货人。

（3）进出境物品的所有人，包含携带人、邮运进境物品的收件人、邮运出境物品的寄件人或托运人等。

【案例4-18】（单选题）下列不属于关税纳税人的是（　　）。

A. 进口货物的收货人　　　　　　B. 出口货物的发货人
C. 邮运出境物品的收件人　　　　D. 进境物品的携带人

【答案】C

（二）关税的征税对象

关税的征税对象是准许进出境的货物和物品，货物指贸易性商品；物品指入境旅客随身携带的行李物品、个人邮寄物品、各种运输工具上的服务人员携带进口的自用物品、馈赠物品以及其他方式进境的个人物品。

三、关税的税率

（一）按征税对象分进口关税税率、出口关税税率

1. 进口关税

进口关税分普通税率、最惠国税率、协定税率、特惠税率、关税配额税率、暂定税率等税率形式。

（1）普通税率。普通税率适用情形：

①原产于未与我国共同适用最惠国条款的世界贸易组成员的进口货物；

②不适用我国最惠国税率、协定税率、特惠税率的国家或地区的进口货物；

③原产地不明的进口货物。

（2）最惠国税率。最惠国税率适用情形：

①原产于与我国共同适用最惠国待遇条款的世界贸易组织成员国或地区的进口货物；

②原产于与我国签订有相互给予最惠国待遇条款的双边贸易协定的国家或地区的进口货物；

③原产于中国境内的进口货物，如澳门、台湾。

（3）协定税率。协定税率适用原产于与我国订有含关税优惠条款的区域性贸易协定的国家或地区的进口货物。

（4）特惠税率。特惠税率适用原产于与我国签订有特殊优惠关税协定的国家或地区的进口货物。

（5）关税配额税率。关税配额税率指实行关税配额管理的进口货物。关税配额内的，适用关税配额税率；关税配额外的，按不同情况适用普通税率、最惠国税率、协定税率或特惠税率。

（6）暂定税率。对进口的货物在一定期限内可以实行暂定税率。在最惠国税率基础上，对进口的某些重要工农业生产原材料和机电产品关键部件实施更为优惠的税率。

【提示】进口适用税率的选择根据货物的原产地来确定，产自不同国家或地区的进口货物适用不同的税率。

2. 按征税方式

（1）比例税率：我国对多数进口商品采用比例税率，实行从价计征法。

（2）定额税率：目前我国对原油、啤酒等实行定额税率，实行从量计税法。

（3）复合税率：目前我国对录像机、放像机、摄像机、数字照相机和摄录一体机实行复合计税法。

（4）滑准税率：指关税的税率随着进口商品价格的变动而反方向变动的一种特殊比例税率，即价格越高，税率越低。

（二）出口关税税率

征收出口关税虽然能增加财政收入，限制重要的原材料输出，但也会增加出口产品成本，降低国际竞争力，我国只对少数产品征收出口关税，一般采用比例税率。

（三）进出口税率的确定

进出口货物应当依照《中华人民共和国海关进出口税则》规定的归类原则归入合适的税号，按适用税率征税。

【思考】《中华人民共和国海关进出口税则》是一成不变的吗？

鉴于国际政治、经济形势不断变化，国务院关税税则委员会每年都会修订和调整《中华人民共和国海关进出口税则》，进出口税则、税率的调整修订，是国家实现外贸经济宏观调控的重要手段。

（1）进出口货物，应当适用海关接受该货物申报进口或者出口之日实施的税率。

（2）特殊进口货物或违规货物的税率规定：

①进出口货物到达前，经海关核准先行申报的，应当按照装载此货物的运输工具申报进境之日实施的税率征税；

②进口转关运输货物，适用指运地海关接受该货物申报进口之日实施的税率；货物运抵指运地前，经海关核准先行申报的，适用装载该货物的运输工具抵达指运地之日实施的税率；

③出口转关运输货物，适用启运地海关接受该货物申报出口之日实施的税率；

④经海关批准，实行集中申报的进出口货物，适用每次货物进出口时海关接受该货物申报之日实施的税率；

⑤因超过规定期限未申报而由海关依法变卖的进口货物，适用装载该货物的运输工具申报进境之日实施的税率；

⑥因纳税人违反规定需要追征税款的进出口货物，适用违反规定的行为发生之日实施的税率；行为发生之日不能确定的，适用海关发现该行为之日实施的税率。

（3）已申报进境并且放行的保税货物、减免税货物、租赁货物或者已申报进出境并且放行的暂时进出境货物，有下列情之一需缴纳税款的，应当适用海关接受纳税人再次填写报关单申报办理纳税及有关手续之日实施的税率：

①保税货物经批准不复运出境的；

②保税仓储货物转入国内市场销售的；

③减免税货物经批准转让或者移作他用的；

④可以暂不缴纳税款的暂时进出境货物，经批准不复运出境或者进境的；

⑤租赁进口货物，分期缴纳税款的。

（4）纳税人补征或者退还进出口货物税款，应当按照上述（1）和（2）项的规定确定适用的税率。

四、关税完税价格的计算

我国对进出口货物主要采用从价计征法，以进出口货物的完税价格为计税依据。

（一）进口货物的完税价格

1. 以海关核定的成交价格为基础的完税价格

进口货物一般以海关确认的正常成交价格为基准的到岸价格（CIF）作为完税价格，包括货价，货物运抵中国关境内输入地起卸前的包装、运输、保险和其他劳务等费用。

不计入进口货物关税完税价格的费用包括以下几部分：

（1）买方支付给自己的采购代理人的购货佣金和劳务费用。

【对比】支付给中介和卖方代理人的中介、卖方佣金，实际也是购货的一项成本支出，因此计入进口货物关税完税价格；支付给买方采购代理人的购货佣金，属于劳务费用，不计入进口货物关税完税价格。

（2）厂房、机械设备等货物进口后的基建、安装、装配、维修、技术服务费。

（3）货物运抵境内输入地点起卸后发生的通关费、运费、保险费和其他费用。

（4）进口关税及其他国内税收。

【总结】运抵中国口岸前与进口货物有直接关系、最终由买方承担的相关成本除购货佣金外均计入完税价格，运抵境内输入地点起卸后发生的费用都不计入进口货物关税完税价格。

【案例4-19】甲进出口公司从某国家进口一批化工原料500吨，以境外口岸离岸价格成交，折合人民币每吨20 000元，甲公司承担包装费每吨500元，向卖方支付佣金每吨1 000元，向自己的采购代理人支付购货佣金10 000元，货物运抵中国海关境内输入地起卸前的运费、保险费和其他费用为每吨2 000元，从海关运抵自己仓库的运输和装卸费为每吨500元，求该批进口材料的关税完税价格。

【答案】关税完税价格 = (20 000 + 500 + 1 000 + 2 000) × 500 = 1 175（万元）。

2. 进口货物海关估价法

进口货物申报价格明显偏低，或者申报价格明显低于相同或类似货物的国际成交价格，又不能提供证据和正当理由，海关认定买卖双方存在特殊关系影响成交价格的，海关可以核定完税价格，一般按以下顺序估价：

（1）相同货物成交价格估价法。

以从同一国家或地区购进的相同货物的成交价格，作为被估进口货物的价格依据。

（2）类似货物成交价格估价法。

以从同一国家或地区购进的相似货物的成交价格，作为被估进口货物的价格依据。

（3）国内市场价格倒扣估价法。

以被估的进口货物在境内销售价格为基础，扣除合理的税、费用和利润后估算的价格。

（4）国际市场价格估价法。

以进口货物的相同或类似货物在国际市场上的公开成交价格为该进口货物的完税价格。

（5）其他合理估价法。

以上方法仍不能准确核定完税价格时，海关可以采用其他估价方法。

【提示】上述估计法应按顺序使用，但应进口商要求，第（3）和第（4）种方法次序可以颠倒。

（二）出口货物关税完税价格

出口货物的完税价格由海关以该货物的成交价格为基础审查确定，包括货物运至中国境内输出地点装载前的运输及其相关费用、保险费。

1. 以成交价为基础的完税价格

【思考】出口货物的完税价格是不是出口货物的离岸价格呢？

离岸价格包含关税，因此出口货物的完税价格计算公式为：

$$完税价格 = 离岸价格 - 出口关税$$

而：

$$出口关税 = 完税价格 \times 出口税率$$

由此可得：

$$完税价格 = 离岸价格 \div (1 + 出口税率)$$

【注释】"离岸价格"是货物运离关境前最后一个口岸的离岸价格。

不计入出口货物关税完税价格的费用包括以下几部分：

（1）从内地口岸到最后出境口岸的运输费用。

（2）装船后发生的费用，如货价中单独列明境内输出地点装载后的运费、保险费。

（3）出口关税。

（4）单独列示支付境外的佣金。

【案例4-20】某外贸公司将一批产品从南宁出口到东南亚某国家，泰国到岸价为500万元（包含离境口岸至境外口岸的运费40万元、保险费20万元、单独支付国外的佣金30万元），支付包装费10万元，计算出口货物完税价格。

【答案】完税价格 = 500 - 40 - 20 - 30 + 10 = 420（万元）。

2. 海关估价法

（1）同时或大约同时向同一国家或地区出口相同货物的成交价。
（2）同时或大约同时向同一国家或地区出口类似货物的成交价。
（3）根据境内相同或类似货物的成本、利润和一般费用、境内运费保险费计算所得的价格。
（4）其他估价法。

五、关税应纳税额的计算

（一）从价税应纳税额的计算

$$应纳税额 = 应税进（出）口货物数量 \times 单位完税价格 \times 比例税率$$

（二）从量税应纳税额的计算

$$应纳税额 = 应税进口货物数量 \times 单位税额$$

（三）复合税应纳税额的计算

$$应纳税额 = 应税进口货物数量 \times 单位税额 + 应税进口货物数量 \times 单位完税价格 \times 比例税率$$

（四）滑准税应纳税额的计算

滑准税应纳税额的计算同比例税率一致。

$$应纳税额 = 应税进（出）口货物数量 \times 单位完税价格 \times 滑准税税率$$

六、关税税收优惠

关税的减免可分为法定减免、特定减免、临时减免三种类型。

（一）法定减免

法定减免指《中华人民共和国海关法》和《中华人民共和国进出口关税条例》中所规定的给予进出口货物的关税减免。

（1）免征关税的进口货物。
①关税税额在人民币50元以下的一票货物。
【提示】进口环节增值税或者消费税的税额在人民币50元以下的一票货物，跟关税一样免税。
②无商业价值的广告品和货样。
③外国政府、国际组织无偿赠送的物资。
④在海关放行前损失的货物。
⑤规定数额以内的物品。
⑥进出境运输工具装载的途中必需的燃料、物料和饮食用品。

（2）可以暂不缴纳关税的进出口货物。暂时进境或者暂时出境的下列货物，在进境或者出境时纳税人向海关缴纳相当于应纳税款的保证金或者提供其他担保的，可以暂不缴纳关税，并应当自进境或者出境之日起6个月内复运出境或者复运进境；需要延长复运出境或者复运进境期限的，纳税人应当根据海关总署的规定向海关办理延期手续。
①在展览会、交易会、会议及类似活动中展示或者使用的货物；
②文化、体育交流活动中使用的表演、比赛用品；
③进行新闻报道或者摄制电影、电视节目使用的仪器、设备及用品；
④开展科研、教学、医疗活动使用的仪器、设备及用品；
⑤在第①项至第④项所列活动中使用的交通工具及特种车辆；
⑥货样；

⑦供安装、调试、检测设备时使用的仪器、工具；
⑧盛装货物的容器；
⑨其他用于非商业目的的货物。

(3) 因品质或者规格原因，出口货物（进口货物）自出口（进口）之日起1年内原状退货复运进境（出境）的，不征收进口（出口）关税。

(4) 有下列情形之一的，纳税人自缴纳税款之日起1年内，可以申请退还关税，并应当以书面形式向海关说明理由，提供原缴款凭证及相关资料：

①已征进口关税的货物，因品质或者规格原因，原状退货复运出境的；
②已征出口关税的货物，因品质或者规格原因，原状退货复运进境，并已重新缴纳因出口而退还的国内环节有关税收的；
③已征出口关税的货物，因故未装运出口，申报退关的。

【总结】因品质或规格原因，进口或出口货物在1年内原状复运出境（或进境）的，不仅不征后一环节出口（或进口）的关税，还可以申请退还前一环节缴纳的关税，但出口货物必须先重新缴纳已经收到的出口退税款。

(二) 特定减免

特定减免是指在《中华人民共和国海关法》和《中华人民共和国进出口关税条例》所确定的法定减免以外，由国务院或由国务院授权的机关发布法规、规章特别规定的减免。

(1) 科教用品。

【提示】科研机构和学校进口，直接用于科研教学的免税。

(2) 残疾人专用品。

【提示】有关单位进口国内不能生产的特定残疾人专用品，免征进口环节关税、消费税、增值税。

(3) 慈善捐赠物资。
(4) 重大技术装备。
(5) 集成电路产业和软件产业。

(三) 临时减免

临时减免税是法定和特定减免税以外的其他减免税，由国务院对某个单位、某类商品、某个项目或某批进出口货物的特殊情况，给予特别照顾，一案一批，专文下达的减免税。

【案例4-21】（多选题）依据关税的有关规定，下列进口货物中可享受法定免税的有（　　）。

A. 有商业价值的进口货样
B. 外国政府无偿赠送的物资
C. 贸易公司进口的科教用品
D. 关税税额在人民币50元以下的一票货物

【答案】BD

七、关税征收管理

(一) 申报时间

(1) 进口：自运输工具申报进境之日起14日内向海关申报；
(2) 出口：货物运抵海关监管区后装货的24小时前申报。

(二) 缴纳时间

缴纳时间自海关填发税款缴款书之日起15日内（节假日顺延）。

关税纳税人因不可抗力或国家税收政策调整的情况下，不能按期缴纳税款的，依法提供税款担保后，经海关总署批准，可以延期纳税，但最长不得超过6个月。

（三）征收滞纳金

$$关税滞纳金金额 = 滞纳关税税额 \times 0.05\% \times 滞纳天数$$

【注释】"滞纳天数"指纳税期限届满次日起，至纳税人缴纳关税之日止。

（四）关税的补征与追征

（1）海关发现少征或者漏征税款的，应当自缴纳税款或者货物放行之日起1年内，向纳税人补征税款。

（2）因纳税人违反规定造成少征或者漏征税款的，海关可以自缴纳税款或者货物放行之日起3年内追征税款，并从缴纳税款或者货物放行之日起按日加收少征或者漏征税款万分之五的滞纳金。

（五）关税多征税款的退还

（1）海关发现多征税款的，应立即通知纳税人办理退税手续，纳税人应当自收到海关通知之日起3个月内办理有关退税手续。

（2）纳税人自己发现多征税款的，自缴纳税款之日起1年内书面申请退税，并加算银行同期存款利息，海关应当自受理退税申请之日起30日内查实并通知纳税人办理退还手续。

任务四　出口退税进口征

【思考】为了提高中国产品市场竞争力，我国对进口商品不仅征收关税，进口环节还征收增值税和消费税，对多数出口商品不征收关税。除了这些税收政策，我们针对国际贸易还有哪些税收优惠政策支持呢？

高水平对外开放

中国制造影响全球

近年来，一档网络节目进行"在美国生活，你能不能24小时内完全不使用中国制造的东西"的挑战。挑战者检查发现自己的服装、鞋子等用品，都是"中国制造"，商场超市经理也表示，从厨房小家电到家居日用品在内的一切商品，大都是中国制造的。

2020年新冠病毒疫情初期中国出口贸易受阻，世界很多国家生产、生活都因此受到极大影响，这充分印证了中国制造的国际影响力。

中国制造全球影响力升级的缩影，正在逐步由产业链底层的执行者，向产业链上游的引领者升级，正从制造业大国向制造业强国转变，从被动承接转向主动布局，以"中国制造"的动力会重构全球产业新格局。

一、进口环节增值税、消费税的计算

【对比】进口、出口商品的关税完税价格都不包含关税，但进口商品消费税和增值税的计税依据包含关税和消费税，对关税自身而言它是价外税，但对消费税和增值税而言关税相当于价内税。

（一）进口商品不征收消费税

$$应纳增值税 = (关税完税价格 + 关税) \times 增值税税率$$

（二）进口商品征收消费税

1. 进口商品采用比例税率征收消费税

$$应纳消费税 = (关税完税价格 + 关税 + 消费税) \times 消费税比例税率$$

换算可得:

$$应纳消费税 = (关税完税价格 + 关税) \div (1 - 消费税比例税率) \times 消费税比例税率$$

$$应纳增值税 = (关税完税价格 + 关税 + 消费税) \times 增值税税率$$

2. 进口商品采用定额税率征收消费税

$$应纳消费税 = 进口数量 \times 定额税率$$

$$应纳增值税 = (关税完税价格 + 关税 + 消费税) \times 增值税税率$$

3. 进口商品采用复合计税方法征收消费税

$$消费税组成计税价格 = (关税完税价格 + 关税 + 应纳消费税)$$

$$应纳消费税 = 消费税组成计税价格 \times 消费税比例税率 + 进口数量 \times 消费税定额税率$$

换算可得:

$$消费税组成计税价格 = (关税完税价格 + 关税 + 进口数量 \times 消费税定额税率) \div (1 - 消费税比例税率)$$

$$应纳消费税 = 消费税组成计税价格 \times 消费税比例税率 + 进口数量 \times 消费税定额税率$$

$$应纳增值税 = (关税完税价格 + 关税 + 消费税) \times 增值税税率$$

【总结】进口环节消费税与增值税的计税依据一致,都是在关税完税价格基础上加关税和消费税。

进口环节的增值税和消费税由海关代征,在征收关税时一并征收。

【案例4-22】伯乐汽车服务有限公司为增值税一般纳税人,2023年7月进口100辆小轿车,每辆到岸价格10万元,该公司当月销售其中的90辆,每辆含税销售价格为22.6万元,已知小轿车关税税率为50%,消费税税率为5%,当月国内采购货物可以抵扣的进项税额为26万元,上期留抵税额为2万元。

计算:(1) 进口小轿车应缴纳的关税、消费税、增值税;

(2) 当月应缴纳的增值税税额。

【答案】

(1) 关税完税价格 = 10 × 100 = 1 000(万元);

进口应纳关税 = 10 × 100 × 50% = 500(万元);

进口应纳消费税 = (1 000 + 500) ÷ (1 - 5%) × 5% = 78.95(万元);

进口应纳增值税 = (1 000 + 500 + 78.95) × 13% = 205.26(万元);

(2) 本期增值税销项税额 = 90 × 22.6 ÷ (1 + 13%) × 13% = 234(万元);

本期增值税进项税额 = 205.26 + 26 = 231.26(万元);

本期增值税应纳税额 = 234 - 231.26 - 2 = 0.74(万元)。

二、出口退(免)税政策

我国对出口货物、劳务和服务适用零税率,零税率不同于免税。免税指某一环节免税;而零税率是整体税负为零,意味着出口环节免税并且退还以前纳税环节已经缴纳的税款。

出口货物、劳务退(免)税是指在国际贸易业务中,对我国报关出口的货物、劳务和服务退还在国内各生产环节和流转环节按税法规定已缴纳的增值税、消费税,或免征应缴纳的增值税、消费税。

出口退(免)税必须满足以下几个条件:

(1) 必须是增值税、消费税征税范围内的货物、劳务、服务。

(2) 必须办理报关离境出口。

(3) 必须在财务上做出口销售处理。

(4) 必须是已经收汇并经外汇管理局核销。

【提示】对出口退（免）税做以上限制是为了防止骗取出口退税行为。对骗取出口退税款的，除了罚款和追究刑事责任，税务机关可以在规定期间内停止为其办理出口退税。

法治中国

南宁农产品走私、骗税案

2021年3月，南宁海关缉私局东兴海关缉私分局以走私普通货物、物品罪、骗取出口退税罪、洗钱罪，将杨某某、周某某等13名犯罪嫌疑人，移送防城港市人民检察院审查起诉。自2017年起，以杨某某为首的犯罪团伙为牟取非法利益，与国内不法企业合谋，通过签订虚假外贸出口合同的形式，将香菇、木耳、茶叶等农副产品作为道具报关出口至越南、中国香港，再通过边民互市伪报贸易性质或通过非设关地偷运入境的方式"回流"国内，偷逃进口关税并制造虚假付汇结算骗取国家出口退税款。本案涉嫌走私犯罪涉案案值14.33亿元；涉嫌骗取出口退税犯罪涉案案值15.38亿元。

（一）增值税出口货物劳务退（免）税基本政策及退（免）税方式

1. 出口免税并退税（即又免又退）

出口免税并退税指既对出口销售环节免税，又退还以前环节已纳税款。

免税并退税有两种管理方式：

（1）直接免退税：

①外贸企业或其他单位出口货物劳务。

②外贸企业外购研发服务和设计服务出口。

（2）实行"免抵退税"。

"免"是出口销售环节免税。

"抵"是出口产品相应的进项税额抵减内销应纳增值税额（不包括适用增值税即征即退、先征后退政策的应纳增值税额），就是用出口产品应退还的以前环节已纳税款抵消国内销售应该缴纳的税款。

"退"就是将没有抵减完的部分予以退还。

"免抵退税"主要适用于出口自产货物的生产型企业、出口自己开发的研发设计服务的外贸企业。

2. 出口免税不退税（即只免不退）

出口销售环节免税，但不退还以前环节已纳税款，适用以下几种情况：

（1）出口免征增值税的货物劳务服务。

（2）小规模纳税人出口自产货物。

（3）来料加工复出口业务。

【注释】"来料加工复出口业务"指外国企业提供原材料，我方企业按其规定的数量和花色品种要求进行加工，向对方收取约定的加工费，产品完工后再出口交付对方的业务。

（4）非出口型企业委托出口货物。

3. 出口不免税也不退税（即不免不退）

既对出口销售环节征税，又不退还以前环节已纳税款，适用以下情况：

（1）取消出口退税的货物、劳务、服务。

（2）国家禁止出口的货物。

（3）违规企业。

（4）没有实质性出口业务。

（二）增值税出口退税率

除另有规定外，出口货物、劳务、服务的退税率为其适用税率。

【提示】我国现行货物出口退税率绝大多数与适用税率一致；应税服务的退税率为适用的增值税税率。

适用不同退税率的货物、劳务、服务，应分开报关、核算并申报退（免）税，未分开报关、核算或划分不清的，从低适用退税率。

【对比】兼营销售不区别核算的从高适用税率，而出口退税不区别核算报关的，从低适用退税率。

（三）增值税退（免）税的计税依据

1. 生产企业

（1）出口货物劳务（进料加工复出口货物除外）：以出口货物、劳务出口发票的实际离岸价（FOB）为准。

（2）进料加工复出口货物：按出口货物离岸价（FOB）扣除出口货物所含的海关保税进口料件的金额确定。

（3）国内购进无进项税额且不计提进项税额的免税原材料加工后出口的货物：按出口货物离岸价（FOB）扣除出口货物所含的国内购进免税原材料的金额确定。

2. 外贸企业

（1）出口货物（委托加工修理修配货物除外）：按购进出口货物的增值税专用发票注明的金额或海关进口增值税专用缴款书注明的完税价格。

（2）出口委托加工修理修配货物：按加工修理修配费用增值税专用发票注明的金额。

3. 出口进项税额未计算抵扣的已使用过的设备

退（免）税计税依据＝增值税专用发票上的金额或海关进口增值税专用缴款书注明的完税价格×已使用过的设备固定资产净值÷已使用过的设备原值

【注释】"已使用过的设备"是指能取得增值税专用发票或海关进口增值税专用缴款书的设备。

4. 免税品经营企业销售的货物

增值税退（免）税计税依据为购进货物的增值税专用发票注明的金额或海关进口增值税专用缴款书注明的完税价格。

5. 零税率应税服务

零税率应税服务指提供零税率应税服务取得的收入。

（四）增值税"免抵退税"的计算

免：出口货物免征出口环节增值税。

剔：由于退税率低于征税率而计算的不得免征和抵扣的税额。

抵：出口货物所耗用的原材料、零部件等应予退还的进项税，抵顶当期应纳税额。

退：应抵顶的进项税额大于应纳税额时，对未抵顶完的部分予以退税。

【提示】不得免征和抵扣的税额，需要做进项税额转出，调增出口产品的销售成本。

1. 当期无免税购进原材料的生产企业四步退税法

（1）第1步：计算当期不得免征和抵扣税额（剔税）。

当期不得免征和抵扣税额＝当期出口货物离岸价×外汇人民币折合率×（出口货物适用税率－出口货物退税率）

【注释】"出口货物离岸价"以出口发票计算的离岸价为准，出口发票不能如实反映离岸价的，企业必须按照实际离岸价向主管税务机关申报，主管税务机关有权按照有关规定予以核定。

(2) 第2步：计算当期应纳增值税额（抵税）。

当期应纳税额 = 当期销项税额 − （当期进项税额 − 当期不得免征和抵扣税额） − 上期留抵税额

本期应纳税额 > 0：正常交税；

本期应纳税额 < 0：涉及退税，进入下一步。

【思考】为什么内销货物的应纳税额和出口货物的应退进项不分别计算，即先计算内销货物当期应纳税额，再计算出口货物应退税额？

在实际业务中，原材料既用于生产内销货物，又用于生产出口货物，难以准确区分内销及外销货物对应耗用的原材料，所以只能内外销售混合计算应纳税额。

(3) 第3步：计算当期免抵退税额。

当期免抵退税额 = 当期出口货物离岸价 × 外汇人民币折合率 × 出口货物退税率

(4) 第4步：比较确认应退税额。

用当期应纳税额的绝对值与当期免抵退税额对比，择其小者确认出口退税额，用免抵退税额减除应退税额，确认退税外的免抵税额。

① 当期期末留抵税额 ≤ 当期免抵退税额时：

当期应退税额 = 当期期末留抵税额

当期免抵税额 = 当期免抵退税额 − 当期应退税额

② 当期期末留抵税额 > 当期免抵退税额时：

当期应退税额 = 当期免抵退税额

当期免抵税额 = 0

【案例4−23】某工业企业具有进出口经营权，为增值税一般纳税人，其自产货物同时内销及出口。2023年4月从国内购入原材料，增值税专用发票注明的价款为500万元，税款65万元，当月内销货物取得不含税收入400万元，出口货物离岸价折合人民币200万元。已知该企业出口货物增值税税率为13%，退税率为10%。计算本期增值税应退税额。

【答案】

(1) 当期免抵退税不得免征和抵扣税额 = 200 × (13% − 10%) = 6（万元）。

(2) 当期应纳税额 = 400 × 13% − (65 − 6) = −7（万元）。

(3) 当期免抵退税额 = 200 × 10% = 20（万元）。

(4) 当期期末留抵税额7万元小于当期免抵退税额20万元，本月应退税额为7万元，免抵税额是13万元。

2. 当期有购进免税原材料的生产企业的六步退税法

当期免税购进原材料的价格包括当期国内购进的无进项税额且不计提进项税额的免税原材料的价格和当期进料加工保税进口料件的价格。

【注释】"进料加工"是免税进口材料，产成品复出口，免税进口材料没有缴纳进项税额，因此不应该退税计算抵减额。

(1) 第1步：计算免抵退税不得免征和抵扣税额的抵减额。

当期不得免征和抵扣税额抵减额 = 免税购进原材料价格 × （出口货物适用税率 − 出口货物退税率）

(2) 第2步：计算不得免征和抵扣税额（剔税）。

当期不得免征和抵扣税额 = 当期出口货物离岸价格 × 外汇人民币折合率 × （出口货物适用税率 − 出口货物退税率） − 当期不得免征和抵扣税额抵减额

简化计算公式：

当期不得免征和抵扣税额 = （出口货物离岸价格 − 免税购进原材料价格） × （征税率 − 退税率）

（3）第3步：计算当期应纳增值税额（抵税）。

　　　当期应纳税额 = 当期销项税额 − (当期进项税额 − 当期不得免征和抵扣税额) − 上期留抵税额

（4）第4步：计算当期免抵退税额抵减额。

　　　当期免抵退税额抵减额 = 当期免税购进原材料价格 × 出口货物退税率

（5）第5步：计算当期免抵退税额。

　　　当期免抵退税额 = 当期出口货物离岸价 × 外汇人民币折合率 × 出口货物的退税率 − 免抵退税额抵减额

简化计算公式：

　　　当期免抵退税额 = (当期出口货物离岸价格 − 免税购进原材料价格) × 退税率

（6）第6步：比较确认应退税额。

用当期应纳税额的绝对值与当期免抵退税额对比，择其小者确认出口退税额，用免抵退税额减除应退税额，确认退税外的免抵税额。

①当期期末留抵税额 ≤ 当期免抵退税额时：

　　　当期应退税额 = 当期期末留抵税额

　　　当期免抵税额 = 当期免抵退税额 − 当期应退税额

②当期期末留抵税额 > 当期免抵退税额时：

　　　当期应退税额 = 当期免抵退税额

　　　当期免抵税额 = 0

【案例4−24】某自营出口生产企业是增值税一般纳税人，出口货物的增值税税率为13%，退税率为10%。2023年10月有关业务如下：购进原材料一批，取得的增值税专用发票注明的价款200万元、进项税额26万元。当月耗用进料加工保税进口料件的组成计税价格100万元。上期末留抵税款6万元。本月内销货物不含税销售额100万元。本月出口货物销售额折合人民币200万元。计算该企业当期的免抵税额和留抵税额。

【答案】"免、抵、退"税不得免征和抵扣税额 = 200 × (13% − 10%) − 100 × (13% − 10%) = 100 × (13% − 10%) = 3（万元）；

当期应纳税额 = 100 × 13% − (26 − 3) − 6 = 13 − 23 − 6 = −16（万元）；

出口货物免抵退税额 = 200 × 10% − 100 × 10% = 100 × 10% = 10（万元）；

应退税额 = 10（万元）；

当期免抵税额 = 0（万元）；

留抵结转下期继续抵扣税额 = 16 − 10 = 6（万元）。

（五）外贸企业增值税"免退税"的计算

1. 外贸企业出口委托加工修理修配货物以外的货物

　　　增值税应退税额 = 购进出口货物的增值税专用发票注明的金额/海关进口增值税专用缴款书注明的完税价格 × 出口货物退税率

2. 外贸企业出口委托加工修理修配货物

　　　增值税应退税额 = 加工修理修配费用增值税专用发票注明的金额 × 出口货物退税率

【小结】消费税基于特定目的对15类商品主要在生产环节征税，为了提高本国产品竞争力，对进口商品不仅征收关税，还征收消费税、增值税；对出口货物多数不征收关税，对增值税、消费税出口环节实行零税率，不仅出口销售不征税，还退还前面承担的增值税和消费税。

拓展训练

一、单选题

1. 按照税法规定，纳税人委托个人外的单位加工应税消费品的，（　　）消费税。
   A. 由受托人向机构所在地或居住地税务机关缴纳
   B. 由委托方收回后在委托方所在地缴纳
   C. 由委托方收回后在受托方所在地缴纳
   D. 不缴纳

2. 下列不采用从量定额法计算消费税的是（　　）。
   A. 黄酒　　　　B. 啤酒　　　　C. 汽油　　　　D. 白酒

3. 下列应税消费品在批发环节征收消费税的是（　　）。
   A. 白酒　　　　B. 卷烟　　　　C. 金银首饰　　　D. 高档化妆品

4. 下列应税消费品仅仅在零售环节征收消费税的是（　　）。
   A. 超豪华小汽车　　B. 金银首饰　　C. 珠宝首饰　　D. 高档化妆品

5. 下列各项中，可以按当期生产领用数量计算准予扣除外购的应税消费品已纳消费税的是（　　）。
   A. 外购已税白酒生产的药酒
   B. 外购已税烟丝生产的卷烟
   C. 外购已税翡翠生产加工的金银翡翠首饰
   D. 外购已税钻石生产的高档手表

6. 下列关于消费税纳税义务发生时间的表述中，不正确的是（　　）。
   A. 纳税人自产自用应税消费品的，为移送使用的当天
   B. 纳税人进口应税消费品的，为报关进口的当天
   C. 纳税人委托加工应税消费品的，为支付加工费的当天
   D. 纳税人采取预收货款结算方式销售应税消费品的，为发出应税消费品的当天

7. 甲酒厂为增值税一般纳税人，2023年5月销售果木酒，取得不含增值税销售额10万元，同时收取包装物租金0.565万元、优质费2.26万元。已知果木酒增值税税率为13%，消费税率为10%，下列消费税计算正确的是（　　）。
   A. （10 + 0.565 + 2.26）× 10% = 1.28（万元）
   B. （10 + 0.565）× 10% = 1.06（万元）
   C. [10 + （0.565 + 2.26）÷（1 + 13%）] × 10% = 1.25（万元）
   D. [10 + 0.565 ÷（1 + 13%）] × 10% = 1.05（万元）

8. 翠云山酒厂为增值税一般纳税人，2023年9月销售用自产葡萄酒和外购月饼组成的"中秋"礼盒500套，每套含增值税售价565元，其中葡萄酒含增值税售价339元。已知增值税税率为13%，消费税税率为10%。下列消费税计算正确的是（　　）。
   A. 500 × 565 × 10% = 28 250（元）
   B. 500 × 339 ÷（1 + 13%）× 10% = 15 000（元）
   C. 500 × 565 ÷（1 + 13%）× 10% = 25 000（元）
   D. 500 × 339 × 10% = 16 950（元）

9. 翠云山酒厂将自产的4吨白酒用于抵偿债务，该白酒生产成本50 000元/吨，当月同类白酒不含增值税平均售价80 000元/吨、最高售价90 000元/吨。白酒消费税比例税率为20%，定额税率为0.5元/500克。消费税的下列算式中，正确的是（　　）。
   A. 4 × 90 000 × 20% + 4 × 1 000 × 2 × 0.5 = 76 000（元）

B. (4×50 000+4×1 000×2×0.5)÷(1-20%)×20%+4×1 000×2×0.5=55 000（元）

C. 4×80 000×20%+4×1 000×2×0.5=68 000（元）

D. 4×50 000×(1+20%)×20%+4×1 000×2×0.5=52 000（元）

10. 公司为增值税一般纳税人，外购高档护肤类化妆品，生产高档修饰类化妆品，2023年10月份生产销售高档修饰类化妆品取得不含税销售收入100万元。该公司10月初库存的高档护肤类化妆品0万元，10月购进高档护肤类化妆品100万元，10月底库存高档护肤类化妆品10万元，已知高档化妆品适用的消费税税率为15%。当月应缴纳消费税计算正确的是（　　）。

A. 100×15%-100×15%=0

B. 100×15%-(100-10)×15%=1.5（万元）

C. 100×15%-10×15%=13.5（万元）

D. 100×15%=15（万元）

11. 甲公司进口设备一台，成交价500万元，起卸前运费保险费合计1.5万元，支付自己的代理人购货佣金1万元，进口后发生的运费为0.2万元，进口后支付安装调试费1万元，该设备进口关税完税价格是（　　）万元。

A. 501.5　　　　B. 502.5　　　　C. 502.7　　　　D. 503.7

12. 某企业2023年1月进口设备一批，设备价款折合人民币为30万元，货物运抵中国境内输入地起卸前发生运费保险费共2万元，该企业于1月12日向海关申报关税，海关当日填发税款缴纳书。假设该企业于2月6日缴纳关税，已知设备关税税率为10%，则该企业应缴纳关税滞纳金（　　）元。

A. 176　　　　B. 192　　　　C. 208　　　　D. 224

二、多选题

1. 下列不符合消费税法规定可以按照当期领用数量扣除外购应税消费品已缴纳税款的是（　　）。

A. 外购已税烟丝生产的卷烟　　　　B. 外购已税白酒生产的药酒

C. 外购已税汽油生产的应税成品油　D. 外购已税溶剂油生产的应税成品油

2. 下列采用从量和从价复合计税法计算消费税的是（　　）。

A. 卷烟　　　　B. 啤酒　　　　C. 白酒　　　　D. 成品油

3. 下列应税消费品在零售环节征收消费税的是（　　）。

A. 钻石首饰　B. 超豪华小汽车　C. 金银首饰　D. 珍珠首饰

4. 下列各项中，不属于消费税征税范围的有（　　）。

A. 高尔夫球包　B. 电动汽车　C. 体育用的发令纸　D. 植物性润滑油

5. 下列应当征收消费税的是（　　）。

A. 白酒　　　　B. 果啤　　　　C. 酒精　　　　D. 料酒

6. 下列情形应缴纳消费税的有（　　）。

A. 金银饰品店将购进的黄金首饰用于奖励员工

B. 摩托车厂将自产的气缸容量220毫升的摩托车用于广告样品

C. 筷子厂将自产的木制一次性筷子用于本厂食堂

D. 化妆品公司将自产的高档化妆品用于赠送客户

7. 下列不应计入出口货物关税完税价格的是（　　）。

A. 关税　　　　　　　　　　　　　B. 单独列明的支付境外的佣金

C. 从仓库运抵海关的运费保险费　　D. 中国海关到境外口岸的运费保险费

8. 进口货物可以酌情减免关税的是（　　）。

A. 境外运输途中损坏的

B. 海关放行后因不可抗力损坏的
C. 海关查验时已经腐烂，经证明不是保管不慎造成的
D. 海关起卸时遭受损失的

9. 以下应计入进口货物关税完税价格的有（　　）。
   A. 支付给卖方的佣金　　　　　　　B. 支付给境外采购代理人的佣金
   C. 到达我国关境起卸前的运费、保险费　　D. 到达我国关境起卸前的包装费

10. 甲公司为增值税一般纳税人，机构所在地在S市。2023年2月，在S市销售货物一批；在W市海关报关进口货物一批；接受Y市客户委托加工应缴纳消费税的货物一批。下列关于甲公司上述业务纳税地点的表述中，正确的有（　　）。
    A. 委托加工货物应向Y市税务机关申报缴纳增值税
    B. 委托加工货物应向S市税务机关解缴代收的消费税
    C. 进口货物应向W市海关申报缴纳增值税
    D. 销售货物应向S市税务机关申报缴纳增值税

11. 下列行为免征进口关税的有（　　）。
    A. 李某网购皮包，报关进口时海关审定的关税完税价格为450元，箱包进口关税税率10%
    B. 进口前请国外厂家运来一批样品，厂家已对样品做特别标注，无商业价值
    C. 法国的一家葡萄酒厂将一批葡萄酒无偿赠送中国葡萄酒生产企业
    D. 国内一服装加工厂出口俄罗斯一批服装，因款式不合适被对方退回

12. 海关可以酌情减免关税的有（　　）。
    A. 无商业价值的广告品及货样
    B. 起卸后海关放行前，因不可抗力遭受损坏的进口机械
    C. 外国企业无偿赠送的物资
    D. 在境外运输途中遭受到损坏的进口货物

三、判断题

1. 卷烟厂通过自设独立核算门市部销售自产卷烟，应当按照门市部对外销售额或销售数量计算征收消费税。（　　）
2. 个人携带或者邮寄进境应税消费品时，连同关税一并计征消费税。（　　）
3. 白酒生产企业向商业销售单位收取的"品牌使用费"，应并入白酒的销售额缴纳消费税。（　　）
4. 对高尔夫球征收消费税，高尔夫杆头、杆身和握把不征消费税。（　　）
5. 饮食业、商业、娱乐业举办啤酒屋利用啤酒生产设备生产的啤酒，不征收消费税。（　　）
6. 现行消费税税法只对实木地板征收消费税，对实木复合地板不征税。（　　）
7. 滑准税是指关税的税率随着进口商品价格的变动而同方向变动的一种比例税率，即"价格越高，税率越高"。（　　）
8. 因纳税人违反规定造成少征或者漏征关税税款的，海关可以自缴纳税款或者货物放行之日起5年内追征税款。（　　）
9. 纳税人兼营不同税率应税消费品，将不同税率应税消费品组成成套消费品销售的，如果分别核算，按照各自税率计算缴纳消费税。（　　）
10. 企业购进货车或厢式货车改装生产的商务车，应按规定征收消费税。（　　）

四、综合案例题

某烟草公司2023年10月进口甲类卷烟100标准箱，约定的采购价格折合人民币为28 000元/箱，支付卖方佣金1 000元/箱，支付采购代理人佣金1 000元/箱，支付运输保险费1 000元/

箱。卷烟关税税率25%，消费税比例税率56%，定额税率150元/标准箱，计算进口环节应缴纳的关税、消费税、增值税。

五、思政活动

1. 组织专题公益讲座宣传吸烟、酒驾醉驾的危害。
2. 组织开展辩论赛——广西宾阳炮龙节应不应该申请非物质文化遗产。
3. 查阅中国出口世界各地的商品种类及进口商品的种类，体会改革开放带来的显著变化。

学习评价

评价项目		评价标准	评价方式	分值/分	得分/分
专业知识学习能力	学习在线视频	按照完成率计分	学银在线平台自评	18	
	课前测验	按照系统题量及正确率自动计分	学银在线平台自评	6	
	课堂互动	按照参与活动数量及系统设置分数计分	学银在线平台自评	12	
	课后作业	按照系统题量及正确率自动计分	学银在线平台自评	6	
	项目测验	按照系统题量及正确率自动计分	学银在线平台自评	18	
职业素养	课前活动布置准备	场地布置、情景模拟道具等	教师评价	5	
	考勤	不迟到、不早退、不旷课	学银在线平台自评	5	
	课堂纪律	不喧哗讲话、不玩手机、不睡觉等	教师评价	5	
	课堂小组活动	每次课小组得分：其他小组点评50%＋教师点评50%；确定小组总分后由组长在组员间分配	小组互评＋教师评价＋组长评分	10	
思政教育	宣传吸烟、酒驾醉驾危害	参与组织讲座活动视频	教师评价	5	
	炮龙节申遗辩论赛	组织辩论视频	教师评价	5	
	查阅中国出口世界各地的商品种类及进口商品的种类	复制链接并分析改革开放的意义传平台	教师评价	5	
总分				100	
教师签字：					

项目五

跳出会计学企税

学习目标

（一）知识目标

(1) 知晓企业所得税的纳税人与征税对象；
(2) 说出应纳税所得额与利润的区别与联系；
(3) 区分应纳税所得额调增、调减项目；
(4) 阐述主要扣除项目的扣除规定；
(5) 列举企业所得税的税收优惠政策；
(6) 知晓企业所得税的预缴税款与汇算清缴的时限、申报表填写要求。

（二）能力目标

(1) 能够区分居民企业与非居民企业，合理界定境内所得、境外所得；
(2) 能熟练计算企业所得税应纳税所得额、应纳税款；
(3) 能熟练进行企业所得税季度预缴、年终汇算清缴纳税申报表的填写；
(4) 能熟练运用企业所得税知识进行基本的税收筹划，合法降税。

（三）素质目标

(1) 认识税法规定跟会计准则不一致之处，能够跳出会计思维学税收；
(2) 摒弃读书无用论，努力学习，靠知识改变命运；
(3) 热爱劳动、忠于职守、强化专业技能；
(4) 艰苦朴素、勤俭节约；
(5) 乐于助人、友善待人，积极参与公益活动。

思政目标

(1) 能够诚实守信、遵纪守法；
(2) 坚持准则、客观公正，杜绝做假账偷税漏税；
(3) 顽强奋斗、自强不息，具有奉献担当精神；
(4) 认识科技兴国的重要性，积极创新进取；
(5) 坚持制度自信、文化自信；
(6) 体会国家通过税收优惠政策，保障民生、促进地区经济发展、实现共同富裕的决心；
(7) 认识通过税收政策促进产业转型，坚持绿色发展的重要意义。

知识结构

任务导入

我们知道流转税三兄弟依据生产、流通环节的流转额计征税款，无关盈亏，企业所得税有盈利才缴税，那么企业所得税是依据会计利润计税吗？

任务一　暖心一姐属企税

【思考】只有企业才缴纳企业所得税吗？是不是所有企业都要缴纳企业所得税呢？

【教学资源】本知识点对应精品课程视频。

一、企业所得税的概念及特征

（一）企业所得税的概念

企业所得税是以企业和其他取得收入的组织取得的生产经营所得和其他所得为征税对象所征收的一种税。

（二）企业所得税的特征

（1）以所得额作为征税对象。企业所得税的征税对象是应纳税所得额，它既不是企业的利润总额，也不是销售额或营业额，更不是企业的增值额。

（2）征税体现量能负担的原则。企业所得税以所得额为征税对象，对所得多、负担能力大的多征税，对所得少、负担能力小的少征税，对无所得、没有负担能力的不征税，充分体现税收公平的原则。

（3）实行按年计征、分期预缴、年终汇算清缴的征收管理办法。企业所得税一般以全年的应纳税所得额为计税依据，实行按年计算、分月或分季预缴、年终汇算清缴的征收办法。对经营时间不足1年的企业，要将实际经营期间的所得额换算成1年的所得额计算缴纳所得税。

（4）采用比例税率。

（5）税收优惠比较全面。

【提示】企业所得税根据我国国情和经济发展需要，对部分行业和特定业务给予税收优惠。税率优惠、税基优惠、税额优惠三种优惠方式结合使用，是税收优惠方式最全面的一个税种。

二、企业所得税的纳税人

在中国境内的企业和其他取得收入的组织为企业所得税的纳税人。

【提示】企业所得税是法人所得税，其纳税人不只限于各类企业，事业单位、社会团体、民办非企业单位以及从事经营活动的其他组织，虽然不是企业，但是法人单位，如果有所得额也是企业所得税的纳税人。个人独资企业和合伙企业虽称为企业，但是非法人组织，因此个人独资企业、合伙企业不是企业所得税的纳税人，而是缴纳个人所得税。

【总结】称为企业的未必缴纳企业所得税，缴纳企业所得税的也不仅仅限于企业。

企业所得税采取来源地管辖权和居民管辖权相结合的双重管辖权，分为居民企业和非居民企业，分别承担不同的纳税义务。

（一）居民企业

（1）依法在中国境内成立的企业。包括依照中国法律、行政法规在中国境内成立的企业、事业单位、社会团体以及其他取得收入的组织。

【思考】外商投资企业是不是居民企业？

外商投资企业是指依照中国法律在中国境内设立的，由中国投资者与外国投资者共同投资，或者由外国投资者单独投资的企业。

税政改革

为了引进外资、先进的生产技术和管理经验，我国改革开放初期对内、外资企业实行两套不同的企业所得税制度。随着我国加入世界贸易组织，对外资企业的诸多限制逐步取消，此时针对外商投资企业的税收优惠使内资企业处于极度不平等的竞争地位，影响国民经济健康运行和发展。为了优化资源配置、维护市场统一、促进社会公平、实现国家长治久安，2008年将原来的两套企业所得税税法和条例合并，内、外资企业执行统一的税率、税前扣除和税收优惠政策等。

（2）依照外国（地区）法律成立但实际管理机构在中国境内的企业和其他组织。

【注释】"实际管理机构"是指对企业生产经营、人员、账务、财产等实施实质性全面管理和控制的机构。

（二）非居民企业

（1）依照外国（地区）法律成立且实际管理机构不在中国境内，但在中国境内设立机构、场所的企业。

(2) 在中国境内未设立机构、场所，但有来源于中国境内所得的企业。
"机构、场所"指在中国境内从事生产经营活动的机构、场所，包括：
①管理机构、营业机构、办事机构；
②工厂、农场、开采自然资源的场所；
③提供劳务的场所；
④从事建筑、安装、装配、修理、勘探等工程作业的场所；
⑤其他从事生产经营活动的机构、场所；
⑥委托营业代理人的，视同设立机构、场所。

【注释】非居民企业委托营业代理人在中国境内从事生产经营活动的，包括委托单位或者个人经常代其签订合同，或者储存、交付货物等，该营业代理人视为非居民企业在中国境内设立的机构、场所。

(三) 居民企业、非居民企业纳税义务的差别

（1）居民企业：负无限纳税义务。
居民企业应当就其来源于中国境内、境外的所得缴纳企业所得税。
（2）非居民企业：负有限纳税义务。
①非居民企业在中国境内设立机构、场所的，应当就其所设机构、场所取得的来源于中国境内的所得，以及发生在中国境外但与其所设机构、场所有实际联系的所得，缴纳企业所得税。
②非居民企业在中国境内未设立机构、场所的，或者虽设立机构、场所但取得的所得与其所设机构、场所没有实际联系的，应当就其来源于中国境内的所得缴纳企业所得税。

【注释】"实际联系"是指非居民企业在中国境内设立的机构、场所拥有据以取得所得的股权、债权，以及拥有、管理、控制据以取得所得的财产等。

【案例5-1】（多选题）依据企业所得税的相关规定，下列企业中属于非居民企业的有（   ）。
A. 实际管理机构在法国，向中国境内企业销售机械设备的法国企业
B. 实际管理机构在美国，在中国境内开采石油资源的美国企业
C. 实际管理机构在韩国，在中国境内提供建筑劳务的韩国企业
D. 实际管理机构在中国大陆，在香港从事食品加工的香港企业
【答案】ABC
【解析】选项D：实际管理机构在境内，属于居民企业。

【案例5-2】（单选题）根据企业所得税相关规定，下列企业属于非居民企业的是（   ）。
A. 依法在中国境内成立的外商独资企业
B. 依法在境外成立但实际管理机构在中国境内的外国企业
C. 在中国境内未设立机构、场所，且没有来源于中国境内所得的外国企业
D. 在中国境内未设立机构、场所，但有来源于中国境内所得的外国企业
【答案】D

三、企业所得税的征税对象

企业所得税的征税对象包括生产经营所得、其他所得和清算所得。

(一) 居民企业的征税对象

居民企业的征税对象是来源于中国境内、境外的所得。

(二) 非居民企业的征税对象

（1）在中国境内设立机构、场所的，应当就其所设机构、场所取得的来源于中国境内的所

得，以及发生在中国境外但与其所设机构、场所有实际联系的所得，缴纳企业所得税。

（2）在中国境内未设立机构、场所的，或者虽设立机构、场所但取得的所得与其所设机构、场所没有实际联系的，应当就其来源于中国境内的所得缴纳企业所得税。

（三）境内、境外所得的确定原则

（1）销售货物所得，按照交易活动发生地确定。

（2）提供劳务所得，按照劳务发生地确定。

（3）财产转让所得：

①不动产转让所得，按照不动产所在地确定；

②动产转让所得，按照转让动产的企业或者机构、场所所在地确定；

③权益性投资资产转让所得，按照被投资企业所在地确定。

（4）股息、红利等权益性投资所得，按照分配所得的企业所在地确定。

（5）利息所得、租金所得、特许权使用费所得，按照负担、支付所得的企业或者机构、场所所在地确定，或者按照负担、支付所得的个人的住所地确定。

（6）其他所得，由国务院财政、税务主管部门确定。

【案例5-3】（多选题）关于企业所得税境内、境外所得表述正确的是（　　）。

A. 提供劳务所得，按照劳务发生地确定

B. 转让不动产资产，按照转让不动产的公司或机构所在地确定

C. 转让股权所得，按照投资企业所在地确定

D. 红利所得，按照分配所得的企业所在地确定

【答案】AD

四、企业所得税的税率

企业所得税适用比例税率。

（一）基本税率：25％

基本税率适用于居民企业和在中国境内设有机构、场所且取得的所得与机构、场所有联系的非居民企业。

（二）非居民企业低税率

在中国境内未设立机构、场所的非居民企业，或者虽设立机构、场所但取得的所得与其所设机构、场所没有实际联系的非居民企业适用20％的低税率，实际征税时按10％。

（三）优惠税率

1. 20％的优惠税率

符合条件的小型微利企业适用20％的优惠税率。

小型微利企业指从事国家非限制和禁止行业，同时符合年度应纳税所得≤300万元、从业人数≤300人、资产总额≤5 000万元三个条件的企业。

2. 15％的优惠税率

（1）国家需要重点扶持的高新技术企业。

（2）经认定的技术先进型服务企业。

> **科技创新**

2022年度中国科学十大进展

2023年3月17日，科学技术部高技术研究发展中心（科学技术部基础研究管理中心）发布

了 2022 年度中国科学十大进展，分别为：祝融号巡视雷达揭秘火星乌托邦平原浅表分层结构；FAST 精细刻画活跃重复快速射电暴；全新原理实现海水直接电解制氢；揭示新冠病毒突变特征与免疫逃逸机制；实现高效率的全钙钛矿叠层太阳能电池和组件；新原理开关器件为高性能海量存储提供新方案；实现超冷三原子分子的量子相干合成；温和压力条件下实现乙二醇合成；发现飞秒激光诱导复杂体系微纳结构新机制；实验证实超导态"分段费米面"。

"中国科学十大进展"遴选活动已成功举办 18 届，旨在宣传我国重大基础研究科学进展，激励广大科技工作者的科学热情和奉献精神，开展基础研究科学普及，促进公众理解、关心和支持基础研究，在全社会营造良好的科学氛围。

"科学技术是第一生产力"，科技发展是经济发展的决定性因素。我国对高新技术企业和技术先进型服务企业企业所得税采用低税率，意在鼓励和支持科技创新进步。

（3）西部地区鼓励类产业企业。

自 2021 年至 2030 年 12 月 31 日，对设在西部地区的鼓励类产业企业减按 15% 的税率征收企业所得税。

【注释】"西部地区"包括重庆、四川、贵州、云南、广西、内蒙古、陕西、甘肃、青海、宁夏、西藏、新疆、新疆生产建设兵团等。鼓励类产业指以《西部地区鼓励类产业目录》中规定的产业项目为主营业务，且其营业收入占企业收入总额 60% 以上的企业。

对西部地区鼓励类企业减按 15% 的税率征收企业所得税，是西部大开发的重要政策之一。为了促进西部地区调整产业结构、优化产业布局、发展壮大特色优势产业，2020 年修订了《西部地区鼓励类产业目录》，此次修订能进一步支撑科技自立自强，促进产业有序向西转移，鼓励西部地区更好发挥特色优势，支持西部地区补短板、强弱项。

（4）海南自由贸易港。

自 2020 年 1 月 1 日至 2024 年 12 月 31 日，对注册在海南自由贸易港并实质性运营的鼓励类产业企业，减按 15% 的税率征收企业所得税。

【注释】"鼓励类产业"指以《海南自由贸易港鼓励类产业目录（2020 年本）》中规定的产业项目为主营业务，且其营业收入占企业收入总额 60% 以上的企业。

（5）污染防治企业。

自 2024 年 1 月 1 日起至 2027 年 12 月 31 日，对符合条件的从事污染防治的第三方企业减按 15% 的税率征收企业所得税。

【注释】"第三方防治企业"是指受排污企业或政府委托，负责环境污染治理设施（包括自动连续监测设施）运营维护的企业。

任务二　计税依据最关键

【思考】企业所得税的计税依据是应纳税所得额，它跟会计利润又有什么关系呢？

【教学资源】本知识点对应精品课程视频。

税法规定调整项

职工费用如何扣

广告业务与宣传

以前亏损咋弥补

加计扣除真奇妙

应纳税所得额的计算以权责发生制为原则，应纳税所得额的计算有两种方法：直接计算法和按照账面利润调整应纳税所得额的计算方法。

一、直接计算法

应纳税所得额＝企业每一纳税年度收入总额－不征税收入－免税收入－扣除额－
允许弥补的以前年度亏损

（一）收入总额的确定

企业收入总额包括货币性收入和非货币性收入，其中非货币性收入应当按照公允价值确定收入额。

1. 销售货物收入

销售货物收入指销售商品、产品、原材料、包装物、低值易耗品以及其他存货取得的收入。销售收入确认的具体原则如表 5-1 所示。

表 5-1　不同销售方式收入确认原则

销售方式	收入确认原则
托收承付方式	办妥托收手续时确认收入
预收款方式	发出商品时确认收入
销售商品需要安装和检验	购买方接受商品及安装和检验完毕时确认收入，如果安装程序比较简单，发出商品时确认收入
支付手续费方式委托代销	收到代销清单时确认收入
售后回购方式	销售的商品按售价确认收入，回购的商品作为购进商品处理；有证据表明不符合销售收入确认条件的，如以销售商品方式进行融资，收到的款项确认为负债，回购价格大于原售价的，差额在回购期间确认利息费用
商业折扣	按照扣除商业折扣后的金额确认收入
现金折扣	按照扣除现金折扣前的金额确定销售收入，现金折扣实际发生时作为财务费用扣除
销售折让	发生销售折让的当期冲减当期销售收入
以旧换新	销售商品按收入确认条件确认收入，回收商品作为购进商品处理
买一赠一	不属于捐赠，将总的销售金额按各商品公允价值比例来分摊确认各项的销售收入

2. 提供劳务收入

企业从事建筑安装、修理修配、交通运输、仓储租赁、金融保险、邮电通信、咨询经纪、文化体育、科学研究、技术服务、教育培训、餐饮住宿、中介代理、卫生保健、社区服务、旅游、娱乐、加工以及其他劳务服务活动取得的收入。

企业在各个纳税期末，提供劳务交易结果能可靠估计的，应采用完工进度（完工百分比）法确认提供的劳务收入。

【注释】"提供劳务交易结果能可靠估计"指同时满足下列条件：
（1）收入金额能可靠计量；
（2）交易的完工进度能可靠地确定；
（3）交易中已经发生和将要发生的成本能可靠计量。

3. 转让财产收入
转让财产收入包括转让固定资产、无形资产、股权、债券等财产所有权收入。

4. 股息红利等权益性投资收入
除另有规定外，按被投资企业股东会或股东大会作出利润分配或转股决定的日期确认收入。

5. 利息收入
按照合同约定的债务人应付利息的日期确认收入的实现。

6. 租金收入
按照合同约定的承租人应付租金的日期确认收入的实现。

如果交易合同或协议中规定租赁期限跨年度且租金提前一次性支付的，出租人可对上述已确认的收入，在租赁期内，分期均匀计入相关年度收入。

7. 特许权使用费收入
企业提供专利权、非专利技术、商标权、著作权以及其他特许权的使用权取得的收入。
按照合同约定的特许权使用人应付特许权使用费的日期确认收入。

【总结】按合同约定日期确认收入实现的：利息收入、租金收入、特许权使用费收入。

8. 接受捐赠收入
按照实际收到捐赠资产的日期确认收入。

9. 其他收入
企业取得的上述规定收入外的其他收入，包括企业资产溢余收入、逾期未退包装物押金收入、确实无法偿付的应付款项、已作坏账损失处理后又收回的应收款项、债务重组收入、补贴收入、违约金收入、汇兑收益等。

【对比】其他收入≠其他业务收入，"其他收入"是税收口径，"其他业务收入"是会计口径。

10. 特殊收入
特殊收入的确认原则如表5-2所示。

表5-2 特殊收入确认原则

特殊收入	确认原则
分期收款方式销售货物	按照合同约定的收款日期确认收入实现
企业受托加工制造大型机械设备、船舶、飞机，以及从事建筑、安装、装配工程业务或者提供其他劳务等，持续时间超过12个月的	按照纳税年度内完工进度或完成的工作量确认收入实现 【对比】生产销售生产工期超过12个月的大型机械设备、船舶、飞机等货物，增值税纳税义务发生时间为收到预收款或书面合同约定的收款日期的当天
产品分成方式取得收入	按照分得产品的日期确认收入的实现，收入额按产品的公允价值确定

续表

特殊收入	确认原则
企业发生非货币性资产交换，以及将货物、财产、劳务用于捐赠、偿债、赞助、集资、广告、样品、职工福利或者利润分配等用途的	视同销售货物、转让财产或者提供劳务，但另有规定的除外

【案例5-4】（单选题）依据企业所得税的相关规定，关于收入确认的时间，正确的是（　　）。

A. 接受捐赠收入，按照合同约定的捐赠日期确认收入的实现
B. 特许权使用费收入，以实际取得收入的日期确认收入的实现
C. 采取产品分成方式取得收入的，按照企业分得产品的日期确认收入的实现
D. 股息、红利等权益性投资收益，以被投资方实际分红的日期确认收入的实现

【答案】C

（二）不征税收入

不征税收入指从性质和根源上不属于企业营利性活动带来的经济利益，不作为应纳税所得额的收入部分，不应列为征税范围的收入。

（1）财政拨款。
（2）依法收取并纳入财政管理的行政事业性收费、政府性基金。
（3）国务院规定的其他不征税收入。

企业取得的，由国务院财政、税务主管部门规定专项用途并经国务院批准的财政性资金。

县级以上人民政府将国有资产无偿划入企业并指定专门用途并按规定进行管理的，进行企业所得税处理时可以作为不征税收入。

【注释】"财政性资金"指企业取得的来源于政府及其有关部门的财政补助、补贴、贷款贴息，以及其他各类财政专项资金，包括直接减免的增值税和即征即退、先征后退、先征后返的各种税收，但不包括企业按规定取得的出口退税款。

（4）社保基金取得的直接股权投资收益、股权投资基金收益。

（三）免税收入

（1）国债利息收入。

【对比】国债持有期间的利息收入免税；对国债转让的价差收入征税。

（2）符合条件的居民企业之间的股息、红利等权益性投资收益。即居民企业直接投资于其他居民企业取得的投资收益。

（3）在中国境内设立机构、场所的非居民企业从居民企业取得的与该机构、场所有实际联系的股息、红利等投资收益（不含持有不超过12个月的股票投资收益）。

【注释】居民企业或非居民企业取得的免税投资收益不包括连续持有居民企业公开发行并上市流通的不足12个月股票取得的投资收益；持有非上市居民企业股票则没有期限限制。

（4）符合下列条件的非营利组织的非营利性收入：
①接受其他单位或者个人捐赠的收入；
②除财政拨款以外的其他政府补助收入，但不包括因政府购买服务而取得的收入；
③按照省级以上民政、财政部门规定收取的会费；
④不征税收入和免税收入孳生的银行存款利息收入；
⑤财政部、国家税务总局规定的其他收入。

【对比】对非营利组织取得的非营利收入免税，但从事营利活动的收入则要征税。

【案例5-5】（单选题）依据企业所得税的相关规定，符合条件的非营利性组织取得的下列收入，应缴纳企业所得税的是（　　）。

A. 接受社会捐赠的收入
B. 因政府购买服务取得的收入
C. 按照省以上民政、财政部门规定收取的会费收入
D. 不征税收入孳生的银行存款利息收入

【答案】B

【对比】不征税收入与免税收入。

（1）不征税收入是不应列入征税范围的收入；免税收入是列入征税范围的收入，国家出于特殊考虑在一定时期给予税收优惠。

（2）不征税收入形成的费用（含资产的折旧、摊销），计算应纳税所得额时不得扣除；免税收入形成的费用、折旧可以税前扣除。

（四）扣除额

企业在生产经营活动中发生的与取得收入有关的、合理的支出，包括成本、费用、税金、损失和其他支出，准予在计算应纳税所得额时扣除。

1. 遵循原则

（1）权责发生制原则。
（2）配比原则。
（3）相关性原则。
（4）合理性原则。
（5）确定性原则。

2. 扣除的内容

（1）成本：企业在生产经营活动中发生的销售成本、销货成本、业务支出及其他耗费。

（2）费用：销售费用、管理费用、财务费用，已经计入成本的有关费用除外。

（3）税金：指企业发生的除企业所得税和增值税以外的各项税金及附加，包括消费税、城市维护建设税、教育费附加、地方教育附加、关税、资源税、房产税、城镇土地使用税、车船税、印花税等。

（4）损失：指企业在生产经营活动中发生的固定资产和存货的盘亏、毁损、报废损失，转让财产损失，坏账损失，自然灾害等不可抗力因素造成的损失以及其他损失，按损失扣除责任人赔偿及保险赔款后的余额扣除。

企业已经作为损失处理的资产，在以后纳税年度又全部收回或者部分收回时，应当计入当期收入。

（5）其他支出：除了成本、费用、税金、损失，企业在生产经营活动中发生的与生产经营活动有关的、合理的支出。

【思考】税收的扣除额包含利润表中导致利润减少的所有项目吗？

3. 不得扣除的项目

（1）支付的股息、红利。
（2）企业所得税款。
（3）税收滞纳金。
（4）罚金、罚款、被没收财物的损失。

罚款分两类：一类是行政性罚款，由国家行政管理部门依法向行政管理相对人采取的一种惩罚性措施；另一类是经营性罚款，主要是民事主体间根据合同或行业惯例，对企业在经营活动

中的违约行为给予的惩罚。计算企业所得税时经营性罚款可以税前扣除,行政性罚款不得税前扣除。

纳税人违反合同规定支付的违约金、罚款和诉讼费准予税前扣除。

纳税人逾期归还银行贷款,银行按规定加收的"罚息",不属于行政性罚款,允许在税前扣除;纳税人签发空头支票,银行按规定处以"罚款",属于行政性罚款,不允许在税前扣除。

(5) 超过规定标准的捐赠支出等支出项目。

(6) 与生产经营活动无关的各种非广告性质的赞助支出。

赞助支出,可划分为广告性质的赞助支出与非广告性质的赞助支出两类,企业发生的与生产经营活动无关的各种非广告性质的赞助支出在计算企业应纳税所得额时不得扣除。

(7) 未经核定的准备金支出,指不符合国务院财政、税务主管部门规定的各项资产减值准备、风险准备等准备金支出。

(8) 居民企业之间支付的管理费、企业内营业机构间支付的租金和特许权使用费,非银行企业内营业机构间支付的利息。

(9) 与取得收入无关的其他支出。

【案例 5-6】(多选题)下列支出可以在企业所得税税前扣除的是( )。
A. 子公司支付给母公司的管理费 B. 支付法院的诉讼费
C. 贷款逾期的罚息   D. 因违法经营被市场监督管理局处以罚款
【答案】BC

(五) 允许弥补的以前年度亏损

【注释】"亏损"指的是应纳税所得额,不是会计利润的亏损额。

(1) 企业本年发生的亏损可以向以后年度结转,用以后年度盈利弥补,一般企业亏损结转年限不得超过 5 年,高新技术企业和科技型中小企业亏损结转年限不得超过 10 年。

(2) 弥补期从亏损年度后一年算起,连续 5 年(或 10 年)内不论是盈利或亏损,都作为实际弥补年限计算。5 年(或 10 年)内又发生年度亏损,也必须从亏损年度后一年算起,先亏先补,按顺序连续计算补亏期限,不允许将每个亏损年度的亏损相加和连续弥补期相加,更不得断开计算。

【提示】在多盈利多缴税、少盈利少缴税的基础上,允许以前年度亏损弥补以后年度的盈利,能减轻企业负担,进一步体现了企业所得税量能负担的原则。

【案例 5-7】某企业亏损结转期限为 5 年,2015—2023 年的盈亏情况如表 5-3 所示。

表 5-3 2015—2023 年企业盈亏情况   单位:万元

年度	2015	2016	2017	2018	2019	2020	2021	2022	2023
盈亏情况	-40	20	-30	10	-10	15	10	10	15

(1) 2015 年的亏损弥补期为 2016—2020 年,可依次用 2016、2018、2020 年的盈利弥补,2020 年弥补亏损后尚有 5 万元盈利。

(2) 2017 年的亏损弥补期为 2018—2022 年,因 2018 年的盈利和 2020 年的 10 万元盈利已弥补 2015 年的亏损,因此只能弥补 2020 年剩余的 5 万元和 2021 年、2022 年的盈利,2017 年剩余 5 万元亏损不能延续到 2023 年弥补。

(3) 2019 年的亏损弥补期为 2020—2024 年,因 2020 年、2021 年和 2022 年的盈利已弥补 2017 年的亏损,可以弥补 2023 年的盈利 10 万元,2023 年剩余 5 万元应依法纳税。

二、按照账面利润调整应纳税所得额的计算方法

实际工作中应根据国家税务总局公布的《中华人民共和国企业所得税年度纳税申报表(A

类，2017年版）》的规定，在企业会计利润的基础上，加减纳税调整增加额及相关项目金额后计算应纳税所得额，这是企业所得税年终汇算清缴填写纳税申报表时采用的方法。

（一）当企业不存在境外所得时的应纳税所得额的计算

应纳税所得额 = 年度利润总额 + 纳税调整增加项目 − 纳税调整减少项目 − 税收优惠政策调整项目 − 允许弥补的以前年度亏损

1. 年度利润总额

利润总额 = 营业收入 − 营业成本 − 税金及附加 −（销售费用 + 管理费用 + 研发费用 + 财务费用）− 资产减值损失 + 公允价值变动收益 + 其他收益 + 营业外收入 − 营业外支出

2. 纳税调整项目

（1）收入类调整项目。

①收入类调整增加项目。

视同销售收入：指会计上不作销售收入，而税收上应作为应税收入缴纳企业所得税的收入，应作为纳税调整增加项目。

企业发生非货币性资产交换，以及将货物、财产、劳务用于捐赠、偿债、赞助、集资、广告、样品、职工福利或者利润分配等用途的，应当视同销售货物、转让财产或者提供劳务，但国务院财政、税务主管部门另有规定的除外。

②收入类调整减少项目。

不征税收入，主要包括：

a. 财政拨款；

b. 依法收取并纳入财政管理的行政事业性收费、政府性基金；

c. 国务院规定的其他不征税收入；

d. 社保基金取得的直接股权投资收益、股权投资基金收益。

③收入类视情况增减的项目。

a. 交易性金融资产初始投资调整。交易性金融资产主要是指企业为了近期内出售而持有金融资产，例如企业以赚取差价为目的从二级市场购入的股票、债券、基金等。

交易性金融资产初始投资调整指纳税人根据税法规定确认的交易性金融资产的初始投资金额与会计核算的交易性金融资产的初始投资账面价值的差额，调整纳税所得额。

b. 公允价值变动净收益。企业以公允价值计量且变动计入当期损益的金融资产、金融负债以及投资性房地产的公允价值，其税法规定的计算基础与会计处理不一致时应进行纳税调整的金额。

（2）扣除类调整项目。

①扣除类纳税调整增加项目。

a. 业务招待费。

企业发生的与生产经营有关的业务招待费支出，按照发生额的60%，及当年销售（营业）收入的5‰，两者取最低数扣除；超过部分，不予扣除。

筹建期间有关的业务招待费支出，按实际发生额的60%计入企业筹办费，并按有关规定在税前扣除。

销售（营业）收入包括企业销售货物、提供劳务收入等主营业务收入、其他业务收入和视同销售收入等，但不含营业外收入、转让固定资产或无形资产所有权收入、投资收益（从事股权投资业务的企业除外）。一般按照利润表的营业收入作为扣除计算基数。

【提示】业务招待费之所以采用"双重限额取其低"的扣除标准，主要是考虑商业招待和个人消费难以区分，防止纳税人将个人消费计入企业支出，少缴税款。

中央出台八项规定、六条禁令，有效遏制了公款吃喝浪费、贪污受贿的腐败现象。

传统美德——勤俭节约

节俭"抠门"的企业大佬

（1）娃哈哈宗庆后，出差乘坐高铁二等座，一年365天，几乎天天都在工作，常常是吃住都在公司，都是简单的三菜一汤，一年花费不超过5万元。

（2）华为创始人任正非不止一次被拍到坐经济舱、在机场打车区候车，他和华为普通员工一样，在华为食堂排队吃饭。

（3）新希望刘永好自称每天开销不超过100元，发型永远是最简单的"街坊头"，经常和员工一起在食堂吃饭，和员工共用一个厕所。

（4）蒙牛集团创办人牛根生，房子、车子都比下属逊色，那条有绿色草原、蒙古包、奶牛及蒙牛Logo的18元领带，成为他的招牌标志。

（5）吉利汽车李书福，很少有500元以上的衣服，曾因"衣着寒碜"被保安员拒之门外。

（6）格力电器董明珠，很少穿奢饰品牌，平时与员工一样吃食堂，为节约成本亲自上阵做代言。

【**案例5-8**】花果山食品有限公司2022年全年主营业务收入6 000万元、其他业务收入500万元、理财产品收益50万元、从其投资的非上市公司花果山酒店分得股息收益100万元、出售闲置的厂房取得收入100万元，实际支出的业务招待费为50万元，计算应纳税所得额时不允许扣除的业务招待费是多少？

【**答案**】业务招待费扣除标准一：业务招待费发生额的60%＝50×60%＝30（万元）；

业务招待费扣除标准二：销售收入的5‰＝（6 000＋500）×5‰＝32.5（万元）；

因此计算应纳税所得额时允许扣除的业务招待费是30万元；

当年计算应纳税所得额时不允许扣除的业务招待费＝50－30＝20（万元），应做纳税调增项目。

b. 罚金、罚款、被没收财物的损失。

纳税人违反国家法律、行政法规而支付的罚款、罚金、滞纳金不得在所得税前扣除。但纳税人按照经济合同规定支付的违约金（包括银行罚息）、罚款和诉讼费可以扣除。

c. 税收滞纳金。

d. 与生产经营活动无关的各种非广告性质的赞助支出。

e. 不征税收入对应的支出费用。

f. 居民企业之间支付的管理费、企业内营业机构间支付的租金和特许权使用费，非银行企业内营业机构间支付的利息。

g. 与收入无关的支出。如企业已经出售给职工个人住房的折旧费、维修费等费用。

②扣除类纳税调整减少项目：视同销售收入对应的视同销售成本。

③扣除类纳税调整视情况增加的项目。

a. 广告费和业务宣传费。

符合条件的广告费和业务宣传费支出合并计算，不超过当年销售（营业）收入的15%的部分，准予扣除；超过部分，准予以后年度结转扣除。

筹建期间发生的广告费和业务宣传费按实际发生额计入企业筹办费，并按有关规定在税前扣除。

化妆品制造与销售、医药制造、饮料制造（不含酒类制造）企业发生的广告费和业务宣传费支出，不超过当年销售（营业）收入30%的部分，准予扣除；超过部分，准予结转以后纳税年度扣除。

烟草企业的广告费和业务宣传费，一律不得税前扣除。

【提示】吸烟有害健康，对烟类产品征收消费税的基础上，在企业所得税扣除环节不允许扣除烟草业的广告宣传费用，通过不同税种的政策组合，降低吸烟人数，保证人民健康。

对签订广告费和业务宣传费分摊协议（以下简称分摊协议）的关联企业，其中一方发生的当年销售（营业）收入税前扣除限额比例内的广告费和业务宣传费支出可以在本企业扣除，也可以将其中的部分或全部按照分摊协议归集至另一方扣除。另一方在计算本企业广告费和业务宣传费支出企业所得税税前扣除限额时，可将按照上述办法归集至本企业的广告费和业务宣传费不计算在内。

【提示】广告费和业务宣传费的计算基数销售（营业）收入同业务招待费的计算基数完全一致。

广告费支出必须符合的条件：通过市场监督管理部门批准的专门机构制作；已支付费用并取得发票；通过一定的媒体传播。

【思考】如何区分广告费支出和非广告性赞助支出呢？

（1）是否签订有偿劳务合同。单方面赠予，没有约定对方必须履行对外推介、宣传义务的，就是赞助费而非广告宣传费。

（2）是否通过广告经营者或广告发布者采用一定媒介和形式来推介企业的产品或服务。不能为企业宣传产品扩大销售的，就不是广告费和业务宣传费。

文化自信

近些年辱华广告频现，这些辱华广告的背后，是一些商家对中国传统文化和历史的践踏与侮辱。广告营销的前提是必须树立尊重他人，尊重民族，尊重各国文化与差异的价值观。如果在营销上一味博人眼球，求取流量，丢失基本的原则和素养，最终只会自取其辱。我们一定要秉持爱国之心，对这些辱华广告、恶意营销坚决说"不"。

【案例5-9】花果山酒店2023年实现营业收入2 000万元，接受捐赠收入50万元，转让无形资产所有权收入20万元。该企业当年实际发生广告费240万元，业务宣传费50万元，上年结转广告费和业务宣传费5万元，计算该企业2023年可税前扣除的广告费和业务宣传费。

【答案】当年度广告费和业务宣传费扣除限额：2 000×15% = 300（万元）；

当年广告费和业务宣传费实际发生额290万元 + 上年结转5万元 = 295万元；

因此当年准予扣除的广告费和业务宣传费为295万元。

【思考】如果当年发生的广告费和业务宣传费为310万元呢？

当年准予扣除的广告费和业务宣传费为300万元，当年可以结转以后年度扣除的广告费和业务宣传费为10万元。

b. 工资、薪金支出。

企业发生的合理的工资薪金，方可准予扣除，包括基本工资、奖金、津贴、补贴、加班费等。

【注释】"工资薪金"指企业按照有关规定实际发放的工资薪金总额，不是应该支付的职工薪酬，不包括"三项经费"和"五险一金"。

合理性的判断：雇员实际提供了服务，而且报酬总额合理。

合理性的原则：制定了规范的工资、薪酬制度；工资、薪酬标准符合行业及地区水平；相对固定，工资薪金的调整有序进行；依法代扣代缴个人所得税；工资、薪金安排不以逃税为目的。

企业雇用临时工发生的费用，应分为工资薪金和职工福利费，并按规定税前扣除。属于工资薪金支出的，准予计入企业工资薪金总额的基数，作为计算其他各项相关费用扣除的依据。

企业接受外部劳务派遣用工实际发生的费用，应分两种情况按规定在税前扣除：按照协议

（合同）约定直接支付给劳务派遣公司的费用，应作为劳务费支出；直接支付给员工个人的费用，应作为工资薪金支出和职工福利费支出。其中属于工资薪金支出的费用，准予计入企业工资薪金总额的基数，作为计算其他各项相关费用扣除的依据。

【提示】国有企业工资超过政府规定限额的，不得扣除。

励志人物

华为"天才少年"张霁的逆袭之路

张霁生于湖北的普通家庭，学习上也不是所谓的学霸。他第一次高考没考上理想的大学，复读一年后上了一个普通民办大学。张霁并没有自暴自弃，大学期间不仅各科成绩名列前茅，而且通过英语四六级、国家计算机二级考试，获得全国ITAT职业技能大赛职业技能资格认证证书。他凭着坚持不懈、自律学习的毅力考入华中科技大学进修博士，慢慢从一个复读生成为一个博士，完成了学霸的逆袭之路。

华为天才少年的招聘非常严格，简历被选中后，要经历笔试、初面、主管面试、若干部长面试、总裁面试、人力资源面试。他能最终被录取，足见其优秀。张霁并非天生优秀，也经历过失败和迷茫，让他逆袭的不是智商，而是永远积极进取的热情和乐于接受挑战的心态，能不断提升自己的能力和技能。

"聪明出于勤奋，天才在于积累。"比你优秀的人并不可怕，可怕的是比你优秀的人比你更努力。

c. 职工福利费、工会经费、职工教育经费。

职工福利费：在发生的工资薪金总额的14%以内准予扣除。

【提示】列入企业职工薪酬管理制度、固定与工资薪金一起发放的福利性补贴，符合规定的可以作为工资薪金支出，按规定扣除，不符合以上条件的福利性补贴，应按职工福利费规定限额扣除。

工会经费：企业拨缴的工会经费，在工资薪金总额的2%以内准予扣除；超过部分，不予扣除。

职工教育经费：在发生的工资薪金总额的8%以内准予扣除；超过部分，准予结转以后纳税年度扣除。

【提示】集成电路设计企业和符合条件的软件生产企业单独核算的职工培训费可以全额扣除，扣除职工培训费后的职工教育经费的余额应按照工资、薪金的8%的比例扣除。

航空企业实际发生的飞行员养成费、飞行训练费、乘务训练费、空中保卫员训练费等空勤训练费用，可以作为运输成本在税前扣除。

核力发电企业为培养核电厂操纵员发生的培养费用，可作为发电成本在税前扣除。

上述企业的培训费应单独核算，不能准确划分职工教育经费中职工培训费支出的，一律按工资、薪金总额的8%扣除。

【案例5-10】花果山食品有限公司2023年计入成本、费用的全年实发工资总额为500万元（属于合理限度的范围），实际拨缴的职工工会经费9万元、实际发生职工福利费78万元、职工教育经费41万元。请计算工会经费、职工福利费、职工教育经费需要纳税调整的金额。

【答案】允许扣除的工会经费限额＝500×2%＝10（万元），实际发生9万元，因此按发生额扣除，不需调整；

允许扣除的职工福利费限额＝500×14%＝70（万元），实际发生额78万元，超标，调增8万元；

允许扣除的职工教育经费限额＝500×8%＝40（万元），实际发生额41万元，超标，调增1

万元。

　　d. 社会保险费。

　　企业依照国务院有关主管部门或省级人民政府规定范围和标准为职工缴纳的"五险一金"（养老保险费、医疗保险费、失业保险费、工伤保险费、生育保险费及住房公积金），允许税前扣除。

　　企业为职工缴纳的补充养老保险费、补充医疗保险费，分别不超过职工工资总额的5%的部分，准予扣除；超过部分，不予扣除。

　　企业为特殊工种职工支付的人身安全保险费和其他商业保险可以扣除，企业职工因公出差乘坐交通工具发生的人身意外保险费支出准予扣除，为投资者或职工支付的其他商业保险不得扣除。

传统美德——厚德仁爱

曹德旺：善待员工是首重之善

　　2000年福耀公司有位实习员工查出肝癌晚期，曹德旺说不管是实习员工还是正式员工，只要是在福耀公司就都要管。他不惜一切代价帮助这位员工治疗，在这位员工离世后依然坚持为他办理后事。

　　员工创造社会财富，创造剩余价值。在曹德旺看来，关心员工、善待员工是慈善应有之义，是首重之善。创业以来，他主动为员工安排好各种社会保障，工资水平常年超出当地企业水平的14%。他关心关爱员工的事不胜枚举：当得知员工要带脑瘫孩子去看病，他主动请这名员工住进自己家；得知远在千里之外的员工患白血病，他花费近百万元为其治疗；他还每年为家庭困难的员工操办集体婚礼，送上新婚礼物……

　　e. 公益性捐赠。

　　企业发生的公益性捐赠，在年度利润总额12%以内的可以扣除；超过部分，准予结转以后3年内扣除。

　　【提示】年度利润总额指的是依照国家统一会计制度规定计算的年度会计利润大于零的数额，不是按照企业所得税法规定计算的应纳税所得额。

　　企业在对公益性捐赠支出计算扣除时，应先扣除以前年度结转的捐赠支出，再扣除当年发生的捐赠支出。

　　公益性捐赠必须通过公益性社会团体或者县级以上人民政府及其部门，直接向受益人的捐赠不得扣除。

　　【提示】"穷则独善其身，达则兼济天下"是中国传承几千年的家国情怀，在创造企业价值利益的同时，企业应积极承担对环境、社会的责任与担当，以实现社会价值最大化为目标，这样才能实现共同富裕，从而实现国家富强、民族振兴、人民幸福的中国梦。

传统美德——奉献担当

体面转型离场的新东方

　　2021年"双减"政策使教培机构受到了很大冲击，教培行业巨头新东方股价蒸发90%，约损失3 000亿元。创始人俞敏洪在新东方风雨飘摇之际不仅退还所有学费、补偿失业老师工资，还将拆卸下来的十几万套崭新的桌椅，贴补运费捐赠给贫困山区还在用着破烂桌椅的乡村小学，彰显了一个企业家的社会责任与担当，赢得了大家的敬重。

　　【案例5-11】甲企业2023年依照国家统一会计制度的规定计算的年度会计利润为1 000万元，该企业当年发生公益性捐赠150万元，上年结转的公益捐赠为10万元，计算应纳税所得额时不允许扣除的公益性捐赠是多少？

【答案】本年度公益捐赠扣除限额 = 年度会计利润的 12% = 1 000 × 12% = 120（万元）；

本年度发生公益捐赠可以扣除数 = 扣除限额 120 - 上年结转 10 = 110（万元）；

当年不允许扣除的公益性捐赠 = 150 - 110 = 40（万元），可以结转在以后 3 年内扣除。

f. 借款费用与利息费用。

企业在生产经营中发生的合理的不需要资本化的借款费用，准予扣除；企业为购置、建造固定资产、无形资产和经过 12 个月以上建造才能达到预定可销售状态的存货发生的借款费用，不作为当期费用扣除，应作为资本性支出计入资产成本，并按规定扣除。

非金融企业向金融企业借款的利息支出，金融企业存款利息支出，金融企业同业拆借利息支出，企业经批准发行的债券利息支出，准予扣除。

【注释】"金融企业"指各类银行、保险公司及经中国人民银行批准从事金融业务的非银行金融机构。

非金融企业向非金融企业借款，不超过按照金融企业同期同类贷款利率计算的利息支出，准予扣除。

企业向内部职工或其他个人借款，签订了借款合同，借贷是真实、合法、有效的，且不具有非法集资目的或其他违法行为，不超过按照金融企业同期同类贷款利率计算的利息支出，准予扣除。

风险意识

非法集资诈骗典型案例

2018 年 6—7 月，赵某某、金某某设立云南洪利健康产业有限公司，赵某某任董事长，金某某任副董事长，对外宣称洪利公司下设有贵州沐丞康养老服务有限公司、上海沐丞实业有限公司、安顺市沐丞夕阳红养老项目投资有限公司等 10 家公司。上述公司及其分公司在不到一年时间内共向 2 600 余人吸收资金约 1.2 亿元，造成集资参与人损失 1 亿余元。该案涉案金额巨大、集资参与人数众多、犯罪地遍布各地，且大部分集资金额均未追回。

非法集资的犯罪主体，多借助公司、集团名义实施，向社会不特定多数人非法吸收资金，吸收的资金由组织者用于还本付息，公司活动主要以非法集资为主。非法集资诈骗案发生的原因，在于部分投资人危机意识不强，容易被不法分子虚构的高息回报所诱惑。投资人必须提高警惕，在高息诱惑面前保持理性，审慎投资，控制投资风险；一旦发现自身可能卷入非法集资行为，要及时向有关部门反映，依法维护自身合法权益。

企业从其关联方接受的债权性投资与权益性投资的比例超过规定标准而发生的利息支出，不得在计算应纳税所得额时扣除。

企业向股东或关联自然人借款的利息支出扣除规定同关联企业一致。

【注释】关联方债权性投资与权益性投资的比例，金融企业为 5∶1，其他企业为 2∶1。

企业投资者在规定期限内未缴足应缴资本额的，该企业对外借款所发生的利息，相当于投资者实缴资本额与在规定期限内应缴资本额的差额应计付的利息，不属于企业合理的支出，应由企业投资者负担，不得扣除。

【案例 5-12】居民企业花果山酒店注册资本为 2 500 万元，2023 年按照金融企业同期同类贷款利率从关联企业花果山房地产公司借款 8 000 万元，借款利息支出 600 万元，花果山酒店接受关联方花果山房地产公司的债权性投资与其权益性投资的比例为 2∶1，计算花果山酒店当年准予扣除的利息支出。

【答案】关联方债权性投资不应超过 2 500 × 2 = 5 000（万元）；

准予扣除的利息 = 5 000 ÷ 8 000 × 600 = 375（万元）。

不允许税前扣除需做纳税调整的有 600 – 375 = 225（万元）。

g. 手续费及佣金支出。

企业发生与生产经营有关的手续费及佣金支出，不超过以下规定计算限额的部分，准予扣除；超过部分，不得扣除。

保险企业：与经营活动有关的手续费及佣金支出，不超过当年全部保费收入扣除退保金等后余额的18%（含本数）的部分，准予扣除；超过部分，允许结转以后年度扣除。

【提示】准予结转以后年度扣除的费用包括职工教育经费、广告费和业务宣传费、公益性捐赠（3年）、保险企业的手续费及佣金支出。

其他企业：按与具有合法经营资格中介服务机构或个人（不含交易双方及其雇员、代理人和代表人等）所签订服务协议或合同确认的收入金额的5%计算限额。

不得扣除的手续费及佣金支出包括以下几部分：

- 除委托个人代理外，企业以现金等非转账方式支付的手续费及佣金不得在税前扣除；
- 企业为发行权益性证券支付给有关证券承销机构的手续费及佣金不得在税前扣除；
- 企业不得将手续费及佣金支出计入回扣、业务提成、返利、进场费等费用；
- 企业已计入固定资产、无形资产等相关资产的手续费及佣金支出，应当通过折旧、摊销等方式分期扣除，不得在发生当期直接扣除；
- 企业支付的手续费及佣金不得直接冲减服务协议或合同金额，并如实入账。

h. 环境保护专项资金。

企业依照法律、行政法规有关规定提取的用于环境保护、生态恢复等方面的专项资金，准予扣除。上述专项资金提取后若改变用途的，不得扣除。

i. 总机构分摊的费用。

非居民企业在中国境内设立的机构、场所，就其中国境外总机构发生的与该机构、场所生产经营有关的费用，能够提供证明文件，并合理分摊的，准予扣除。

j. 其他费用。

（3）资产类调整项目。

①固定资产折旧。

固定资产折旧的调整主要是因税法和企业会计准则对固定资产的初始成本、折旧范围、折旧方法、折旧年限的规定口径不一致产生的折旧差异。

a. 固定资产计税基础。

- 外购的固定资产，以购买价款和支付的相关税费以及达到预定用途发生的其他支出为计税基础。
- 自行建造的固定资产，以竣工结算前的支出为计税基础。
- 融资租入的固定资产，合同约定付款总额的，按约定付款总额和签订合同过程中的相关费用为计税基础；合同未约定付款总额的按资产公允价值加相关费用签订合同过程中的相关费用为计税基础。
- 融资性售后回租的固定资产，以承租人出售前的原账面价值为计税基础。
- 盘盈的固定资产，按同类固定资产的重置完全价值为计税基础。
- 通过捐赠、投资、非货币性资产交换、债务重组等方式取得的固定资产，按公允价值和支付的相关税费为计税基础。
- 改建的固定资产，除已足额提取折旧的固定资产和租入的固定资产以外的其他固定资产，以改建过程中发生的改建支出增加计税基础。
- 工程款项尚未结清未取得全额发票的固定资产，暂按合同规定的金额计入固定资产计税基础计提折旧，待发票取得后进行调整。

　　b. 固定资产折旧范围。

　　税法规定不得计提折旧的固定资产包括以下几类：
- 房屋、建筑物以外未投入使用的固定资产；
- 经营租赁方式租入的固定资产；
- 融资租赁方式租出的固定资产；
- 已足额提取折旧仍继续使用的固定资产；
- 与经营活动无关的固定资产；
- 单独估价作为固定资产入账的土地；
- 其他不得计算折旧扣除的固定资产。

　　c. 固定资产折旧年限。

　　除国务院财政、税务主管部门另有规定外，固定资产计算折旧的最低年限如下：
- 房屋、建筑物为 20 年；
- 飞机、火车、轮船、机器、机械和其他生产设备为 10 年；
- 与生产经营活动有关的器具、工具、家具等为 5 年；
- 飞机、火车、轮船以外的运输工具为 4 年；
- 电子设备为 3 年。

　　d. 固定资产折旧方法。

　　固定资产投入使用月份的次月起计算折旧；停止使用的固定资产，应当自停止使用月份的次月起停止计算折旧。

　　企业应当根据固定资产的性质和使用情况，合理确定固定资产的预计净残值。固定资产的预计净残值一经确定，不得变更。

　　固定资产应采用直线法计提折旧，但由于技术进步等因素确实需要加速折旧的，可以缩短折旧年限或者采取加速折旧的方法。采取缩短折旧年限方法的，最低折旧年限不得低于上述折旧年限的 60%；采取加速折旧方法的，可以采取双倍余额递减法或者年数总和法。

　　【提示】会计折旧年限＜税法最低折旧年限的，按税法折旧年限扣除，会计多提折旧的作纳税调增；会计折旧年限已满，未到税法最低折旧年限，且税收折旧尚未足额扣除的，尚未足额扣除的折旧可在剩余年限继续扣除。会计折旧年限＞税法最低折旧年限的，按会计折旧年限计算扣除。

　　可以采用加速折旧的固定资产包括以下两大类：
- 一般性加速折旧。

　　由于技术进步，产品更新换代较快的固定资产；常年处于强震动、高腐蚀状态的固定资产。
- 特殊性加速折旧。

　　对全部制造业新购进的固定资产，可缩短折旧年限或采取加速折旧的方法。对全部制造业的小型微利企业新购进的研发和生产经营共用的仪器、设备，单位价值不超过 100 万元的，允许一次性计入当期成本费用在计算应纳税所得额时扣除，不再分年度计算折旧；单位价值超过 100 万元的，可缩短折旧年限或采用加速折旧法。

　　对所有行业企业持有的单位价值不超过 5 000 元的固定资产，允许一次性计入当期成本费用在计算应纳税所得额时扣除，不再分年度计算折旧。

　　对所有行业企业新购进的专门用于研发的仪器、设备，单位价值不超过 100 万元的，允许一次性计入当期成本费用在计算应纳税所得额时扣除，不再分年度计算折旧；单位价值超过 100 万元的，可缩短折旧年限或采取加速折旧的方法。

　　企业在 2024 年 1 月 1 日至 2027 年 12 月 31 日期间新购进的设备、器具（不含房屋、建筑物），单位价值不超过 500 万元的，允许一次性计入当期成本费用在计算应纳税所得额时扣除，不再分年度计算折旧；单位价值超过 500 万元的，仍按原有规定执行。

【提示】企业选择享受一次性税前扣除政策的，其资产的税务处理可与会计处理不一致。

②生物性资产折旧。

生物资产是指有生命的动物和植物，生物资产分为消耗性、生产性和公益性生物资产。

生产性生物资产是指企业为生产农产品、提供劳务或者出租等而持有的生物资产，包括经济林、薪炭林、产畜和役畜等。

a. 生物性资产的计税基础。

外购生产性生物资产，以购买价款和支付的相关税费为计税基础。

通过捐赠、投资、非货币性资产交换、债务重组等方式取得的生产性生物资产，以该资产的公允价值和支付的相关税费为计税基础。

b. 生物性资产的折旧方法和折旧年限。

税法规定生物性资产应采用直线法计提折旧。林木类生产性生物资产的最低折旧年限为 10 年；畜类生产性生物资产的最低折旧年限为 3 年。

③无形资产摊销。

a. 无形资产的计税基础。

外购的无形资产，以购买价款和支付的相关税费以及直接归属于使该资产达到预定用途发生的其他支出为计税基础。

自行开发的无形资产，以开发过程中该资产符合资本化条件后至达到预定用途前发生的支出为计税基础。

通过捐赠、投资、非货币性资产交换、债务重组等方式取得的无形资产，以该资产的公允价值和支付的相关税费为计税基础。

b. 无形资产的摊销范围。

税法规定下列无形资产不得计算摊销费用税前扣除：
- 自行开发的支出已在计算应纳税所得额时扣除的无形资产；
- 自创商誉；
- 与经营活动无关的无形资产；
- 其他不得计算摊销费用扣除的无形资产。

【提示】外购商誉的支出，企业整体转让或者清算时，准予扣除。

c. 无形资产的摊销年限。

税法规定无形资产按直线法摊销费用，摊销期限不得低于 10 年。

④长期待摊费用摊销。

a. 已提足折旧的固定资产的改建支出，按照固定资产预计尚可使用年限分期摊销。

b. 经营租入固定资产的改建支出，按照合同约定的剩余租赁期限分期摊销。

c. 符合税法规定的固定资产大修理支出，按照固定资产尚可使用年限分期摊销。

【注释】"固定资产的大修理支出"是指同时符合下列条件的支出：修理支出达到取得固定资产时的计税基础 50% 以上；修理后固定资产的使用年限延长 2 年以上。

d. 其他长期待摊费用，自支出发生月份的次月起分期摊销，摊销年限不得低于 3 年。

⑤存货成本。

企业使用或者销售的存货的成本计算方法，可以在先进先出法、加权平均法、个别计价法中选用一种。计价方法一经选用，不得随意变更。

【提示】税法不允许采用后进先出法计算存货成本。

⑥投资资产成本。

企业对外投资期间，投资资产的成本在计算应纳税所得额时不得扣除。企业在转让或者处置投资资产时，投资资产的成本准予扣除。

$$非货币性资产转让所得 = 评估的公允价值 - 计税基础$$

⑦ 资产减值准备金。

纳税人未经核定的准备金支出是指不符合国务院财政、税务主管部门规定的各项资产减值准备、风险准备等准备金支出，不得扣除，应作纳税调整增加项目。

⑧资产损失。

资产损失指企业生产经营活动中实际发生的、与取得应税收入有关的资产损失。

资产损失包括现金损失，存款损失，坏账损失，贷款损失，股权投资损失，固定资产和存货的盘亏、毁损、报废、被盗损失，自然灾害或不可抗力因素造成的损失以及其他损失。

企业发生的资产损失，应在按税收规定实际确认或者实际发生的当年申报扣除，不得提前或延后扣除。因各类原因导致资产损失未能在发生当年准确计算并按期扣除的，经税务机关批准后，可追补确认在损失发生的年度税前扣除，并相应调整该资产损失发生年度的应纳所得税额。调整后计算的多缴税额，应按照有关规定予以退税，或者抵顶企业当期应纳税款。

(4) 特殊调整事项。

①企业重组及递延纳税事项；

②政策性搬迁收入所得或损失；

③特殊行业准备金；

④房地产开发企业特定行业业务计算的纳税调整数额；

⑤合伙企业法人合伙人应分得的应纳税所得额；

⑥发行永续债利息支出；

⑦其他。

(5) 特别纳税调整项目。

特别纳税调整是税务机关对各种避税行为进行特定纳税事项所作的调整，包括针对纳税人转让定价、资本弱化、避税港避税及其他情况所进行的税务调整。

3. 税收优惠政策调整项目

(1) 免税收入。

①国债利息收入；

②符合条件的居民企业之间的股息、红利等权益性投资收益；

③在中国境内设立机构、场所的非居民企业从居民企业取得的与该机构、场所有实际联系的股息、红利等投资收益（不含持有不超过12个月的股票投资收益）；

④符合条件的非营利组织的非营利性收入。

(2) 减计收入。

减计收入是指按照税法规定准予对企业某些经营活动取得的应税收入，按一定比例减少计入收入总额，进而减少应纳税所得额的一种税收优惠措施。

①企业以《资源综合利用企业所得税优惠目录》中所列资源为主要原材料，生产该目录内符合国家或行业相关标准的产品取得的收入，在计算应纳税所得额时，减按90%计入当年收入总额。

【提示】原材料占生产产品材料的比例不得低于上述优惠目录规定标准。

②自2019年6月1日至2025年12月31日，社区（包括城市社区和农村社区）提供养老、托育、家政等服务的机构，计算应纳税所得额时，上述收入减按90%计入当年收入总额。

(3) 加计扣除项目。

加计扣除是指按照税法规定在实际发生数额的基础上，再加成一定比例，作为计算应纳税所得额时的扣除数额的一种税收优惠措施。可以加计扣除的有研究开发费用和残疾人工资。

①研究开发费用。

开发新技术、新产品、新工艺发生的研究开发费用，可以在计算应纳税所得额时加计扣除。

基本政策：在2018年1月1日至2023年12月31日期间，企业开展研发活动实际发生的研发费用，未形成无形资产计入当期损益的，在按照规定据实扣除的基础上，按研发费的75%加计扣除；形成无形资产的，按照无形资产成本的175%摊销。加计扣除的研发费包括以下几部分：

　　a. 人员人工费用：包括直接从事研发活动人员的工资薪金、基本养老保险费、基本医疗保险费、失业保险费、工伤保险费、生育保险费和住房公积金，以及外聘研发人员的劳务费用。

　　b. 直接投入费用：指研发活动直接消耗的材料、燃料和动力费用；用于中间试验和产品试制的模具、工艺装备开发及制造费，不构成固定资产的样品、样机及一般测试手段购置费，试制产品的检验费；用于研发活动的仪器、设备的运行维护、调整、检验、维修等费用，以及通过经营租赁方式租入的用于研发活动的仪器、设备租赁费。

　　c. 折旧费用。

　　d. 无形资产摊销费用。

　　e. 新产品设计费、新工艺规程制定费、新药研制的临床试验费、勘探开发技术的现场试验费。

　　f. 其他相关费用，此项费用总额不得超过可加计扣除研发费用总额的10%。

【提示】不是所有企业都适用研发费用加计扣除政策，不适用研发费加计扣除政策的行业有烟草制造业、住宿和餐饮业、批发与零售业、房地产业、租赁和商务服务业、娱乐业、财政部和国家税务总局规定的其他行业。

为了鼓励制造业加大研发投入，着力推动企业以创新引领发展，自2021年1月1日起制造业企业研发费加计扣除比例由75%提高到100%。

委托境外进行研发活动所发生的费用（不包括委托境外个人进行的研发活动），按照费用实际发生额的80%计入委托方的委托境外研发费用。委托境外研发费用不超过境内符合条件的研发费用三分之二的部分，可以按规定税前加计扣除。

【提示】境外研发费先打8折，再判断是否超过境内研发费的三分之二。

企业取得作为不征税收入的财政性资金用于研发活动所形成的费用或无形资产，不得计算加计扣除或摊销。

并非只有成功的研发活动才能享受研发费用加计扣除，失败的研发活动发生的研发费用同样可以加计扣除。

研发费加计扣除政策采取"自行判别、申报享受、相关资料留存备查"的管理方式。

企业7月份预缴申报当年第2季度（按季预缴）或6月份（按月预缴）企业所得税时，可以自行选择当年上半年发生的研发费用是否享受加计扣除政策，对7月预缴未选择享受优惠的企业，自行选择在10月份预缴申报或年度汇算清缴时统一享受；企业10月份预缴申报当年第3季度（按季预缴）或9月份（按月预缴）企业所得税时，可以自行选择当年前三季度研发费用享受加计扣除政策，对10月预缴未选择享受优惠的企业，可统一在汇算清缴时享受。

科技创新

华为巨资研发"中国芯"

华为手机能在短时间内成为国内第一大品牌，并对苹果、三星造成威胁，主要是因为华为坚持核心技术的自研，如麒麟、巴龙等系列芯片。华为自研的麒麟9000芯片，是世界首款5 nm 5G芯片，早于高通骁龙888处理器半年的时间商用。

美国"芯片禁令"的出台，使华为加快了技术研发的步伐，发布2022年向芯而行，将研发资金提升到年收入的20%。1 000亿元科研资金，不足以撑起华为的布局，为了快速达成目标，华为决定正式进军私募领域。华为进军私募领域，再一次向世界展示了中国企业"宁为玉碎不为瓦全"的骨气及不畏艰难险阻一往无前的精神！

在很长一段时间内，国内不少企业存在"造不如买，买不如租"的错误思想，导致我们在半导体行业的发展停滞不前。美国的制裁让我们深刻体会科技兴国必须靠自主研发。

"科技兴则民族兴，科技强则国家强。"事实证明科技兴国只能靠自主研发，建成富强民主文明和谐美丽的社会主义现代化强国，科技是贯穿始终的不竭动力。国家鼓励技术创新、科技兴国的税收政策是多项组合的，除研发费用加计扣除外，还对高新技术企业和科技型中小企业减按15%的优惠税率，亏损结转年限从5年延长到10年。

②残疾人工资加计扣除。

企业安置残疾人员的，在按照支付给残疾职工工资据实扣除的基础上，可以在计算应纳税所得额时按照支付给残疾职工工资的100%加计扣除。残疾人员的范围适用《中华人民共和国残疾人保障法》的有关规定。

【注释】加计扣除残疾人员工资是企业按照税法规定实际发放的残疾人工资薪金总额，不包括职工"三项经费"和"五险一金"。

企业要同时具备以下条件才能享受残疾职工工资加计扣除政策：

a. 依法与安置的每位残疾人签订1年以上（含1年）的劳动合同或服务协议，保证安置的每位残疾人在企业实际上岗工作。

b. 为安置的每位残疾人按月足额缴纳"五险"。

c. 安置的残疾人工资标准不低于企业所在区县适用的经省级人民政府批准的最低工资标准，保证定期转账发放，不得以现金方式结算。

d. 保证安置的残疾职工都有残疾人证或残疾军人证。

e. 具备安置残疾人上岗工作的基本设施。

人文精神

白象企业三分之一员工是残疾人

白象食品在潜心研究产品的同时始终坚守企业责任，多年来坚持为残疾人提供大量工作岗位，多达三分之一的员工都是残疾人，他们在公司被称为"自强员工"，白象食品希望这个名字能够更好地激励他们，也能更加淋漓尽致地表现出他们身残志坚、独立自强、顽强拼搏的可贵精神。

企业针对自强员工身体特征进行评估，提供适合他们的工作，与正常员工同工同酬，平等享受公司的一切福利待遇。在工厂内将厂房与办公场所全部进行无障碍化，如设计专属工位，放低食堂取餐窗口，在生产线上设计自动报警系统，若遇到危险即立即停止运转等。公司每年提供免费体检，在节假日及助残日举行各种活动，如运动会、外出旅游等。不仅满足他们的物质生活需求，更进一步满足自强员工的精神文化需求，帮助他们更好地融入社会生活。

残疾人的公民权利和人格尊严受法律保护，他们需要的不仅仅是怜悯和同情，更需要获得尊重和认可，他们跟正常人一样有劳动的权利和义务。扶残助残是社会文明进步的标志，按比例安排残疾人就业也是我国社会保障体系的重要组成部分，让我们携手促进残疾人就业，共筑美好和谐新家园。

(4) 所得减免项目。

①企业从事农、林、牧、副、渔业项目的下列项目：

a. 免征企业所得税的项目。
- 蔬菜、谷物、薯类、油料、豆类、棉花、麻类、糖料、水果、坚果的种植；
- 农作物新品种的选育；
- 中药材的种植；
- 林木的培育和种植；
- 牲畜、家禽的饲养；
- 林产品的采集；
- 灌溉、农产品初加工、兽医、农技推广、农机作业和维修等农、林、牧、渔服务业项目；
- 远洋捕捞。

b. 减半征收企业所得税的项目。
- 花卉、茶以及其他饮料作物和香料作物的种植（含观赏性作物）；
- 海水养殖、内陆养殖。

乡村振兴

乡村振兴是实现中华民族伟大复兴的一项重大任务，坚持农业农村优先发展，走中国特色社会主义乡村振兴道路，持续缩小城乡区域发展差距，让低收入人口和欠发达地区共享发展成果，加快农业农村现代化步伐，促进农业高质高效、乡村宜居宜业、农民富裕富足，最终实现全体人民共同富裕。

我国在扶持农业发展方面有很多税收优惠政策，越来越多的年轻人选择返乡创业，有国家各项政策支持，乡村振兴的路会越走越宽、越走越广。

【案例 5-13】（单选题）下列所得，可享受企业所得税减半征税优惠的是（　　）。
A. 种植油料作物的所得　　　　　B. 种植豆类作物的所得
C. 种植香料作物的所得　　　　　D. 种植糖料作物的所得
【答案】 C

② 国家重点扶持的公共基础设施项目。

从事《公共基础设施项目企业所得税优惠目录》规定的港口码头、机场、铁路、公路、城市公共交通、电力、水利等项目的投资经营的所得，自项目取得第一笔生产经营收入所属纳税年度起，第一年至第三年免征企业所得税，第四年至第六年减半征收企业所得税。

【提示】 企业承包经营、承包建设和内部自建自用上述项目，不得享受以上减免政策。

③ 符合条件的环境保护、节能节水项目。

从事符合条件的环境保护、节能节水项目，包括公共污水处理、公共垃圾处理、沼气综合开发利用、节能减排技术改造、海水淡化等取得的所得，自项目取得第一笔生产经营收入所属纳税年度起，第一年至第三年免征企业所得税，第四年至第六年减半征收企业所得税。

减免期内转让享受减免税项目的，受让方自受让之日起可以在剩余期限内享受规定的优惠；期满后转让的，不得重复享受优惠政策。

④ 符合条件的技术转让项目。

一个纳税年度内，居民企业将其拥有的专利技术、计算机软件著作权、集成电路布图设计权、植物新品种、生物医药新品种，以及财政部和国家税务总局确定的其他技术的所有权或 5 年以上（含 5 年）全球独占许可使用权转让取得的所得，不超过 500 万元的部分，免征企业所得税；超过 500 万元的部分，减半征收企业所得税。

【提示】 居民企业从直接或间接持有股权之和达到 100% 的关联方取得的技术转让所得，不享受技术转让减免企业所得税优惠政策。

技术转让所得＝技术转让收入－技术转让成本－相关税费。

⑤集成电路相关企业和软件企业。

国家鼓励的集成电路设计、装备、材料、封装、测试企业和软件企业,自获利年度起,第一年至第二年免征企业所得税,第三年至第五年减半征收企业所得税。

国家重点鼓励的集成电路设计企业和软件企业,自获利年度起,第一年至第五年免征企业所得税,接续年度减按10%的税率征收企业所得税。

自2020年1月1日起,国家鼓励的集成电路线宽小于28纳米(含),且经营期在15年以上的集成电路生产企业或项目,第一年至第十年免征企业所得税;国家鼓励的集成电路线宽小于65纳米(含),且经营期在15年以上的集成电路生产企业或项目,第一年至第五年免征企业所得税,第六年至第十年减半征收企业所得税;国家鼓励的集成电路线宽小于130纳米(含),且经营期在10年以上的集成电路生产企业或项目,第一年至第二年免征企业所得税,第三年至第五年减半征收企业所得税。

(5)其他专项优惠项目。

①创业投资企业抵扣应纳税所得额。

抵扣应纳税所得额是指按照税法规定在计算应纳税所得额时不属于扣除项目的投资,准予按照一定比例直接抵扣应纳税所得额的一种税收优惠方式。

创业投资企业从事国家需要重点扶持的创业投资,可以按投资额的一定比例抵扣应纳税所得额。创业投资企业采取股权投资方式投资于未上市的中小高新技术企业2年以上的,可以按照其投资额的70%在股权持有满2年的当年抵扣该创业投资企业的应纳税所得额;当年不足抵扣的,可以在以后纳税年度结转抵扣。

②合格境外机构投资者(以下简称QFII)和人民币合格境外机构投资者(以下简称RQFII)取得中国境内的股票等权益性投资资产转让所得。

从2014年11月17日起,对QFII、RQFII取得来源于中国境内的股票等权益性投资资产转让所得,暂免征收企业所得税。

③非居民企业免征企业所得税所得。

a. 外国政府向中国政府提供贷款取得的利息所得;

b. 国际金融组织向中国政府和居民企业提供优惠贷款取得的利息所得;

c. 经国务院批准的其他所得。

【提示】不论属于税收优惠政策哪个项目,企业都应单独核算;没有单独核算的,不得享受优惠政策。

【对比】免税收入与所得减免的区别:免税收入本身收入就是免税的,减免所得是按一定的政策减免税收,并不是此收入项目就免税。

(二)企业存在境外所得时应纳税所得额的计算

应纳税所得额 = 年度利润总额 + 纳税调整增加项目 − 纳税调整减少项目 − 税收优惠政策调整项目 − 境外所得 + 境外应税所得抵减境内亏损 − 允许弥补的以前年度亏损

1. 境外所得

境外所得是指纳税人发生的分国别(地区)取得的境外税后所得计入利润总额的金额。

2. 境外应税所得抵减境内亏损

境外应税所得抵减境内亏损是指纳税人在计算缴纳企业所得税时,其境外营业机构的盈利可以抵减境内营业机构的亏损,即国内当年调整后的应纳税所得额如果为负数时,境外应税所得可以抵减境内亏损。

任务三 税款计算并不难

【思考】企业所得税的应纳税额＝应纳税所得额×企业所得税税率吗？

一、按年计税应纳税额的计算

$$应纳税额 = 应纳税所得额 \times 适用税率 - 减免税额 - 抵免税额$$

（一）减免税额

减免税额是指纳税人按照税收优惠政策实际减免的企业所得税额，如小型微利企业、高新技术企业、西部大开发税收优惠减免的税额。

【思考】为何要用应纳税所得额×适用税率25%－减免税额来计算企业所得税的应纳税额，而不直接用应纳税所得额×优惠税率来计算应纳税额呢？

上述计算方法依据企业所得税汇算清缴申报表的应纳税额的计算和填写顺序。

（二）抵免税额

抵免税额是指企业购置并实际使用《环境保护专用设备企业所得税优惠目录》《节能节水专用设备企业所得税优惠目录》和《安全生产专用设备企业所得税优惠目录》规定的环境保护、节能节水、安全生产等专用设备的，该专用设备的投资额的10%可以从企业当年的应纳税额中抵免；当年不足抵免的，可以在以后5个纳税年度结转抵免。

二、季度预缴应纳税额的计算

（一）按照实际利润计算预缴

$$本季度应纳税额 = 本年累计利润 \times 适用税率 - 减免税额 - 本年累计预缴所得税税额$$

（1）小型微利企业：不管上一纳税年度是否符合小型微利企业条件，在季度预缴税款时符合小型微利企业三个条件的，在纳税申报表"是否属于小型微利企业"的选项中勾选"是"，即可享小型微利企业税收优惠。

（2）高新技术企业资格期满当年内，在通过重新认定前，其企业所得税暂按15%的税率预缴，在年度汇算清缴前未取得高新技术企业资格的，应按规定补缴税款。

（二）按照上一年度应纳税所得额的平均数预缴

$$本季度应纳税额 = 上一年度应纳税所得额 \div 4 \times 适用税率$$

三、年终汇算清缴应补缴税额的计算

$$汇算清缴应补缴税额 = 按年计税应纳税额 - 本年累计预缴的所得税税额$$

四、有境外所得时的应补税额的计算

$$企业所得税应纳税额 = (境内应纳税所得额 + 境外应纳税所得额) \times 境内适用税率$$

我国税法规定对境外已纳税款实行限额扣除，采用"分国不分项"或"不分国不分项"办法计算抵免限额。

抵免限额是境外所得依据中国企业所得税税率计算的应纳税额，是准予扣除的最高额度。

$$抵免限额 = 境外应纳税所得额 \times 境内适用税率$$

（1）境外实纳税额≥抵免限额的，境外实纳税额可以全额扣除，境外所得不需补税。

（2）境外实纳税额＜抵免限额的，境外实纳税额可以全额扣除，需要按抵免限额与境外实纳税额的差额补税。

(3) 境外实纳税额＞抵免限额时，超过部分不能扣除，但可以在以后 5 个年度（从超过抵免限额年度的次年起连续 5 年）内，用每年度抵免限额抵免当年应纳税额后的余额进行抵补。

【案例 5-14】甲企业 2023 年度境内应纳税所得额为 500 万元，适用 25% 的企业所得税税率。另在 A、B 两国设有分支机构（我国与 A、B 两国已经缔结避免双重征税协定），在 A 国分支机构的应纳税所得额为 50 万元，A 国税率为 20%；在 B 国的分支机构的应纳税所得额为 30 万元，B 国税率为 30%。计算该企业 2023 年在我国应缴纳的企业所得税。

【答案】境内所得应纳税额 = 500×25% = 125（万元）。

境外 A、B 两国的扣除限额及应补缴税额：

A 国扣除限额 = 50×25% = 12.5（万元）；

在 A 国已纳税额 10 万元，应补缴税额 2.5 万元。

B 国扣除限额 = 30×25% = 7.5（万元）；

在 B 国已纳税额 9 万元，允许扣除 7.5 万元。

在我国应缴纳企业所得税总额 = 125 + 2.5 = 127.5（万元）。

任务四　合法筹划降企税

【教学资源】本知识点对应精品课程视频。

小型微利能节税

广告宣传与招待

加计扣除真奇妙

一、利用小型微利企业税收优惠的税收筹划

（一）税法依据

小型微利企业指从事国家非限制和禁止行业，同时符合年度应纳税所得额≤300 万元、从业人数≤300 人、资产总额≤5 000 万元三个条件的企业。

【提示】小型微利企业年度应纳税所得额的标准是指弥补以前年度亏损后的应纳税所得额。

从业人数包括与企业建立劳动关系的职工人数和企业接受的劳务派遣用工人数。

从业人数和资产总额，按企业全年的季度平均值确定，具体计算公式如下：

全年季度平均值 = 全年各季度平均值之和÷4

季度平均值 =（季初值 + 季末值）÷2

截至 2027 年 12 月 31 日，对小型微利企业年应纳税所得额不超过 300 万元的部分，减按 25% 计入应纳税所得额，按 20% 的税率缴纳企业所得税。

【提示】小型微利企业相当于按照 5% 计税。

（二）小型微利企业的征收管理

（1）符合规定条件的小型微利企业，无论采取查账征收还是核定征收方式均可享受该优惠政策。

（2）小型微利企业是指企业的全部生产经营活动产生的所得均负有我国企业所得税纳税义务的企业。仅就我国境内所得纳税的非居民企业，不适用小型微利企业的规定。

（3）年度中间开业或终止经营活动的，以其实际经营期作为一个纳税年度确定上述相关

指标。

(4) 按季度预缴时符合小型微利企业条件的，预缴时可以享受政策。

(三) 小型微利企业税务筹划思路

(1) 企业可以根据自身经营规模和盈利水平的预测，成为小型微利企业。

如果企业资产总额和从业人数都符合小型微利企业标准，可以通过将收入延期或费用提前的方式，使年度应纳税所得额控制在 300 万元以内。

(2) 将大企业分立为小型微利企业，享受小型微利企业税收优惠。

对规模较大的企业，在公司经营管理中及时测算资产额度、从业人数、营业收入年应纳税所得额，提前利用拆分法设立新企业，合法维持小型微利企业身份。

【案例 5 - 15】 甲企业 2023 年资产总额为 4 800 万元，有职工 260 人，预计全年应纳税所得额为 302 万元，不存在未弥补的亏损，请对其进行企业所得税的税收筹划。

【答案】 方案一：不做任何调整。企业所得税应纳税额 = 302 × 25% = 75.5（万元）。

方案二：将原计划在春节前组织的年会提前到 12 月进行，费用预计 3 万元，这样全年实现应纳税所得额为 299 万元，可以享受小微企业低税率优惠。

企业所得税应纳税额 = 299 × 25% × 20% = 14.95（万元）。

方案二比方案一节税 60.55 万元。

二、聘用残疾人员享受加计扣除政策的税务筹划

(一) 税法依据

企业安置残疾人员的，在按照支付给残疾职工工资据实扣除的基础上，可以在计算应纳税所得额时按照支付给残疾职工工资的 100% 加计扣除。残疾人员的范围适用《中华人民共和国残疾人保障法》的有关规定。

(二) 税务筹划思路

企业安置残疾人员，除了享受企业所得税的加计扣除优惠政策，还可以免交残疾人保障金，因此企业应尽量安置残疾人员，在关爱社会弱势群体的同时为企业自身降低税负。

【案例 5 - 16】 某企业因扩大生产规模，2023 年计划招聘 10 名新员工，新增加 10 名员工，预计每年支付 40 万元工资，在不增加新员工的情况下，2023 年预计实现企业所得税应纳税所得额 500 万元，请对其进行企业所得税的税收筹划。

【答案】 方案一：假设公司聘用 10 名身体健全人员，企业所得税应纳税额 = (500 - 40) × 25% = 115（万元）。

方案二：假设公司聘用 10 名残疾人员，企业所得税应纳税额 = (500 - 40 × 200%) × 25% = 105（万元）。

方案二比方案一少缴纳企业所得税 10 万元。

【提示】 在残疾人能胜任企业工作的情况下，企业聘用残疾人可以利用残疾人工资加计扣除政策降低企业税负。

三、创造条件成为高新技术企业，享受相关税收优惠政策

国家需要重点扶持的高新技术企业，减按 15% 的税率征收企业所得税，高新技术企业亏损弥补期为 10 年。

在中国境内（不含港、澳、台地区）的居民企业，认定为高新技术企业必须同时满足以下条件：

(1) 注册成立一年以上。

（2）通过自主研发、受让、受赠、并购等方式，获得对其主要产品（服务）的核心技术拥有自主知识产权的所有权。

（3）对企业主要产品（服务）发挥核心支持作用的技术属于《国家重点支持的高新技术领域》规定的范围。

（4）具企业从事研发和相关技术创新获得的科技人员占企业当年职工总数的10%以上。

（5）企业近3个会计年度的研究开发费用总额占同期销售收入总额的比例符合以下要求：最近一年销售收入小于5 000万元的企业，比例不低于6%；最近一年销售收入在5 000万元至2亿元的企业，比例不低于4%；近一年销售收入在2亿元以上的企业，比例不低于3%。

（6）近一年高新技术产品（服务）收入占企业当年总收入的60%以上。

（7）企业创新能力评价达到要求。

（8）一年内没有发生重大安全、质量事故或严重环境违法行为。

具备条件的企业应想方设法创造条件满足几个条件，享受税收优惠，合法为企业带来节税效益。

【思考】企业一经认定为高新技术企业，会终身有效吗？

高新技术企业认定成功后有效期为3年，到期需复审重新认定。

四、合理选择规定资产的折旧、摊销年限进行税收筹划

税法对固定资产、无形资产的折旧、摊销年限都有规定，折旧、摊销的时间越短，则年折旧额、摊销额就越大，从而使得利润越低，企业所得税应纳税额就越低。因此企业应根据自己经营情况和所享受的其他税收优惠政策，在不同时期选择不同的折旧方法。

（1）在非减免税且盈利期间，应尽量按照税法规定的最低折旧、摊销年限，适用加速折旧的应选择加速折旧法加大前期折旧费用。

（2）在减免税期间或企业亏损期间，尽量采用较长的折旧、摊销年限，选择折旧费用少的折旧方法。

五、业务招待费的税收筹划

（一）业务招待费的范围

业务招待费是指企业在经营管理等活动中用于接待应酬而支付的各种费用，主要包括业务洽谈、产品推销、对外联络、公关交往、会议接待、来宾接待等所发生的费用，例如招待饭费、招待用烟茶、交通费等。

在税务执法中，业务招待费具体范围如下：

（1）企业生产经营需要而宴请或工作餐的开支。

（2）企业生产经营需要赠送纪念品的开支。

（3）企业生产经营需要而发生的旅游景点参观费和交通费及其他费用的开支。

（4）企业生产经营需要而发生的业务关系人员的差旅费开支。

（二）控制业务招待费与销售（营业）收入的比例

企业发生的与生产经营有关的业务招待费，按发生额的60%及当年销售（营业）收入的5‰，两者取最低数扣除；超过部分，不予扣除。

假设当年销售（营业）收入为X，当年业务招待费为Y，当 $Y \times 60\% = X \times 5‰$ 时，两个扣除标准一致，得 $Y = 0.833\% X$。

如果业务招待费≤销售（营业）收入的0.833%，业务招待费可以扣除发生额的60%。

如果业务招待费＞销售（营业）收入的0.833%，业务招待费的扣除限额小于发生额的

60%，纳税调增的额度增加。

因此企业应将业务招待费控制在销售（营业）收入的0.833%以内。

（三）严格按照税法规定提供差旅费、会议费证明资料

税法规定：企业应将业务招待费与会议费严格区分，不得将业务招待费计入会议费。纳税人发生的与其经营活动有关的差旅费、会议费，税务机关要求提供证明资料的，应能够提供证明其真实性的合法凭证，否则不得在税前扣除。会议费证明材料包括会议时间、地点、出席人员、内容、目的、费用标准、支付凭证等。

（四）根据实际用途确定餐饮费的费用类别

不是所有餐饮费都要计入业务招待费，因为业务招待费不能全额在所得税前扣除。所以对餐饮费一定要区分对待。

（1）员工出差期间，吃饭发生的餐费可以不在业务招待费里核算，可以计入差旅费。

（2）公司组织会议，如召开年度经营会、开股东会、开董事会，与会期间的餐费可计入会议费里面。

（3）员工外出参加培训，参加培训期间发生的餐费，可以计入培训费。

（4）员工加班发生的餐费，可以计入职工福利费。

（五）巧妙选择赠送礼品

一般来讲，外购礼品用于赠送的，应作为业务招待费，但如果礼品是纳税人自行生产或经过委托加工，对企业的形象、产品有标记及宣传作用的，也可作为业务宣传费。因为业务招待费不能全额税前扣除，而广告费和业务宣传费不超过当年销售（营业）收入15%的部分，准予扣除；超过部分，准予以后年度结转扣除。一般企业广告费和业务宣传费不会超过扣除比例，因此可以自行生产或委托加工赠送的礼品，计入业务宣传费。

【案例5-17】甲企业2023年销售收入5 000万元，11月已经发生的业务招待费为40万元，已发生广告费和业务宣传费为200万元，12月计划答谢客户赠送礼品20万元，礼品方案一是采购南宁特产茉莉花茶；方案二是印制有公司Logo的手表，请从企业所得税筹划角度分析公司赠送什么礼品合适。

【答案】应选择方案二赠送手表。

【解析】业务招待费扣除限额一 = 5 000 × 5‰ = 25（万元）；

业务招待费扣除限额二 = 40 × 60% = 24（万元）；

因此业务招待费扣除限额为24万元。

广告宣传费扣除限额 = 5 000 × 15% = 750（万元）。

广告宣传费可以全额扣除。

赠送茶叶计入招待费，不得扣除；赠送手表可以计入业务宣传费，因此可以全额扣除。

六、职工福利费的税收筹划

（一）职工福利费的范围

1. 企业职工福利费主要包括方面

（1）尚未实行分离办社会职能的企业，其内设福利部门所发生的设备、设施和人员费用，包括职工食堂、职工浴室、理发室、医务所、托儿所、疗养院等集体福利部门的设备、设施及维修保养费用和福利部门工作人员的工资薪金、社会保险费、住房公积金、劳务费等。

（2）为职工卫生保健、生活、住房、交通等所发放的各项补贴和非货币性福利，包括企业向职工发放的因公外地就医费用、未实行医疗统筹企业职工医疗费用、职工供养直系亲属医疗补贴、供暖费补贴、职工防暑降温费、职工困难补贴、救济费、职工食堂经费补贴、职工交通补

贴等。

（3）按照其他规定发生的其他职工福利费，包括丧葬补助费、抚恤费、安家费、探亲假路费等。

【提示】企业发生的职工福利费，应该单独设置账册，进行准确核算。

2. 下列费用不属于职工福利费的开支范围

（1）退休职工的费用。

（2）被辞退职工的补偿金。

（3）职工劳动保护费。

（4）职工在病假、生育假、探亲假期间领取到的补助。

（5）职工学习费。

（6）职工伙食补助费（包括职工在企业的午餐补助和出差期间的伙食补助）。

（7）企业发给员工的年货、过节费、节假日物资及组织员工旅游支出等。

【提示】合理的福利费列支范围的人员工资、补贴是不需要发票的，对购买属于职工福利费列支范围的实物资产和对外发生的相关费用应取得合法发票。

（二）职工福利费的税收筹划

（1）税法规定，在发生的工资薪金总额的14%内的职工福利费准予扣除，因此应严格按照税法规定的范围单独核算职工福利费，防止不符合税法规定的费用占用职工福利费。

（2）税法规定，企业发生的合理的工资薪金准予扣除，包括基本工资、奖金、津贴、补贴、加班费等。列入企业工资薪金制度，固定与工资薪金一起发放的福利性补贴，如午餐补助、交通补助等应作为工资薪金支出。

（3）税法规定，企业发生的合理的劳动保护费可据实扣除，能计入劳动保护费的支出应计入劳动保护费。

【思考】如何区分职工福利费与劳动保护费呢？

劳动保护费是生产经营必备的保护用品，福利费是普遍性的生活用品；劳动保护费必须发放实物，福利费既可以发放实物，也可以支付现金。

（4）职工出差期间的伙食补助、误餐补助应计入差旅费支出。

任务五　企税申报好深奥

【教学资源】本知识点对应精品课程视频。

企税申报好深奥

一、企业所得税的征收管理

（一）征收方式

所得税的征收方式有两种：查账征收、核定征收。核定征收主要有核定应纳税所得率征收和定期定额征收两种方式。

1. 查账征收

查账征收适用于财务制度健全，能准确计算收入、核算成本、费用和利润，能按规定申报缴纳税款的纳税人。

$$企业所得税应纳税额 = 应纳税所得额 \times 适用税率 - 减免税额 - 抵免税额$$

2. 核定征收

（1）适用核定征收的情形。

纳税人具有下列情形之一的，核定征收企业所得税：

①依照法律、行政法规的规定可以不设置账簿的;
②依照法律、行政法规的规定应当设置但未设置账簿的;
③擅自销毁账簿或者拒不提供纳税资料的;
④虽设置账簿,但账目混乱或者成本资料、收入凭证、费用凭证残缺不全,难以查账的;
⑤发生纳税义务,未按照规定的期限办理纳税申报,经税务机关责令限期申报,逾期仍不申报的;
⑥申报的计税依据明显偏低,又无正当理由的。

(2) 核定应纳税所得率征收。

核定应纳税所得率征收是税务机关按照一定的标准、程序和方法,预先核定应纳税所得率,由纳税人根据纳税年度内的收入或成本费用等项目的实际发生数,按核定的应纳税所得率计算缴纳所得税的方法。

$$应纳税所得率 = 应纳税所得额 \div 销售收入$$

【提示】应纳税所得率由国家税务总局根据各行业的实际销售利润率或经营利润率等指标测算确定。

$$应纳税所得额 = 收入总额 \times 应纳税所得率$$

核定应纳税所得率征收适用于设立账簿,但账面成本、费用无法反映真实经营情况的纳税人。

(3) 定期定额征收。

不能准确核算收入和成本的,税务机关应当根据定期定额户的经营规模、经营区域、经营内容、行业特点、管理水平等因素核定定额,可以采用下列一种或两种以上的方法核定:
①按照耗用的原材料、燃料、动力等推算或者测算核定;
②按照成本加合理的费用和利润的方法核定;
③按照盘点库存情况推算或者测算核定;
④按照发票和相关凭据核定;
⑤按照银行经营账户资金往来情况测算核定;
⑥参照同类行业或类似行业中同规模、同区域纳税人的生产、经营情况核定;
⑦按照其他合理方法核定。

(二) 纳税期限

企业所得税按年计征,分月或分季预缴,年终汇算清缴,多退少补。

1. 纳税年度

纳税年度为公历1月1日至12月31日。

【提示】经营期间不足12个月的,以实际经营期为一个纳税年度。

2. 预缴方法及时间

(1) 按照实际利润预缴。
(2) 按照上一纳税年度应纳税所得额平均数预缴。
(3) 其他税务机关认定的方法预缴。

纳税人应在本月度或季度终了15日内预缴税款。

3. 汇算清缴时间

纳税人应在次年5月31日前完成汇算清缴。

(三) 纳税地点

1. 居民企业

(1) 以注册登记地为纳税地点。

（2）注册登记地在境外的，以实际管理机构所在地为纳税地点。

2. 非居民企业

（1）在中国设立机构场所的：境内所得及境外与所设机构场所有联系的所得，以机构场所所在地为纳税地。

【提示】在中国设立两个以上机构场所的，选择主要机构、场所汇总缴纳。

（2）境内不设机构场所或境内设机构场所但取得所得与所设机构场所没有联系的：以扣缴义务人所在地为纳税地。

二、企业所得税的申报

对应查账征收和核定征收两种征收方式设置了两套企业所得税纳税申报表，分别为 A 类申报表和 B 类申报表。查账征收的企业填写 A 类申报表，核定征收的企业填写 B 类申报表。

（一）企业所得税 A 类申报表

1. 企业所得税预缴纳税申报表 A 类纳税申报表

（1）预缴方式。

纳税人应按季度实际利润预缴税款。按实际利润预缴有困难的，经主管税务机关审批后，可按上一纳税年度应纳税所得额的季度平均数预缴，或按税务机关认可的其他方法预缴。

惠民措施

多预缴企业所得税税款不再抵缴次年税款

为减轻纳税人办税负担，避免占压纳税人资金，自 2021 年度起，"纳税人在纳税年度内预缴企业所得税税款超过汇算清缴应纳税款的，纳税人应及时申请退税，主管税务机关应及时按有关规定办理退税，不再抵缴其下一年度应缴企业所得税税款。"（《国家税务总局关于企业所得税年度汇算清缴有关事项的公告》（国家税务总局公告 2021 年第 34 号））

（2）报表格式。

中华人民共和国企业所得税月（季）度预缴纳税申报表（A 类）如表 5-4 所示。

表 5-4　中华人民共和国企业所得税月（季）度预缴纳税申报表（A 类）

税款所属期间：　　年　月　日至　　年　月　日

纳税人识别号（统一社会信用代码）：□□□□□□□□□□□□□□□□□□

纳税人名称：　　　　　　　　　　　　　　金额单位：人民币元（列至角分）

项目	一季度		二季度		三季度		四季度		季度平均值
	季初	季末	季初	季末	季初	季末	季初	季末	
从业人数									
资产总额（万元）									
国家限制或禁止行业	□是　□否				小型微利企业				□是　□否
附报事项名称									金额或选项
事项 1	（填写特定事项名称）								
事项 2	（填写特定事项名称）								

续表

项目		一季度		二季度		三季度		四季度		季度平均值
		季初	季末	季初	季末	季初	季末	季初	季末	
		预缴税款计算								本年累计
1	营业收入									
2	营业成本									
3	利润总额									
4	加：特定业务计算的应纳税所得额									
5	减：不征税收入									
6	减：资产加速折旧、摊销（扣除）调减额（填写 A201020）									
7	减：免税收入、减计收入、加计扣除（7.1＋7.2＋…）									
7.1	（填写优惠事项名称）									
7.2	（填写优惠事项名称）									
8	减：所得减免（8.1＋8.2＋…）									
8.1	（填写优惠事项名称）									
8.2	（填写优惠事项名称）									
9	减：弥补以前年度亏损									
10	实际利润额（3＋4－5－6－7－8－9）\ 按照上一纳税年度应纳税所得额平均额确定的应纳税所得额									
11	税率（25%）									
12	应纳所得税额（10×11）									
13	减：减免所得税额（13.1＋13.2＋…）									
13.1	（填写优惠事项名称）									
13.2	（填写优惠事项名称）									
14	减：本年实际已缴纳所得税额									
15	减：特定业务预缴（征）所得税额									
16	本期应补（退）所得税额（12－13－14－15）\ 税务机关确定的本期应纳税所得额									
		汇总纳税企业总分机构税款计算								
17	总机构	总机构本期分摊应补（退）所得税额（18＋19＋20）								
18		其中：总机构分摊应补（退）所得税额（16×总机构分摊比例%）								
19		财政集中分配应补（退）所得税额（16×财政集中分配比例%）								
20		总机构具有主体生产经营职能的部门分摊所得税额（16×全部分支机构分摊比例%×总机构具有主体生产经营职能部门分摊比例%）								

续表

项目		一季度		二季度		三季度		四季度		季度平均值
		季初	季末	季初	季末	季初	季末	季初	季末	
预缴税款计算										本年累计
21	分支机构	分支机构本期分摊比例								
22		分支机构本期分摊应补（退）所得税额								
实际缴纳企业所得税计算										
23	减：民族自治地区企业所得税地方分享部分：□免征 □减征：减征幅度____%									本年累计应减免金额 [（12－13－15）×40%×减征幅度]
24	实际应补（退）所得税额									

谨声明：本纳税申报表是根据国家税收法律法规及相关规定填报的，是真实的、可靠的、完整的。

纳税人（签章）： 年 月 日

经办人：
经办人身份证号：
代理机构签章：
代理机构统一社会信用代码：

受理人：
受理税务机关（章）：
受理日期： 年 月 日

（3）填写说明。

①预缴方式选择"按照实际利润额预缴"的纳税人，填报第 1 行至第 16 行，应根据实际盈利情况填写申报表的收入、成本和利润总额等，有免税收入等税收优惠的要先填写对应的附表；预缴方式选择"按照上一纳税年度应纳税所得额平均额预缴"的纳税人填报第 10、11、12、13、15、16 行；预缴方式选择"按照税务机关确定的其他方法预缴"的纳税人填报第 16 行。

②第 4 行"特定业务计算的应纳税所得额"：从事房地产开发等特定业务的纳税人，填报按照税收规定计算的特定业务的应纳税所得额。房地产开发企业销售未完工开发产品取得的预售收入，按照税收规定的预计计税毛利率计算的预计毛利额填入此行。企业开发产品完工后，其未完工预售环节按照税收规定的预计计税毛利率计算的预计毛利额在汇算清缴时调整，月（季）度预缴纳税申报时不调整。本行填报金额不得小于本年上期申报金额。

③第 9 行"弥补以前年度亏损"：填报纳税人截至税款所属期末，按照税收规定在企业所得税税前弥补的以前年度尚未弥补亏损的本年累计金额。

④第 15 行"特定业务预缴（征）所得税额"：填报建筑企业总机构直接管理的跨地区设立的项目部，按照税收规定已经向项目所在地主管税务机关预缴企业所得税的本年累计金额。

本行本期填报金额不得小于本年上期申报的金额。

⑤政策优惠。

预缴时符合条件的可以享受小型微利企业、高新技术企业等减免税政策。

2. 企业所得税年度汇算清缴纳税申报表

填写网上纳税申报表的步骤：填写企业基本信息、勾选需要填报的表单、填写报表。

（1）填写企业基本信息。

《企业所得税年度纳税申报基础信息表》（A000000）是必填表。主要反映纳税人的基本信息，包括纳税人基本信息、主要会计政策、股东结构和对外投资情况等。纳税人填报申报表时，首先填报此表，为后续申报提供指引。

（2）勾选需要填报的表单。

企业所得税年度纳税申报表填报表单如表5-5所示。

表5-5　企业所得税年度纳税申报表填报表单

表单编号	表单名称	选择填报情况	
		填报	不填报
A000000	企业所得税年度纳税申报基础信息表	☐	
A100000	中华人民共和国企业所得税年度纳税申报表（A类）	☐	
A101010	一般企业收入明细表	☐	☐
A101020	金融企业收入明细表	☐	☐
A102010	一般企业成本支出明细表	☐	☐
A102020	金融企业支出明细表	☐	☐
A103000	事业单位、民间非营利组织收入、支出明细表	☐	☐
A104000	期间费用明细表	☐	☐
A105000	纳税调整项目明细表	☐	☐
A105010	视同销售和房地产开发企业特定业务纳税调整明细表	☐	☐
A105020	未按权责发生制确认收入纳税调整明细表	☐	☐
A105030	投资收益纳税调整明细表	☐	☐
A105040	专项用途财政性资金纳税调整明细表	☐	☐
A105050	职工薪酬支出及纳税调整明细表	☐	☐
A105060	广告费和业务宣传费等跨年度纳税调整明细表	☐	☐
A105070	捐赠支出及纳税调整明细表	☐	☐
A105080	资产折旧、摊销及纳税调整明细表	☐	☐
A105090	资产损失税前扣除及纳税调整明细表	☐	☐
A105100	企业重组及递延纳税事项纳税调整明细表	☐	☐
A105110	政策性搬迁纳税调整明细表	☐	☐
A105120	贷款损失准备金及纳税调整明细表	☐	☐
A106000	企业所得税弥补亏损明细表	☐	☐
A107010	免税、减计收入及加计扣除优惠明细表	☐	☐
A107011	符合条件的居民企业之间的股息、红利等权益性投资收益优惠明细表	☐	☐
A107012	研发费用加计扣除优惠明细表	☐	☐
A107020	所得减免优惠明细表	☐	☐
A107030	抵扣应纳税所得额明细表	☐	☐
A107040	减免所得税优惠明细表	☐	☐

续表

表单编号	表单名称	选择填报情况	
		填报	不填报
A107041	高新技术企业优惠情况及明细表	☐	☐
A107042	软件、集成电路企业优惠情况及明细表	☐	☐
A107050	税额抵免优惠明细表	☐	☐
A108000	境外所得税收抵免明细表	☐	☐
A108010	境外所得纳税调整后所得明细表	☐	☐
A108020	境外分支机构弥补亏损明细表	☐	☐
A108030	跨年度结转抵免境外所得税明细表	☐	☐
A109000	跨地区经营汇总纳税企业年度分摊企业所得税明细表	☐	☐
A109010	企业所得税汇总纳税分支机构所得税分配表	☐	☐
	受控外国企业信息报告表	☐	☐
	非货币性资产投资递延纳税调整明细表	☐	☐
	居民企业资产（股权）划转特殊性税务处理申报表	☐	☐
	企业重组所得税特殊性税务处理报告表	☐	☐
	海上油气生产设施弃置费情况表	☐	☐
	中华人民共和国企业政策性搬迁清算损益表	☐	☐

说明：企业应当根据实际情况选择需要填报的表单。

（3）填写报表。

企业所得税网上汇算清缴时一般按照以下顺序填写相关资料：

①填报收入、成本、费用明细表。

a.《一般企业收入明细表》（A101010）如表5-6所示。

本表适用于除金融企业、事业单位和民间非营利组织外的企业填报，反映一般企业按照国家统一会计制度规定取得收入情况。

表5-6　一般企业收入明细表

行次	项目	金额
1	一、营业收入（2+9）	
2	（一）主营业务收入（3+5+6+7+8）	
3	1. 销售商品收入	
4	其中：非货币性资产交换收入	
5	2. 提供劳务收入	
6	3. 建造合同收入	
7	4. 让渡资产使用权收入	
8	5. 其他	
9	（二）其他业务收入（10+12+13+14+15）	

续表

行次	项目	金额
10	1. 销售材料收入	
11	其中：非货币性资产交换收入	
12	2. 出租固定资产收入	
13	3. 出租无形资产收入	
14	4. 出租包装物和商品收入	
15	5. 其他	
16	二、营业外收入（17＋18＋19＋20＋21＋22＋23＋24＋25＋26）	
17	（一）非流动资产处置利得	
18	（二）非货币性资产交换利得	
19	（三）债务重组利得	
20	（四）政府补助利得	
21	（五）盘盈利得	
22	（六）捐赠利得	
23	（七）罚没利得	
24	（八）确实无法偿付的应付款项	
25	（九）汇兑收益	
26	（十）其他	

b.《一般企业成本支出明细表》（A102010）如表5－7所示。

本表适用于除金融企业、事业单位和民间非营利组织外的企业填报，反映一般企业按照国家统一会计制度规定发生的成本费用支出情况。

表5－7　一般企业成本支出明细表

行次	项目	金额
1	一、营业成本（2＋9）	
2	（一）主营业务成本（3＋5＋6＋7＋8）	
3	1. 销售商品成本	
4	其中：非货币性资产交换成本	
5	2. 提供劳务成本	
6	3. 建造合同成本	
7	4. 让渡资产使用权成本	
8	5. 其他	
9	（二）其他业务成本（10＋12＋13＋14＋15）	
10	1. 销售材料成本	
11	其中：非货币性资产交换成本	

续表

行次	项目	金额
12	2. 出租固定资产成本	
13	3. 出租无形资产成本	
14	4. 包装物出租成本	
15	5. 其他	
16	二、营业外支出（17＋18＋19＋20＋21＋22＋23＋24＋25＋26）	
17	（一）非流动资产处置损失	
18	（二）非货币性资产交换损失	
19	（三）债务重组损失	
20	（四）非常损失	
21	（五）捐赠支出	
22	（六）赞助支出	
23	（七）罚没支出	
24	（八）坏账损失	
25	（九）无法收回的债券股权投资损失	
26	（十）其他	

c.《期间费用明细表》（A104000）如表5-8所示。

本表由纳税人根据国家统一会计制度规定，填报期间费用明细项目。根据费用科目核算的具体项目金额进行填报，如果贷方发生额大于借方发生额，应填报负数。

表5-8 期间费用明细表

行次	项目	销售费用	其中：境外支付	管理费用	其中：境外支付	财务费用	其中：境外支付
		1	2	3	4	5	6
1	一、职工薪酬						
2	二、劳务费						
3	三、咨询顾问费						
4	四、业务招待费						
5	五、广告费和业务宣传费						
6	六、佣金和手续费						
7	七、资产折旧摊销费						
8	八、财产损耗、盘亏及毁损损失						
9	九、办公费						
10	十、董事会费						
11	十一、租赁费						

续表

行次	项目	销售费用	其中：境外支付	管理费用	其中：境外支付	财务费用	其中：境外支付
		1	2	3	4	5	6
12	十二、诉讼费						
13	十三、差旅费						
14	十四、保险费						
15	十五、运输、仓储费						
16	十六、修理费						
17	十七、包装费						
18	十八、技术转让费						
19	十九、研究费用						
20	二十、各项税费						
21	二十一、利息收支						
22	二十二、汇兑差额						
23	二十三、现金折扣						
24	二十四、党组织工作经费						
25	二十五、其他						
26	合计（1+2+3+…25）						

【提示】这三个表从当年账面科目余额表取数即可，小型微利企业不需要填写这三个表。

②填报《纳税调整项目明细表》及对应的附表。

涉及纳税调整项目的，要填写《纳税调整项目明细表》及相应的附表。有附表的项目先填写对应的附表，《纳税调整项目明细表》中与附表对应的项目会根据附表生成数据；调整项目没有附表的，直接在《纳税调整项目明细表》填写。"账载金额"填账面发生数，"税收金额"是按照税收规定计算的金额。

a.《纳税调整项目明细表》（A105000）如表5-9所示。

本表填报纳税人财务、会计处理办法与税收法律、行政法规的规定不一致，需要进行纳税调整的项目和金额。

表5-9 纳税调整项目明细表

行次	项目	账载金额	税收金额	调增金额	调减金额
		1	2	3	4
1	一、收入类调整项目（2+3+4+5+6+7+8+10+11）				
2	（一）视同销售收入（填写A105010）				
3	（二）未按权责发生制原则确认的收入（填写A105020）				
4	（三）投资收益（填写A105030）				

续表

行次	项目	账载金额	税收金额	调增金额	调减金额
		1	2	3	4
5	（四）按权益法核算长期股权投资对初始投资成本调整确认收益				
6	（五）交易性金融资产初始投资调整				
7	（六）公允价值变动净损益				
8	（七）不征税收入				
9	其中：专项用途财政性资金（填写A105040）				
10	（八）销售折扣、折让和退回				
11	（九）其他				
12	二、扣除类调整项目（13+14+15+16+17+18+19+20+21+22+23+24+26+27+28+29+30）				
13	（一）视同销售成本（填写A105010）				
14	（二）职工薪酬（填写A105050）				
15	（三）业务招待费支出				
16	（四）广告费和业务宣传费支出（填写A105060）				
17	（五）捐赠支出（填写A105070）				
18	（六）利息支出				
19	（七）罚金、罚款和被没收财物的损失				
20	（八）税收滞纳金、加收利息				
21	（九）赞助支出				
22	（十）与未实现融资收益相关在当期确认的财务费用				
23	（十一）佣金和手续费支出（保险企业填写A105060）				
24	（十二）不征税收入用于支出所形成的费用				
25	其中：专项用途财政性资金用于支出所形成的费用（填写A105040）				
26	（十三）跨期扣除项目				
27	（十四）与取得收入无关的支出				
28	（十五）境外所得分摊的共同支出				
29	（十六）党组织工作经费				
30	（十七）其他				
31	三、资产类调整项目（32+33+34+35）				
32	（一）资产折旧、摊销（填写A105080）				
33	（二）资产减值准备金				

续表

行次	项目	账载金额	税收金额	调增金额	调减金额
		1	2	3	4
34	（三）资产损失（填写A105090）				
35	（四）其他				
36	四、特殊事项调整项目（37＋38＋39＋40＋41＋42＋43）				
37	（一）企业重组及递延纳税事项（填写A105100）				
38	（二）政策性搬迁（填写A105110）				
39	（三）特殊行业准备金（39.1＋39.2＋39.4＋39.5＋39.6＋39.7）				
39.1	1. 保险公司保险保障基金				
39.2	2. 保险公司准备金				
39.3	其中：已发生未报案未决赔款准备金				
39.4	3. 证券行业准备金				
39.5	4. 期货行业准备金				
39.6	5. 中小企业融资（信用）担保机构准备金				
39.7	6. 金融企业、小额贷款公司准备金（填写A105120）				
40	（四）房地产开发企业特定业务计算的纳税调整额（填写A105010）				
41	（五）合伙企业法人合伙人应分得的应纳税所得额				
42	（六）发行永续债利息支出				
43	（七）其他				
44	五、特别纳税调整应税所得				
45	六、其他				
46	合计（1＋12＋31＋36＋44＋45）				

"收入类调整项目"："税收金额"减"账载金额"后余额为正数的，填报在"调增金额"栏中；余额为负数的，将绝对值填报在"调减金额"栏中。

"扣除类调整项目""资产类调整项目"："账载金额"减"税收金额"后余额为正数的，填报在"调增金额"栏中；余额为负数的，将其绝对值填报在"调减金额"栏中。

【提示】"扣除类调整项目"除"视同销售成本"为调减项目外，其他项目按照税收规定标准计算的数据小于"账载金额"时，"税收金额"应填写"账载金额"，不做调减。

"特殊事项调整项目""其他"分别填报税法规定项目的"调增金额""调减金额"。

"特别纳税调整应税所得"：填报经特别纳税调整后的"调增金额"。

【提示】网上申报时填完"账载金额""税收金额"后系统会计算填报"调增金额"或"调减金额"。

对需填报下级明细表的纳税调整项目，其"账载金额""税收金额""调增金额""调减金额"会根据对应的附表进行计算填报。

b.《职工薪酬支出及纳税调整明细表》(A105050) 如表 5-10 所示。

本表填报纳税人发生的职工薪酬(包括工资薪金、职工福利费、职工教育经费、工会经费、各类基本社会保障性缴款、住房公积金、补充养老保险、补充医疗保险等支出),会计处理与税法规定不一致,需要进行纳税调整的项目和金额。

表 5-10 职工薪酬支出及纳税调整明细表

行次	项目	账载金额	实际发生额	税收规定扣除率	以前年度累计结转扣除额	税收金额	纳税调整金额	累计结转以后年度扣除额
		1	2	3	4	5	6 (1-5)	7 (2+4-5)
1	一、工资薪金支出							
2	其中:股权激励							
3	二、职工福利费支出							
4	三、职工教育经费支出							
5	其中:按税收规定比例扣除的职工教育经费							
6	按税收规定全额扣除的职工培训费用							
7	四、工会经费支出							
8	五、各类基本社会保障性缴款							
9	六、住房公积金							
10	七、补充养老保险							
11	八、补充医疗保险							
12	九、其他							
13	合计 (1+3+4+7+8+9+10+11+12)							

【提示】纳税人只要发生职工薪酬相关支出,不论是否纳税调整,均需填报本表。

第1行"一、工资薪金支出":填报纳税人本年度支付给在本企业任职或者受雇的员工的所有现金形式或非现金形式的劳动报酬及其会计核算、纳税调整等金额,具体如下:

• 第1列"账载金额":填报纳税人会计核算计入成本费用的职工工资、奖金、津贴和补贴金额。

• 第2列"实际发生额":分析填报纳税人"应付职工薪酬"会计科目借方发生额(实际发放的工资薪金)。

• 第5列"税收金额":填报纳税人按照税收规定允许税前扣除的金额,按照第1列和第2列分析填报。

第3行"二、职工福利费支出"的第1列"账载金额"填写计入成本费用的职工福利费,第2列"实际发生额"填写"应付职工薪酬"的职工福利费借方发生额,第5列"税收金额"按"工资薪金支出的税收金额"×14%与"账载金额""实际发生额"三者取最小值填报。

c.《广告费和业务宣传费跨年度纳税调整明细表》(A105060) 如表 5-11 所示。

本表填报纳税人本年发生的广告费和业务宣传费支出，会计处理与税法规定不一致，需要进行纳税调整的金额。

表 5-11 广告费和业务宣传费等跨年度纳税调整明细表

行次	项目	金额
1	一、本年广告费和业务宣传费支出	
2	减：不允许扣除的广告费和业务宣传费支出	
3	二、本年符合条件的广告费和业务宣传费支出（1-2）	
4	三、本年计算广告费和业务宣传费扣除限额的销售（营业）收入	
5	税收规定扣除率	
6	四、本企业计算的广告费和业务宣传费扣除限额（4×5）	
7	五、本年结转以后年度扣除额（3>6，本行=3-6；3≤6，本行=0）	
8	加：以前年度累计结转扣除额	
9	减：本年扣除的以前年度结转额［3>6，本行=0；3≤6，本行=8 或（6-3）孰小值］	
10	六、按照分摊协议归集至其他关联方的广告费和业务宣传费（10≤3 或 6 孰小值）	
11	按照分摊协议从其他关联方归集至本企业的广告费和业务宣传费	
12	七、本年广告费和业务宣传费支出纳税调整金额（3>6，本行=2+3-6+10-11；3≤6，本行=2+10-11-9）	
13	八、累计结转以后年度扣除额（7+8-9）	

第 8 行"加：以前年度累计结转扣除额"：填报以前年度允许税前扣除但超过扣除限额未扣除、结转扣除的广告费和业务宣传费的金额。

第 9 行"减：本年扣除的以前年度结转额"：若第 3 行 > 第 6 行，填 0；若第 3 行 ≤ 第 6 行，填报第 6-3 行与第 8 行的孰小值。

第 12 行"七、本年广告费和业务宣传费支出纳税调整金额"：若第 3 行 > 第 6 行，填报第 2+3-6+10-11 行的金额；若第 3 行 ≤ 第 6 行，填报第 2+10-11-9 行的金额。

第 13 行"八、累计结转以后年度扣除额"：填报第 7+8-9 行的金额。

③填报企业所得税税收优惠政策相关明细表。

a.《免税、减计收入及加计扣除优惠明细表》（A107010）如表 5-12 所示。

本表填报纳税人本年度所享受免税收入、减计收入、加计扣除等优惠的项目和金额，有对应附表的要先填写附表。

表 5-12 免税、减计收入及加计扣除优惠明细表

行次	项目	金额
1	一、免税收入（2+3+9+…+16）	
2	（一）国债利息收入免征企业所得税	
3	（二）符合条件的居民企业之间的股息、红利等权益性投资收益免征企业所得税（4+5+6+7+8）	
4	1.一般股息红利等权益性投资收益免征企业所得税（填写 A107011）	

续表

行次	项目	金额
5	2. 内地居民企业通过沪港通投资且连续持有 H 股满 12 个月取得的股息红利所得免征企业所得税（填写 A107011）	
6	3. 内地居民企业通过深港通投资且连续持有 H 股满 12 个月取得的股息红利所得免征企业所得税（填写 A107011）	
7	4. 居民企业持有创新企业 CDR 取得的股息红利所得免征企业所得税（填写 A107011）	
8	5. 符合条件的永续债利息收入免征企业所得税（填写 A107011）	
9	（三）符合条件的非营利组织的收入免征企业所得税	
10	（四）中国清洁发展机制基金取得的收入免征企业所得税	
11	（五）投资者从证券投资基金分配中取得的收入免征企业所得税	
12	（六）取得的地方政府债券利息收入免征企业所得税	
13	（七）中国保险保障基金有限责任公司取得的保险保障基金等收入免征企业所得税	
14	（八）中国奥委会取得北京冬奥组委支付的收入免征企业所得税	
15	（九）中国残奥委会取得北京冬奥组委分期支付的收入免征企业所得税	
16	（十）其他（16.1＋16.2）	
16.1	1. 取得的基础研究资金收入免征企业所得税	
16.2	2. 其他	
17	二、减计收入（18＋19＋23＋24）	
18	（一）综合利用资源生产产品取得的收入在计算应纳税所得额时减计收入	
19	（二）金融、保险等机构取得的涉农利息、保费减计收入（20＋21＋22）	
20	1. 金融机构取得的涉农贷款利息收入在计算应纳税所得额时减计收入	
21	2. 保险机构取得的涉农保费收入在计算应纳税所得额时减计收入	
22	3. 小额贷款公司取得的农户小额贷款利息收入在计算应纳税所得额时减计收入	
23	（三）取得铁路债券利息收入减半征收企业所得税	
24	（四）其他（24.1＋24.2）	
24.1	1. 取得的社区家庭服务收入在计算应纳税所得额时减计收入	
24.2	2. 其他	
25	三、加计扣除（26＋27＋28＋29＋30）	
26	（一）开发新技术、新产品、新工艺发生的研究开发费用加计扣除（填写 A107012）	
27	（二）科技型中小企业开发新技术、新产品、新工艺发生的研究开发费用加计扣除（填写 A107012）	

续表

行次	项目	金额
28	（三）企业为获得创新性、创意性、突破性的产品进行创意设计活动而发生的相关费用加计扣除（加计扣除比例及计算方法：____）	
28.1	其中：第四季度相关费用加计扣除	
28.2	前三季度相关费用加计扣除	
29	（四）安置残疾人员所支付的工资加计扣除	
30	（五）其他（30.1＋30.2＋30.3）	
30.1	1. 企业投入基础研究支出加计扣除	
30.2	2. 高新技术企业设备器具加计扣除	
30.3	3. 其他	
31	合计（1＋17＋25）	

b.《所得减免优惠明细表》（A107020）如表5－13所示。

本表填报纳税人本年度享受减免所得额（包括农、林、牧、渔项目和国家重点扶持的公共基础设施项目、环境保护、节能节水项目以及符合条件的技术转让项目等）的项目和金额。

表5－13 所得减免优惠明细表

减免项目	项目名称	优惠事项名称	优惠方式	项目收入	项目成本	相关税费	应分摊期间费用	纳税调整额	项目所得额		减免所得额
									免税项目	减半项目	
	1	2	3	4	5	6	7	8	9	10	11（9＋10×50%）
一、农、林、牧、渔业项目	小计										
二、国家重点扶持的公共基础设施项目	小计										
三、符合条件的环境保护、节能节水项目	小计										
四、符合条件的技术转让项目	小计										
五、实施清洁机制发展项目	小计										
六、符合条件的节能服务公司实施的合同能源管理项目	小计										

续表

减免项目	项目名称	优惠事项名称	优惠方式	项目收入	项目成本	相关税费	应分摊期间费用	纳税调整额	项目所得额 免税项目	项目所得额 减半项目	减免所得额
	1	2	3	4	5	6	7	8	9	10	11（9+10×50%）
七、线宽小于130纳米（含）的集成电路生产项目	小计										
八、线宽小于65纳米（含）或投资额超过150亿元的集成电路生产项目	小计										
九、线宽小于28纳米（含）的集成电路生产项目	小计										
十、其他	小计										
合计											

【提示】企业同时从事适用不同企业所得税待遇的项目的，其优惠项目应当单独计算所得，并合理分摊企业的期间费用；没有单独计算的，不得享受企业所得税优惠。

c.《抵扣应纳税所得额明细表》（A107030）如表 5-14 所示。

本表填报纳税人本年度享受创业投资企业抵扣应纳税所得额优惠金额。

表 5-14 抵扣应纳税所得额明细表

行次	项目	合计金额	投资于未上市中小高新技术企业	投资于种子期、初创期科技型企业
		1=2+3	2	3
一、创业投资企业直接投资按投资额一定比例抵扣应纳税所得额				
1	本年新增的符合条件的股权投资额			
2	税收规定的抵扣率	70%	70%	70%
3	本年新增的可抵扣的股权投资额（1×2）			
4	以前年度结转的尚未抵扣的股权投资余额			
5	本年可抵扣的股权投资额（3+4）			
6	本年可用于抵扣的应纳税所得额			
7	本年实际抵扣应纳税所得额			
8	结转以后年度抵扣的股权投资余额			

续表

行次	项目	合计金额 1＝2＋3	投资于未上市中小高新技术企业 2	投资于种子期、初创期科技型企业 3
二、通过有限合伙制创业投资企业投资按一定比例抵扣分得的应纳税所得额				
9	本年从有限合伙创投企业应分得的应纳税所得额			
10	本年新增的可抵扣投资额			
11	以前年度结转的可抵扣投资额余额			
12	本年可抵扣投资额（10＋11）			
13	本年实际抵扣应分得的应纳税所得额			
14	结转以后年度抵扣的投资额余额			
三、抵扣应纳税所得额合计				
	合计（7＋13）			

d.《减免所得税优惠明细表》（A107040）如表 5－15 所示。

本表填报纳税人本年度享受减免所得税（包括小微企业、高新技术企业、民族自治地方企业、其他专项优惠等）的项目和金额，有对应附表的要先填写附表。

表 5－15　减免所得税优惠明细表

行次	项目	金额
1	一、符合条件的小型微利企业减免企业所得税	
2	二、国家需要重点扶持的高新技术企业减按15%的税率征收企业所得税（填写 A107041）	
3	三、经济特区和上海浦东新区新设立的高新技术企业在区内取得的所得定期减免企业所得税（填写 A107041）	
4	四、受灾地区农村信用社免征企业所得税	
5	五、动漫企业自主开发、生产动漫产品定期减免企业所得税	
6	六、线宽小于 0.8 微米（含）的集成电路生产企业减免企业所得税（填写 A107042）	
7	七、线宽小于 0.25 微米的集成电路生产企业减按15%税率征收企业所得税（填写 A107042）	
8	八、投资额超过80亿元的集成电路生产企业减按15%税率征收企业所得税（填写 A107042）	
9	九、线宽小于 0.25 微米的集成电路生产企业减免企业所得税（填写 A107042）	
10	十、投资额超过80亿元的集成电路生产企业减免企业所得税（填写 A107042）	
11	十一、新办集成电路设计企业减免企业所得税（填写 A107042）	
12	十二、国家规划布局内集成电路设计企业可减按10%的税率征收企业所得税（填写 A107042）	

续表

行次	项目	金额
13	十三、符合条件的软件企业减免企业所得税（填写 A107042）	
14	十四、国家规划布局内重点软件企业可减按 10% 的税率征收企业所得税（填写 A107042）	
15	十五、符合条件的集成电路封装测试企业定期减免企业所得税（填写 A107042）	
16	十六、符合条件的集成电路关键专用材料生产企业、集成电路专用设备生产企业定期减免企业所得税（填写 A107042）	
17	十七、经营性文化事业单位转制为企业的免征企业所得税	
18	十八、符合条件的生产和装配伤残人员专门用品企业免征企业所得税	
19	十九、技术先进型服务企业（服务外包类）减按 15% 的税率征收企业所得税	
20	二十、技术先进型服务企业（服务贸易类）减按 15% 的税率征收企业所得税	
21	二十一、设在西部地区的鼓励类产业企业减按 15% 的税率征收企业所得税（主营业务收入占比____%）	
22	二十二、新疆困难地区新办企业定期减免企业所得税	
23	二十三、新疆喀什、霍尔果斯特殊经济开发区新办企业定期减免企业所得税	
24	二十四、广东横琴、福建平潭、深圳前海、广东南沙等地区的鼓励类产业企业减按 15% 税率征收企业所得税（24.1 + 24.2 + 24.3 + 24.4）	
24.1	（一）横琴粤澳深度合作区的鼓励类产业企业减按 15% 税率征收企业所得税	
24.2	（二）平潭综合实验区的鼓励类产业企业减按 15% 税率征收企业所得税	
24.3	（三）前海深港现代服务业合作区的鼓励类产业企业减按 15% 税率征收企业所得税	
24.4	（四）南沙先行启动区的鼓励类产业企业减按 15% 税率征收企业所得税	
25	二十五、北京冬奥组委、北京冬奥会测试赛赛事组委会免征企业所得税	
26	二十六、线宽小于 130 纳米（含）的集成电路生产企业减免企业所得税（原政策，填写 A107042）	
27	二十七、线宽小于 65 纳米（含）或投资额超过 150 亿元的集成电路生产企业减免企业所得税（原政策，填写 A107042）	
28	二十八、其他（28.1 + 28.2 + 28.3 + 28.4 + 28.5 + 28.6）	
28.1	（一）从事污染防治的第三方企业减按 15% 的税率征收企业所得税	
28.2	（二）上海自贸试验区临港新片区的重点产业企业减按 15% 的税率征收企业所得税	
28.3	（三）海南自由贸易港鼓励类企业减按 15% 税率征收企业所得税	
28.4	（四）国家鼓励的集成电路和软件企业减免企业所得税政策（28.4.1 + … + 28.4.10）	
28.4.1	1. 线宽小于 28 纳米（含）集成电路生产企业减免企业所得税（填写 A107042）	

续表

行次	项目	金额
28.4.2	2. 线宽小于 65 纳米（含）集成电路生产企业减免企业所得税（填写 A107042）	
28.4.3	3. 线宽小于 130 纳米（含）集成电路生产企业减免企业所得税（填写 A107042）	
28.4.4	4. 集成电路设计企业减免企业所得税（填写 A107042）	
28.4.5	5. 重点集成电路设计企业减免企业所得税（填写 A107042）	
28.4.6	6. 集成电路装备企业减免企业所得税（填写 A107042）	
28.4.7	7. 集成电路材料企业减免企业所得税（填写 A107042）	
28.4.8	8. 集成电路封装、测试企业减免企业所得税（填写 A107042）	
28.4.9	9. 软件企业减免企业所得税（填写 A107042）	
28.4.10	10. 重点软件企业减免企业所得税（填写 A107042）	
28.5	（五）其他 1	
28.6	（六）其他 2	
29	二十九、减：项目所得额按法定税率减半征收企业所得税叠加享受减免税优惠	
30	三十、支持和促进重点群体创业就业企业限额减征企业所得税（30.1 + 30.2）	
30.1	（一）企业招用建档立卡贫困人口就业扣减企业所得税	
30.2	（二）企业招用登记失业半年以上人员就业扣减企业所得税	
31	三十一、扶持自主就业退役士兵创业就业企业限额减征企业所得税	
32	三十二、符合条件的公司型创投企业按照企业年末个人股东持股比例减免企业所得税（个人股东持股比例____%）	
33	合计（1 + 2 + … + 28 − 29 + 30 + 31 + 32）	

第 1 行"一、符合条件的小型微利企业减免所得税"：填报享受小型微利企业普惠性所得税减免政策减免企业所得税的金额。本行数据可以根据《中华人民共和国企业所得税年度纳税申报表（A 类）》（A100000）第 23 行"应纳税所得额"计算生成。

④填报境外所得税收抵免明细表及附表。

a.《境外所得税收抵免明细表》（A108000）。

本表填报纳税人本年度来源于或发生于不同国家或地区的所得，按照我国税法规定计算应缴纳和应抵免的企业所得税额。

b.《境外所得纳税调整后所得明细表》（A108010）。

本表填报纳税人本年度来源于或发生于不同国家或地区的所得，按照我国税法规定计算调整后的所得。

c.《境外分支机构弥补亏损明细表》（A108020）。

本表填报纳税人境外分支机构本年度及以前年度发生的税前尚未弥补的非实际亏损额和实际亏损额、结转以后年度弥补的非实际亏损额和实际亏损额。

d.《跨年度结转抵免境外所得税明细表》（A108030）。

本表填报纳税人本年度发生的来源于不同国家或地区的境外所得按照我国税收法律、法规的规定可以抵免的所得税额。

⑤填报企业所得税年度纳税申报表的部分项目。

a.《中华人民共和国企业所得税年度纳税申报表（A类）》（A100000）为必填表，是纳税人计算申报缴纳企业所得税的主表，如表5-16所示。

表5-16 中华人民共和国企业所得税年度纳税申报表（A类）

行次	类别	项目	金额
1	利润总额计算	一、营业收入（填写A101010\101020\103000）	
2		减：营业成本（填写A102010\102020\103000）	
3		减：税金及附加	
4		减：销售费用（填写A104000）	
5		减：管理费用（填写A104000）	
6		减：财务费用（填写A104000）	
7		减：资产减值损失	
8		加：公允价值变动收益	
9		加：投资收益	
10		二、营业利润（1-2-3-4-5-6-7+8+9）	
11		加：营业外收入（填写A101010\101020\103000）	
12		减：营业外支出（填写102010\102020\103000）	
13		三、利润总额（10+11-12）	
14	应纳税所得额计算	减：境外所得（填写A108010）	
15		加：纳税调整增加额（填写A105000）	
16		减：纳税调整减少额（填写A105000）	
17		减：免税、减计收入及加计扣除（填写A107010）	
18		加：境外应税所得抵减境内亏损（填写108000）	
19		四、纳税调整后所得（13-14+15-16-17+18）	
20		减：所得减免（填写A107020）	
21		减：弥补以前年度亏损（填写A106000）	
22		减：抵扣应纳税所得额（填写A107030）	
23		五、应纳税所得额（19-20-21-22）	
24	应纳税额计算	税率（25%）	
25		六、应纳所得税额（23×24）	
26		减：减免所得税额（填写A107040）	
27		减：抵免所得税额（填写A107050）	
28		七、应纳税额（25-26-27）	
29		加：境外所得应纳所得税额（填写A108000）	
30		减：境外所得抵免所得税额（填写A108000）	
31		八、实际应纳所得税额（28+29-30）	

续表

行次	类别	项目	金额
32	应纳税额计算	减：本年累计实际已缴纳的所得税额	
33		九、本年应补（退）所得税额（31－32）	
34		其中：总机构分摊本年应补（退）所得税额（填写 A109000）	
35		财政集中分配本年应补（退）所得税额（填写 A109000）	
36		总机构主体生产经营部门分摊本年应补（退）所得税额（填写 A109000）	
FZ1	实际缴纳企业所得税计算	中央级收入实际应补（退）所得税额［一般企业 33×60%；总机构（34＋36）×60%＋35］	
FZ2		地方级收入应补（退）所得税额［一般企业 33×40%；总机构（34＋36）×40%］	
37		本年民族自治地区地方分享部分优惠方式	
37.0		优惠幅度（0 为不减免，100% 为免征）	
37.1		本年应减免金额（一般企业 31 行×40%×37.0 行"优惠幅度"；总机构 A109000 表第 18 行）	
37.2		本年累计已减免金额（本年度 4 季度预缴申报表 23.1 行，总机构 A109000 表第 19 行）	
37.3		因优惠产生的地方级收入应补（退）金额（一般企业 37.1－37.2；总机构 A109000 第 20 行）	
37.4		总机构及分支机构地方级收入全年减免总额（37.1＋A109100 第 12 列合计）	
FZ3		地方级收入实际应补（退）所得税额（FZ2－37.3）	
38		十、实际应补（退）所得税额（一般企业 FZ1＋FZ3；总机构 A109000 第 21 行）	

第一项"利润总额计算"第 1~13 行的数据要保证跟利润表一致，已经填写附表的项目会根据附表计算生成数据。

第二项"应纳税所得额计算"和第三项"应纳税额计算"的数据在填写附表后会根据附表计算生成数据。

b.《企业所得税弥补亏损明细表》（A106000）如表 5－17 所示。

表 5－17 企业所得税弥补亏损明细表

行次	项目	年度	当年境内所得额	分立转出的亏损额	合并、分立转入的亏损额			弥补亏损企业类型	当年亏损额	当年待弥补的亏损额	用本年度所得额弥补的以前年度亏损额		当年可结转以后年度弥补的亏损额
					可弥补年限 5 年	可弥补年限 8 年	可弥补年限 10 年				使用境内所得弥补	使用境外所得弥补	
		1	2	3	4	5	6	7	8	9	10	11	12
1	前十年度												
2	前九年度												

续表

行次	项目	年度	当年境内所得额	分立转出的亏损额	合并、分立转入的亏损额			弥补亏损企业类型	当年亏损额	当年待弥补的亏损额	用本年度所得额弥补的以前年度亏损额		当年可结转以后年度弥补的亏损额
					可弥补年限5年	可弥补年限8年	可弥补年限10年				使用境内所得弥补	使用境外所得弥补	
		1	2	3	4	5	6	7	8	9	10	11	12
3	前八年度												
4	前七年度												
5	前六年度												
6	前五年度												
7	前四年度												
8	前三年度												
9	前二年度												
10	前一年度												
11	本年度												
12	可结转以后年度弥补的亏损额合计：												

第2列第11行"本年度"的"当年境内所得额"，可以根据《中华人民共和国企业所得税年度纳税申报表（A类）》（A100000）第19行"纳税调整后所得"减去第20行"所得减免"后的值计算生成数据。第1行至第10行填报对应年度的"应纳税所得额"。发生查补以前年度应纳税所得额、追补以前年度未能税前扣除的实际资产损失等情况的，按照相应调整后的金额填报。

第3列"分立转出的亏损额"：填报按照企业重组特殊性税务处理规定因企业分立转出的可弥补亏损额，按亏损所属年度填报。

第4列"合并、分立转入的亏损额－可弥补年限5年"：填报企业符合企业重组特殊性税务处理规定，因合并或分立本年度转入的不超过5年亏损弥补年限规定的亏损额。合并、分立转入的亏损额按亏损所属年度填报，转入亏损以负数表示。

第8列"当年亏损额"：填报纳税人各年度可弥补亏损额的合计金额。

第9列"当年待弥补的亏损额"：填报在用本年度（申报所属期年度）所得额弥补亏损前，当年尚未被弥补的亏损额。

第10列"用本年度所得额弥补的以前年度亏损额－使用境内所得弥补"：第1行至第10行，当第11行第2列本年度（申报所属期年度）的"当年境内所得额"＞0时，填报各年度被本年度（申报所属期年度）境内所得依次弥补的亏损额。本列第11行，填报本列第1行至第10行的合计金额。

【提示】表A100000第21行"弥补以前年度亏损"根据本项的金额填报。

第11列"用本年度所得额弥补的以前年度亏损额－使用境外所得弥补"：第1行至第10行，当纳税人选择用境外所得弥补境内以前年度亏损的，填报各年度被本年度（申报所属期年度）

境外所得依次弥补的亏损额。本列第 11 行，填报本列第 1 行至第 10 行的合计金额。

第 12 列"当年可结转以后年度弥补的亏损额"：第 1 行至第 11 行，填报各年度尚未弥补完的且准予结转以后年度弥补的亏损额。本列第 12 行，填报本列第 1 行至第 11 行的合计金额。

⑥填报企业所得税年度纳税申报表 A100000 的剩余项目。

（二）企业所得税 B 类申报表（B100000）

核定征收企业的"预缴纳税申报表"和"年终汇算清缴的纳税申报表"是同一个表，填写相对简单，如表 5 – 18 所示。

表 5 – 18　中华人民共和国企业所得税月（季）度预缴和年度纳税申报表（B 类）

税款所属期间：　年　月　日至　年　月　日

纳税人识别号（统一社会信用代码）：□□□□□□□□□□□□□□□□□□

纳税人名称：　　　　　　　　　　　　　　　　　金额单位：人民币元（列至角分）

核定征收方式	□核定应税所得率（能核算收入总额的）　　□核定应税所得率（能核算成本费用总额的） □核定应纳所得税额								
按季度填报信息									
项目	一季度		二季度		三季度		四季度		季度平均值
	季初	季末	季初	季末	季初	季末	季初	季末	
从业人数									
资产总额（万元）									
国家限制或禁止行业	□是　□否				小型微利企业			□是　□否	
按年度填报信息									
从业人数（填写平均值）				资产总额（填写平均值，单位：万元）					
国家限制或禁止行业	□是　□否				小型微利企业			□是　□否	

行次	项目	本年累计金额
1	收入总额	
2	减：不征税收入	
3	减：免税收入（4 + 5 + 10 + 11）	
4	国债利息收入免征企业所得税	
5	符合条件的居民企业之间的股息、红利等权益性投资收益免征企业所得税（6 + 7.1 + 7.2 + 8 + 9）	
6	其中：一般股息红利等权益性投资收益免征企业所得税	
7.1	通过沪港通投资且连续持有 H 股满 12 个月取得的股息红利所得免征企业所得税	
7.2	通过深港通投资且连续持有 H 股满 12 个月取得的股息红利所得免征企业所得税	

续表

行次	项目	本年累计金额
8	居民企业持有创新企业 CDR 取得的股息红利所得免征企业所得税	
9	符合条件的居民企业之间属于股息、红利性质的永续债利息收入免征企业所得税	
10	投资者从证券投资基金分配中取得的收入免征企业所得税	
11	取得的地方政府债券利息收入免征企业所得税	
12	应税收入额（1－2－3）\ 成本费用总额	
13	税务机关核定的应税所得率（%）	
14	应纳税所得额（第12×13行）\ [第12行÷（1－第13行）×第13行]	
15	税率（25%）	
16	应纳所得税额（14×15）	
17	减：符合条件的小型微利企业减免企业所得税	
18	减：实际已缴纳所得税额	
L19	减：符合条件的小型微利企业延缓缴纳所得税额（是否延缓缴纳所得税 □是 □否）	
19	本期应补（退）所得税额（16－17－18－L19）\ 税务机关核定本期应纳所得税额	
20	民族自治地方的自治机关对本民族自治地方的企业应缴纳的企业所得税中属于地方分享的部分减征或免征（ □免征 □减征：减征幅度____% ）	
21	本期实际应补（退）所得税额	

谨声明：本纳税申报表是根据国家税收法律法规及相关规定填报的，是真实的、可靠的、完整的。

纳税人（签章）： 年 月 日

经办人： 经办人身份证号： 代理机构签章： 代理机构统一社会信用代码：	受理人： 受理税务机关（章）： 受理日期： 年 月 日

国家税务总局监制

【小结】企业所得税的计税依据是应纳税所得额，工作中一般按照企业所得税纳税申报表的内容采用间接计算法来计算应纳税所得额，即按照企业所得税税法规定，在会计利润基础上，调整会计准则跟税法规定不一致的项目。企业亏损，不仅当年不用缴税，当年的亏损还可以弥补以后年度的盈利，体现了企业所得税量能负担的征税原则。为了鼓励技术创新、环保节能、振兴乡村，发展西部落后地区，扶持小型微利企业，促进残疾人就业，企业所得税制定了一系列优惠政策。

拓展训练

一、单选题

1. 下列不向中国缴纳企业所得税的是（   ）。
   A. 个人独资企业　　　　　　　　　B. 在中国境内成立的外商投资企业
   C. 在中国境内成立的事业单位　　　D. 肯德基在中国设立的分支机构

2. 企业发生的公益性捐赠支出，在年度利润总额（   ）以内的部分，准予在计算应纳税所得额时扣除。
   A. 10%　　　　　B. 12%　　　　　C. 15%　　　　　D. 20%

3. 根据企业所得税法律制度的规定，关于确认收入实现时间的下列表述中，正确的是（   ）。
   A. 接受捐赠收入，按照合同约定的捐赠日期确认收入的实现
   B. 利息收入，按照合同约定的债务人应付利息的日期确认收入的实现
   C. 租金收入，按照出租人实际收到租金的日期确认收入的实现
   D. 权益性投资收益，按照投资方实际收到利润的日期确认收入的实现

4. 根据企业所得税法律制度的规定，下列各项中，属于免税收入的是（   ）。
   A. 财政拨款收入
   B. 转让企业债券取得的收入
   C. 企业购买国债取得的利息收入
   D. 县级以上人民政府将国有资产无偿划入企业并指定专门用途按规定进行管理的

5. 甲企业外购一台已使用3年的生产设备，采用缩短折旧年限的方式计提折旧，下列关于甲企业对该设备的最低折旧年限的规定，正确的是（   ）。
   A. 不得低于规定的最低折旧年限减去已使用年限后剩余年限的50%
   B. 不得低于规定的最低折旧年限减去已使用年限后剩余年限的60%
   C. 不得低于剩余折旧年限
   D. 不得低于税法规定的折旧年限

6. 以下各项支出中，可以在计算企业所得税应纳税所得额时扣除的是（   ）。
   A. 支付给母公司的管理费
   B. 按规定缴纳的财产保险费
   C. 以现金方式支付给某中介公司的佣金
   D. 赴灾区慰问时直接向灾民发放的慰问金

7. 以下不允许在企业所得税税前扣除的费用是（   ）。
   A. 银行罚息　　　　　　　　　　　B. 诉讼费
   C. 企业已出售给职工住房的折旧费　D. 劳动保护费

8. 以下减半征收企业所得税的是（   ）。
   A. 海水养殖　　　B. 种植水果　　　C. 种植林木　　　D. 饲养牲畜

9. 甲公司2023年度发生合理的工资薪金支出1 000万元，发生职工福利费支出150万元，拨缴工会经费21万元，发生职工教育经费支出75万元，上年度结转未扣除的职工教育经费支出13万元。已知企业发生的职工福利费支出、拨缴的工会经费、发生的职工教育经费支出分别在不超过工资薪金总额14%、2%、8%的部分准予扣除。甲公司2023年准予扣除的职工福利费支出、工会经费和职工教育经费支出合计金额为（   ）万元。
   A. 235　　　　　B. 259　　　　　C. 240　　　　　D. 250

10. 某企业2023年销售收入为272 000元，发生业务招待费5 000元，发生广告费30 000元，

业务宣传费 10 000 元，2022 年结转未扣除的广告费 10 000 元，根据企业所得税法规定，当年可以在税前扣除的业务招待费、广告费和业务宣传费合计是（　　）元。

A. 5 000×60%＋272 000×15%＝43 800
B. 272 000×5‰＋30 000＋10 000＝41 360
C. 272 000×5‰＋272 000×15%＝42 160
D. 5 000＋30 000＋10 000＋10 000＝55 000

11. 甲公司 2023 年 3 月因业务发展需要与工商银行借款 100 万元，期限半年，年利率 8%；5 月又向自己的供应商借款 200 万元，期限半年，支付利息 10 万元。上述借款均用于经营周转，该企业无其他借款，根据企业所得税法律制度的规定，该企业当年可以在所得税前扣除利息费用（　　）万元。

A. 100×8%＝8
B. 10
C. 100×8%×50%＋200×8%×50%＝12
D. 100×8%×50%＋10＝14

12. 某公司 2023 年支出合理的工资薪金总额 1 000 万元，按规定标准为职工缴纳基本社会保险费 150 万元，为受雇的全体员工支付补充养老保险费 80 万元，补充医疗保险费 45 万元，为公司高管缴纳商业保险费 30 万元。该公司当年发生的保险费准予扣除数是（　　）万元。

A. 150＋80＋45＋30＝305
B. 150＋80＋45＝275
C. 150＋1 000×5%＝200
D. 150＋1 000×5%＋45＝245

二、多选题

1. 以下属于计算业务招待费扣除计算基数的是（　　）。
   A. 非股权投资业务的投资收益
   B. 其他业务收入
   C. 视同销售收入
   D. 营业外收入

2. 下列属于企业所得税免税收入的是（　　）。
   A. 企业取得的股息红利收入
   B. 国债利息收入
   C. 居民企业投资其他居民企业取得的投资收益
   D. 符合条件的非营利组织接受捐赠收入

3. 在计算企业所得税应纳税所得额时，不可以扣除的项目是（　　）。
   A. 交通违章罚款　　B. 税收滞纳金　　C. 银行逾期利息　　D. 未按期交货违约金

4. 企业缴纳的下列税金，计算企业所得税应纳税所得额时准予扣除的有（　　）。
   A. 企业所得税　　B. 消费税　　C. 房产税　　D. 允许抵扣的增值税

5. 根据企业所得税法律制度的规定，下列各项费用，超过税法规定的扣除标准后，准予在以后纳税年度结转扣除的有（　　）。
   A. 职工教育经费
   B. 广告费
   C. 保险企业的手续费和佣金
   D. 业务招待费

6. 税法规定不得计提折旧的固定资产是（　　）。
   A. 未投入使用的房屋、建筑物
   B. 经营租赁方式租入的固定资产
   C. 融资租赁方式租入的固定资产
   D. 单独估价作为固定资产入账的土地

7. 以下按照 25% 的税率计算企业所得税的有（　　）。
   A. 在中国境内的居民企业的生产经营所得
   B. 在中国境内设有机构、场所，且所得与机构、场所有关联的非居民企业来自我国的经营所得
   C. 在中国境内设有机构、场所，但所得与机构、场所没有实际联系的非居民企业来自我国的其他所得

D. 在中国境内未设立机构、场所的非居民企业来自我国的所得

8. 注册地与实际管理机构所在地均在英国的某银行，取得的下列各项所得中，应按规定缴纳我国企业所得税的有（   ）。

A. 转让位于我国的一处不动产取得的财产转让所得

B. 在香港证券交易所购入我国某公司股票后取得的分红所得

C. 在我国设立的分行为我国某公司提供理财咨询服务取得的服务费收入

D. 在我国设立的分行为位于泰国的某电站提供流动资金贷款取得的利息收入

9. 下列行业不适用对研究开发费用加计扣除规定的有（   ）。

A. 烟草制造业　　　B. 白酒制造业　　　C. 房地产业　　　D. 娱乐业

10. 以下关于企业所得税征收管理的规定，正确的有（   ）。

A. 除国务院另有规定外，企业之间不得合并缴纳企业所得税

B. 企业所得税按年计征，分月或分季预缴，年终汇算清缴，多退少补

C. 非居民企业在中国境内设立机构、场所取得的与该机构场所有实际联系的所得以机构、场所所在地为纳税地点

D. 居民企业登记注册地在境外的，以实际经营所在地为纳税地点

三、判断题

1. 在中国境内设立机构的非居民企业取得的发生在中国境内但与其所设机构没有实际联系的所得无须缴纳企业所得税。（   ）

2. 不动产转让所得按照不动产所在地确定收入来源地。（   ）

3. 计算企业所得税时境外不同国家的盈亏可以互相弥补。（   ）

4. 以前年度亏损弥补期从亏损年度后一年算起，连续5年或10年内不论是盈利或亏损，都作为实际弥补年限计算。（   ）

5. 企业在国务院财政、税务主管部门规定范围和标准内为投资者或职工缴纳的补充养老保险费、补充医疗保险费允许税前扣除。（   ）

6. 企业支付的所有人身安全保险费和商业保险都不得税前扣除。（   ）

7. 企业实际发生的资产损失都可以在企业所得税税前扣除。（   ）

8. 企业安置残疾人员的，在计算应纳税所得额时按照支付给残疾职工工资的100%加计扣除。（   ）

9. 非居民企业在中国境内设立机构、场所且取得的所得与所设立的机构、场所没有实际联系的，以机构、场所所在地为纳税地点。（   ）

10. 计算应纳税所得额时自创商誉不得计算摊销费用扣除。（   ）

四、综合业务题

广西海博商贸有限公司为居民企业，2023年发生经营业务如下：

（1）全年取得产品销售收入为5 500万元，发生产品销售成本4 200万元；

（2）其他业务收入900万元，其他业务成本700万元；

（3）缴纳非增值税销售税金及附加300万元；

（4）发生的管理费用480万元，其中工资150万元（包含安置残疾人工资20万元），福利费支出40万元，业务招待费70万元；

（5）销售费用400万元，其中工资120万元，广告费和业务宣传费80万元；

（6）发生财务费用30万元，其中银行贷款利息支出20万元；

（7）取得购买国债的利息收入40万元；

（8）取得直接投资其他居民企业的权益性投资收益30万元；

（9）取得营业外收入100万元，发生营业外支出150万元（其中含公益性捐赠35万元）。

计算该企业 2023 年企业所得税应纳税额（单位：万元）。

五、纳税申报题

（1）**企业的基本情况**：广西海博商贸有限公司位于南宁市秀灵路 37 号，纳税人识别号 91450107561581218F，无分支机构。

公司成立于 2020 年，由张亮、李明、王海三个中国籍公民共同组建，公司注册资本 2 000 万元，张亮出资 1 200 万元，李明出资为 400 万元，王海出资为 400 万元。公司职工为 35 人。2023 年平均资产为 4 000 万元。

投资居民企业南宁市蓝天商贸有限公司，投资额为 100 万元。

（2）**采用的会计政策和估计**：公司采用企业会计准则，以人民币为记账本位币，固定资产采用年限平均法，存货的计价方法采用月末一次加权平均分，应收账款采用备抵法，所得税计算法采用资产负债表债务法。

（3）**预缴税款**：该公司季度预缴企业所得税税款为 10 万元。

根据综合业务题的内容，填写公司 2023 年度企业所得税汇算清缴纳税申报表。

六、思政活动

1. 组织参与一项公益活动。
2. 查阅华为企业发展及研发费用投入，结合当前错综复杂的国际政治经济关系，体会科技兴国的重要性。
3. 组织新时代大学生敢于拼搏、不负韶华的演讲赛。

学习评价

评价项目		评价标准	评价方式	分值/分	得分/分
专业知识学习能力	学习在线视频	按照完成率计分	学银在线平台自评	15	
	课前测验	按照系统题量及正确率自动计分	学银在线平台自评	5	
	课堂互动	按照参与活动数量及系统设置分数计分	学银在线平台自评	10	
	课后作业	按照系统题量及正确率自动计分	学银在线平台自评	5	
	项目测验	按照系统题量及正确率自动计分	学银在线平台自评	15	
实践操作能力	企业所得税季度预缴申报	完成模拟报税系统案例并提交	教师评价	5	
	企业所得税汇算清缴	完成模拟报税系统案例并提交	教师评价	15	
职业素养	课前活动布置准备	场地布置、情景模拟道具等	教师评价	2	
	考勤	不迟到、不早退、不旷课	学银在线平台自评	3	
	课堂纪律	不喧哗讲话、不玩手机、不睡觉等	教师评价	3	
	课堂小组活动	每次课小组得分：其他小组点评 50% + 教师点评 50%；确定小组总分后由组长在组员间分配	小组互评 + 教师评价 + 组长评分	7	

续表

评价项目		评价标准	评价方式	分值/分	得分/分
思政教育	组织参与公益活动	查阅资料链接、分析资料上传平台	教师评价	5	
	华为发展及研发费投入	查阅资料链接、分析资料上传平台	教师评价	5	
	新时代大学生奋勇拼搏、不负韶华演讲赛	辩论活动的照片或视频上传平台	教师评价	5	
总分				100	
教师签字：					

项目六

关注民生新个税

学习目标

（一）知识目标
(1) 知晓个人所得税的纳税人；
(2) 区别个人所得税九个应税项目的征税对象；
(3) 计算个人所得税不同应税项目的应纳税额；
(4) 阐述专项附加扣除项目具体规定；
(5) 概述个人所得税代扣代缴申报、自行申报具体操作流程。

（二）能力目标
(1) 能够准确判定个人所得税的纳税人；
(2) 能够区别不同应税所得项目；
(3) 能够根据实际情况计算不同项目应纳税所得额及应纳税额；
(4) 能够在系统填写专项附加扣除项目；
(5) 能够进行扣缴申报和自行申报。

（三）素质目标
(1) 脚踏实地、积极进取，合理规划自己的学习、职业和人生；
(2) 热爱劳动、爱岗敬业，具有团队协作精神；
(3) 形成对比分析、归纳总结的学习能力；
(4) 尊老爱幼、亲和友善，具有社会公德意识；
(5) 具有家国情怀和奉献担当精神。

思政目标

(1) 自强不息、敢于拼搏；
(2) 发扬中华民族传统美德，厚德仁爱、奉献担当；
(3) 诚实守信、遵纪守法；
(4) 体会通过税收改革完善分配制度、改善民生的重要性；
(5) 认识我国税制的优越性，增强"四个自信"。

项目六 关注民生新个税

知识结构

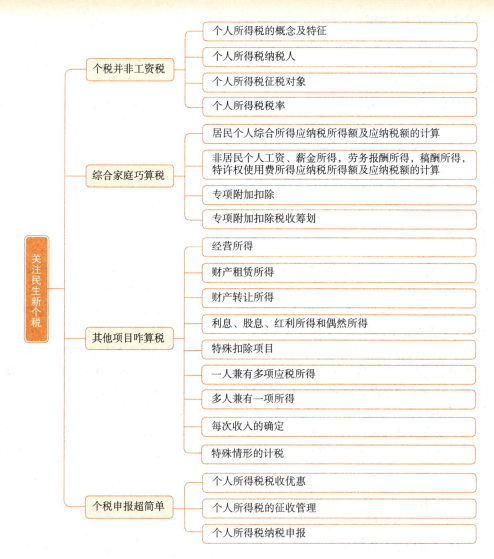

任务导入

跟悟空探究完企业所得税，我们知道企业所得税是在企业会计利润的基础上调整计算应纳税所得额。那么个人所得税呢？是对个人收入全额缴税还是像企业所得税那样允许费用扣除？个人所得税到底对哪些项目征税呢？

任务一 个税并非工资税

【思考】听有人说工资不超过 5 000 元，就不需要缴纳个人所得税，个人所得税仅就工资征税吗？

【教学资源】本知识点对应精品课程视频。

个税并非工资税

一、个人所得税的概念及特征

（一）个人所得税的概念

以个人取得的应税所得为征税对象的一种所得税。

个人所得的形式，包括现金、实物、有价证券和其他形式的经济利益。个人所得税的计税依据为纳税人取得的应纳税所得额。

（1）实物所得应当按照取得的凭证上所注明的价格计算应纳税所得额；没有凭证或凭证注明的价格明显偏低的，参照市场价格核定应纳税所得额。

（2）有价证券根据票面价格和市场价格核定应纳税所得额。

（3）其他所得参照市场价格核定应纳税所得额。

【思考】牛魔王将翠云山酒厂生产的葡萄酒发放福利要按视同销售缴纳增值税和消费税，员工要不要缴纳个人所得税呢？

税政改革

2018年个人所得税改革亮点

（1）将固定扣除费用标准由每月3 500元提高到5 000元，降低了税负。

（2）优化调整税率结构，适用低税率的税基范围扩大，如原本适用10%税率的，现在适用3%，更多人适用低税率，有助于全面降低税负。

（3）增加赡养老人、子女教育、继续教育、住房贷款利息、住房租金、大病医疗六个专项附加扣除项目，完善了个人所得税费用扣除模式，使个税费用扣除从个人向家庭转换，符合量能纳税的原则，使税负的分配更加公平合理，进一步减轻了中低收入者的负担。

（4）将原来独立计税的工资、薪金所得，劳务报酬所得，稿酬所得，特许权使用费所得并入综合所得，实行按月或按次分项预缴、按年汇算清缴、多退少补的征管模式，切断了高收入者转换收入项目避税的通道，有利于促进社会公平正义，能更好发挥个人所得税对收入分配的调节作用。

（二）个人所得税的特征

（1）实行分类征收与综合征收相结合的征税方式。

（2）超额累进税率与比例税率并用。

（3）不同项目实行不同的费用扣除方式。

（4）有纳税人自行申报纳税和扣缴义务人代扣代缴两种申报方式。

二、个人所得税纳税人

个人所得税以所得人为纳税人，以支付所得的单位或者个人为扣缴义务人。

个人所得税的纳税人包括中国公民、个体工商户、个人独资企业和合伙企业的个人投资者、在中国有所得的外籍人员（包括无国籍人员）和港澳台同胞。

【提示】个人所得税的纳税人既包括"自然人"，又包括"自然人性质的特殊主体"（个体工商户、个人独资企业及合伙企业的个人投资者）。

（一）纳税人分类

按照住所和居住时间两个标准，个人所得税的纳税人分为居民纳税人和非居民纳税人。

1. 居民个人

在中国境内有住所，或者无住所而在一个纳税年度内（即公历1月1日至12月31日）在中国境内居住累计满 183 天的个人。

【注释】"在中国境内有住所"指个人因户籍家庭、经济利益关系在中国境内习惯性居住。

【提示】居民个人承担无限纳税义务，境内、境外所得都要按照《中华人民共和国个人所得税法》（以下简称《个人所得税法》）缴税。

居民个人从境外取得的所得，可以从其应纳税额中抵免已在境外缴纳的个人所得税，但抵免额不得超过境外所得依照《个人所得税法》计算的应纳税额。

2. 非居民个人

在中国境内无住所又不居住或者无住所而在一个纳税年度内（即公历 1 月 1 日至 12 月 31 日）在中国境内居住累计不满 183 天的个人。

【提示】非居民个人承担有限纳税义务，仅就境内所得按《个人所得税法》缴税。

【案例 6－1】（单选题）在中国境内无住所但取得所得的下列外籍个人中，属于居民个人的是（　　）。

A. M 国甲，在华工作 5 个月
B. N 国乙，2023 年 1 月 10 日入境，2023 年 6 月 10 日离境
C. X 国丙，2023 年 1 月 5 日入境，2023 年 7 月 31 日离境
D. Y 国丁，2022 年 8 月 1 日入境，2023 年 3 月 1 日离境

【答案】C

3. 个人投资者或者个人合伙人

个人独资企业、合伙企业不缴纳企业所得税，只对投资人或者个人合伙人取得的生产经营所得缴纳个人所得税。

【提示】在中国境内无住所的个人，在中国境内居住累计满 183 天的年度连续不满 6 年的，经向主管税务机关备案，其来源于中国境外且由境外单位或者个人支付的所得，免予缴纳个人所得税；在中国境内居住累计满 183 天的任一年度中有一次离境超过 30 天的，其在中国境内居住累计满 183 天的年度的连续年限重新起算。

在中国境内无住所，且在一个纳税年度内连续或者累计居住不超过 90 天的个人，其来源于中国境内的所得，由境外雇主支付且不由该雇主在中国境内的机构、场所负担的部分，免缴个人所得税。

（二）所得来源地的确定

以下所得不论支付地点是否在中国境内，都视为来源于中国境内的所得：

（1）因任职、受雇、履约等在中国境内提供劳务取得的所得。
（2）将财产出租给承租人在中国境内使用而取得的所得。
（3）许可各种特许权在中国境内使用而取得的所得。
（4）转让中国境内的不动产等财产或者在中国境内转让其他财产取得的所得。
（5）从中国境内企业、事业单位、其他组织以及个人取得的利息、股息、红利所得。

【案例 6－2】（单选题）下列不属于来源于中国境内所得的是（　　）。

A. 美国居民甲任职受雇于中国的甲公司在中国境内工作取得工资、薪金所得
B. 韩国居民乙将一项专利技术许可给中国的乙公司在中国境内使用取得特许权使用费所得
C. 英国居民丙借款给中国居民李某取得利息所得
D. 中国居民丁将位于美国纽约的一栋别墅出售给一家美国公司取得所得

【答案】D

三、个人所得税征税对象

（一）工资、薪金所得

个人因任职或者受雇而取得的工资、薪金、奖金、年终加薪、劳动分红、津贴、补贴以及与任职或者受雇有关的其他所得。

1. 不征税项目

（1）独生子女补贴。

（2）托儿补助费。

（3）差旅费津贴、误餐补助。

（4）执行公务员工资制度未纳入基本工资总额的补贴、津贴差额和家属成员的副食补贴。

2. 特殊项目

（1）离休、退休人员工资。

①按照国家统一规定发给干部、职工的安家费、退职费、退休工资、离休工资、离休生活补助费免征个人所得税。

②离退休人员从原任职单位取得离退休工资或养老金以外的各类补贴应按"工资、薪金所得"缴纳个人所得税。

③退休人员再任职取得的收入，减除相关费用扣除项目后，按"工资、薪金所得"缴纳个人所得税。

【提示】单位是否为离退休人员缴纳社会保险费，不再作为离退休人员再任职的界定条件。

【对比】离退休工资免税；离退休工资外的补贴及再任职的收入征税。

④离退休人员的其他应税所得应依法缴纳个人所得税。

（2）个人因公务用车和通信制度改革而取得的公务用车、通信补贴收入，扣除一定标准的公务费用后，按照"工资、薪金所得"项目计征个人所得税。按月发放的，并入当月"工资、薪金所得"计征个人所得税；不按月发放的，分解到所属月份并与该月"工资、薪金所得"合并后计征个人所得税。

（二）劳务报酬所得

个人独立从事各种非雇佣的劳务所取得的所得，包括从事设计、装潢、安装、制图、化验、测试、医疗、法律、会计、咨询、讲学、翻译、审稿、书画、雕刻、影视、录音、录像、演出、表演、广告、展览、技术服务、介绍服务、经纪服务、代办服务以及其他劳务取得的所得。

【提示】提供劳务的个人与被服务单位没有稳定的、连续的劳动人事关系，也没有任何劳动合同关系，其所得也不是以工资薪金形式领取的。

【对比】劳务报酬所得与工资、薪金所得的区别。

根据是否存在雇佣与被雇佣关系来判断：

（1）演员参加任职单位组织的演出收入属于工资、薪金所得；参加非任职单位组织的演出则属于劳务报酬所得。

（2）个人在非任职单位担任董事、监事职务取得的董事费、监事费收入，按"劳务报酬所得"纳税。个人在任职单位同时担任董事、监事的，董事费、监事费统一按"工资薪金所得"计税。

（3）企业和单位对营销业绩突出的雇员以培训班、研讨会、工作考察等名义组织旅游活动，通过免收差旅费、旅游费对个人实行的营销业绩奖励（包括实物、有价证券等），应按"工资、薪金所得"征税。如果是针对非雇员组织的，按"劳务报酬所得"征税。

（4）在校学生因参与勤工俭学活动取得的所得，应按"劳务报酬所得"缴纳个人所得税。

(5) 个人兼职取得的收入，应按照"劳务报酬所得"项目缴纳个人所得税。

(6) 保险营销员、证券经纪人取得的佣金收入，属于劳务报酬所得。

（三）稿酬所得

稿酬所得指个人因其作品以图书、报刊形式出版、发行而取得的所得。

【提示】个人不以图书、报刊出版、发表的翻译、审稿所得属于"劳务报酬所得"。

(1) 任职、受雇于报纸、杂志等单位的记者、编辑等专业人员，在本单位的报纸、杂志上发表作品取得的所得，按"工资、薪金所得"项目征税。除上述专业人员以外，其他人员在本单位的报纸、杂志上发表作品取得的所得，应按"稿酬所得"项目征税。

(2) 作者去世后，财产继承人取得的遗作稿酬，也按"稿酬所得"项目征税。

（四）特许权使用费所得

特许权使用费所得是指个人提供专利权、商标权、著作权、非专利技术及其他特许权的使用权取得的所得。

【提示】提供著作权的使用权取得的所得，不包括稿酬所得。

(1) 作者将自己的文字作品手稿原件或复印件公开拍卖（竞价）取得的所得属于特许权使用费所得。

(2) 个人取得特许权的经济赔偿收入属于特许权使用费所得。

(3) 编剧从电视剧的制作单位取得的剧本使用费属于特许权使用费所得。

【案例6-3】（多选题）下列个人所得应按"劳务报酬所得"项目征收个人所得税的有（　　）。

A. 某编剧从电视剧制作单位取得的剧本使用费
B. 某公司高管担任甲大学兼职教授，从该大学取得的讲课费
C. 某作家拍卖手稿取得的收入
D. 某大学教授担任乙企业独立董事，从该企业取得董事费

【答案】BD

【案例6-4】（多选题）下列个人所得应按"特许权使用费所得"项目征收个人所得税的有（　　）。

A. 转让专利技术　　　　　　　　B. 转让土地使用权所得
C. 作者拍卖手稿原件或复印件所得　　D. 取得特许权的经济赔偿收入

【答案】ACD

（五）经营所得

(1) 个体工商户从事生产、经营活动取得的所得。

【对比】劳务报酬所得与个体工商户生产、经营所得的区别：

①劳务报酬所得一般不必办理工商营业执照与税务登记，而个体工商户必须办理工商营业执照与税务登记；

②劳务报酬所得一般为临时性的，而个体工商户生产经营所得为持续性的。

【提示】出租车司机所得，根据车辆所有权判断所属计税项目。

出租汽车经营单位对驾驶员采取单车承包、承租的，驾驶员的客运收入按"工资、薪金所得"征税；从事个体运营的出租车驾驶员取得的所得及将自己的出租车以挂靠方式运营取得的所得按"经营所得"征税。

(2) 个人独资企业投资人、合伙企业的个人合伙人来源于境内注册的个人独资企业、合伙企业生产、经营的所得。

【提示】个人独资企业、合伙企业以企业资金为个人、家庭成员及相关人员支付与企业生产

经营无关的消费及资产性支出，视同利润分配，按照经营所得缴纳个人所得税。

（3）个人依法从事办学、医疗、咨询以及其他有偿服务活动取得的所得。

（4）个人对企业、事业单位承包经营、承租经营以及转包、转租取得的所得。

承包后的经营形式及承包、承租人对经营成果是否拥有所得权决定其征税方式，如表6-1所示。

表6-1 承包、承租经营所得征税方式

承包、承租后经营形式	是否缴纳企业所得税	承包、承租人个人所得税征收项目	
工商登记变为个体工商户	不缴	经营所得	
工商登记仍然为企业	缴纳	承包、承租人对企业经营成果不拥有所有权	工资、薪金所得
		承包、承租人对企业经营成果拥有所有权	经营所得

（5）个人从事其他生产、经营活动取得的所得。

（六）利息、股息、红利所得

利息、股息、红利所得是指个人拥有债权、股权等而取得的利息、股息、红利所得。

（七）财产租赁所得

财产租赁所得是指个人出租建筑物、土地使用权、机器设备、车船以及其他财产取得的所得。

（1）个人取得的财产转租收入属于"财产租赁所得"。

（2）房地产开发企业与商店购买者个人签订协议规定，房地产开发企业按优惠价格出售其开发的商店给购买者个人，但购买者个人在一定期限内必须将购买的商店无偿提供给房地产开发企业对外出租使用。对购买者个人少支出的购房价款视同"财产租赁所得"。每次财产租赁所得的收入额，按照少支出的购房价款和协议规定的租赁月份数平均计算确定。

（八）财产转让所得

财产转让所得是指个人转让有价证券、股权、建筑物、土地使用权、机器设备、车船以及其他财产取得的所得。

（九）偶然所得

偶然所得是指个人得奖、中奖、中彩以及其他偶然性质的所得。

下列收入按"偶然所得"项目计税：

（1）对累计消费达到一定额度的顾客给予额外抽奖机会的获奖所得。

（2）个人为单位或他人提供担保获得收入。

（3）房屋产权所有人将房屋产权无偿赠与他人的，受赠人因无偿受赠房屋取得的受赠收入。

（4）企业在业务宣传、广告等活动中，随机向本单位以外的个人赠送礼品（包括网络红包），以及企业在年会、座谈会、庆典以及其他活动中向本单位以外的个人赠送礼品，个人取得的礼品收入；但企业赠送的具有价格折扣或折让性质的消费券、代金券、抵用券、优惠券等礼品除外。

【提示】由此可见，个人所得税不仅仅对工资征税。

【案例6-5】（多选题）甲公司员工张某取得的下列收益应按"偶然所得"项目缴纳个人所得税的有（　　）。

A. 在乙商场累积消费达到规定额度获得额外抽奖机会抽中手机一部

B. 为李某提供担保获得收入 1 000 元
C. 在丙公司业务宣传活动中取得随机赠送的耳机一副
D. 在甲公司年终庆典活动中抽奖获得一台电脑

【答案】ABC

四、个人所得税税率

(一) 3%~45%的七级超额累进税率

1. 按年计算的七级超额累进税率适用情形

(1) 居民个人综合所得按年汇总计算税款。
(2) 居民个人工资、薪金所得按月累计扣缴税款（预扣率）。

年度七级超额累进税率表如表6-2所示。

表6-2 年度七级超额累进税率表

级数	应纳税所得额（累计数）	税率（预扣率）（%）	速算扣除数
1	不超过36 000元的	3	0
2	超过36 000元至144 000元的部分	10	2 520
3	超过144 000元至300 000元的部分	20	16 920
4	超过300 000元至420 000元的部分	25	31 920
5	超过420 000元至660 000元的部分	30	52 920
6	超过660 000元至960 000元的部分	35	85 920
7	超过960 000元的部分	45	181 920

【注释】"速算扣除数"没有特别含义，只是采用超额累进税率计税时，简化计算应纳税额的一个数据。

2. 按月计算的七级超额累进税率（月度税率）适用情形

(1) 非居民个人工资、薪金所得，劳务报酬所得，稿酬所得，特许权使用费所得分项按月或按次单独计税的。
(2) 居民个人年终奖不并入综合所得，单独计税的。

月度七级超额累进税率表如表6-3所示。

表6-3 月度七级超额累进税率表

级数	应纳税所得额（月度数）	税率（%）	速算扣除数
1	不超过3 000元的	3	0
2	超过3 000元至12 000元的部分	10	210
3	超过12 000元至25 000元的部分	20	1 410
4	超过25 000元至35 000元的部分	25	2 660
5	超过35 000元至55 000元的部分	30	4 410
6	超过55 000元至80 000元的部分	35	7 160
7	超过80 000元的部分	45	15 160

【注释】月度七级超额累进税率表对应的应纳税所得额及速算扣除数为按年计算的七级超额

累进税率表对应的应纳税所得额及速算扣除数除以12，按月换算得来。

（二）5%~35%的五级超额累进税率

5%~35%的五级超额累进税率，适用于经营所得。五级超额累进税率表如表6-4所示。

表6-4　五级超额累进税率表

级数	全年应纳税所得额	税率（%）	速算扣除数
1	不超过30 000元的	5	0
2	超过30 000元至90 000元的部分	10	1 500
3	超过90 000元至300 000元的部分	20	10 500
4	超过300 000元至500 000元的部分	30	40 500
5	超过500 000元的部分	35	65 500

【注释】本表"全年应纳税所得额"指每一纳税年度的收入总额，减除成本、费用以及损失的余额。

（三）20%~40%的三级超额累进税率

20%~40%的三级超额累进税率，适用于居民个人劳务报酬所得按次预扣预缴税款。三级超额累进税率表如表6-5所示。

表6-5　三级超额累进税率表

级数	应纳税所得税	预扣率（%）	速算扣除数
1	不超过20 000元的	20	0
2	超过20 000元到50 000元的部分	30	2 000
3	超过50 000元	40	7 000

（四）20%的比例税率

（1）适用于利息、股息、红利所得，财产租赁所得，财产转让所得和偶然所得按月或按次缴纳税款。

【提示】个人出租居民住房取得的所得暂按10%的税率征收个人所得税。

（2）适用于居民个人稿酬所得、特许权使用费所得按次预扣预缴税款。

任务二　综合家庭巧算税

【思考】2018年个人所得税改革后将工资、薪金所得、劳务报酬所得、稿酬所得、特许权使用费所得并入综合所得，综合所得家庭这四兄弟如何计税呢？税改后新增加的专项附加扣除又是如何扣除的呢？

【教学资源】本知识点对应精品课程视频。

综合家庭巧算税

专项附加花样多

一、居民个人综合所得应纳税所得额及应纳税额的计算

居民个人综合所得按年汇总计算个人所得税，分项预扣预缴税款，次年汇算清缴，多退少补。

（一）按年汇总计算的应纳税所得额及应纳税额

1. 居民个人综合所得年应纳税所得额

居民个人综合所得年应纳税所得额 = 年收入额 − 减除费用60 000 − 专项扣除 − 专项附加扣除 − 依法确定的其他扣除

2. 年收入额

（1）工资、薪金所得年收入额：收入的100%。

（2）劳务报酬所得、特许权使用费所得年收入额 = 收入 × (1 − 20%)。

（3）稿酬所得年收入额 = 年收入 × (1 − 20%) × 70%。

【提示】年收入额只有工资、薪金所得不打折，劳务报酬所得、特许权使用费所得收入打8折，稿酬所得收入打5.6折。

3. 专项扣除

专项扣除包括居民个人按照国家规定的范围和标准缴纳的基本养老保险、基本医疗保险、失业保险等社会保险费和住房公积金等。

【提示】

（1）专项扣除的"三险一金"仅限个人承担部分，缴费基数不能超过上年度当地（地级市）职工平均工资的3倍。

（2）单位统一为员工购买符合规定的商业健康保险产品的支出，应分别计入员工个人工资薪金，视同个人购买，允许在当年（月）计算个人所得税应纳税所得额时予以税前扣除，扣除限额为2 400元/年（200元/月）。

（3）自2022年1月1日起，个人向个人养老金资金账户的缴费，按照12 000元/年的限额标准，在综合所得中据实扣除。

4. 专项扣除附加

专项附加扣除包括赡养老人、子女教育、继续教育、住房贷款利息或者住房租金、大病医疗、婴幼儿照护等支出。

5. 居民个人综合所得年应纳税额

居民个人综合所得年应纳税额 = 应纳税所得额 × 适用税率 − 速算扣除数

【案例6-6】居民个人哪吒为西游报社记者，2023年度每月工资收入20 000元，当年担任花果山房地产公司项目策划人共取得劳务报酬30 000元，对外投稿全年稿酬所得为20 000元，假设个人承担的"三险一金"为4 000元/月，专项附加扣除5 000元/月，求个人所得税全年应纳税额。

【答案】年收入额 = 20 000 × 12 + 30 000 × (1 − 20%) + 20 000 × (1 − 20%) × 70% = 275 200（元）；

应纳税所得额 = 275 200 − 60 000 − 4 000 × 12 − 5 000 × 12 = 107 200（元）；

年应纳税额 = 107 200 × 10% − 2 520 = 8 200（元）。

（二）居民个人综合所得分项预扣预缴应纳税所得额及应纳税额的计算

1. 工资、薪金所得

居民个人工资、薪金所得采用累计预扣法计算预扣预缴税款。

【注释】"累计预扣法"指扣缴义务人在一个纳税年度内预扣预缴税款时，以纳税人在本单

位截至当前月份工资、薪金所得累计收入减除免税收入、累计减除费用、累计专项扣除、累计专项附加扣除和累计其他扣除后的余额为累计预扣预缴应纳税所得额,来计算截至当月累计应预扣预缴税额,再减累计减免税额和累计已预扣预缴税额,其余额为本期应预扣预缴税额。

余额为负值时,暂不退税。纳税年度终了后余额仍为负值时,由纳税人通过办理综合所得年度汇算清缴,税款多退少补。

【提示】除大病医疗之外,其他专项附加扣除可由纳税人选择在预扣预缴税款时扣除。

(1) 累计预扣预缴应纳税所得额。

累计预扣预缴应纳税所得额 = 累计收入 − 累计免税收入 − 累计减除费用 − 累计专项扣除 − 累计专项附加扣除 − 依法确定的累计其他扣除

累计减除费用 = 5 000 元/月 × 当年截至本月在本单位的任职受雇月份数

(2) 本期应预扣预缴税额。

本期应预扣预缴税额 =(累计预扣预缴应纳税所得额 × 预扣率 − 速算扣除数)− 累计减免税额 − 累计已预扣预缴税额

【提示】纳税人同时从两处以上取得工资、薪金所得,并由扣缴义务人减除专项附加扣除的,同一专项附加扣除项目在一年内只能选择从一处所得中减除。

【案例 6 − 7】假定居民个人李某 2023 年每月取得工资收入为 30 000 元,每月减除费用 5 000 元,每月"三险一金"专项扣除为 4 500 元,每月享受专项附加扣除共计 2 000 元。2023 年李某只在本单位领工资,没有其他收入,没有减免收入及减免税额等情况。请计算前 3 个月每月应预扣预缴税额。

【答案】1 月份累计预扣预缴应纳税所得额 = 30 000 − 5 000 − 4 500 − 2 000 = 18 500(元);

1 月份应预扣预缴税额 = 18 500 × 3% = 555(元);

2 月份累计预扣预缴应纳税所得额 = 30 000 × 2 − 5 000 × 2 − 4 500 × 2 − 2 000 × 2 = 37 000(元);

2 月份应预扣预缴税额 = 37 000 × 10% − 2 520 − 555 = 625(元);

3 月份累计预扣预缴应纳税所得额 = 30 000 × 3 − 5 000 × 3 − 4 500 × 3 − 2 000 × 3 = 55 500(元);

3 月份应预扣预缴税额 = 55 500 × 10% − 2 520 − 555 − 625 = 1 850(元)。

2. 劳务报酬所得

劳务报酬所得按次预扣预缴税款,以每次收入减除费用后的余额作为预扣预缴应纳税所得额。

(1) 预扣预缴应纳税所得额。

①每次收入不超过 4 000 元的,减除 800 元。

预扣预缴应纳税所得额 = 收入 − 800

②每次收入 4 000 元以上的,减除 20%。

预扣预缴应纳税所得额 = 收入 × (1 − 20%)

(2) 预扣预缴税额。

预扣预缴税额 = 预扣预缴应纳税所得额 × 预扣率 − 速算扣除数

【案例 6 − 8】花果山公司 2023 年 5 月聘请八戒(居民个人)到单位进行绩效策划指导,支付劳务报酬 40 000 元。请计算公司应预扣预缴的个人所得税。

【答案】预扣预缴应纳税所得额 = 40 000 × (1 − 20%) = 32 000(元);

应预扣预缴税额 = 32 000 × 30% − 2 000 = 7 600(元)。

3. 稿酬所得

稿酬所得按次预扣预缴税款,以实际收入减除费用后的余额再减按 70% 计算预扣预缴的应纳税所得额。

(1) 预扣预缴应纳税所得额。

①每次收入不超过 4 000 元的：

$$预扣预缴应纳税所得额 =（收入 - 800）\times 70\%$$

②每次收入 4 000 元以上的：

$$预扣预缴应纳税所得额 = 收入 \times (1 - 20\%) \times 70\%$$

(2) 预扣预缴税额。

$$应预扣预缴税额 = 预扣预缴应纳税所得额 \times 20\%$$

【案例6-9】居民个人八戒一次性从西游出版社取得稿酬收入 20 000 元，请计算支付单位应预扣预缴个人所得税税额。

【答案】预扣预缴应纳税所得额 = 20 000 × (1 - 20%) × 70% = 11 200（元）；
应预扣预缴税额 = 11 200 × 20% = 2 240（元）。

4. 特许权使用费所得

特许权使用费所得按次预扣预缴税款，以每次收入减除费用后的余额作为预扣预缴应纳税所得额。

(1) 预扣预缴应纳税所得额。

①每次收入不超过 4 000 元的，减除 800 元。

$$预扣预缴应纳税所得额 = 收入 - 800$$

②每次收入 4 000 元以上的，减除 20%。

$$预扣预缴应纳税所得额 = 收入 \times (1 - 20\%)$$

(2) 预扣预缴税额。

$$预扣预缴税额 = 预扣预缴应纳税所得额 \times 20\%$$

【案例6-10】居民个人八戒 2023 年 5 月提供一项专利给花果山公司，获得特许权使用费所得 3 000 元。请计算公司支付特许权使用费时应预扣预缴的个人所得税。

【答案】预扣预缴应纳税所得额 = 3 000 - 800 = 2 200（元）；
应预扣预缴税额 = 2 200 × 20% = 440（元）。

【对比】综合所得分项预扣预缴税款时，工资、薪金所得的预扣率跟综合所得按年汇算适用的税率一致；劳务报酬所得、稿酬所得、特许权使用费所得的预扣率不同于综合所得按年汇算的税率，其中劳务报酬所得采用三级超额累进税率，稿酬所得、特许权使用费所得采用 20% 的比例税率。

【提示】分项计算预扣预缴应纳税所得额时，劳务报酬所得、特许权使用费所得先判断收入是否超过 4 000 元，不超 4 000 的减 800，超 4 000 的打 8 折；稿酬所得在劳务报酬所得、特许权使用费所得基础上再打 7 折。

(三) 综合所得汇算清缴的计算

居民个人综合所得汇算应退或应补税额 =［(年收入额 - 60 000 元 - 专项扣除 - 专项附加扣除 - 依法确定的其他扣除 - 公益捐赠) × 适用税率 - 速算扣除数］- 当年分项预扣预缴税额

【提示】可依法扣除的公益捐赠，是当年符合条件的公益慈善事业捐赠。

【总结】居民个人综合所得家庭计税特点：预缴时四兄弟分家各不相干，年终汇聚一堂亲密不分离，次年汇算清缴时多退少补。

家是爱的港湾，家和万事兴。家是最小国，国是千万家，有了强的国，才有富的家。

家庭和睦

孝悌许武

汉朝许武,父亲很早过世,有两个年少的弟弟许宴、许普。身为长兄,许武肩负家庭重任,白天田里劳作时把弟弟安置在树荫下,教他们学习耕种;晚上教他们读书,非常辛劳。

许武壮年尚未娶妻,有人劝他,他解释怕找到不合适的人选,使兄弟情感发生嫌隙。后来许武被推荐为孝廉,为了让两个弟弟成名,他故意把家产分为三份,自己取最好的,让亲友邻里骂哥哥贪婪,推崇两个弟弟谦让。

等到两个弟弟有所成就被推举为孝廉时,许武才召集亲朋好友,吐露了自己成就弟弟的苦心。从此乡邻都称他"孝悌许武"。郡守和州刺史推荐许出来为民服务,请他担任"议郎"。

许武先为两个弟弟张罗婚事,而后自己才娶妻。虽然声望显赫,他却辞官返乡,两个弟弟也辞官返乡,此后兄弟们一直生活在一起,相处非常融洽。

二、非居民个人工资、薪金所得,劳务报酬所得,稿酬所得,特许权使用费所得应纳税所得额及应纳税额的计算

非居民个人工资、薪金所得,劳务报酬所得,稿酬所得,特许权使用费所得分项独立计税,均适用月度七级超额累进税率。由扣缴义务人按月或按次代扣代缴税款,不办理汇算清缴。

1. 工资、薪金所得

非居民个人工资、薪金所得按月计税,以每月收入额减除费用5 000元为应纳税所得额。

月应纳税所得额 = 每月收入额 − 费用5 000

应纳税额 = 应纳税所得额 × 适用税率 − 速算扣除数

2. 劳务报酬所得、特许权使用费所得

劳务报酬所得、特许权使用费所得均按次计税,以每次收入额为应纳税所得额,收入额即每次收入减除20%的费用的余额。

应纳税所得额 = 每次收入 × (1 − 20%)

应纳税额 = 应纳税所得额 × 适用税率 − 速算扣除数

3. 稿酬所得

稿酬所得按次计税,以收入减除20%费用后的余额再减按70%计算应纳税所得额。

应纳税所得额 = 每次收入 × (1 − 20%) × 70%

应纳税额 = 应纳税所得额 × 适用税率 − 速算扣除数

【对比】非居民个人劳务报酬所得、稿酬所得、特许权使用费所得的应纳税所得额跟居民个人综合所得按年汇总计算时三项所得的年收入额的计算公式一致。

【案例6-11】非居民个人汤姆2024年1月从翠云山酒厂取得工资收入20 000元,从花果山公司一次取得劳务报酬收入10 000元,从西游出版社一次取得稿酬收入5 000元,从高老庄酒店一次取得特许权使用费收入4 000元,均不享受免税政策,计算其1月份应预缴个人所得税。

【答案】

(1) 工资、薪金所得:

应纳税所得额 = 20 000 − 5 000 = 15 000(元);

应纳税额 = 15 000 × 20% − 1 410 = 1 590(元)。

(2) 劳务报酬所得:

应纳税所得额 = 10 000 × (1 − 20%) = 8 000(元);

应纳税额 = 8 000 × 10% − 210 = 590(元)。

(3)稿酬所得:

应纳税所得额 = 5 000 × (1 - 20%) × 70% = 2 800 (元);

应纳税额 = 2 800 × 3% = 84 (元)。

(4)特许权使用费所得:

应纳税所得额 = 4 000 × (1 - 20%) = 3 200 (元);

应纳税额 = 3 200 × 10% - 210 = 110 (元)。

(5)1月应纳税额:

1月应纳税额 = 1 590 + 590 + 84 + 110 = 2 374 (元)。

三、专项附加扣除

(一)赡养老人

1. 扣除内容

被赡养人指年满60岁的父母以及子女均已去世的年满60岁的祖父母、外祖父母。

【提示】被赡养人不包括配偶的父母,即岳父岳母、公公婆婆赡养费不得本人扣除。

2. 扣除标准

(1)纳税人为独生子女的,按照3 000元/月的标准定额扣除。

(2)纳税人为非独生子女的,由其与兄弟姐妹按3 000元/月的扣除额度分摊,每人分摊的额度不能超过每月1 500元。

【提示】扣除标准与赡养老人的数量无关。

3. 扣除方式

可以由赡养人均摊或约定分摊,也可以由被赡养人指定分摊,指定分摊优于约定分摊。具体分摊方式在一个纳税年度内不得变更。

4. 扣除时间

扣除时间为被赡养人年满60周岁的当月至赡养义务终止的年末。

5. 证明资料

约定或指定分摊的须签订书面分摊协议。

传统美德

二十四孝典型故事

1. 亲尝汤药——汉文帝刘恒

汉文帝刘恒生母是薄太后,他即帝位后侍奉母亲从不懈怠。母亲常年生病,一病就是三年,文帝常常目不交睫、衣不解带地亲自照顾,给母亲服用的汤药,一定要亲口尝过再让母亲服用,以仁孝之名闻天下。

诗赞曰:"仁孝临天下,巍巍冠百王。莫庭事贤母,汤药必亲尝。"

2. 百里负米——子路

子路年轻时家里很穷,经常吃野菜,却把自己的俸米从百里外背回家给双亲吃。双亲去世后子路为官生活条件得到极大改善,吃饭时却叹息宁愿像过去一样吃野菜,继续从百里外背米供养双亲。

诗赞曰:"负米供旨甘,宁辞百里遥。身荣亲已殁,犹念旧劬劳。"

3. 戏彩娱亲——老莱子

周朝时有个老人叫莱子,非常孝顺,总是竭尽所能做可口的食物伺候二老双亲。年届七十从不在父母面前说老。他常穿鲜艳的婴儿装在双亲身边戏舞昵;为老人端洗脚水时,假装跌倒,趴地上学婴儿哭叫，逗老人开心。

诗赞曰："戏舞学娇痴，春风动彩衣。双亲开口笑，喜色满庭闹。"

"百善孝为先"，古人云："羊有跪乳之恩，鸦有反哺之义。"孝是中华传统美德的重要组成部分，孝是修身立德之本，是个人修养的重要内容。现在更应该提倡孝道，以发挥它应有的时代价值，我们要在家孝敬父母长辈，在外尊敬他人，与人和睦相处，使社会秩序稳定和谐。

（二）子女教育

1. 扣除内容

纳税人年满3岁的子女接受学前教育和全日制学历教育的相关支出。

（1）学前教育：年满3岁至小学入学前教育。

（2）学历教育：义务教育（小学、初中）、高中教育（普通高中、中等职业、技工教育）、高等教育（大学专科、大学本科、硕士研究生、博士研究生）。

2. 扣除标准

按照每个子女2 000元/月的标准定额扣除。

3. 扣除方式

父母可选择由其中一方按扣除标准的100%扣除，也可分别按扣除标准的50%扣除；具体扣除方式在一个纳税年度内不得变更。

【提示】纳税人有两个及两个以上子女的，每个子女的扣除方式可以不相同。

4. 扣除时间

（1）学前教育：子女年满3周岁的当月至小学入学的前一月。

（2）学历教育：子女接受全日制学历教育入学的当月至全日制学历教育结束的当月。

【提示】扣除时间包含因病或其他非主观原因休学但学籍继续保留的休学期间，以及按规定组织实施的寒暑假等假期。

5. 证明资料

纳税人子女在境外接受教育的，应留存境外学校录取通知书、留学签证等相关教育的证明资料备查。

（三）继续教育

1. 扣除内容

（1）中国境内学历（学位）继续教育的支出。

（2）技能人员职业资格继续教育、专业技术人员职业资格继续教育支出。

2. 扣除标准

（1）学历（学位）教育期间按照400元/月（每年4 800元）定额扣除；同一学历（学位）继续教育扣除期不得超过48个月。

（2）技能人员职业资格继续教育、专业技术人员职业资格继续教育在取得相关证书的当年，按照3 600元定额扣除。

3. 扣除方式

个人本科及以下学历（学位）继续教育支出，可以选择由其父母扣除，也可以选择由本人扣除，但不得同时扣除。

4. 扣除时间

（1）学历（学位）继续教育，为在中国境内接受学历（学位）继续教育入学的当月至学历（学位）继续教育结束的当月。

（2）技能人员职业资格继续教育、专业技术人员职业资格继续教育，为取得相关证书的当年。

【提示】扣除时间包含因病或其他非主观原因休学但学籍继续保留的休学期间,以及按规定组织实施的寒暑假等假期。

5. 证明资料

技能人员职业资格继续教育、专业技术人员职业资格继续教育需要留存相关证书等资料备查。

励志人物

北大保安自考本科逆袭成为校长

初中毕业后,张俊成成为北京大学的一名保安。北大有很多外国留学生,张俊成无法用英语和外国人交流,有些外国人瞧不起他,有的冲他倒竖拇指,眼神中满是不屑。张俊成暗下决心,一定要把英语学好。经过不懈努力,1995 年他通过自考上了北京大学。后来他开办了一所职业中学,成为学校的校长,他也成了学生学习的榜样。

在张俊成带动下,有 500 多名北大保安通过自学读了大学,改变了自己的命运。

学无止境,勤则可达志存高远,恒亦能成。时代的变迁和发展需要我们活到老、学到老。

(四)住房贷款利息

1. 扣除内容

纳税人本人或者配偶单独或者共同使用商业银行或者住房公积金个人住房贷款为本人或者其配偶购买中国境内住房,发生的首套住房贷款利息支出。

【提示】纳税人只能享受一次首套住房贷款的利息扣除。

2. 扣除标准

在实际发生贷款利息的年度按照 1 000 元/月的标准定额扣除。

3. 扣除方式

(1) 经夫妻双方约定,可以选择由其中一方扣除,具体扣除方式在一个纳税年度内不能变更。

(2) 夫妻双方婚前分别购买住房发生的首套住房贷款,其贷款利息支出,婚后可以选择其中一套购买的住房,由购买方按扣除标准的 100% 扣除,也可以由夫妻双方对各自购买的住房分别按扣除标准的 50% 扣除,具体扣除方式在一个纳税年度内不能变更。

【提示】婚前分别购房的可以选一套由购买方扣 100%,也可以双方分别扣自买住房的 50%;婚后买房的可以任选一方扣。

4. 扣除时间

扣除时间为贷款合同约定开始还款的当月至贷款全部归还或贷款合同终止的当月,扣除期限最长不得超过 240 个月。

5. 证明资料

纳税人应当留存住房贷款合同、贷款还款支出凭证备查。

(五)住房租金

1. 扣除内容

纳税人在主要工作城市没有自有住房而发生的住房租金支出,可以按规定标准扣除。

【提示】纳税人配偶在纳税人主要工作城市有自有住房的,视同纳税人在主要工作城市有自有住房。

2. 扣除标准

(1) 直辖市、省会(首府)城市、计划单列市以及国务院确定的其他城市为 1 500 元/月。

(2) 市辖区户籍人口超过 100 万的城市为 1 100 元/月。

（3）市辖区户籍人口不超过100万的城市为800元/月。

3. 扣除方式

夫妻双方主要工作城市相同的，只能由一方扣除住房租金支出。由签订租赁住房合同的承租人扣除。

4. 扣除时间

扣除时间为租赁合同（协议）约定的房屋租赁期开始的当月至租赁期结束的当月。提前终止合同（协议）的，以实际租赁期限为准。

5. 证明资料

纳税人应当留存住房租赁合同、协议等有关资料备查。

【提示】纳税人及其配偶在同一年内不得同时扣除住房贷款利息和住房租金。

年轻人对购房应该量力而行，切勿盲目攀比跟风，在经济条件不允许可的情况下可以先租房。租房时要通过正规渠道寻找房源，爱护房内设施。

（六）大病医疗

1. 扣除内容

一个纳税年度内，纳税人发生的与基本医保相关的医药费用支出。

2. 扣除标准

扣除医保报销后个人负担（医保目录范围内的自付部分）累计超过15 000元的部分，在80 000元限额内，在汇算清缴时扣除。

【对比】大病医疗只能在汇算清缴时扣除，其他专项附加扣除项目可以选择预扣预缴时扣除，也可以汇算清缴扣除。

3. 扣除方式

（1）本人的医药费用支出可以选择本人或者配偶扣除。

（2）未成年子女发生的医药费用支出可以选择由其父母一方扣除。

（3）纳税人及其配偶、未成年子女发生的医药费用支出，应分别计算扣除额。

4. 扣除时间

扣除时间为医疗保障信息系统记录的医药费用实际支出的当年。

5. 证明资料

纳税人应当留存医药服务收费及医保报销相关票据原件（或者复印件）等资料备查。

【提示】我国农村人口众多，过去形容农民"十病九贫"，国家推行"新农合"政策，解决了农民看病难、看病贵的难题，进一步健全了社会保障体系。

（七）3岁以下婴幼儿照护

1. 扣除内容

纳税人照护3周岁以下婴幼儿子女的相关支出。

2. 扣除标准

按每个婴幼儿2 000元/月的标准定额扣除。

3. 扣除方式

父母可选择由其中一方按扣除标准的100%扣除，也可分别按扣除标准的50%扣除；具体扣除方式在一个纳税年度内不得变更。

【提示】纳税人有两个及两个以上婴幼儿子女的，每个子女的扣除方式可以不相同。

4. 扣除时间

从婴儿出生的当月至满三周岁的前一个月。

5. 证明资料

《出生医学证明》或《居民户口簿》等。

【提示】将3岁以下婴幼儿照护费用纳入个人所得税专项附加扣除，是党中央、国务院根据我国人口发展变化形势作出的重大决策，是促进人口长期均衡发展、推动高质量发展的重大举措，是优化生育政策的重要配套支持措施，体现了国家对人民群众生育养育的鼓励和照顾，有利于减轻人民群众抚养子女负担。

【提示】上述7项专项附加扣除均实行"申报即可享受，资料留存备查"的服务管理模式，申报时不用向税务机关报送相关证明资料。

【案例6-12】（多选题）下列关于专项附加扣除的说法，符合个人所得税相关规定的有（ ）。

A. 住房贷款利息扣除的期限最长不得超过240个月
B. 直辖市的住房租金支出的扣除标准是每月1 500元
C. 个人接受本科及以上学历继续教育的，可以选择由其父母扣除，也可以本人扣除
D. 赡养老人专项附加扣除的起始时间为被赡养人年满60周岁的当月

【答案】ABD

【解析】选项C：本科及以下学历（学位）继续教育的可以选择由其父母扣除，也可以本人扣除。

【案例6-13】（单选题）下列关于个人所得税专项附加扣除的说法，不正确的是（ ）。

A. 子女教育支出按照子女数量扣除
B. 赡养老人支出按照被赡养老人数量扣除
C. 专业技术人员职业资格继续教育取得证书的当年才能扣除
D. 大病医疗支出只能在汇算清缴时扣除

【答案】B

【解析】选项B，确定税前可以扣除的赡养老人支出时不考虑被赡养人的数量。

四、专项附加扣除税收筹划

【思考】专项附加扣除有些项目既可以夫妻共同扣除，也可以由一方扣除，应该如何选择扣除方案呢？

【案例6-14】李先生是某公司高管，2023年收入30万元，个人缴纳的社保和公积金8万元。其太太是某单位会计，2023年收入15万元，个人缴纳的社保和公积金4万元。

下面是李先生家庭专项附加扣除资料。

（1）子女情况。
①女儿7岁，在某小学就读一年级。
②儿子2岁，由保姆看护，保姆费一年6万元。

（2）住房贷款及租房情况。
①两年前夫妻共同贷款购买首套住房，每月还贷6 000元，贷款利息为1 200元。
②因所购房子尚未交付使用，目前租房居住，房子在省会城市，每月租金3 000元。

（3）父母情况。
①李先生父亲70岁，母亲65岁。李先生有1个弟弟、1个妹妹，弟弟、妹妹年收入均为6万元，个人缴纳的社保和公积金为0.8万元。
②李太太为独生女，父母均超过60岁。

（4）继续教育情况。
李太太2023年花费5 000元培训费参加注册会计师考试，并顺利拿到证书。

要求：请为李先生和李太太设计个人所得税专项附加扣除方案，使其家庭承担的个人所得税最低。

【答案】

(1) 首先确定专项附加扣除项目。

①子女教育 2 000 元/月,可以一人扣,也可以夫妻各扣 1 000 元;

②3 岁以下婴幼儿照护 2 000 元/月,可以由夫妻一人扣,也可以夫妻各扣 1 000 元;

③房贷利息 1 000 元/月,或住房租金 1 500 元/月,应选择扣除住房租金 1 500 元/月,可以选择由夫妻一方签合同并扣除;

④赡养老人:李先生跟弟弟妹妹共同扣除 3 000 元/月,每人限额 1 500 元,李太太自己扣除 3 000 元/月;

⑤继续教育:李太太当年可以扣除 3 600 元。

(2) 计算李先生及家人的全年收入减固定费用 6 万元、专项附加及个人独立扣除的专项附加后的余额及适用税率。

李先生:30 - 6 - 8 = 16(万元),适用 20% 的税率;

李太太:15 - 6 - 4 - 3.6 - 0.36 = 1.04(万元),适用 3% 的税率;

李先生弟弟、妹妹:6 - 6 - 0.8 = -0.8(万元),当年不需要缴税。

(3) 判断其他专项附加扣除项目扣除方式。

因为李先生适用税率高于李太太及弟弟、妹妹,因此子女教育、3 岁以下婴幼儿照护、住房租金应由李先生扣除;赡养老人由李先生选择最高扣除额度 1 500 元/月。

(4) 计算应纳税额。

①李先生应纳税额。

应纳税所得额 = 30 - 6 - 8 - 2.4 - 2.4 - 1.8 - 1.8 = 7.6(万元)。

应纳税额 = 76 000 × 10% = 7 600(元)。

②李太太应纳税额。

应纳税额 = 10 400 × 3% = 312(元)。

【总结】专项附加扣除的扣除方案应该以家庭税负最低为目标。

任务三 其他项目咋算税

【思考】厘清了综合所得家庭四兄弟的税,其他 5 个独立计税的项目又是如何计税的呢?

【教学资源】本知识点对应精品课程视频。

个体经营咋算税

财产租售咋交税

一、经营所得

经营所得个人所得税也分核定征收和查账征收两种方式,我们重点讲解查账征收方式的税款计算。

经营所得应纳税所得额 = 每一纳税年度的收入总额 - 成本、费用、损失

经营所得应纳税额 = 应纳税所得额 × 适用税率 - 速算扣除数

(一) 个体工商户的生产经营所得

实行查账征收的个体工商户的生产、经营所得按月或按季度预缴税款、年终汇算清缴。适用

5%~35%的五级超额累进税率,实行查账征收的以应纳税所得额按适用税率计算应纳税额。

应纳税所得额=收入总额-成本-费用-损失-税金-其他支出-允许弥补的以前年度亏损

应纳税额=应纳税所得额×适用税率-速算扣除数

【提示】 自2023年1月1日至2027年12月31日,对个体工商户年应纳税所得额不超过200万元的部分,减半征收个人所得税。个体工商户在享受现行其他个人所得税优惠政策的基础上,可叠加享受本条优惠政策。

除下列费用外,个体工商户生产、经营所得的其他成本、费用、损失扣除跟企业所得税的扣除规定一致。

1. 工资薪金

(1) 支付给从业人员的、合理的工资薪金支出,准予扣除。

(2) 业主的工资不允许在税前扣除,没有综合所得的,计算每年应纳税所得额时,允许减除费用6万元。

【提示】 投资者兴办两个或两个以上企业的,只能选一个企业扣除6万元。

2. 基本"五险一金"

(1) 个体工商户为业主和从业人员按规定缴纳的"五险一金",单位承担部分准予扣除。

(2) 取得经营所得的业主,没有综合所得的,可以减除其专项扣除、专项附加扣除以及依法确定的其他扣除,专项附加扣除在办理汇算清缴时减除。

【提示】 自2022年1月1日起,个人向个人养老金资金账户的缴费,按照12 000元/年的限额标准,在经营所得中据实扣除。

3. 补充养老保险、补充医疗保险

(1) 为从业人员缴纳的,分别在不超过当地从业人员工资总额5%标准内的部分据实扣除。

(2) 为业主缴纳的,以当地上年度社会平均工资的3倍为基数,分别在不超过该基数5%标准内的部分据实扣除。

4. 职工三项经费

个体工商户职工三项经费扣除规定如表6-6所示。

表6-6 个体工商户职工三项经费扣除规定

项目	扣除限额比例	计算基数	
		从业人员工资	业主工资
职工福利费	14%	实际发放从业人员工资总额	当地(地级市)上年度社会平均工资的3倍
工会经费	2%		
职工教育经费	2.5%		

【对比】 企业所得税职工教育经费的扣除限额比例为8%,其他两项费用比例同经营所得一致。

5. 生产经营费用

应当分别核算生产经营费用和个人家庭费用。难以分清的,40%视为生产经营费用准予扣除。

6. 研究开发费用

个体工商户研究开发新产品、新技术、新工艺所发生的开发费用,以及研发而购置单台价值在10万元以下的测试仪器、试验性装置的购置费可直接扣除。单台价值在10万元以上(含10万元)的测试仪器和试验性装置,按固定资产管理,不得在当期直接扣除。

【对比】 对所有行业的企业在2014年1月1日后新购进专门用于研发的仪器、设备,单位价

值不超过100万元的，允许计入当期成本费用一次性扣除；单位价值超过100万元的，可缩短折旧年限或采取加速折旧的方法。

7. 公益性捐赠

个体工商户的公益性捐赠，不超过其应纳税所得额30%的部分可以据实扣除。财政部、国家税务总局规定可以全额在税前扣除的捐赠支出项目，按有关规定执行。直接对受益人的捐赠不得扣除。

【对比】企业所得税公益捐赠扣除限额为利润总额的12%，超过部分准予结转3年内扣除。

8. 开办费

个体工商户自申请营业执照之日起至开始生产经营之日止所发生符合规定的费用，除为取得固定资产、无形资产的支出，以及应计入资产价值的汇兑损益、利息支出外，作为开办费，可以选择在开始生产经营的当年一次性扣除，也可自生产经营月份起在不短于3年期限内摊销扣除，但一经选定，不得改变。

【对比】企业所得税开办费自生产经营月份起在不短于3年期限内摊销扣除。

【提示】个体工商户有两处或两处以上经营机构的，选择并固定向其中一处经营机构所在地主管税务机关申报缴纳个人所得税。

（二）个人独资企业和合伙企业投资者的经营所得

个人独资企业以投资者为纳税人，合伙企业以每一个合伙人为纳税人。比照"个体工商户的生产、经营所得"，适用5%~35%五级超额累进税率。

投资者兴办两个或两个以上企业的（包括参与兴办），年度终了时，应汇总从所有企业取得的应纳税所得额，据此确定适用税率并计算缴纳个人所得税。

【提示】合伙企业的合伙人是法人和其他组织的，缴纳企业所得税，合伙人不得用合伙企业的亏损抵减其自身企业的盈利。

实行查账征收的，计算生产经营所得时，除下列项目外，其他扣除项目比照个体工商户相关规定执行。

（1）投资者工资不得在税前直接扣除，投资者的费用扣除标准为60 000元/年（即5 000元/月）。投资者兴办两个或两个以上企业的，其费用扣除标准由投资者选择在其中一个企业的生产经营所得中扣除。

（2）投资者及其家庭发生的生活费用不允许在税前扣除。生活费用与企业生产经营费用混合在一起难以划分的，全部视为生活费用，不允许税前扣除。

（3）投资者及其家庭共用的固定资产，难以划分的，由税务机关核定准予在税前扣除的折旧费用的数额或比例。

【思考】劳务报酬所得要并入综合所得按3%~45%七级超额累进税率计税，而个人独资企业的投资者及合伙企业的合伙人可以按照经营所得扣除成本费用适用5%~35%的五级超额累进税率计税。高收入者能否将劳务报酬所得转换为经营所得合法节税呢？

自由职业者八戒以个人名义对外提供策划、培训活动取得的收入属于劳务报酬所得；如果他注册个人独资企业以企业名义对外承接策划、培训业务就可以按照经营所得扣除他雇用沙师弟及租赁场地等成本费用支出。

法治中国

某主播转换所得项目偷税案

为何某主播因将个人直播带货获取的佣金、坑位费等劳务报酬转为企业经营所得，最终被定为虚假申报偷逃税款，被追缴税款、加收滞纳金并处罚款共计13.41亿元呢？

品牌方一般与MCN公司直接签署直播电商推广合同并结算相关费用，机构再跟主播分成，主播个人从机构取得的收入就是劳务报酬所得。某主播为了少交税，多处注册个人独资企业和合伙企业（选择核定征收方式，利用区域性税收优惠政策），通过这些企业给MCN机构开发票结算，将个人的劳务报酬所得转换成公司的经营所得。但他们注册的这些公司并没有任何实质性经营业务，纯粹是虚构业务转换所得项目，从而代替个人开票结算，达到逃避税款的目的，因此被定性为偷税行为。

由此可见，不是不能通过个人独资企业或合伙企业合法节税，而是不能像某主播这样通过个人独资企业、合伙企业虚构业务避税。

二、财产租赁所得

财产租赁所得按次计税，以一个月内取得的收入为一次，相当于按月计税。财产租赁所得一般以个人每次取得的不含增值税收入额，减规定扣除费用后的余额为应纳税所得额。

个人取得的财产转租收入，应按"财产租赁所得"缴纳个人所得税。转租人转租房屋支付的租金允许扣除，但必须提交租赁合同和支付租金的合法凭证，否则不得扣除。

1. 规定扣除费用

（1）财产租赁过程中缴纳的税费（城建税及教育附加、地方教育附加、房产税），必须提供完税证明才能扣除。

【提示】财产出租缴纳的增值税不允许扣除，个人转租房屋向出租方支付的增值税税款予以扣除。

（2）由纳税人负担的出租财产实际开支的修缮费用，必须提供有效准确的凭证，扣除额以每次800元为限，一次扣除不完的，准予下一次继续扣除，直到扣完为止。

（3）税法规定的定额或定率扣除费用：每次（月）不超过4 000元的，定额减除800元；每次（月）超过4000元的，定率减除20%。

2. 费用扣除顺序

（1）首先扣除财产租赁过程中缴纳的税费。

（2）再按规定扣除纳税人负担的修缮费用。

（3）最后减除税法规定的定额或定率扣除费用。

【注释】先扣除税费和修缮费，再判断余额是否超过4 000元，余额不超4 000元的，减800元；余额超过4 000元的，减20%。

3. 应纳税所得额

（1）扣除税费和修缮费后每次（月）收入不超过4 000元的：

应纳税所得额 = 每次（月）收入额 − 税费 − 修缮费用（800元为限）− 800

（2）扣除税费和修缮费后每次（月）收入超过4 000元的：

应纳税所得额 = [每次（月）收入额 − 税费 − 修缮费用（800元为限）] × (1 − 20%)

4. 应纳税额

应纳税额 = 应纳税所得额 × 适用税率20%（出租居民住房10%）

【案例6-15】八戒2023年7月1日开始出租其商铺，每月取得租金收入为10 000元，7月份发生修缮费1 200元，每月可以扣除的税费为700元，均取得合法有效的凭证。计算八戒2023年出租商铺应缴纳的个人所得税。

【答案】7月应纳税额 = (10 000 − 700 − 800) × (1 − 20%) × 20% = 1 360（元）；

8月应纳税额 = (10 000 − 700 − 400) × (1 − 20%) × 20% = 1 424（元）；

9~12月每月应纳税额 = (10 000 − 700) × (1 − 20%) × 20% = 1 488（元）；

全年应纳税额 = 1 360 + 1 424 + 1 488 × 4 = 8 736（元）。

【案例 6-16】 八戒 1 月 1 日起将高老庄的公寓住房按市价出租,每月收取租金 4 500 元。1 月修缮卫生间发生费用 1 200 元,已取得合法有效的支出凭证(不考虑除个人所得税外的其他税费)。计算八戒前两个月出租公寓应缴纳个人所得税。

【答案】 1 月应纳个人所得税 = (4 500 - 800 - 800) × 10% = 290(元)。
2 月应纳个人所得税 = (4 500 - 400) × (1 - 20%) × 10% = 328(元)。

三、财产转让所得

财产转让所得是指个人转让有价证券、股权、合伙企业中的财产份额、不动产、机器设备、车船以及其他财产取得的所得。以转让财产的不含增值税收入额减除财产原值和转让支付的合理税费后的余额为应纳税所得额。

应纳税所得额 = 转让财产的收入额 - 财产原值 - 合理税费

应纳税额 = 应纳税所得额 × 适用税率 20%

财产原值的确定:
(1) 有价证券,为买入价以及买入时按规定缴纳的有关费用。
(2) 建筑物,为建造费或者购进价格以及其他有关税费。
(3) 土地使用权,为取得土地使用权所支付的金额、开发土地的费用以及其他有关税费。
(4) 机器设备、车船,为购进价格、运输费、安装费以及其他相关费用。
(5) 其他财产,参照上述规定确定。

【提示】 个人转让无偿受赠房屋的,以其取得的转让收入减原捐赠人取得该房屋的实际购置成本及赠与和转让过程中受赠人支付的相关税费后的余额作为受赠人的应纳税所得额。受赠人转让价格明显偏低且无正当理由的,税务机关可以按市场评估价格或其他方式核定转让收入。

四、利息、股息、红利所得和偶然所得

利息、股息、红利所得和偶然所得按次纳税,应纳税所得额没有扣除费用。

应纳税所得额 = 每次收入额

应纳税额 = 应纳税所得额 × 适用税率 20%

五、特殊扣除项目

(一) 公益性捐赠

1. 限额扣除的

个人将其所得对教育、扶贫、济困等公益慈善事业进行捐赠,捐赠额未超过纳税人应纳税所得额 30% 的部分,可以从其应纳税所得额中扣除。

【提示】 计算捐赠扣除限额的基数是没有扣除捐赠额的应纳税所得额。

纳税人可自行决定公益捐赠在综合所得、分类所得、经营所得中扣除的顺序。如果选择在分类的财产租赁所得、财产转让所得、利息股息红利所得、偶然所得中扣除,扣除限额为当月分类所得应纳税所得额的 30%;在综合所得、经营所得中扣除的,扣除限额分别为当年综合所得、当年经营所得应纳税所得额的 30%。在当期一个所得项目扣不完的,可以在其他所得项目中继续扣除。

2. 全额扣除的

(1) 个人通过非营利的社会团体和政府部门向农村义务教育、教育事业、红十字事业、公益性青少年活动场所(其中包括新建)、非营利性老年服务机构、地震灾区等事业的捐赠,计算缴纳个人所得税时,准予在税前全额扣除。

(2) 个人通过中国教育发展基金会、宋庆龄基金会、中国医药卫生事业发展基金会等用于

公益救济性的捐赠,准予在当年个人所得税前全额扣除。

> **道德模范**

韩红,用"命"做公益

韩红在2007年发起"爱心西藏行"等公益活动,2008年5月14日成立"韩红爱心救援团队"前往汶川灾区支持救援,2012年5月9日注册成立了韩红爱心慈善基金会。韩红的慈善之路并不平坦,她曾饱受质疑,甚至被恶意诋毁,但她坚守自己的爱心与善良,在公益的路上坚持了十几年。她捐出了自己的全部身家,有两次还差点搭上性命。韩红不仅自己亲自捐赠,还号召众多明星参与慈善。做公益不能靠一个人奋战,众人拾柴火焰高。

(二)商业健康险

对个人购买符合规定的商业健康保险产品的支出,允许在当年(月)计算应纳税所得额时予以税前扣除,扣除限额为2 400元/年(200元/月)。单位统一为员工购买符合规定的商业健康保险产品的支出,应分别计入员工个人工资薪金,视同个人购买,按上述限额予以扣除。2 400元/年(200元/月)的限额扣除为个人所得税法规定减除费用标准之外的扣除。

允许扣除商业健康险的纳税人,包括取得工资薪金所得、连续性劳务报酬所得的个人,取得个体工商户生产经营所得、对企事业单位的承包承租经营所得的个体工商户业主、个人独资企业投资者、合伙企业合伙人和承包承租经营者。

六、一人兼有多项应税所得

第一步:判断个人所得应税项目类别。
第二步:分项确定应纳税所得额并计算应纳税额。

【案例6-17】 居民个人唐某是西游大学的一名教师,2023年全部收入如下:
(1)每月工资18 000元;
(2)全年稿酬所得30 000元;
(3)参加某培训机构组织的培训取得收入35 000元;
(4)购买彩票中奖20 000元(非福利彩票、赈灾彩票、体育彩票);
(5)每月投资取得利息所得2 000元;
(6)有两处自有住房,转让其中一处取得收入1 000 000元,该房屋原价650 000元,转让手续费及税费(不含增值税)50 000元;
(7)个人承担的三险一金每月为4 000元,专项附加扣除每月为5 000元。
(8)通过公益组织对扶贫事业捐赠5 000元,选择先用偶然所得扣除。
计算唐某当年应纳个人所得税额。

【答案】
(1)综合所得应纳税额。
①工资、薪金所得年收入额 = 18 000 × 12 = 216 000(元);
②稿酬所得年收入额 = 30 000 × (1 - 20%) × 70% = 16 800(元);
③劳务报酬所得年收入额 = 35 000 × (1 - 20%) = 28 000(元);
④综合所得年收入额 = 216 000 + 16 800 + 28 000 = 260 800(元);
⑤综合所得应纳税所得额 = 260 800 - 60 000 - 4 000 × 12 - 5 000 × 12 = 92 800(元);
⑥综合所得应纳税额 = 92 800 × 10% - 2 520 = 6 760(元)。
(2)彩票奖金应纳税额。
允许扣除的捐赠支出 = 20 000 × 30% = 6 000(元),公益捐赠5 000元可以全额扣除。

应纳税额 = (20 000 - 5 000) × 20% = 3 000（元）。

(3) 当年投资利息应纳税额。

当年投资利息应纳税额 = 2 000 × 12 × 20% = 4 800（元）。

(4) 转让房屋应纳税额。

转让房屋应纳税额 = (1 000 000 - 650 000 - 50 000) × 20% = 60 000（元）。

(5) 全年应纳税额。

全年应纳税额 = 6 760 + 3 000 + 4 800 + 60 000 = 74 560（元）。

七、多人兼有一项所得

两个以上的个人同时取得一项收入的，应该对每个人分别取得的收入各自计税，即"先分、再扣、后税"。

【案例6-18】 张某和李某为自由职业者，共同为花果山装修公司提供设计服务，共取得收入50万元，按照劳务合同约定张某分得30万元，李某分得20万元，假设两人2023年均没有其他收入，专项扣除及专项附加扣除合计数均为50 000元，计算二人应缴纳的个人所得税。

【解析】 张某应纳税所得额 = 300 000 - 60 000 - 50 000 = 190 000（元）；

张某应纳税额 = 190 000 × 20% - 16 920 = 21 080（元）。

李某应纳税所得额 = 200 000 - 60 000 - 50 000 = 90 000（元）；

李某应纳税额 = 90 000 × 10% - 2 520 = 6 480（元）。

八、每次收入的确定

(1) 财产租赁所得，一个月内取得的收入为一次。

(2) 利息、股息、红利所得，以支付时取得的收入为一次。

(3) 偶然所得，以每次取得该项收入为一次。

(4) 劳务报酬所得、稿酬所得、特许权使用费所得，属于一次性收入的，以取得该项收入为一次；属于同一项目连续性收入的，以一个月内取得的收入为一次。

九、特殊情形的计税

（一）居民个人全年一次性奖金

居民个人全年一次性奖金在2027年12月31日前可以并入当年综合所得计税；也可以不并入当年综合所得，将当月取得的全年一次性奖金除以12，按其商数依据月度七级超额累进税率表确定适用税率和速算扣除数，对奖金单独计税。

【提示】 除全年一次性奖金以外的其他奖金，要求一律并入当月工资、薪金收入计税。

【案例6-19】 居民个人八戒，2023年2月一次性领取年终奖42 000元，他选择不并入当年综合所得单独计税，请计算其取得该笔奖金应缴纳的个人所得税。

【答案及解析】 商数 = 42 000 ÷ 12 = 3 500（元），适用10%的税率，速算扣除数为210元。

应纳税额 = 42 000 × 10% - 210 = 3 990（元）。

（二）解除劳动关系、提前退休、内部退养的一次性补偿收入

1. 个人与用人单位解除劳动关系取得一次性补偿收入（包括用人单位发放的经济补偿金、生活补助费和其他补助费）

(1) 在当地上年职工平均工资3倍数额以内的部分，免征个人所得税。

(2) 超过当地上年职工平均工资3倍数额的部分，不并入当年综合所得，适用年度七级超额累进税率表，独立计税。

【案例6-20】假如八戒2023年10月31日与翠云山酒厂解除劳动关系，八戒在本企业工作年限为8年，领取经济补偿金200 000元。假定当地上年度职工平均工资为50 000元，计算八戒该笔经济补偿金应缴纳的个人所得税。

【答案】超过上年平均工资3倍的补偿金 = 200 000 - 50 000 × 3 = 50 000（元）；

应纳个人所得税 = 50 000 × 10% - 2 520 = 2 480（元）。

2. 个人办理提前退休手续而取得的一次性补贴收入

个人办理提前退休手续而取得的一次性补贴收入，应按照办理提前退休手续至法定离退休年龄之间实际年度数平均分摊，根据年度七级超额累进税率表，确定适用税率和速算扣除数，单独计算纳税。

应纳税额 = [（一次性补贴收入 ÷ 办理提前退休手续至法定退休年龄的实际年度数 - 费用扣除标准）× 适用税率 - 速算扣除数] × 办理提前退休手续至法定退休年龄的实际年度数

3. 个人办理内部退养手续而取得的一次性补贴收入

（1）实行内部退养的个人在其办理内部退养手续后至法定离退休年龄之间从原任职单位取得的工资、薪金，不属于离退休工资，应按"工资、薪金所得"项目计征个人所得税。

（2）个人在办理内部退养手续后从原任职单位取得的一次性收入，应按办理内部退养手续后至法定离退休年龄之间的所属月份进行平均，并与领取当月的工资、薪金所得合并后减除当月费用扣除标准，以余额为基数根据月度七级超额累进税率表确定适用税率和速算扣除数，再将当月工资、薪金加上取得的一次性收入，减去费用扣除标准，按前面确定的适用税率计税。

【提示】思路：商数→余额→税率和速算扣除数→应纳税额

①商数 = 内部退养收入/办理内部退养手续后至法定离退休年龄之间的所属月份。

②余额 = 商数 + 当月工资、薪金 - 费用扣除标准，据以确定适用税率和速算扣除数。

③应纳税额 = （内部退养收入 + 当月工资、薪金 - 费用扣除标准）× 税率 - 速算扣除数。

（3）个人在办理内部退养手续后至法定离退休年龄之间重新就业取得的工资、薪金所得，应与其从原任职单位取得的同一月份的工资、薪金所得合并，自行向主管税务机关申报纳税。

【对比】年终奖选择单独计税的换算成月度收入，根据月度税率表对总收入按月计税。

解除劳动关系一次性补偿，当地平均工资3倍内的免税，超过3倍部分根据年度税率表按年计税。

提前退休一次性补贴按剩余年数换算成年度收入，根据年度税率表按年计税。

内部退养一次性补贴按剩余月数换算成月度收入，跟当月收入合并减除扣除费用，根据月度税率表，对补贴总收入和当月工资计税。

任务四　个税申报超简单

【思考】企业所得税纳税申报表比较复杂，个人所得税的申报会不会跟企业所得税一样复杂呢？

【教学资源】本知识点对应精品课程视频。

个税申报超简单

一、个人所得税税收优惠

（一）法定免税项目

（1）省级人民政府、国务院部委和中国人民解放军以上单位，以及外国组织、国际组织颁发的科学、教育、技术、文化、卫生、体育、环境保护等方面奖金。

（2）国债和国家发行的金融债券利息。

（3）按照国家统一规定发给的补贴、津贴，包括按照国务院规定发给的政府特殊津贴、院士津贴、资深院士津贴和国务院规定免纳个人所得税的其他补贴、津贴。

（4）福利费、抚恤金、救济金。

（5）保险赔款。

（6）军人的转业费、复员费、退役金。

（7）按照国家统一规定发给干部、职工的安家费、退职费、基本养老金或退休费、离休费、离休生活补助费。

【提示】离退休人员除按规定领取离退休工资或养老金外，另从原任职单位取得的各类补贴、奖金、实物，不属于免税的退休工资、离休工资、离休生活补助费，应按"工资、薪金所得"项目纳税。

（8）依照我国有关法律规定应予免税的各国驻华使馆、领事馆的外交代表、领事官员和其他人员的所得。

（9）中国政府参加的国际公约、签订的协议中规定免税的所得。

（10）外籍个人取得的探亲费。

【提示】仅限外籍个人在我国受雇地与其家庭所在地（包括配偶与父母居住地）之间搭乘交通工具，每年不超过 2 次。

（11）个人取得的拆迁补偿款。

（12）经国务院财政部门批准免税的所得。

（二）法定减税项目

（1）残疾、孤老人员和烈属的所得。

【提示】对残疾人个人取得的劳动所得才适用减税规定。

（2）因严重自然灾害造成重大损失的。

（三）其他减免税项目

（1）外籍个人特殊待遇。

①外籍个人以非现金形式或实报实销形式取得的住房补贴、伙食补贴、搬迁费、洗衣费。

②外籍个人按合理标准取得的境内、境外出差补贴。

③外籍个人取得的语言训练费、子女教育费等，经当地税务机关审核批准为合理的部分。

【提示】在 2027 年 12 月 31 日前，外籍个人符合居民个人条件的，可以选择享受个人所得税专项附加扣除，也可以选择按照相关规定，享受住房补贴、语言训练费、子女教育费等津补贴免税优惠政策，但不得同时享受。一经选择在一个纳税年度内不得变更。

④外籍个人从外商投资企业取得的股息、红利所得。

⑤符合条件的外籍专家取得的工资、薪金所得，可免征个人所得税。

a. 根据世界银行专项借款协议，由世界银行直接派往我国工作的外国专家。
- 联合国组织直接派往我国工作的专家；
- 为联合国援助项目来我国工作的专家；
- 援助国派往我国专为该国援助项目工作的专家。

b. 根据两国政府签订的文化交流项目来华工作两年以内的文教专家，其工资、薪金所得由该国负担的。

c. 根据我国大专院校国际交流项目来华工作两年以内的文教专家，其工资、薪金所得由该国负担的。

d. 通过民间科研协定来华工作的专家，其工资、薪金所得由该国政府机构负担的。

（2）个人举报、协查各种违法、犯罪行为而获得的奖金。

（3）个人办理代扣代缴税款手续，按规定取得的扣缴手续费。

（4）个人转让自用达5年以上，并且是唯一的家庭生活用房取得的所得。

（5）对个人购买福利彩票、赈灾彩票、体育彩票，一次中奖收入在1万元以下的（含）暂免征收个人所得税，超过1万元的，全额征收个人所得税。

（6）达到离休、退休年龄，但确因工作需要，适当延长离休、退休年龄的高级专家，其在延长离休、退休期间的工资、薪金所得，视同离休、退休工资免征个人所得税。

（7）对居民个人储蓄存款利息所得，暂免征收个人所得税。

（8）居民个人按照国家规定的范围和标准缴纳的基本养老保险、基本医疗保险、失业保险等社会保险费和住房公积金，允许在个人应纳税所得额中扣除，免于征收个人所得税。

个人实际领取原提存的基本养老保险金、基本医疗保险金、失业保险和住房公积金，免征个人所得税。

（9）生育妇女取得符合规定的生育津贴、生育医疗费或其他属于生育保险性质的津贴、补贴，免征个税。

（10）对工伤职工及其近亲属按照规定取得的一次性伤残保险待遇，免征个人所得税。

（11）对退役士兵按照规定，取得的一次性退役金以及地方政府发放的一次性经济补助，免征个人所得税。

（12）企业和事业单位按规定为职工缴付的企业年金或职业年金，单位缴费部分免征个人所得税；年金个人缴费部分不超过本人缴费工资计费基数的4%标准内的部分，暂免征收个人所得税。

（13）对个体工商户、个人独资企业和合伙企业或个人从事种植业、养殖业、饲养业、捕捞业取得的所得，暂不征收个人所得税。

（14）职工从依照国家有关法律规定宣告破产的企业取得的一次性安置费收入，免征个人所得税。

（15）自2018年11月1日（含）起，对个人转让新三板挂牌公司非原始股取得的所得，暂免征收个人所得税。

【注释】非原始股，是指个人在新三板挂牌公司挂牌后取得的股票，以及由上述股票孳生的送、转股。

【提示】对个人转让新三板挂牌公司原始股取得的所得，按照"财产转让所得"征税。

（16）自2009年5月25日起，对以下情形的房屋产权无偿赠与，对当事双方不征收个人所得税：

①房屋产权所有人将房屋产权无偿赠与配偶、父母、子女、祖父母、外祖父母、孙子女、兄弟姐妹；

②房屋产权所有人将房屋产权无偿赠与对其承担直接抚养或者赡养义务的抚养人或赡养人；

③房屋产权所有人死亡，依法取得房屋产权的法定继承人、遗嘱继承人或受遗赠人。

（17）企业销售产品、提供服务过程中向个人赠送礼品，以下情形免税：

①通过价格折扣、折让给予个人的折扣、折让。

②向个人销售产品、提供服务的同时给予的赠品。

【对比】"买一赠一"销售商品，赠品按视同销售确认销售额缴纳增值税；计算企业所得税时对总销售额按各项商品公允价值比例分摊确认收入（相当于赠品不缴纳企业所得税）；接受"买一赠一"赠品的个人免征个人所得税。（"买一赠一"赠品征收增值税，不征企业所得税、个人所得税。）

③对累积消费达到一定额度的个人按消费积分返赠的礼品。

【案例6-21】（单选题）个人取得的下列所得，免征个人所得税的是（　　）。

A. 县级人民政府颁发的教育方面的奖金　　B. 按国家统一规定发放的补贴、津贴

C. 提前退休发放的一次性补贴　　D. 转让国债的所得

【答案】 B

【解析】 选项A，省级人民政府颁发的教育方面的奖金，免征个人所得税，县级人民政府颁发的不免征个人所得税；选项C，提前退休发放的一次性补贴，不属于免税的离退休工资收入，应按照"工资、薪金所得"项目征收个人所得税；选项D，国债利息收入免征个人所得税，转让国债的所得不免税，要交个人所得税。

二、个人所得税的征收管理

我国对个人所得税实行代扣代缴和自行纳税申报两种纳税申报方式。

纳税人有中国公民身份号码的，以中国公民身份号码为纳税人识别号；纳税人没有中国公民身份号码的，由税务机关赋予其纳税人识别号。扣缴义务人扣缴税款时，纳税人应当向扣缴义务人提供纳税人识别号。

（一）代扣代缴

个人所得税以所得人为纳税人，以支付所得的单位或者个人为扣缴义务人。

1. 代扣代缴的时限

扣缴义务人应当在次月15日内，对其支付所得的所有个人代缴所代扣税款，并向主管税务机关报送相关涉税资料。

【提示】 扣缴义务人应该代扣代缴税款的不仅仅限于本单位职工。

2. 代扣代缴的项目

除经营所得以外的其他8个所得项目都要求实行代扣代缴税款。

对扣缴义务人按照规定扣缴的税款，按年付给2%的手续费，不包括税务机关、司法机关等查补或者责令补扣的税款。

（二）自行纳税申报

税法规定，有下列情形之一的，纳税人应当依法自行办理纳税申报：

（1）取得综合所得需要办理汇算清缴的。

①从两处以上取得综合所得，且综合所得年收入额减除专项扣除后的余额超过60 000元。

【提示】 纳税人有两处以上任职、受雇单位的，选择向其中一处任职、受雇单位所在地主管税务机关办理纳税申报。

②取得劳务报酬所得、稿酬所得、特许权使用费所得中一项或多项所得，且综合所得年收入额减除专项扣除的余额超过60 000元。

③纳税年度内预缴税额低于应纳税额。

④纳税人申请退税。

有以上情况的，纳税人应当在取得所得的次年3月1日至6月30日内办理汇算清缴。

【提示】 2024年1月1日至2027年12月31日居民个人取得的综合所得，年度综合所得收入不超过12万元且需要汇算清缴补税的，或者年度汇算清缴补税金额不超过400元的，居民个人可免于办理个人所得税综合所得汇算清缴。居民个人取得综合所得时存在扣缴义务人未依法预扣预缴税款的情形除外。

（2）取得应税所得没有扣缴义务人的。

纳税人取得应税所得没有扣缴义务人的，应当在取得所得的次月15日内向税务机关申报缴税。

(3) 取得应税所得，扣缴义务人未扣缴税款的。

①居民个人综合所得应当在次年3月1日至6月30日办理汇算清缴。

②非居民个人工资、薪金所得，劳务报酬所得，稿酬所得，特许权使用费所得，应当在取得所得的次年6月30日前，向扣缴义务人所在地主管税务机关纳税申报。

③利息、股息、红利所得，财产租赁所得，财产转让所得和偶然所得，应当在取得所得的次年6月30日前，向主管税务机关办理纳税申报。

(4) 取得境外所得的。

居民个人从中国境外取得所得的，应当在取得所得的次年3月1日至6月30日内办理纳税申报。

(5) 因移居境外注销中国户籍的。

(6) 非居民个人在中国境内从两处以上取得工资、薪金所得的。

非居民个人应当在取得所得的次月15日内，向其中一处任职、受雇单位所在地主管税务机关办理纳税申报。

(7) 国务院规定的其他情形。

【案例6-22】（多选题）个人取得下列各项所得，必须自行纳税申报的有（　　）。

A. 受雇于国内某公司取得工资、薪金所得

B. 非居民个人在中国境内从两处以上取得工资、薪金所得

C. 从中国境外取得的所得

D. 因移居境外注销中国户籍

【答案】BCD

【解析】选项A，应由国内受雇公司支付工资薪金时代扣代缴个人所得税。

（三）经营所得纳税申报

(1) 纳税人取得经营所得，按年计算，在月度或季度终了后15日内，向经营管理所在地主管税务机关办理预缴纳税申报。

(2) 在取得所得的次年3月31日前，向经营管理所在地主管税务机关办理汇算清缴；从两处以上取得经营所得的，选择向其中一处经营管理所在地主管税务机关办理年度汇总申报。

三、个人所得税纳税申报

（一）扣缴义务人代扣代缴

在"自然人电子税务局（扣缴端）"进行申报扣缴税款。

纳税人可以在当地税务机关官网下载"自然人电子税务局（扣缴端）"。

1. 扣缴申报的步骤

(1) 在"人员信息采集"处登记人员信息。

人员信息可以逐一添加，也可以下载模板填写导入。

【提示】一旦进行扣缴申报，纳税人信息无法在系统删除，员工离职后应在离职人员信息处填写离职时间，修改人员状态。

(2) 在"专项附加扣除信息采集"处填写专项附加扣除信息。

专项附加扣除信息可以由扣缴义务人统一采集，也可以由纳税人自行采集。

扣缴义务人可以用表格导入所有人员专项附加扣除信息，后续扣缴年度在年初申报前可以下载全部人员信息，修改后再导入，如果信息没有变化可以直接迁入上年数据。

(3) 根据扣缴项目选择并填写申报表。

(4) 申报表报送。

(5) 网上扣缴税款。

2. 正常工资、薪金所得申报扣缴流程

(1) 先进行收入及减除填写。

选择"正常工资薪金所得",可以逐一添加,也可下载模板填写后导入。

【提示】专项附加扣除项目的数据不需要填写。

(2) 税款计算,系统可以自动计算应扣缴税款。

(3) 如有减免税或公益捐赠等项目,进行附表填写。

(4) 申报表报送,申报完成。

【提示】同其他税种一样,申报后发现错误的可以更正申报。

(5) 选择三方协议缴税,进行税款缴纳。

(二) 自行纳税申报

1. 日常自行纳税申报

适用于居民个人取得应税所得,扣缴义务人未扣缴税款;非居民个人取得应税所得,扣缴义务人未扣缴税款;非居民个人在中国境内从两处以上取得工资、薪金所得等情形。

2. 年度汇算清缴

(1) 在"自然人电子税务局"(https://etax.chinatax.gov.cn/)→"年度汇算"进行申报,如图 6-1 所示。

图 6-1 自然人电子税务局——年度汇算

(2) 用手机在"个人所得税"APP 申报,如图 6-2 所示。

【提示】大病医疗汇算清缴才可以扣除,纳税人汇算清缴前要先完善专项附加扣除信息。

2027 年 12 月 31 日前年终奖可以单独计税,也可以计入综合所得一并计税,汇算清缴时纳税人可以根据自己情况选择适合自己的方式。

法治中国

虚假个税年度汇算申报典型案例

案例 1. 虚报减免税优惠

杨某任职于昆明某酒店,刷抖音看到视频说可以退税,就按视频提示虚假填报了"其他自然灾害受灾减免个人所得税"优惠项目,申请退税 7 792.12 元,还辅导 7 名同事进行同样操作,

图 6-2 "个人所得税"APP

被税务机关发现，批评教育责令更正申报。

案例 2. 故意减少收入申报

周某同时任职于省外某教育机构及昆明市某中学，认为税务部门无法掌握其在安徽的收入，汇算申报时故意不申报安徽的 28 600 元工资收入，申请退税 2 737 元，被税务机关发现，批评教育责令更正申报。

案例 3. 虚报专项附加扣除项目

周某听信朋友的"退税攻略"，虚增本人大病医疗专项附加扣除，申请退税 326.15 元。税务部门要求提供大病医疗支出凭证等相关资料，周某无法提供。调查发现其大病医疗费用额度达不到抵扣起点，责令其更正申报。

3. 不如实申报个人所得税的后果

（1）影响个人信用记录。

(2) 影响继续享受专项附加扣除税收优惠。

【提示】 纳税人填报专项附加扣除信息存在明显错误，经税务机关通知拒不更正或不说明情况的，税务机关可暂停其享受专项附加扣除。

(3) 面临税务行政处罚或刑事处罚。

【小结】 个人所得税有9个征税项目，居民个人工资薪金所得、劳务报酬所得、稿酬所得、特许权使用费所得并入综合所得，适用七级超额累进税率，按年汇总计税，分项按月或按次预缴，次年汇算清缴；非居民个人工资薪金所得、劳务报酬所得、稿酬所得、特许权使用费所得分项按月或按次计税、不汇算清缴，适用月度七级超额累进税率。经营所得适用五级超额累进税率，按年计税，按月或按季度预缴，次年汇算清缴。其他项目按次分项独立计税，适用20%的比例税率。个人所得税实行支付方代扣代缴、纳税人自行申报两种申报方式，虽然税款计算比较复杂，但无论代扣代缴还是自行申报，申报系统会自动计算税款，申报操作比较便捷。

拓展训练

一、单选题

1. 张三是中国居民个人，以下不并入综合所得计算缴纳个人所得税的是（　　）。
   A. 继承父亲的遗作稿酬所得　　　　B. 为朋友的公司进行讲座所得
   C. 买卖股票所得　　　　　　　　　D. 取得专利权侵权赔偿收入

2. 张三取得一笔稿酬 6 000 元，计入综合所得应纳税所得额的收入额为（　　）元。
   A. 6 000　　　　　　　　　　　　B. 6 000 × (1 − 20%) × 70%
   C. 6 000 × (1 − 20%)　　　　　　D. 6 000 × 20%

3. 个人将所得对教育事业和其他公益事业的捐赠的扣除标准是（　　）。
   A. 应纳税所得额的 12%　　　　　　B. 该项收入的 30%
   C. 所有收入的 30%　　　　　　　　D. 应纳税所得额的 30%

4. 个体工商户职工教育经费的扣除比例是（　　）。
   A. 2.5%　　　　B. 8%　　　　C. 14%　　　　D. 2%

5. 居民纳税人李某一次性取得稿酬收入 20 000 元，按现行个人所得税的相关规定，其预扣预缴个人所得税的应纳税所得额是（　　）元。
   A. 10 000　　　　B. 11 200　　　　C. 16 000　　　　D. 20 000

6. 下列不属于劳务报酬所得的是（　　）。
   A. 雕刻收入　　　　　　　　　　　B. 表演收入
   C. 设计收入　　　　　　　　　　　D. 特许权的经济赔偿收入

7. 根据个人所得税法律制度的规定，居民个人的综合所得，以每一纳税年度的收入额减除费用 6 万元以及专项扣除、专项附加扣除和依法确定的其他扣除后的余额为应纳税所得额。下列各项支出中，不属于专项附加扣除项目的有（　　）。
   A. 住房公积金　　B. 子女教育　　C. 住房租金　　D. 继续教育支出

8. 根据个人所得税法律制度的规定，下列所得中，不属于免税项目的有（　　）。
   A. 保险赔款　　　　　　　　　　　B. 军人的转业费
   C. 举报偷税行为所获奖金　　　　　D. 省级电台有奖竞猜所获奖金

9. 王某为某单位退休职工，根据个人所得税法律制度的规定，其所得不需要缴纳个人所得税的项目是（　　）。
   A. 原单位支付的退休工资　　　　　B. 到甲公司任职取得的工资收入
   C. 从原单位取得的过节慰问费　　　D. 对外出租自己的商铺取得的租金收入

10. 以下符合个人所得税专项附加扣除的办理规定的是（　　）。
    A. 学前教育阶段的计算时间，为子女年满 3 周岁当月至小学入学当月
    B. 学历教育的计算时间，为子女接受全日制学历教育入学的当月至全日制学历教育结束的当月
    C. 同一学历（学位）继续教育的扣除期限最长不得超过 24 个月
    D. 大病医疗的计算时间，为医疗保障信息系统记录的医药费用实际支出的次年

二、多选题

1. 不属于工资、薪金的性质，不征收个人所得税的项目是（　　）。
   A. 独生子女补贴　　B. 托儿补助费　　C. 误餐补助　　D. 差旅费津贴

2. 下列属于非居民纳税人的自然人是（　　）。
   A. 在中国境内无住所且不居住，但有来源于中国境内所得的个人
   B. 在中国境内无住所，但当年在中国境内居住累计满 183 天的个人

C. 在中国境内有住所，但当年在中国境内居住不满 183 天的个人
D. 在中国境内无住所，但当年在中国境内居住累计 90 天的个人

3. 以下不按照实际取得收入时间计算"每次收入"的是（　　）。
   A. 房屋租赁所得   B. 利息所得
   C. 商场抽奖所得   D. 在报纸上连载的稿酬所得

4. 对纳税人所得按年计税的是（　　）。
   A. 居民个人综合所得
   B. 个人独资企业的投资者取得该企业生产经营所得
   C. 个体户中奖所得
   D. 非居民个人工资所得

5. 下列项目中，可以免征个人所得税的是（　　）。
   A. 县政府发放的环境保护奖   B. 购买福利彩票中奖 5 000 元
   C. 在超市购物中奖获得的中奖收入 D. 个人举报偷税行为而获得的奖金

6. 以下纳税人应当自行办理纳税申报的是（　　）。
   A. 取得综合所得需要办理汇算清缴 B. 取得境外所得
   C. 移居境外注销中国户籍   D. 非居民个人在中国境内两处取得工资

7. 下列各项属于特许权使用费所得计征个人所得税的有（　　）。
   A. 转让股权   B. 提供著作权
   C. 提供专利权   D. 转让自己文字作品手稿原件

8. 中国公民李某，2023 年 11 月取得房屋租金收入 6 000 元（不含增值税），房屋租赁过程中缴纳的可以税前扣除的相关税费 240 元，支付房屋修缮费 500 元、购房贷款 2 000 元、取暖费 2 100 元。根据个人所得税法律制度的规定，计算房屋租金收入应缴纳个人所得税税额时准予扣除的有（　　）。
   A. 取暖费 2 100 元   B. 相关税费 240 元   C. 购房贷款 2 000 元   D. 房屋修缮费 500 元

9. 个体工商户业主王某聘请工人李某从事食品加工，在按"经营所得"项目计算王某应缴纳的个人所得税时，下列各项可以扣除的有（　　）。
   A. 王某支取的工资   B. 李某支取的工资
   C. 为王某缴纳的基本社会保险   D. 为李某缴纳的基本社会保险

10. 根据个人所得税法律制度的规定，下列按"经营所得"计征个人所得税的有（　　）。
    A. 个人依法取得执照，从事医疗服务活动取得的所得
    B. 个人承包一家药店，合同约定按取得营业收入的 10% 为其收入所得
    C. 个人出租商业用房取得的所得
    D. 个人承包、承租某企业的所得，合同约定对企业经营成果拥有所有权

三、判断题

1. 个人不在公司任职，仅担任公司董事职务取得的董事费收入，按工资薪金所得项目计税。
（　　）

2. 企业对经销商以研讨会名义组织的免费旅游活动，应根据发生费用按劳务报酬所得纳税。
（　　）

3. 张某承包了一家快餐店，承包合同约定每月领取定额工资外加营业额 5% 的提成，其所得应按承包、承租经营所得纳税。
（　　）

4. 由纳税人负担的出租房屋实际开支的修缮费用，只要提供有效准确的凭证，可以在当月计税时全部扣除。
（　　）

5. 个体工商户的生产、经营所得应纳税款，按年计算，分月或季度预缴，次年 5 月 31 日前

汇算清缴，多退少补。（ ）

6. 个人独资企业以企业资金为业主个人购买的小汽车，视同利润分配，应缴纳个人所得税。（ ）

7. 个体工商户生产经营活动中，应当分别核算生产经营费用和个人、家庭费用；对于生产经营与个人、家庭生活混用难以分清的费用，计算"经营所得"的个人所得税时，不得扣除。（ ）

8. 个人转让自用达 5 年以上的家庭生活用房取得的所得，暂免征收个人所得税。（ ）

9. 纳税人房贷利息支出和住房租金支出不能同时扣除。（ ）

10. 纳税人本人或配偶发生的第二套住房贷款利息支出，可按 1 000 元/月定额扣除。（ ）

11. 投资者兴办两个企业的，投资者个人费用扣除标准 6 万元可以分别在两个企业扣除。（ ）

12. 个人承担配偶父母的赡养费可以作为专项附加扣除。（ ）

四、综合计算题

中国公民李某，2023 年任职甲单位，全年收入如下：

（1）每月取得工资收入 18 000 元。

（2）年末取得年终奖 50 000 元，并入综合所得计税。

（3）当地规定的社会保险和住房公积金个人缴存比例为：基本养老保险 5%、基本医疗保险 2%、失业保险 0.5%、住房公积金 12%。李某正在偿还首套住房贷款及利息；李某有一个独生女儿，正就读大学二年级；李某父母均已年过 60 岁，李某无兄弟姐妹；李某夫妻双方约定由李某扣除住房贷款利息及子女教育费，专项附加扣除选择工资预缴税款时扣除。

（4）为其他单位提供一次为期 5 天的培训，取得劳务报酬收入 25 000 元。

（5）其编写的小说在报刊上连载 20 次后再出版，分别取得报社支付的稿酬 20 000 元、出版社支付的稿酬 15 000 元。

（6）通过当地民政部门捐赠教育事业 10 000 元，选择先用偶然所得扣除。

要求：

（1）计算李某全年应纳个人所得税税额。

（2）计算甲单位 1、2 月每月应为李某代扣代缴个人所得税税额。

五、案例分析题

张明每月工资收入 30 000 元，个人承担的"五险一金"为 5 000 元，妻子每月工资收入 15 000 元，个人承担的"五险一金"为 2 500 元，有两个孩子，女儿 10 岁读小学，儿子 2 岁，婚后夫妻共同买房，每月贷款利息 1 500 元，子女教育和房贷如何扣除可使家庭税负最低（不考虑其他专项附加扣除项目）。

六、思政活动

1. 宣传新个税改革给百姓带来的红利及重要所得项目的计税方法（可以通过抖音、微信朋友圈等方式）。

2. 查阅古今孝道典型故事，在力所能及范围内为自己父母准备一份特殊的母亲节、父亲节礼物。

3. 宣传专项附加扣除信息填报方式及虚假填报的危害（可以通过抖音、微信朋友圈等方式）。

学习评价

评价项目		评价标准	评价方式	分值/分	得分/分
专业知识学习能力	学习在线视频	按照完成率计分	学银在线平台自评	15	
	课前测验	按照系统题量及正确率自动计分	学银在线平台自评	5	
	课堂互动	按照参与活动数量及系统设置分数计分	学银在线平台自评	10	
	课后作业	按照系统题量及正确率自动计分	学银在线平台自评	5	
	项目测验	按照系统题量及正确率自动计分	学银在线平台自评	15	
实践操作能力	工资薪金代扣代缴	完成模拟报税系统案例并提交	教师评价	10	
	个人所得税汇算清缴	完成模拟报税系统案例并提交	教师评价	10	
职业素养	课前活动布置准备	场地布置、情景模拟道具等	教师评价	2	
	考勤	不迟到、不早退、不旷课	学银在线平台自评	3	
	课堂纪律	不喧哗讲话、不玩手机、不睡觉等	教师评价	3	
	课堂小组活动	每次课小组得分：其他小组点评50%＋教师点评50%；确定小组总分后由组长在组员间分配	小组互评＋教师评价＋组长评分	7	
思政教育	宣传新个税	查阅资料、整理宣传资料并截图上传平台	教师评价	5	
	践行对父母的孝道	查阅资料链接、准备礼物并拍图上传平台	教师评价	5	
	宣传专项附加扣除填报	查阅资料、整理宣传资料并截图上传平台	教师评价	5	
总分				100	
教师签字：					

项目七

别具一格小税种

学习目标

（一）知识目标
（1）说出房产税等税种的纳税人、征税对象、税率；
（2）列举房产税等几个税种的计税依据，计算应纳税额；
（3）列举房产税等几个税种的税收优惠；
（4）阐述房产税等税种的纳税时间、纳税地点。

（二）能力目标
（1）能够熟练运用几个税种税收规定解决实际工作中的涉税问题；
（2）能够熟练计算税费并进行纳税申报；
（3）运用税法规定解决生活中的涉税问题；
（4）能够合法筹划降低税负。

（三）素质目标
（1）通过对不同税种学习，培养归纳总结相似知识点的能力；
（2）树立科学价值观，理性消费；
（3）能够绿色出行、节约资源、爱护环境；
（4）弘扬传统美德，诚实守信，践行合约。

思政目标

（1）认识通过税收调控房价、改善民生，推进共同富裕、完善分配制度的重要性；
（2）坚持合理开发利用自然资源、绿色发展、绿水青山就是金山银山的理念；
（3）认识治理污染、生态保护的重要性；
（4）体会坚持教育优先发展的重要意义；
（5）能够廉洁自律，支持反腐倡廉。

税收实务与纳税筹划

知识结构

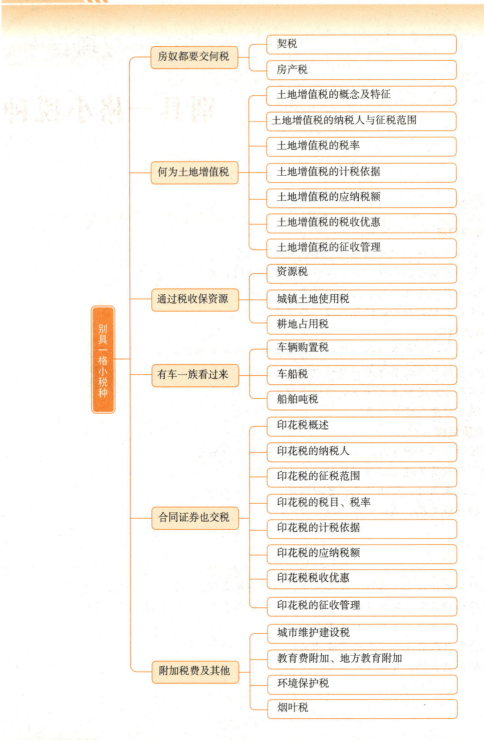

任务导入

学完税收界最知名两大派系流转税和所得税，再来了解税收家族其他成员，看看在我们的衣食住行中还要缴纳哪些税。

任务一 房奴都要交何税

【思考】为何中国人对房子总是情有独钟，不惜集几代人的力量购房，即使面临巨大压力，也在所不辞，要成为房奴呢？房奴又要交哪些税呢？

【教学资源】本知识点对应精品课程视频。

中国的"农耕文化"和国人的"家国伦理"情怀，使得我们心目中的"家"，已不仅仅是遮风避雨的居住处所，更是最终的情感归宿地，"居者有其屋"，也是圆满的中国梦不可或缺的一部分。

房奴都要交何税

一、契税

契税是国家在土地、房屋权属转移时，按照当事人双方签订的合同（契约）向权属承受人征收的一种财产税。

【提示】契税在我国历史悠久，古代房屋、田产交易都要办理房契、地契、田契，这便是早期的契税。

（一）契税的纳税人

在我国境内承受土地、房屋权属转移的单位和个人，为契税的纳税人。

【注释】"承受"是指以受让、购买、受赠、交换等方式取得的土地、房屋权属的行为。

（二）契税的征税范围

契税的征税对象是在我国境内权属转移的土地、房屋。土地、房屋权属未发生转移的不征收契税。

【注释】"土地、房屋权属"是指土地使用权、房屋所有权。

契税的具体征税范围：

（1）国有土地使用权出让，指土地使用者向国家交付土地使用权出让费用，国家将土地使用权在一定年限内让与土地使用者的行为。

（2）土地使用权转让，指土地使用者以出售、赠与、交换或者其他方式将土地使用权转移给其他单位或个人使用的行为。

（3）房屋买卖。

（4）房屋赠与。

个人无偿赠与不动产行为，应对受赠人全额征收契税。

（5）房屋交换。

（6）视同土地所有权转让、房屋买卖或者房屋赠与。

①以土地、房屋权属作价投资、入股。

【提示】以自有房产作股投入本人独资经营的企业，免征契税。

②以土地、房屋权属抵债。

③以获奖方式承受土地、房屋权属。

④以预购或预付集资建房款方式承受土地、房屋权属。

⑤土地使用权受让人通过完成土地使用权转让方约定的投资额度或投资特定项目，以此获取低价转让或无偿赠与的土地使用权。

⑥公司增资扩股中，对以土地、房屋权属作价入股或作为出资投入企业的，征收契税。

⑦企业破产清算期间，对非债权人承受破产企业土地、房屋权属的，征收契税。

【提示】企业破产清算期间，债权人承受破产企业土地、房屋权属的，免征契税。

（7）买房用以拆料或翻建新房的，应缴纳契税。

【注释】 买房材料是指购买房产的目的是取得该房产的建筑材料。

【案例7-1】（多选题）下列行为，属于契税征税范围的有（　　）。

A. 以抵债方式取得房屋产权　　　　B. 个人受赠房产
C. 受让国有土地使用权　　　　　　D. 以获奖方式取得房屋产权

【答案】 ABCD

【案例7-2】（单选题）单位和个人发生下列行为，应该缴纳契税的是（　　）。

A. 转让土地使用权　　　　　　　　B. 购买房屋取得产权
C. 将房屋赠与他人　　　　　　　　D. 等价交换房产

【答案】 B

（三）契税的税率

契税采用幅度比例税率，税率为3%~5%。具体执行税率由各省、自治区、直辖市人民政府在该幅度内根据本地区实际情况确定。

【提示】 承受的房屋附属设施权属单独计价的，按照当地确定的适用税率征收契税；如与房屋统一计价的，适用与房屋相同的契税税率。

（四）契税的计税依据

契税的计税依据是不动产的价格。根据土地、房屋权属转移的不同情况，契税的计税依据具体规定为：

（1）国有土地使用权出让、土地使用权出售、房屋买卖，以成交价格为计税依据。

（2）土地使用权赠与、房屋赠与，其计税依据由征收机关参照土地使用权出售、房屋买卖的市场价格核定。

（3）土地使用权交换、房屋交换，其计税依据为所交换的土地使用权、房屋价格的差额。土地使用权交换、房屋交换，交换价格不相等的，由多交付货币、实物、无形资产或者其他经济利益的一方缴纳契税；交换价格相等的，免征契税。

【提示】 对于成交价格明显低于市场价格且无正当理由的，或者所交换的土地使用权、房屋的价格差额明显不合理且无正当理由的，由征收机关参照市场价格核定。

（4）以划拨方式取得土地使用权的，经批准转让房地产时，应由房地产转让者补缴契税，其计税依据为补缴的土地使用权出让费用或者土地收益。

（五）契税的应纳税额

$$应纳税额 = 计税依据 \times 适用税率$$

【案例7-3】 居民王某从某房地产开发公司购买商品住宅一套，成交价格是68万元，双方签订了购房合同。王某另将一套一室一厅住房与居民李某交换一套两室一厅的住房，并支付换房差价款10万元。当地政府规定契税税率为3%，计算王某应纳契税。

【解析】 购买住宅应纳税额 = 680 000×3% = 20 400（元）；

交换住房应纳税额 = 100 000×3% = 3 000（元）；

合计应纳税额 = 20 400 + 3 000 = 23 400（元）。

（六）契税的税收优惠

1. 契税基本减免

（1）国家机关、事业单位、社会团体、军事单位承受土地、房屋用于办公、教学、医疗、科研和军事设施的。

（2）非营利性学校、医疗机构、社会福利机构承受土地、房屋权属，用于办公、教学、医疗、科研、养老、救助。

(3) 婚姻关系存续期间，夫妻之间变更房屋、土地权属。

(4) 法定继承人通过继承承受土地、房屋权属。

(5) 纳税人承受荒山、荒沟、荒丘、荒滩土地使用权，用于农、林、牧、渔业生产的。

(6) 依照我国有关法律规定以及我国缔结或参加的双边和多边条约或协定的规定应当予以免税的外国驻华使馆、领事馆、联合国驻华机构及其外交代表、领事官员和其他外交人员承受土地、房屋权属，经外交部确认的。

(7) 企业改制重组、灾后重建等情形可以免征或减征契税。

2. 契税其他减免

(1) 因不可抗力灭失住房而重新承受住房权属的，酌情准予减征或者免征契税。

(2) 土地、房屋被县级以上人民政府征用、占用后，重新承受土地、房屋权属的，是否减征或者免征契税，由省、自治区、直辖市人民政府确定。

(3) 个人购买家庭唯一住房的普通住房，在法定税率基础上减半征收契税。

(4) 已缴纳契税的购房者，权属变更前退房的，退税；变更后退房的，不退税。

(5) 公租房经营管理单位购买住房作为公租房的，免征契税。

(6) 自 2019 年 6 月 1 日至 2025 年 12 月 31 日，为社区提供养老、托育、家政等服务的机构，承受房屋、土地用于提供社区养老、托育、家政服务的，免征契税。

（七）契税的征收管理

1. 纳税义务发生时间

签订土地、房屋权属转移合同的当天，或者取得其他具有土地、房屋权属转移合同性质的凭据的当天。

2. 申报纳税期限

纳税义务发生之日起 10 日内。

3. 纳税地点

契税属地征管，由土地、房屋所在地的主管地税务机关征收。

二、房产税

房产税是以房产为征税对象，按照房产的计税价值或房产租金收入向房产所有人征收的一种税。

【注释】房产是指以房屋形态表现的财产。房屋是指有屋面和围护结构（有墙或两边有柱），能够遮风避雨，可供人们在其中生产、工作、学习、娱乐、居住或储藏物资的场所。独立于房屋之外的建筑物，如围墙、烟囱、水塔、菜窖、室外游泳池等不属于房产税的征税范围。

（一）房产税的征税范围和纳税人

1. 房产税的征税范围

房产税的征税范围是在城市、县城、建制镇和工矿区内拥有的房产。房产税的征税范围不包括农村。

(1) 城市：指经国务院批准设立的市，其征税范围包括市区、郊区和市辖县的县城，不包括农村。

(2) 县城：指县人民政府所在地。

(3) 建制镇：指经省、自治区、直辖市人民政府批准设立的建制镇，其征税范围为镇人民政府所在地，不包括所辖的行政村。

(4) 工矿区：指工商业比较发达，人口比较集中，符合国务院规定的建制镇标准而尚未设立建制镇的大中型工矿企业所在地，但对工矿区开征房产税必须经省、自治区、直辖市人民政府批准。

2. 房产税的纳税人

房产税以在征税范围内的房屋产权所有人为纳税人,具体包括产权所有人、经营管理单位、承典人、房产代管人或者使用人。

【提示】可以理解为由房屋的受益人缴纳房产税。

(1) 产权属于国家所有的,其经营管理的单位为纳税人。

(2) 产权属于集体和个人的,集体和个人为纳税人。

(3) 产权出典的,承典人为纳税人。

(4) 产权所有人、承典人均不在房产所在地的,或者产权未确定及租典纠纷未解决的,房产代管人或者使用人为纳税人。

(5) 纳税单位和个人无租使用房产管理部门、免税单位及纳税单位的房产,应由使用人代为缴纳房产税。

【案例7-4】(单选题)下列关于房产税纳税人的说法,正确的是( )。

A. 产权出典的,由出典人缴纳房产税
B. 产权属于国家所有的,由经营管理单位缴纳房产税
C. 租典纠纷未解决的,由产权所有人纳税
D. 无论产权所有人是否在房屋所在地,均由产权所有人缴纳房产税

【答案】B

(二) 房产税的税率

房产税实行比例税率,具体分两种:

(1) 以房产余值为计税依据的,税率为1.2%。

(2) 以房产租金收入为计税依据的,税率为12%。

【提示】

(1) 个人出租住房,不分用途,按4%的税率征收房产税。

(2) 对企事业单位、社会团体以及其他组织按市场价格向个人出租用于居住的住房,减按4%的税率征收房产税。

对个人、企事业单位、社会团体以及其他组织按市场价格向个人出租用于居住的住房,减按4%的税率征收房产税。可以鼓励社会各种主体筹集房源,建立租购并举的住房制度,从而更好满足市民多层次的住房需求,进一步抑制房价上涨。

(三) 房产税的计税依据

拥有房屋的单位和个人,既可以将房屋自用于生产经营,又可以用于出租、出典。房产税根据纳税人经营形式不同,对前一类房屋按房产计税余值征税,对后一类房屋按租金收入征税。

1. 按房产计税余值计税(从价计征)

纳税人自用的房产,以房产余值为计税依据。

【注释】房产余值按照房产原值一次减除10%~30%后的余额计算,具体扣除比例由省、自治区、直辖市人民政府确定。

(1) 房产原值是指纳税人按照会计制度规定,在账簿"固定资产"科目中记载的房屋原价。

(2) 房产原值应包括与房屋不可分割的各种附属设备或一般不单独计算价值的配套设施,主要有电力、电讯、电缆导线;电梯、升降机、过道、晒台等。

【提示】凡是与房产不可分割、不可移动的配套设施(给排水、采暖、消防、中央空调、电气及智能化楼宇设备等)不论会计上如何核算,无论在会计核算中是否单独记账与核算,都应计入房产原值,一并计征房产税。

(3) 纳税人对原有房屋进行改建、扩建，要相应增加房屋原值。

(4) 更换房屋附属设备和配套设施的，在将其新价值计入房产原值时，可扣减原来相应设备和设施的价值。

【提示】对附属设备和配套设施中易损坏，需要经常更换的零配件，更新后不再计入房产原值，原零配件的原值也不扣除。

【案例7-5】（单选题）下列关于房产税房产原值的说法，正确的是（　　）。

A. 计征房产税的房产原值不包括会计单独核算的中央空调
B. 计征房产税的房产原值应包括电力、电讯、电缆导线
C. 改建原有房屋的支出不影响计征房产税的房产原值
D. 更换房屋配套设施电梯时，不影响计征房产税的房产原值

【答案】B

2. 按租金收入计税（从租计征）

纳税人出租的房产，以房产租金收入为计税依据。

3. 特殊业务房产税计税依据

(1) 投资联营房产的计税依据。

①以房产投资联营，投资者参与投资利润分红，共担风险的，由被投资方按房产的余值作为计税依据计征房产税；

②以房产投资，收取固定收入，不承担联营风险的，由投资方按不含增值税的租金收入计算缴纳房产税。

(2) 融资租赁房产的计税依据。

融资租赁相当于分期付款购买房产，依据房产余值计征房产税，从合同约定开始日的次月起依据房产余值计税；未约定开始日的，自合同签订的次月起计算缴纳。

(3) 居民住宅区内业主共有的经营性房产的计税依据。

由实际经营的代管人或使用人缴纳房产税。

①自营的，依照房产余值计征，没有房产原值或不能将共有住房划分开的，由房产所在地税务机关参照同类房产核定房产原值；

②出租的，依照不含增值税租金收入计征。

（四）房产税的应纳税额

1. 从价计征的应纳税额

$$应纳税额 = 房产余值 \times 1.2\% = 房产原值 \times (1 - 扣除比例) \times 1.2\%$$

2. 从租计征的应纳税额

$$应纳税额 = 租金收入 \times 12\%（或4\%）$$

【案例7-6】翠云山酒厂坐落在翠云山市郊区，厂房、办公用房原值为8 000万元，包括冷暖通风等设备150万元。该厂将其中一栋办公用房对外出租，其原值1 000万元，每年收取租金100万元，其余厂房、办公用房自用。该厂在郊区外的农村还有一个仓库，房产原值为500万元。当地政府规定按房产原值扣除30%后作为房产的计税余值。计算该厂全年应缴纳的房产税。

【答案】自用部分应纳税额 = (8 000 - 1 000) × (1 - 30%) × 1.2% = 58.8（万元）；

出租部分应纳税额 = 100 × 12% = 12（万元）；

全年应纳房产税 = 58.8 + 12 = 70.8（万元）。

（五）房产税的税收优惠

1. 减免税基本规定

(1) 国家机关、人民团体、军队自用的房产免征房产税。

【提示】 上述免税单位的出租房产及非自身业务使用的生产、经营用房不属于免税范围。

（2）由国家财政部门拨付事业经费的单位所有的、本身业务范围内使用的房产免税。

【提示】 上述单位所属的附属工厂、商店、招待所等不属于单位公务、业务用房的，不属于免税范围。

（3）宗教寺庙、公园、名胜古迹自用的房产免税。

【提示】 上述单位中附设的营业单位，如影剧院、饮食部、茶社、照相馆等所使用的房产及出租的房产，不属于免税范围。

（4）个人所有非营业用的房产免税。

【提示】 个人拥有的营业用房或出租的房产，不属于免税房产。

税政改革

房地产税改革历程及意义

2011年上海、重庆两地试点对个人住房征收房产税。上海只对本地居民的第二套住房征税，重庆只对别墅和高档住房征税。这次试点覆盖范围太窄、税率极低，影响较小，既没有增加地方财政收入，也没能真正遏制房价上涨势头。

2013年11月，十八届三中全会《中共中央关于全面深化改革若干重大问题的决定》提出"加快房地产税立法并适时推进改革"，房地产税立法被提上日程。

2015年房地产税法被正式列入十二届全国人大常委会立法规划，而后2016年至2018年被连续列入立法预备项目。

为了积极稳妥推进房地产税立法与改革，引导住房合理消费和土地资源节约集约利用，促进房地产市场平稳健康发展，2021年第十三届全国人民代表大会常务委员会第三十一次会议决定：授权国务院在部分地区开展房地产税改革试点工作。这次试点期限五年，自国务院试点办法印发之日算起。试点地区房地产税征税对象为居住用和非居住用等各类房地产，不包括依法拥有的农村宅基地及其上住宅。土地使用权人、房屋所有权人为房地产税的纳税人。非居住用房地产继续按照《中华人民共和国房产税暂行条例》征收房产税。

在住房资源配置悬殊的情况下，征收房地产税能抑制投机需求、减少空置房产、稳定房价，合理调节收入分配与财产配置，缩小收入差距，随着房地产税的不断完善，终将实现"居者有其屋"的中国梦。房地产税改革有利于降低地方政府对土地财政的依赖，帮助地方政府开辟新税源，逐步摆脱对土地财政的过度依赖。

2. 减免税特殊规定

（1）企业办的各类学校、医院、托儿所、幼儿园自用的房产免税。

（2）经有关部门鉴定，对毁损不堪居住的房屋和危险房屋，在停止使用后，可免征房产税。

（3）凡在基建工地为基建服务的各种工棚、材料棚、休息棚和办公室、食堂、茶炉房、汽车房等临时房屋，不论是施工企业自行建造还是基建单位投资建造，在施工期间，免征房产税。但基建工程结束以后，施工企业将这种临时性房屋交还或者估价转让给基建单位的，应当从基建单位接收的次月起，依照规定征收房产税。

（4）纳税人因房屋大修导致连续停用半年以上的，在房屋大修期间免征房产税。

（5）纳税单位与免税单位共同使用的房屋，按照各自使用的部分划分，分别征收或者免征房产税。

【提示】 纳税单位与免税单位共同使用的房屋，应划分清楚，按规定分别确定征免房产税；如划分不清楚的一律征收房产税。

（6）老年服务机构自用的房产暂免征收房产税。

（7）按政府规定价格出租的公有住房和廉租住房，暂免征收房产税。

【提示】公租房经营管理单位应单独核算公租房租金收入，未单独核算的，不得享受免征房产税优惠政策。

（8）房地产企业建造的商品房在出售前不征收房产税，但出售前房地产开发企业已经使用或者出租、出借的商品房应该征税。

（9）铁道部所属铁路运输企业自用的房产，免征房产税（地方铁路运输企业自用房产比照此方法）。

（10）对为高校学生提供住宿服务，按照国家规定的收费标准收取住宿费的高校学生公寓免征房产税。

【案例7-7】（多选题）根据房产税相关规定，下列房产可免征房产税的有（　　）。

A. 按规定标准收费的高校学生公寓　　B. 公园内的照相馆用房
C. 个人拥有的非营业用的房产　　　　D. 施工期间为基建工地服务的临时性办公用房

【答案】ACD

【提示】自2023年1月1日至2027年12月31日，对增值税小规模纳税人、小型微利企业和个体工商户减半征收房产税、资源税（不含水资源税）、城镇土地使用税、耕地占用税、印花税（不含证券交易印花税）、城市维护建设税和教育费附加、地方教育附加。

（六）房产税的征收管理

1. 纳税义务发生时间

（1）纳税人将原有房产用于生产经营，从生产经营之月起缴纳房产税。

（2）纳税人自行新建房屋用于生产经营，从建成之日的次月起缴纳房产税。

（3）纳税人委托施工企业建设的房屋，从办理验收手续之次月起缴纳房产税。

（4）纳税人购置新建商品房，自房屋交付使用之次月起缴纳房产税。

（5）纳税人购置存量房，自办理房屋权属转移、变更登记手续，房地产权属登记机关签发房屋权属证书之次月起，缴纳房产税。

（6）纳税人出租、出借房产，自交付出租、出借房产之次月起，缴纳房产税。

（7）房地产开发企业自用、出租、出借本企业建造的商品房，自房屋使用或交付之次月起，缴纳房产税。

【案例7-8】（单选题）翠云山酒厂委托某施工企业建造一栋办公楼，工程于2022年12月完工，2023年1月办妥验收手续，3月付清全部工程款交付使用，该办公楼房产税纳税义务发生时间是（　　）。

A. 2022年12月　　B. 2023年2月　　C. 2023年3月　　D. 2023年4月

【答案】B

2. 纳税期限

房产税实行按年计算、分期缴纳的征收方法，具体纳税期限由省、自治区、直辖市人民政府确定。

【提示】房产税一般按季或者半年缴纳；税额较大的可以按月缴纳；个人出租房产的可以按次缴纳。

3. 纳税地点

房产税在房产所在地缴纳。房产不在同一地方的纳税人，应按房产的坐落地点分别向房产所在地的税务机关纳税。

任务二　何为土地增值税

【思考】我们分享了跟"住"相关的两个税种——契税和房产税，还有没有跟住房相关的税种呢？

【教学资源】本知识点对应精品课程视频。

何为土地增值税

一、土地增值税的概念及特征

（一）土地增值税的概念

土地增值税是对转让国有土地使用权、地上建筑物及其附着物（以下简称转让房地产）并取得收入的单位和个人，就其转让房地产所取得的增值额征收的一种税。

（二）土地增值税的特征

（1）征税范围是有偿转让的房地产，征税面比较广。
（2）征税对象是转让房地产取得的增值额。
（3）实行超率累进税率。
（4）采用扣除法和评估法计算增值额。

【提示】征收土地增值税能加强国家对房地产市场的调控，抑制炒卖土地投机获利行为，规范国家参与土地增值收益分配方式，增加国家财政收入。

二、土地增值税的纳税人与征税范围

（一）土地增值税的纳税人

在我国境内转让房地产并取得收入的单位和个人，为土地增值税的纳税人。单位包括各类企业（含外商投资企业、外国企业）、事业单位、国家机关和社会团体及其他组织，个人包含个体工商户。

【对比】契税的纳税人是承受方，土地增值税的纳税人是转让方。

（二）土地增值税的征税范围

1. 一般规定

（1）土地增值税只对"转让"国有土地使用权的行为征税，对"出让"国有土地使用权的行为不征税。

【提示】"转让"国有土地使用权的转让方是国家，因此不征税。

我国土地所有权分两种：一是集体所有，二是国家所有。城市的土地属于国家所有；农村和城市郊区的土地，除由法律规定属于国家所有的以外，属于集体所有。土地掌握在国家手里，才能保证土地能有计划地使用，利于实现再分配，避免贫富差距。

（2）土地增值税既对转让国有土地使用权的行为征税，也对转让地上建筑物及其他附着物产权的行为征税。

【提示】土地使用权、地上建筑物及其附着物发生产权转移才征税，对未转让土地使用权、房产产权的行为不征税。

（3）土地增值税只对"有偿转让"的房地产征税，对以"继承、赠与"等方式无偿转让的房地产，不予征税。

以下行为不予征收土地增值税：

①房产所有人、土地使用人将房产、土地使用权赠与"直系亲属或者承担直接赡养义务人"。

②房产所有人、土地使用人通过中国境内非营利的社会团体、国家机关将房屋产权、土地使用权赠与教育、民政和其他社会福利、公益事业。

2. 特殊规定

（1）房地产开发企业将开发的房产转为自用或者用于出租等商业用途，如果产权没有发生转移，不征收土地增值税。

（2）房地产互换，由于发生了房产转移，需要征税。

【提示】个人之间互换自有居住用房的，经当地税务机关审核，可以免征土地增值税。

（3）房地产出租，不征税。

（4）房地产抵押，抵押期间不征税，但抵债权属发生转移的征税。

（5）对房地产代建行为不予征税。

【注释】代建房地产指房地产开发公司代客户进行房地产的开发，开发完成后向客户收取代建收入的行为。

（6）房地产评估增值，不予征税。

（7）合作建房，对于一方出地，另一方出资金，双方合作建房，建成后按比例分房自用的，暂免征收土地增值税；但建成后转让的，应征收土地增值税。

（8）房地产继承，不予征税。

（9）土地使用者转让、抵押、置换土地，只要土地使用者享有占有、使用、收益或处分该土地的权利，且有合同等证据表明其实质转让、抵押或置换了土地并取得了相应的经济利益，就应该征税。

【案例7-9】（单选题）下列情形中，应征收土地增值税的有（ ）。

A. 房产所有人将房屋产权赠与直系亲属
B. 个人之间互换自有居住用房地产
C. 企业将自有土地使用权交换其他企业的股权
D. 房地产评估增值

【答案】C

3. 界定土地增值税的征税范围的标准

（1）转让的土地使用权必须是国家所有。

（2）房地产权属必须发生转让。

（3）房地产权属转让必须取得收入。

三、土地增值税的税率

土地增值税适用四级超率累进税率，如表7-1所示。

表7-1 土地增值税四级超率累进税率表

级数	增值额与扣除项目金额的比率	税率（%）	速算扣除系数（%）
1	不超过50%的部分	30	0
2	超过50%~100%的部分	40	5
3	超过100%~200%的部分	50	15
4	超过200%的部分	60	35

四、土地增值税的计税依据

土地增值税的计税依据是纳税人转让房地产所取得的增值额，即纳税人转让房地产所取得的收入额减除税法规定的扣除项目金额后的余额。

$$土地增值额 = 应税收入 - 扣除项目金额$$

（一）应税收入的确定

纳税人转让房地产所取得的收入是指包括货币收入、实物收入和其他收入在内的全部价款及有关的经济收益。

对纳税人取得的实物收入，应按取得收入时的市场价格折算成货币收入；对取得的无形资产收入，要进行专门的评估，在确定其价值后折算成货币收入；取得外国货币的，按取得收入的当天或当月1日国家公布的市场汇率折算人民币。

【提示】纳税人转让房地产的土地增值税应税收入不含增值税。

（二）扣除项目的确定

1. 新建房地产转让的扣除项目

（1）取得土地使用权所支付的金额。

取得土地使用权所支付的金额包括纳税人为取得土地使用权所支付的地价款和纳税人在取得土地使用权时按国家统一规定交纳的有关税费，如契税、登记、过户手续费。

反腐倡廉

广西壮族自治区发改委原党组书记主任、国土资源厅原厅长被双开

黄某从1998年开始担任广西壮族自治区国土资源厅厅长、党组书记，后兼任自治区地质勘查开发局党组书记，一身兼多职，工作辛苦、业务繁多。他于2018年11月退休，在2022年12月被有关部门调查审查。黄某在职期间，利用职权和职务便利非法牟取巨额利益，主要是任职省级国土资源厅厅长时违纪违法行为较多，在土地规划、项目开发承揽等方面，热衷于批条子，习惯于打招呼，大搞权钱交易等违法行为。

黄某的行为已构成职务犯罪，除了被立案，还被开除党籍和公职，取消退休待遇，并移交司法处理。法律面前人人平等，不管你是多大的官，只要触犯党纪国法，就必须受到应有的惩罚。

（2）房地产开发成本。

房地产开发成本指纳税人的房地产开发项目实际发生的成本，包括土地的征用及拆迁补偿费、前期工程费、建筑安装工程费、基础设施费、公共配套设施费、开发间接费用等。

①土地的征用及拆迁补偿费：包括土地征用费、耕地占用税、劳动安置费和地上、地下附着物拆迁补偿的净支出、安置动迁房费用等。

②前期工程费：包括规划、设计、可行性研究、水文、地质、勘察、测绘、三通一平等费用。

③建筑安装工程费：指以出包方式向承包单位支付的建筑安装工程费用，以自营方式发生的建筑安装工程费用。

④基础设施费：包括建设道路、供水、供电、供气、排污、排洪、通信、照明、环卫、绿化等费用。

⑤公共配套设施费用：包括开发小区内不可有偿转让的公共配套设施发生的费用。

⑥开发间接费用：指直接组织、管理开发项目发生的费用，包括工资、福利费、折旧费、修理费、办公费、水电费、劳动保护费、周转房摊销等。

【提示】纳税人接受建筑安装服务取得的增值税发票，要在发票备注栏注明建筑服务发生地县（市、区）名称及项目名称，否则不得计入土地增值税扣除项目金额。

（3）房地产开发费用。

房地产开发费用指与房地产开发项目有关的销售费用、管理费用和财务费用。

①利息支出能按项目分摊并提供银行证明的,利息支出允许据实扣除。

允许扣除的开发费用 = 利息 + (取得土地使用权支付的金额 + 房地产开发成本) × 5% 以内的扣除比例

【提示】利息不能超过按商业银行同类同期银行贷款利率计算的金额,超过贷款期限的利息部分和加罚的利息不允许扣除。

②利息支出不能按项目分摊,或者不能提供银行证明的。

允许扣除的开发费用 = (取得土地使用权支付的金额 + 房地产开发成本) × 10% 以内的扣除比例

【提示】全部使用自有资金,没有利息支出的,按照第二种方法扣除开发费用。

开发费用扣除比例由各省、自治区、直辖市人民政府规定。

【思考】土地增值税允许扣除的开发费用与会计核算的期间费用有明显不同,从土地增值税筹划角度考虑,跟房屋相关的支出是计入开发成本好还是计入期间费用好?

【案例7-10】(单选题)花果山房地产开发公司对一项开发项目进行土地增值税清算,取得土地使用权支付的金额为 40 000 万元;房地产开发成本 101 000 万元;销售费用 4 500 万元;管理费用 2 150 万元;财务费用 3 680 万元,其中包括支付给非关联企业的利息 500 万元,已取得发票;支付给银行贷款利息 3 000 万元,已取得银行开具的相关证明,且未超过商业银行同类同期贷款利率。项目所在省规定房地产开发费用扣除比例为 5%。不考虑其他情况,该房地产开发公司在本次清算中可以扣除的房地产开发费用为( )万元。

A. 10 050　　　　B. 10 375　　　　C. 10 550　　　　D. 10 730

【答案】A

【解析】纳税人能按转让房地产项目分摊利息支出并能提供金融机构贷款证明的,允许扣除的房地产开发费用 = 利息 + (取得土地使用权所支付的金额 + 房地产开发成本) × 5% = 3 000 + (40 000 + 101 000) × 5% = 10 050 (万元)。

向非关联企业借款的利息支出 500 万元,不能提供金融机构贷款证明,不得直接作为利息据实扣除。

(4)与转让房地产有关的税金。

①房地产开发企业:城市维护建设税、教育费附加、地方教育附加。(一税两费)

②非房地产开发企业:印花税(产权转移书据)、城市维护建设税、教育费附加、地方教育附加。(两税两费)

【提示】土地增值税扣除项目涉及的增值税进项税额,允许在销项税额中计算抵扣的,不计入土地增值税扣除项目;不允许在销项税额中计算抵扣的,可以计入扣除项目。

(5)财政部规定的其他扣除项目。

从事房地产开发的纳税人,可按取得土地使用权所支付的金额和房地产开发成本之和加计 20% 扣除。

【提示】对取得土地使用权后,未开发即转让的,不得加计扣除。

【案例7-11】(多选题)花果山房地产开发公司下列开支,可列入加计 20% 扣除的有( )。

A. 支付建筑人员的工资、福利费　　B. 取得土地使用权缴纳的契税
C. 销售过程中发生的宣传费用　　　D. 开发小区内的道路建设费用

【答案】ABD

【解析】销售中的宣传费用属于销售费用,不能加计扣除。

2. 旧房及建筑物(存量房)转让的扣除项目

(1)取得土地使用权支付的地价款和按照国家规定缴纳的费用。

【提示】取得土地使用权时未支付地价款或不能提供已支付的地价款凭据的,不允许扣除。

（2）转让环节缴纳的税金。
（3）房屋及建筑物的评估价格。

$$评估价格 = 房地产重新购建价格 \times 成新度折扣率$$

【提示】评估价格须经当地税务机关确认。因纳税需要而支付的评估费用允许扣除,但纳税人因隐瞒、虚报房地产成交价格所发生的评估费用,不允许扣除。

①不能取得评估价格,但能提供购房发票的,房屋及建筑物的评估价格可按发票所载金额并从购买年度起至转让年度止每年加计5%计算扣除。

$$扣除价格 = 购房发票所载金额 \times (1 + 购买年限 \times 5\%)$$

【注释】"每年"按购房发票所载日期起至售房发票开具之日止,每满12个月计一年;超过一年,未满12个月但超过6个月的,可以视同为一年。

②转让旧房及建筑物不能取得评估价格,也不能提供购房发票的,税务机关可以实行核定征收。

五、土地增值税的应纳税额

下面是计算土地增值税的步骤和公式。
（1）第一步,计算土地增值额。

$$增值额 = 收入额 - 扣除项目金额$$

（2）第二步,计算增值率。

$$增值率 = 土地增值额 \div 扣除项目金额 \times 100\%$$

（3）第三步,根据增值率确定适用税率的档次和速算扣除系数。
（4）第四步,计算应纳税额。

$$应纳税额 = 增值额 \times 税率 - 扣除项目金额 \times 速算扣除系数$$

【案例7-12】（单选题）2023年花果山房地产开发公司转让新建普通住宅一幢,取得不含增值税收入5 000万元,转让环节可扣除的税金及附加为60万元（不含印花税）。为取得该住宅地的土地使用权支付地价款和有关税费2 000万元,房地产开发成本1 000万元,利息支出100万元（能够按房地产项目计算分摊并提供金融机构证明）。当地政府规定的其他房地产开发费用的计算扣除比例为5%。该公司应缴纳土地增值税（　　）万元。

A. 0　　　　　　B. 140.25　　　　　　C. 223.75　　　　　　D. 327

【答案】D
【解析】
（1）确定转让收入5 000万元。
（2）确定转让房地产的扣除项目金额:
①取得土地使用权所支付的金额为2 000万元;
②房地产开发成本为1 000万元;
③房地产开发费用为100 + (2 000 + 1 000) × 5% = 250（万元）;
④与转让房地产有关的税金为60万元;
⑤从事房地产开发的加计扣除为:(2 000 + 1 000) × 20% = 600（万元）;
⑥转让房地产的扣除项目金额为:2 000 + 1 000 + 250 + 60 + 600 = 3 910（万元）;
（3）转让房地产的增值额 = 5 000 - 3 910 = 1 090（万元）;
（4）增值额与扣除项目金额的比率 = 1 090 ÷ 3 910 × 100% = 27.88%,适用税率为30%;
（5）应纳土地增值税 = 1 090 × 30% = 327（万元）。

六、土地增值税的税收优惠

（1）建造普通标准住宅出售，其增值额未超过扣除项目金额之和20%的，予以免税，超过20%的，应就其全部增值额按规定计税。

普通标准住宅标准必须同时满足以下条件：

①住宅小区建筑容积率在1.0以上。

【注释】建筑容积率＝地上总建筑面积÷规划用地面积。

②单套建筑面积在120平方米以下。

③实际成交价格低于同级别土地上住房平均交易价格1.2倍以下（允许单套建筑面积和价格标准适当浮动，但向上浮动的比例不得超过上述标准的20%）。

【提示】当前房价居高不下，作为获得改革开放极大红利的房地产行业，在创造利润促进企业发展的同时，应该承担相应的社会责任，多建造质优价廉的普通住宅，从而降低房价，真正实现国人"居者有其屋"的夙愿。

（2）因国家建设需要而被政府征用、收回的房地产，免税。

（3）因城市实施规划、国家建设需要而搬迁，纳税人自行转让房地产，免税。

（4）居民个人转让住房暂不征收土地增值税。

（5）企事业单位、社会团体及其他组织转让旧房作为改造安置住房房源、公共租赁住房房源，且增值额未超过扣除项目金额20%的，免征土地增值税。

七、土地增值税的征收管理

（一）土地增值税的纳税申报

1. 纳税环节

纳税人应自转让房地产合同签订之日起7日内，向房地产所在地主管税务机关办理纳税申报。

纳税人经常发生房地产转让难以在每次转让后申报的，税务机关审核同意后，可以按月或按季定期申报，具体期限由主管税务机关确定。

（1）预售时预征土地增值税，待该项目竣工结算后再进行清算，多退少补。

纳税人采取预售方式销售房地产的，对在项目全部竣工结算前转让房地产取得的收入，可以预征土地增值税，具体办法由各省、自治区、直辖市税务机关根据当地情况制定。按规定应该预征税款的，应按规定的预征率预缴税款，待项目竣工办理结算后再进行清算，多退少补。

（2）转让存量房的。

转让环节纳税，每转让一次都要纳税。

2. 纳税期限

（1）预缴：在月末或季末根据销售额预缴税款，次月15日前申报缴纳。

（2）清算：自满足清算条件之日起90日内办理清算手续。

3. 纳税地点

土地增值税的纳税人应向房地产所在地主管税务机关办理纳税申报，纳税人转让的房地产坐落在两个或两个以上地区的，应按房地产所在地分别申报纳税。

（1）纳税人是法人的，当转让的房地产坐落地与机构所在地或经营所在地一致时，则向办理税务登记的原管辖税务机关申报纳税即可；如果转让的房地产坐落地与其机构所在地或经营所在地不一致时，则应向房地产坐落地所管辖的税务机关申报纳税。

（2）纳税人是自然人的，当转让的房地产坐落地与其居住地一致时，则向其居住地税务机关申报纳税；当转让的房地产坐落地与其居住地不一致时，向办理过户手续所在地税务机关申报纳税。

（二）土地增值税的清算管理

1. 土地增值税清算单位

土地增值税以国家有关部门审批的房地产开发项目为单位进行清算，对于分期开发的项目，以分期项目为单位清算。

【提示】开发项目中同时包含普通住宅和非普通住宅的，应分别计算增值额。

2. 土地增值税清算条件

（1）符合下列情形之一的，纳税人应进行土地增值税的清算：

①房地产开发项目全部竣工、完成销售的；

②整体转让未竣工决算房地产开发项目的；

③直接转让土地使用权的。

（2）符合下列情形之一的，主管税务机关可要求纳税人进行土地增值税清算：

①已竣工验收的房地产开发项目，已转让的房地产建筑面积占整个项目可售建筑面积的比例在85%以上，或该比例虽未超过85%，但剩余的可售建筑面积已经出租或自用的；

②取得销售（预售）许可证满3年仍未销售完毕的；

③纳税人申请注销税务登记但未办理土地增值税清算手续的；

④省税务机关规定的其他情况。

任务三　通过税收保资源

【思考】我国虽然是地大物博的世界资源大国，但人均资源占有量不多，许多资源人均占有量居世界后列。能否通过征税保护自然资源、避免破坏浪费呢？

【教学资源】本知识点对应精品课程视频。

通过税收保资源

一、资源税

资源税是以应税资源为征税对象，对在中国领域和中国管辖的其他海域开发应税资源的单位和个人，就其应税资源销售额或销售数量为计税依据而征收的一种税。

【提示】过度开采矿产资源不仅造成资源枯竭，还会对生态环境产生严重破坏。首先是水文地质条件变化及区域水质污染。矿区开采造成地下储水结构发生变化，地表径流变更使得水源枯竭，矿坑水、废石淋滤水造成严重的水污染。再次是使得土壤污染退化。由于表土清除，采矿后遗留的大部分矿渣，养分与水分缺乏，造成严重的酸碱污染、重金属污染、有机毒害物质污染，危害毗邻区环境和人类健康。

生态保护

广西贺州一矿企违规开采，造成山体破坏污染严重

广西贺州市钟山县燕塘镇大木根自然村珠江水源地（三宝山）一家大型露天矿山采石场因违规开采破坏环境于2022年4月遭村民举报。该采石场在生产过程中没有任何抑尘降尘等措施，矿区渣土全部随意露天倾倒堆放，整个开采区扬尘、粉尘弥漫，严重污染环境，开采方式简单粗放，致使矿山生态破坏严重、生态修复滞后、环境污染以及环境风险隐患问题突出。矿区只开采，不治理，矿山至今没恢复原来的模样，仍然是光秃秃一片，垂直采掘面未实施边坡恢复，采

矿区域未按要求覆土和种植。

越界开采区域和排土场占地原为林地，在未取得许可证的情况下，矿山企业涉嫌乱砍滥伐。废石依山倾倒，破坏大量植被。采石场石料运输车严重超限，致使燕塘镇至矿山开采公路道路严重破损，崎岖不平、沟壑纵横。货车运输尘土飞扬，严重影响周边村民正常生产生活。矿山乳白色废水流入村民鱼塘，导致鱼类全部死亡。

（一）资源税的纳税人

在中国领域和中国管辖的其他海域开发应税资源的单位和个人，为资源税的纳税人，但用于连续生产应税产品的不缴纳资源税。

【对比】用于连续生产应税消费品的不征收消费税，这点资源税与消费税一致。

【提示】资源税由开采或生产的单位和个人缴纳，在进口环节不征税，属于单一环节征税。

（二）资源税的税目与税率

1. 资源税税目

资源税的征税对象包括能源矿产、金属矿产、非金属矿产、水气矿产和盐5大类。

对取用地表水或者地下水的单位和个人试点征收水资源税。

部分应税资源的征税对象规定为原矿，部分应税资源的征税对象规定为选矿，还有一部分应税资源的征税对象规定为原矿或选矿。

【提示】纳税人将自采原矿或选矿自用、用于连续生产非应税产品，进行投资、分配、抵债以及以物易物、赠送等情形的，视同销售，依照规定计征资源税。

【案例7-13】（多选题）下列应该征收资源税的有（　　）。

A. 开采销售的煤矿　　　　　　　　　B. 将自采原煤用于交换其他原料
C. 用于赠送的自产锰矿　　　　　　　D. 进口的锰矿

【答案】ABC

2. 资源税的税率

资源税采用比例税率或定额税率，依照《资源税税目税率表》（如表7-2所示）执行，地热、石灰岩、其他黏土、砂石、矿泉水和天然卤水6种资源可以选择比例税率或定额税率，其他均采用比例税率。

表7-2　资源税税目税率表

税目		征税对象	税率
能源矿产	原油	原矿	6%
	天然气、页岩气、天然气水合物	原矿	6%
	煤	原矿或者选矿	2%~10%
	煤成（层）气	原矿	1%~2%
	铀、钍	原矿	4%
	油页岩、油砂、天然沥青、石煤	原矿或者选矿	1%~4%
	地热	原矿	1%~20%或1~30元/立方米

续表

税目			征税对象	税率
金属矿产	黑色金属	铁、锰、铬、钒、钛	原矿或者选矿	1%～9%
	有色金属	铜、铅、锌、锡、镍、锑、镁、钴、铋、汞	原矿或者选矿	2%～10%
		铝土矿	原矿或者选矿	2%～9%
		钨	选矿	6.5%
		钼	选矿	8%
		金、银	原矿或者选矿	2%～6%
		铂、钯、钌、锇、铱、铑	原矿或者选矿	5%～10%
		轻稀土	选矿	7%～12%
		中重稀土	选矿	20%
		铍、锂、锆、锶、铷、铯、铌、钽、锗、镓、铟、铊、铪、铼、镉、硒、碲	原矿或者选矿	2%～10%
非金属矿产	矿物类	高岭土	原矿或者选矿	1%～6%
		石灰岩	原矿或者选矿	1%～6%或每吨（或每立方米）1～10元
		磷	原矿或者选矿	3%～8%
		石墨	原矿或者选矿	3%～12%
		萤石、硫铁矿、自然硫	原矿或者选矿	1%～8%
		天然石英砂、脉石英、粉石英、水晶、工业用金刚石、冰洲石、蓝晶石、硅线石（矽线石）、长石、滑石、刚玉、菱镁矿、颜料矿物、天然碱、芒硝、钠硝石、明矾石、砷、硼、碘、溴、膨润土、硅藻土、陶瓷土、耐火黏土、铁矾土、凹凸棒石黏土、海泡石黏土、伊利石黏土、累托石黏土	原矿或者选矿	1%～12%
		叶蜡石、硅灰石、透辉石、珍珠岩、云母、沸石、重晶石、毒重石、方解石、蛭石、透闪石、工业用电气石、白垩、石棉、蓝石棉、红柱石、石榴子石、石膏	原矿或者选矿	2%～12%
		其他黏土（铸型用黏土、砖瓦用黏土、陶粒用黏土、水泥配料用黏土、水泥配料用红土、水泥配料用黄土、水泥配料用泥岩、保温材料用黏土）	原矿或者选矿	1%～5%或每吨（或每立方米）0.1～5元
	岩石类	大理岩、花岗岩、白云岩、石英岩、砂岩、辉绿岩、安山岩、闪长岩、板岩、玄武岩、片麻岩、角闪岩、页岩、浮石、凝灰岩、黑曜岩、霞石正长岩、蛇纹岩、麦饭石、泥灰岩、含钾岩石、含钾砂页岩、天然油石、橄榄岩、松脂岩、粗面岩、辉长岩、辉石岩、正长岩、火山灰、火山渣、泥炭	原矿或者选矿	1%～10%

续表

税目			征税对象	税率
非金属矿产	岩石类	砂石	原矿或者选矿	1%~5%或每吨（或每立方米）0.1~5元
	宝玉石类	宝石、玉石、宝石级金刚石、玛瑙、黄玉、碧玺	原矿或者选矿	4%~20%
水气矿产	二氧化碳气、硫化氢气、氦气、氡气		原矿	2%~5%
	矿泉水		原矿	1%~20%或每立方米1~30元
盐	钠盐、钾盐、镁盐和锂盐		选矿	3%~15%
	天然卤水		原矿	3%~15%或每吨（或每立方米）1~10元
	海盐		—	2%~5%

（1）实行幅度税率的，具体适用税率由省、自治区、直辖市人民政府确定。

（2）规定征税对象为原矿或者选矿的，应当分别确定具体适用税率。

（3）水资源根据当地水资源状况、取用水类型和经济发展等情况实行差别税率。

（4）纳税人开采或者生产不同税目应税产品的，应当分别核算不同税目应税产品的销售额或者销售数量；未分别核算或者不能准确提供不同税目应税产品的销售额或者销售数量的，从高适用税率。

（三）资源税的计税依据与应纳税额

1. 从价征收

（1）计税依据。

计税依据为销售额，含全部价款和价外费用，不含增值税。

$$应纳税额 = 销售额 \times 适用税率$$

【提示】计入销售额中，从坑口、洗选（加工）地到车站、码头或者购买方指定地点的运输费用、建设基金、装卸费、仓储费、港杂费，如果取得增值税发票或者其他合法有效凭据的，准予从计税销售额中扣除。

【案例7-14】（单选题）甲矿山为增值税一般纳税人，2023年6月销售大理岩原矿取得不含增值税销售额205万元。计入销售额中的从坑口到车站的运输费用5万元，取得增值税发票。已知当地大理岩原矿适用的资源税税率为5%。甲矿山当月应缴纳资源税税额为（　　）。

A. 10万元　　　　B. 10.25万元　　　　C. 10.5万元　　　　D. 11.025万元

【答案】A

【解析】当月应缴纳资源税税额 = (205 - 5) × 5% = 10（万元）。

（2）核定销售额。

纳税人申报的应税产品销售额明显偏低并且无正当理由的、有视同销售应税产品行为而无销售额的，除财政部、国家税务总局另有规定外，按下列顺序确定销售额：

①纳税人最近时期同类产品的平均销售价格；

②其他纳税人最近时期同类产品的平均销售价格；

③后续加工非应税消费品的销售价格,减去后续加工环节的成本利润;

④组成计税价格。

$$组成计税价格 = 成本 \times (1 + 成本利润率) \div (1 - 资源税税率)$$

【提示】 资源税是价内税。

⑤按其他方法确定。

2. 从量定额征收

$$应纳税额 = 应税产品的销售数量 \times 适用税率$$

3. 外购应税产品承担税款的扣除

纳税人以外购原矿与自采原矿混合为原矿销售或者混合加工为应税产品销售的,在计算应税产品销售额时,准予扣减外购应税产品的购进金额或数量;当期不足扣减的,可以结转下期扣减。

(1) 纳税人以外购原矿与自采原矿混合为原矿销售,或以外购选矿与自采选矿混合为选矿销售的,准予直接扣减外购原矿或选矿的购进金额或数量。

(2) 纳税人以外购原矿与自采原矿混合洗选加工为选矿销售的:

$$准予扣减的外购应税产品购进金额(数量) = 外购原矿购进金额(数量) \times (本地原矿适用税率 \div 本地选矿产品适用税率)$$

【案例7-15】 甲铝矿厂2023年7月从乙铝矿厂购入一批铝土矿原矿,支付不含增值税价款600万元,当月将上述外购原矿与自采原矿混合对外销售,取得不含增值税销售额1 800万元。已知甲铝矿厂铝土矿原矿税率为3%,乙铝矿厂铝土矿原矿税率为2%。计算甲铝矿厂7月应纳资源税。

【答案】 应纳资源税 = (1 800 - 600) × 3% = 36(万元)。

(四) 资源税的税收优惠

1. 免征规定

(1) 开采原油以及在油田范围内运输原油过程中用于加热的原油、天然气。

(2) 煤炭开采企业因安全生产需要抽采的煤成(层)气。

2. 减征规定

(1) 从低丰度油气田开采的原油、天然气,减征20%资源税。

(2) 高含硫天然气、三次采油和从深水油气田开采的原油、天然气,减征30%资源税。

(3) 稠油、高凝油减征40%资源税。

(4) 从衰竭期矿山开采的矿产品,减征30%资源税。

(5) 自2023年9月1日至2027年12月31日,对充填开采置换出来的煤炭,资源税减征50%。

【提示】 根据国民经济和社会发展需要,国务院对有利于促进资源节约集约利用、保护环境等情形可以规定免征或者减征资源税,报全国人民代表大会常务委员会备案。

3. 由省、自治区、直辖市决定的免征或者减征规定

(1) 纳税人开采或者生产应税产品过程中,因意外事故或者自然灾害等而遭受重大损失。

(2) 纳税人开采共伴生矿、低品位矿、尾矿。

【提示】 免税、减税项目应当单独核算销售额或者销售数量;未单独核算或者不能准确提供销售额或者销售数量的,不予免税或者减税。

(五) 资源税的征收管理

1. 纳税义务发生时间

收讫销售款或索取销售款凭据的当日;自用应税产品,为移送的当日。

2. 纳税期限

资源税按月或者按季申报缴纳；不能按固定期限计算缴纳的，可以按次申报缴纳。

纳税人按月或者按季申报缴纳的，应当自月度或者季度终了之日起 15 日内，向税务机关办理纳税申报并缴纳税款；按次申报缴纳的，应当自纳税义务发生之日起 15 日内，向税务机关办理纳税申报并缴纳税款。

3. 纳税地点

向应税产品开采地或者生产地的税务机关申报缴纳。

二、城镇土地使用税

城镇土地使用税是对在城市、县城、建制镇和工矿区范围内使用土地的单位和个人，以其实际占用的土地面积为计税依据，按照规定税额计算征收的一种税。

（一）城镇土地使用税的纳税人与征税范围

1. 城镇土地使用税的纳税人

城镇土地使用税的纳税人是指在城市、县城、建制镇、工矿区范围内使用土地的单位和个人。

实际工作中，对纳税人具体规定如下：

（1）拥有土地使用权的单位和个人，以拥有土地使用权人为纳税人。

（2）拥有土地使用权的纳税人不在土地所在地的，由代管人或实际使用人为纳税人。

（3）土地使用权未确定或权属纠纷未解决的，以实际使用人为纳税人。

（4）土地使用权共有的，共有各方都是纳税人，由共有各方分别纳税。

【案例 7-16】（多选题）关于城镇土地使用税的纳税人，下列说法正确的有（   ）。

A. 城镇土地使用权的权属未确定的，实际使用人为纳税人

B. 城镇土地使用权权属共有的，共有各方分别为纳税人

C. 城镇土地使用权的权属纠纷未解决的，纠纷双方均为纳税人

D. 城镇土地使用税由拥有土地使用权的单位和个人为纳税人

【答案】ABD

2. 城镇土地使用税的征税范围

城镇土地使用税的征税范围是指在城市、县城、建制镇和工矿区内的国家所有和集体所有的土地。上述城市、县城、建制镇和工矿区的具体标准同房产税一致。

（二）城镇土地使用税的税率

城镇土地使用税采用有幅度的地区差别定额税率，如表 7-3 所示。

表 7-3 城镇土地使用税税率

级别	人口（人）	每平方米税额（元）
大城市	50 万以上	1.5 ~ 30
中等城市	20 万 ~ 50 万	1.2 ~ 24
小城市	20 万以下	0.9 ~ 18
县城、建制镇、工矿区		0.6 ~ 12

【提示】经省、自治区、直辖市人民政府批准，经济落后地区城镇土地使用税的适用税额标准可以适当降低，但降低额不得超过规定最低税额的 30%。经济发达地区城镇土地使用税的适用税额标准可以适当提高，但须报经财政部批准。

（三）城镇土地使用税的计税依据与应纳税额

1. 计税依据

城镇土地使用税的计税依据为纳税人实际占用土地面积，以房地产管理部门核发的土地使用证书确认的土地面积为准；尚未核发土地使用证书的，按照实际使用土地面积纳税，待核发土地使用证后再作调整。

2. 应纳税额

$$应纳税额 = 实际占用土地面积（平方米）\times 适用税率$$

【提示】土地使用权由几方共有的，由共有各方按照各自实际使用的土地面积占总面积的比例，分别计算缴纳城镇土地使用税。

（四）城镇土地使用税的税收优惠

1. 减免税优惠的基本规定

城镇土地使用税的免税项目有：

（1）国家机关、人民团体、军队自用的土地。

（2）由国家财政部门拨付事业经费的单位自用土地。

（3）宗教寺庙、公园、名胜古迹自用的土地。

【提示】以上单位的生产、经营用地和其他用地，不属于免税范围，应纳税，如公园、名胜古迹中附设的营业单位（影剧院、饮食部、茶社、照相馆、索道公司）用地。

（4）市政街道、广场、绿化地带等公共用地。

【提示】对企业厂区以外的公共绿化用地和向社会开放的公园用地暂免征税；对企业厂区（包括生产、办公及生活区）以内的绿化用地，照章征税。

（5）直接用于农、林、牧、渔业的生产用地。

【提示】除生产用地以外的生活、办公用地和农副产品加工厂地不属于免税范畴。

（6）经批准开山填海整治的土地，从使用的月份起免缴城镇土地使用税 5 年至 10 年。

（7）由财政部另行规定免税的能源、交通、水利用地和其他用地。

（8）个人居住房屋、房管部门、集体和个人举办学校等。

2. 减免税优惠的特殊规定

（1）免税单位与纳税单位之间无偿使用的土地。

①对免税单位无偿使用纳税单位的土地，免征城镇土地使用税；

②对纳税单位无偿使用免税单位的土地，纳税单位应照章缴税。

（2）房地产开发公司开发建造商品房的用地。

房地产开发公司开发建造商品房的用地，除经批准开发建设经济适用房的用地外，对各类房地产开发用地一律不得减免城镇土地使用税。

（3）防火、防爆、防毒等安全防范用地。

各类危险品仓库、厂房所需的防火、防爆、防毒等安全防范用地，由省、自治区、直辖市税务局确定，可以暂免征收城镇土地使用税；对仓库库区、厂房本身用地，应依法征收城镇土地使用税。

（4）企业的铁路专用线、公路等用地。

对企业的铁路专用线、公路等用地，除另有规定者外，在企业厂区（包括生产、办公及生活区）以内的，应照章征收城镇土地使用税；在厂区以外、与社会公用地段未加隔离的，暂免征收城镇土地使用税。

（5）石油天然气（含页岩气、煤层气）生产企业用地。

①地质勘探、钻井、井下作业、油气田地面工程等施工临时用地；

②企业厂区以外的铁路专用线、公路及输油（气、水）管道用地；
③油气长输管线用地；
④在城市、县城、建制镇以外工矿区内的消防、防洪排涝、防风、防沙设施用地，暂免征收城镇土地使用税；
⑤除上述免税的土地外，其他油气生产及办公、生活区用地，依照规定征收城镇土地使用税。享受上述税收优惠的用地，用于非税收优惠用途的，不得享受税收优惠。

（6）盐场、盐矿用地。
①盐场的盐滩、盐矿的矿井用地，暂免征收城镇土地使用税；
②盐场、盐矿的生产厂房、办公、生活区用地，照章征收城镇土地使用税。

（7）水利设施用地。
水利设施及其管扩用地（如水库库区、大坝、堤防、灌渠、泵站等用地），免征城镇土地使用税；其他用地，如生产、办公、生活用地，应照章征税。

（8）电力行业用地。
①火电厂厂区围墙内的用地，均应征收城镇土地使用税。厂区围墙外的灰场、输灰管、输油（气）管道、铁路专用线用地免征城镇土地使用税，厂区围墙外的其他用地征税；
②水电站的发电厂房用地（包括坝内、坝外式厂房），生产、办公、生活用地，应征收城镇土地使用税；其他用地免税；
③对供电部门的输电线路用地、变电站用地，免征城镇土地使用税。

（9）矿山企业用地。
对矿山的采矿场、排土场、炸药库的安全区，以及运矿及运岩公路、尾矿输送管道及回水系统用地，免征土地使用税；对矿山企业的其他生产办公用地要依法征收土地使用税。

（10）民航机场用地。
①机场飞行区用地、场内外通信导航设施用地和飞行区四周排水防洪设施用地，免征城镇土地使用税；
②在机场道路中，场外道路用地免征城镇土地使用税；场内道路用地依照规定征收城镇土地使用税；
③机场工作区（包括办公、生产和维修用地及候机楼、停车场）用地、生活区用地、绿化用地，均须依照规定征收城镇土地使用税。

（11）对廉租住房、经济适用住房建设用地以及廉租住房经营管理单位按照政府规定价格、向规定保障对象出租的廉租住房用地，免征城镇土地使用税。

【提示】开发商在经济适用住房、商品住房项目中配套建造廉租住房、在商品住房项目中配套建造经济适用住房，如能提供政府部门出具的相关材料，可按廉租住房、经济适用住房建筑面积占总建筑面积的比例免征城镇土地使用税。

（12）体育场馆用地。
①国家机关、军队、人民团体、财政补助事业单位、居民委员会、村民委员会拥有的体育场馆，用于体育活动的房产、土地，免征房产税和城镇土地使用税；
②经费自理事业单位、体育社会团体、体育基金会、体育类民办非企业单位拥有并运营管理的体育场馆，符合条件的，其用于体育活动的房产、土地，免征房产税和城镇土地使用税；
③企业拥有并运营管理的大型体育场馆，其用于体育活动的房产、土地，减半征收房产税和城镇土地使用税。

【提示】享受上述税收优惠体育场馆的运动场地用于体育活动的天数不得低于全年自然天数的70%。

（13）老年服务机构自用的土地，暂免征收城镇土地使用税。

（14）铁路行业自用的土地，免征城镇土地使用税。

（15）天然林保护工程自用的土地，免征城镇土地使用税。

（16）交通部门的港口码头自用的土地，免征城镇土地使用税。

（17）自 2019 年 6 月 1 日至 2025 年 12 月 31 日，为社区提供养老、托育、家政等服务的机构自有或其通过承租、无偿使用等方式取得并用于提供社区养老、托育、家政服务的土地，免征城镇土地使用税。

【案例 7-17】（单选题）下列用地行为，应缴纳城镇土地使用税的是（　　）。
A. 宗教寺庙自用土地　　　　　　　B. 市政广场用地
C. 公园内的照相馆用地　　　　　　D. 直接用于农业生产的土地
【答案】 C

【案例 7-18】（多选题）下列用地，免征城镇土地使用税的有（　　）。
A. 从事水产养殖的用地　　　　　　B. 供电部门的变电站用地
C. 盐场、盐矿的生产厂房用地　　　D. 国家天然林保护工程自用的土地
【答案】 ABD

（五）城镇土地使用税的征收管理

1. 纳税义务发生时间

（1）购置新建商品房，自房屋交付使用之次月起计征城镇土地使用税。

（2）购置存量房，自办理房屋权属转移、变更登记手续，房地产权属登记机关签发房屋权属证书之次月起计征城镇土地使用税。

（3）出租、出借房产，自交付出租、出借房产之次月起计征城镇土地使用税。

（4）以出让或转让方式有偿取得土地使用权的，应由受让方从合同约定交付土地时间的次月起缴纳；合同未约定交付土地时间的，从合同签订的次月起缴纳。

（5）纳税人新征用的耕地，自批准征用之日起满 1 年时开始缴纳城镇土地使用税。

（6）纳税人新征用的非耕地，自批准征用次月起缴纳城镇土地使用税。

（7）通过招标、拍卖、挂牌方式取得的建设用地，不属于新征用的耕地，纳税人应按照有关规定，从合同约定交付土地时间的次月起缴纳城镇土地使用税；合同未约定交付土地时间的，从合同签订的次月起缴纳城镇土地使用税。

2. 纳税期限

按年计税，分期缴纳，缴纳期限由省、自治区、直辖市人民政府确定。

3. 纳税地点

向土地所在地主管税务机关缴纳；纳税人使用的土地不属于同一省（自治区、直辖市）管辖范围内的，由纳税人分别向土地所在地的税务机关申报缴纳；在同一省（自治区、直辖市）管辖范围内，纳税人跨地区使用的土地，由各省、自治区、直辖市税务机关确定纳税地点。

三、耕地占用税

耕地占用税是对在中国境内占用耕地建设建筑物、构筑物或者从事非农业建设的单位和个人，以其实际占用的耕地面积为计税依据所征收的一种税。

【提示】我国人均耕地少、农业后备资源不足，人均耕地面积不到世界人均耕地面积的一半。征收耕地占用税，能限制非农业建设无序、低效占用农业生产用地，保护有限的耕地资源，促进土地资源的合理配置。

绿色发展

"绿水青山就是金山银山"典型案例

龙胜各族自治县位于广西东北部,地处越城岭山脉西南麓的湘桂黔边陲,有得天独厚的生态资源。各族自治县旅游资源特色鲜明,有被誉为"天下一绝"的龙脊梯田景区、"人间瑶池"的龙胜温泉景区、"大自然博物馆"的花坪国家级自然保护区、"人间仙境"的彭祖坪景区,以及多姿多彩的少数民族风情。龙胜坚持"生态立县、绿色发展"的发展战略和"生态·旅游·健康"的发展道路,先后获得全国"绿水青山就是金山银山"实践创新基地、"全球重要农业文化遗产""全国民族团结进步先进县""中国生态旅游县""全国文明县城""全国休闲农业与乡村旅游示范县""中国森林氧吧""全国森林旅游示范县""广西特色旅游名县"等荣誉称号。

(一)耕地占用税的纳税人与征税范围

1. 纳税人

耕地占用税的纳税人是指在我国境内占用耕地建设建筑物、构筑物或者从事非农业建设的单位或者个人。

2. 征税范围

耕地占用税的征税范围为中国境内被占用的耕地,耕地是指用于种植农作物的土地。

(1)纳税人因建设项目施工或地质勘查临时占用耕地的。

(2)占用园地、林地、草地、农田水利用地、养殖水面、渔业水域滩涂(包括苇田)以及其他农用地建设建筑物、构筑物或者从事非农业建设的。

【提示】农田水利占用耕地及建设直接为农业生产服务的生产设施占用农用地的,不征收耕地占用税。

【案例7-19】(单选题)以下行为不缴纳耕地占用税的是(   )。

A. 占用菜地建房　　　　　　　　B. 占用苗圃建工厂
C. 占用花圃建房　　　　　　　　D. 占用从事养殖的滩涂从事农业建设

【答案】D

(二)耕地占用税的税率

1. 耕地占用税的税率形式及标准

耕地占用税实行地区差别定额税率。以县级行政区域为单位,按人均占有耕地面积将税额分为四个档次,具体规定如表7-4所示。

表7-4 耕地占用税税率

级数	人均耕地面积	每平方米税额(元)
1	1亩以下(含1亩)	10~50
2	1~2亩(含2亩)	8~40
3	2~3亩(含3亩)	6~30
4	3亩以上	5~25

【提示】在人均耕地不足0.5亩的地区,可以适当提高适用税率,但提高部分不得超过税法规定限额的50%。

2. 耕地占用税的具体适用税率

不同地区耕地占用税的税率如表7-5所示。

表 7-5　不同地区耕地占用税的税率

地区	每平方米平均税额（元）
上海	45
北京	40
天津	35
江苏、浙江、福建、广东	30
辽宁、湖北、湖南	25
河北、安徽、江西、山东、河南、重庆、四川	22.5
广西、海南、贵州、云南、陕西	20
山西、吉林、黑龙江	17.5
内蒙古、西藏、甘肃、青海、宁夏、新疆	12.5

（三）耕地占用税的计税依据和应纳税额

1. 计税依据

耕地占用税以纳税人实际占用的耕地面积为计税依据。实际占用的耕地面积包括经批准占用的耕地面积和未经批准占用的耕地面积。

2. 应纳税额

$$年应纳税额 = 实际占用应税耕地面积 \times 单位税额$$

【案例 7-20】花果山公司企业为满足生产经营需要，经当地土地管理部门批准占用耕地 30 亩，苗圃 20 亩，用以建造新厂房。当地耕地占用税税额标准为每平方米 20 元。计算企业应缴纳的耕地占用税。

【答案】应纳税额 =（30 + 20）× 666.67 × 20 = 666 670（元）。

【提示】耕地占用税同城镇土地使用税一样，定额税率以平方米计税，要注意计量单位的换算。

（四）耕地占用税的税收优惠

1. 免税

（1）军事设施占用耕地。

（2）学校、幼儿园、社会福利机构、医疗机构占用耕地。

【提示】学校经营场所、教职工住房、医疗机构职工住房占用耕地的，征税。

（3）农村烈士遗属、因公牺牲军人遗属、残疾军人，以及符合农村最低生活保障条件的农村居民，在规定用地标准以内新建自用住宅占用耕地。

2. 减税

（1）铁路线路、公路线路、飞机场跑道、停机坪、港口、航道、水利工程占用耕地，减按每平方米 2 元的税额征税。

【提示】纳税人改变原占地用途，不再属于免税或减税情形的，应自改变用途之日起 30 日内申报补缴税款，按改变用途的实用面积和改变用途时当地适用税额计算。

（2）农村居民在规定用地标准以内占用耕地新建自用住宅，按照当地适用税额减半征税；其中农村居民经批准搬迁，新建自用住宅占用耕地不超过原宅基地面积的部分，免税。

【案例 7-21】（多选题）下列用地行为，应征耕地占用税的有（　　）。
A. 新建办公楼占用林地　　　　　　B. 飞机场修建跑道占用耕地
C. 修建专用公路占用耕地　　　　　D. 农田水利占用耕地
【答案】ABC

（五）耕地占用税征收管理

1. 纳税义务发生时间

纳税人收到自然资源主管部门办理占用耕地手续的书面通知的当日。

2. 纳税期限

自获得批准之日起 30 日内按规定税额一次性缴纳。

3. 纳税地点

向土地所在地主管税务机关缴纳。

【对比】耕地占用税一次性缴纳；城镇土地使用税按年计税，分期缴纳。

【思考】如果因城镇化发展需要原来的耕地变成非耕地，已经缴纳耕地占用税的土地要不要缴纳城镇土地使用税呢？

已经缴纳耕地占用税的，从批准征用之日起满 1 年后征收城镇土地使用税。

任务四　有车一族看过来

【思考】我们梳理了跟"住"相关的房屋、土地涉及的税种，跟"行"相关的税种又有哪些呢？

【教学资源】本知识点对应精品课程视频。

有车一族看过来

一、车辆购置税

车辆购置税是以在中国境内购置规定的车辆为征税对象，向车辆购置者征收的一种税。

【提示】当前城市交通拥堵不堪，空气质量状况日益恶化，温室效应使得全球气候变暖，导致灾害性气候频繁发生，已经严重危害到人类的生存环境和健康安全，我们应加强环保意识，尽量低碳出行。

（一）车辆购置税的纳税人

车辆购置税的纳税人是在我国境内购置应税车辆的单位和个人。

【注释】"购置"包括购买、进口、自产、受赠、获奖或者以其他方式取得并自用应税车辆的行为。

【提示】购置后自用的，才需要缴纳车辆购置税，购入车辆待售的不需要纳税。

【案例 7-22】（多选题）下列行为需要缴纳车辆购置税的有（　　）。
A. 花果山医院接受伯乐汽车厂捐赠小客车用于医疗服务
B. 伯乐汽车厂将自产小轿车用于日常办公
C. 花果山幼儿园租赁客车用于校车服务
D. 翠云山酒厂接受汽车生产商投资的运输车辆自用
【答案】ABD
【解析】选项 C，车辆购置税的应税行为是在境内购置并自用应税车辆，租入车辆不属于车辆购置税的应税行为。

(二) 车辆购置税的征税范围

车辆购置税的征税范围包括汽车、有轨电车、汽车挂车、排气量超过150毫升的摩托车。

【提示】地铁、轻轨等城市轨道交通车辆，装载机、平地机、挖掘机、推土机等轮式专用机械车，以及起重机（吊车）、叉车、电动摩托车、排气量150毫升（含）以下的摩托车，不属于应税车辆。

农用运输车属于车辆购置税的征税范围。

【案例7-23】（单选题）下列车辆，不属于车辆购置税征税范围的是（　　）。
A. 农用运输车　　B. 有轨电车　　C. 汽车挂车　　D. 电动摩托车
【答案】D

(三) 车辆购置税的税率

车辆购置税实行统一的比例税率，税率为10%。

(四) 车辆购置税计税依据

车辆购置税的计税依据是所购置车辆的计税价格。计税价格根据车辆购置的不同情况分别确定。

1. 购买自用的应税车辆

纳税人购买自用的应税车辆的计税价格为纳税人购买应税车辆支付给销售者的全部价款，不包括增值税税款。

【提示】纳税人购买自用的应税车辆，其计税价格不包括增值税税款及销售方代办保险等而向购买方收取的保险费，以及向购买方收取的代购买方缴纳的车辆购置税、车辆牌照费。

纳税人购买车辆支付的车辆装饰费作为价外费用，不并入销售额计税；但如果以装饰费名义分解收入，则应并入销售额，照章征税。

2. 进口自用的应税车辆

纳税人进口自用的应税车辆以组成的计税价格为计税依据，其计算公式为：

$$组成计税价格 = 关税完税价格 + 关税 + 消费税$$

3. 自产自用的应税车辆

按照纳税人生产的同类应税车辆的销售价格确定，不包括增值税税款；没有同类应税车辆销售价格的，按照组成计税价格确定。

$$组成计税价格 = 成本 \times (1 + 成本利润率)$$

【提示】征收消费税的车辆，组成计税价格中包括消费税税款。

4. 受赠、获奖或者以其他方式取得并自用的应税车辆

按照购置应税车辆时相关凭证载明的价格确定，不包括增值税税款；无法提供相关凭证的，参照同类应税车辆市场平均交易价格确定其计税价格。

【提示】纳税人申报的应税车辆计税价格明显偏低，又无正当理由的，由税务机关核定应纳税额。

(五) 车辆购置税应纳税额

车辆购置税实行从价定率的办法计算应纳税额，其计算公式为：

$$应纳税额 = 计税价格 \times 税率$$

【案例7-24】（单选题）2023年3月八戒从伯乐汽车4S店（一般纳税人）购入一辆排气量为2.0升的轿车自用，支付含税价款456 000元，取得机动车销售统一发票；另外支付车辆装饰费2 260元，取得增值税普通发票。4S店代收临时牌照费150元、代收保险费3 000元，4S店对代收临时牌照费和代收保险费均提供委托方票据。八戒应缴纳车辆购置税（　　）元。

A. 40 353.98　　　　B. 40 553.98　　　　C. 40 632.74　　　　D. 40 668.98

【答案】A

【解析】应缴纳车辆购置税 = 456 000 ÷ (1 + 13%) × 10% = 40 353.98（元）。

【案例 7-25】（单选题）伯乐 4S 店 2023 年 5 月进口 9 辆商务车，海关核定的关税计税价格为 40 万元/辆，当月销售 4 辆，2 辆作为样车放置在展厅待售，1 辆公司自用。该 4S 店应缴纳车辆购置税（　　）万元。（商务车关税税率为 25%，消费税税率 12%）

A. 5.48　　　　B. 5.60　　　　C. 5.68　　　　D. 17.04

【答案】C

【解析】应缴纳车辆购置税 = 40 × (1 + 25%) ÷ (1 − 12%) × 10% = 5.68（万元）。

（六）车辆购置税的税收优惠

1. 法定减免

符合以下条件可以享受车辆购置税减免优惠政策：

（1）依照法律规定应当予以免税的外国驻华使馆、领事馆和国际组织驻华机构及其有关人员自用的车辆。

（2）中国人民解放军和中国人民武装警察部队列入装备订货计划的车辆，免税。

（3）悬挂应急救援专用号牌的国家综合性消防救援车辆，免税。

（4）设有固定装置的非运输专用作业车辆，免税。

（5）城市公交企业购置的公共汽电车辆，免税。

（6）有国务院规定予以免税或者减税的其他情形的，按照规定免税或者减税。

2. 其他减免

（1）回国服务的在外留学人员用现汇购买 1 辆自用国产小汽车，免税。

（2）长期来华定居专家进口 1 辆自用小汽车，免税。

（3）防汛部门和森林消防部门用于指挥、检查、调度报汛（警）、联络的，由指定厂家生产的设有固定装置的指定型号的车辆免税。

（4）对在 2024 年 1 月 1 日至 2025 年 12 月 31 日期间购置的新能源汽车免征车辆购置税，其中每辆新能源乘用车免税额不超过 3 万元；对在 2026 年 1 月 1 日至 2027 年 12 月 31 日期间购置的新能源汽车减半征收车辆购置税，其中每辆新能源乘用车减税额不超过 1.5 万元。

【提示】免征车辆购置税的新能源汽车是指纯电动汽车、插电式混合动力（含增程式）汽车、燃料电池汽车。

环保节能

新能源汽车优势及市场前景

新能源汽车采用非燃油动力装置，不需要燃烧汽油、柴油等，减少二氧化碳等气体的排放，能改善污染，保护环境。

新能源汽车全球销量保持稳定增长，由 2017 年的 116.21 万辆增长至 2022 年的 1 065 万辆，新能源汽车的市场渗透率从 1.6% 增至 14%。我国 2022 年汽车销售量 2 702.1 万辆，新能源汽车销量达到 688.7 万辆，新能源车市场渗透率达到 25.6%，高于 2021 年 12.1%。

源于国家政策支持及行业技术的发展，中国已成为全球规模最大的新能源汽车市场，为全球新能源汽车产业相关企业提供长期市场机遇。

（5）原公安现役部队和原武警黄金、森林、水电部队改制后换发地方机动车牌证的车辆（公安消防、武警森林部队执行灭火救援任务的车辆除外），一次性免税。

（6）农用三轮车免税。

(七) 车辆购置税征收管理

车辆购置税实行一车一申报制度,一次性征收,购置已征车辆购置税的车辆,不再征收车辆购置税。

1. 纳税地点

一般在车辆登记注册地申报纳税;不需办理注册登记的,向纳税人机构所在地申报,个人向户籍所在地或者经常居住地申报。

2. 纳税时间

自购买或进口之日起60日内申报纳税。

【提示】纳税人向公安机关交通管理部门办理车辆注册登记前应缴纳车辆购置税。

3. 纳税方式

(1) 自报核缴。

(2) 集中征收缴纳。

(3) 代征、代扣、代收。

【提示】车辆购置税一般由车辆销售单位代收代缴。

4. 退税管理

已征车辆购置税的车辆退回车辆生产或销售企业,纳税人可以申请退还车辆购置税,退税额以已缴税款为基准,自缴纳税款之日至申请退税之日,每满一年扣减10%。

$$应退税额 = 已纳税额 \times (1 - 使用年限 \times 10\%)$$

【注释】使用年限的计算:自纳税人缴纳税款之日起,至申请退税之日止。

二、车船税

车船税是对在我国境内拥有应税车辆、船舶的单位和个人所征收的一种税。

征收车船税的意义:

(1) 筹集地方财政资金,支持交通运输事业发展。

(2) 加强对车船使用的管理,促进车船的合理配置。

(3) 调节财富分配,体现社会公平。

(一) 车船税的纳税人

车船税的纳税人是指我国境内属于税法规定的车辆、船舶(以下简称车船)的所有人或者管理人。

车船的所有人或者管理人未缴纳车船税的,使用人应当代为缴纳车船税。

境内单位和个人租入外国籍船舶的,不征收车船税。境内单位和个人将船舶出租到境外的,应依法征收车船税。

【提示】从事机动车第三者责任强制保险业务的保险机构为机动车车船税的扣缴义务人。

(二) 车船税的征税对象

(1) 依法应当在车船管理部门登记的机动车辆和船舶。

(2) 依法不需要在车船管理部门登记、在单位内部场所行驶或者作业的机动车辆和船舶。

(三) 车船税的税率

车船税采用定额税率,又称固定税额,由省、自治区、直辖市人民政府依据《车船税税目税额表》(如表7-6所示)确定具体适用税额。

表 7-6 车船税税目税额表

类别	项目	计税单位	每年税额（元）	备注
乘用车〔按发动机气缸容量（排气量）〕分档	1.0升（含）以下	每辆	60～360	核定载客人数9人（含）以下
	1.0～1.6升（含）		300～540	
	1.6～2.0升（含）		360～660	
	2.0～2.5升（含）		660～1 200	
	2.5～3.0升（含）		1 200～2 400	
	3.0～4.0升（含）		2 400～3 600	
	4.0升以上		3 600～5 400	
商用车	客车	每辆	480～1 440	核定载客人数9人以上（包含电车）
	货车	整备质量每吨	16～120	包含半牵挂引车、挂车、三轮汽车和低速载货汽车等
挂车		整备质量每吨	按照货车税额的50%计算	
其他车辆	专用作业车	整备质量每吨	16～120	不包括拖拉机
	轮式专用机械车	整备质量每吨	16～120	
摩托车		每辆	36～180	
机动船舶		净吨位每吨	3～6	拖船、非机动驳船分别按机动船舶税额的50%计算
游艇		艇身长度每米	600～2 000	
辅助动力帆艇		艇身长度每米	600	

【注释】 汽车整备质量指"空车重量"，即未载人载物时的空车重量。

净吨位是船舶总吨位减去不能运送客货的吨位后的吨位，即实际能够营运的舱容量。

排气量、整备质量、核定载客人数、净吨位、艇身长度，以车船登记管理部门核发的车船登记证书或行驶证所载数据为准。

（四）车船税的计税依据

车船税以规定的应税车船为征税对象，以征税对象的计量标准为计税依据，从量计征。

（1）乘用车、商用车客车、摩托车以"辆"为计税依据；

（2）商用车货车、挂车、其他车辆专用车、其他车辆轮式专用机械车以"整备质量吨数"为计税依据；

（3）机动船舶、非机动驳船、拖船以"净吨位"为计税依据；

（4）游艇以"艇身长度"为计税依据。

（五）车船税的应纳税额

车船税实行从量定额计税办法，其计算公式如下：

$$应纳税额 = 计税依据 \times 单位税额$$

新购置车船，购置当年自纳税义务发生的当月起按月计算税款。

应纳税额 = 年应纳税额 ÷ 12 × 应纳税月份数

【案例 7-26】（单选题）某运输企业 2023 年初拥有 5 辆小轿车，当年 3 月购进 12 辆货车（每辆整备质量为 10 吨），并于当月办理登记手续，假设货车年税额为整备质量每吨 50 元，小轿车年税额为每辆 500 元，该企业 2023 年应缴纳车船税（　　）元。

A. 2 500　　　　B. 8 500　　　　C. 7 500　　　　D. 7 000

【答案】C

【解析】应缴纳车船税 = 5 × 500 + (12 × 10 × 50) ÷ 12 × 10 = 7 500（元）。

（六）车船税税收优惠

1. 法定减免

（1）捕捞、养殖渔船。

（2）军队、武装警察部队专用的车船。

（3）警用车船。

（4）依照法律规定应当予以免税的外国驻华使领馆、国际组织驻华代表机构及其有关人员的车船。

（5）悬挂应急救援专用号牌的国家综合性消防救援车辆和国家综合性消防救援专用船舶。

【提示】国家综合性消防救援车辆由部队号牌改挂应急救援专用号牌的，一次性免征改挂当年车船税。

（6）对节约能源、使用新能源的车船可以减征或者免征车船税。

①对节约能源车船，减半征收车船税；

②使用新能源的车船免征车船税。

【注释】免征车船税的新能源汽车是指纯电动商用车、插电式（含增程式）混合动力汽车、燃料电池商用车。

2. 特定减免

（1）经批准临时入境的外国车船和香港特别行政区、澳门特别行政区、台湾地区的车船，不征收车船税。

（2）对受严重自然灾害影响纳税困难以及有其他特殊原因确需减税、免税的，可以减征或者免征车船税。

（3）省、自治区、直辖市人民政府根据当地实际情况，可以对公共交通车船，农村居民拥有并主要在农村地区使用的摩托车、三轮汽车和低速载货汽车定期减征或者免征车船税。

（七）车船税征收管理

1. 纳税义务发生时间

取得车船所有权或者管理权的当月。

2. 纳税期限

按年申报，分月计算。

【提示】从事机动车第三者责任强制保险业务的保险机构是机动车车船税的扣缴义务人，应当在收取保险费时依法代收车船税。

3. 纳税地点

车船税的纳税地点为车船登记地或者车船税扣缴义务人所在地。依法不需要办理登记的车船，车船税的纳税地点为车船的所有人或者管理人所在地。

4. 车船税退税管理

（1）已经缴纳车船税的车船，因质量原因，车船被退回生产企业或者经销商的，纳税人可以向纳税所在地的主管税务机关申请退还自退货月份起至该纳税年度终了期间的税款。退货月份以退货发票所载日期的当月为准。

（2）在一个纳税年度内，已完税的车船被盗抢、报废、灭失的，纳税人可以凭有关管理机关出具的证明和完税证明，向纳税所在地的主管税务机关申请退还自被盗抢、报废、灭失月份起至该纳税年度终了期间的税款。

（3）已办理退税的被盗抢车船失而复得的，纳税人应当从公安机关出具相关证明的当月起计算缴纳车船税。

（4）已缴纳车船税的车船在同一纳税年度内办理转让过户的，不另纳税，也不退税。

【案例7-27】八戒于2022年5月购入汽车一辆，2023年4月被盗，已按规定办理退税。通过公安机关的侦查，2023年9月被盗车辆失而复得，并取得公安机关的相关证明。已知当地小轿车车船税年税额为500元/辆，计算八戒当年应缴纳的车船税。

【答案】500×7÷12=292（元）。

【解析】4月份丢失时可退4~12月的税款，9月失而复得时应补缴9~12月的税款，当年应缴纳7个月的车船税。

三、船舶吨税

船舶吨税是对自中国境外港口进入境内港口船舶征收的一种税。

【提示】征收船舶吨税能限制外国航运业的利益，扶持中国航运业发展，既能对往来港口的国际航行船舶加强管理，又能为港口建设、海上干线公用航标的建设和维护筹集资金。

（一）船舶吨税纳税人与征税范围

自中国境外港口进入境内港口的船舶，征收船舶吨税，以应税船舶负责人为纳税人。

（二）船舶吨税的税率

船舶吨税采用定额税率，按船舶净吨位大小分等级设置单位税额，分为30日、90日和1年三种不同税率，并实行复式税率，分普通税率和优惠税率。

（1）中国国籍船舶、船籍国与我国签订含有互相给予船舶税最惠国待遇条款的条约或协定的应税船舶，适用优惠税率。

（2）其他应税船舶，适用普通税率。

我国现行船舶吨税税目税率表如表7-7所示。

表7-7 船舶吨税税目税率表

税目（按船舶净吨位划分）	税率（元/净吨）						备注
	普通税率（按执照期限划分）			优惠税率（按执照期限划分）			
	1年	90日	30日	1年	90日	30日	1. 拖船按照发动机功率每千瓦折合净吨位0.67吨。 2. 无法提供净吨位证明文件的游艇，按照发动机功率每千瓦折合净吨位0.05吨。 3. 拖船和非机动驳船分别按相同净吨位船舶税率的50%计税
2 000 净吨以下	12.6	4.2	2.1	9.0	3.0	1.5	
2 000~10 000 净吨	27.6	9.2	4.6	19.8	6.6	3.3	
10 000~50 000 净吨	31.8	10.6	5.3	22.8	7.6	3.8	
50 000 净吨以上							

（三）船舶吨税计税依据和应纳税额

船舶吨税按照船舶净吨位为计税依据，按船舶净吨位和吨税执照期限征收。应税船舶负责人在每次申报纳税时,可以按照《船舶吨税税目税率表》选择申领一种期限的吨税执照。

$$船舶吨税的应纳税额 = 船舶净吨位 \times 适用税率$$

(四) 船舶吨税税收优惠

下列船舶免征吨税:

(1) 应纳税额在人民币 50 元以下的船舶。
(2) 自境外以购买、受赠、继承等方式取得船舶所有权的初次进口到港的空载船舶。
(3) 吨税执照期满后 24 小时内不上下客货的船舶。
(4) 非机动船舶(不包括非机动驳船)。
(5) 捕捞、养殖渔船。
(6) 避难、防疫隔离、修理、改造、终止运营或者拆解,并不上下客货的船舶。
(7) 军队、武装警察部队专用或者征用的船舶。
(8) 警用船舶。
(9) 依照法律规定应当予以免税的外国驻华使领馆、国际组织驻华代表机构及其有关人员的船舶。
(10) 国务院规定的其他船舶。

【案例 7-28】(多选题)下列船舶中,免征船舶吨税的有( )。

A. 养殖渔船　　　　　　　　　　　　B. 非机动驳船
C. 军队征用的船舶　　　　　　　　　D. 应纳税额为人民币 100 元的船舶

【答案】AC

【解析】选项 B,非机动驳船按相同净吨位船舶税率的 50% 计征船舶吨税;选项 D,应纳税额为人民币 50 元以下的船舶,免征船舶吨税。

(五) 船舶吨税征收管理

1. 纳税义务发生时间

船舶吨税纳税义务发生时间为应税船舶进入港口的当日。应税船舶在吨税执照期满后尚未离开港口的,应当申领新的吨税执照,自上一次执照期满的次日起续缴吨税。

【提示】应税船舶在进入港口办理入境手续时,应当向海关申报纳税领取吨税执照,或交验吨税执照。应税船舶在离开港口办理出境手续时,应当交验吨税执照。

2. 纳税期限

应税船舶负责人应当自海关填发吨税缴款凭证之日起 15 日内缴清税款。未按期缴清税款的,自滞纳税款之日起至缴清税款之日止,按日加收滞纳税款万分之五的税款滞纳金。

3. 纳税地点

船舶吨税由海关负责征收。

4. 纳税担保

应税船舶到达港口前,经海关核准先行申报并办结出入境手续的,应税船舶负责人应当向海关提供与其依法履行吨税缴纳义务相适应的担保;应税船舶到达港口后,依照本法规定向海关申报纳税。

下列财产、权利可以用于担保:

(1) 人民币、可自由兑换货币;
(2) 汇票、本票、支票、债券、存单;
(3) 银行、非银行金融机构的保函;
(4) 海关依法认可的其他财产、权利。

5. 追征与退税

(1) 海关发现少征或者漏征税款的,应当自应税船舶应当缴纳税款之日起一年内,补征税款。但因应税船舶违反规定造成少征或者漏征税款的,海关可以自应当缴纳税款之日起3年内追征税款,并自应当缴纳税款之日起按日加征少征或者漏征税款万分之五的税款滞纳金。

(2) 海关发现多征税款的,应当在24小时内通知应税船舶办理退还手续,并加算银行同期活期存款利息。

(3) 应税船舶发现多缴税款的,可以自缴纳税款之日起3年内以书面形式要求海关退还多缴的税款并加算银行同期活期存款利息;海关应当自受理退税申请之日起30日内查实并通知应税船舶办理退还手续。

任务五　合同证券也交税

【思考】我们前面介绍的税种都是单向征收的,多数由卖方承担,少数税种由买方承担,有没有对买卖双方都征税的税种呢?

【教学资源】本知识点对应精品课程视频。

合同证券也交税

一、印花税概述

印花税是对在中国境内书立应税凭证、进行证券交易的单位和个人征收的一种税。应税凭证指合同、产权转移书据和营业账簿。

【思考】既然跟合同、产权转移书据、营业账簿和证券交易相关,为何又叫印花税呢?

印花税最早于1624年在荷兰开征,通过在应税凭证粘贴印花税票来完成纳税义务,故名"印花税"。由于印花税税负轻微,税源较广,"取微用宏",简便易行,各国竞相效法,成为国际普遍采用的税种。

二、印花税的纳税人

(一) 纳税人

在中国境内书立应税凭证、进行证券交易的单位和个人,为印花税的纳税人。

【提示】在中国境外书立,但在境内使用的应税凭证,其使用人为印花税的纳税人。

(1) 各类合同的立合同人。

【提示】凡由两方或两方以上当事人签订并各执一份合同的,其当事人各方都是印花税的纳税人,但当事人不包括合同的担保人、证人和鉴定人。

(2) 产权转移书据的立据人。

(3) 营业账簿的立账簿人。

(4) 证券交易的出让方。

【提示】证券交易只对出让方征收印花税,不对受让方征税。

(二) 扣缴义务人

(1) 证券登记结算机构为证券交易印花税的扣缴义务人。

(2) 纳税人为境外单位或者个人,在境内有代理人的,以其境内代理人为扣缴义务人;在境内没有代理人的,由纳税人自行申报缴纳印花税。

三、印花税的征税范围

(一) 合同或具有合同性质的凭证

(1) 买卖合同。

①包括供应、预购、采购、购销结合及协作、调剂、补偿、易货等合同,还包括各出版单位

与发行单位（不包括订阅单位和个人）之间订立的图书、报刊、音像征订凭证；

②以电子形式签订的各类应税凭证也需征税；

③发电厂与电网之间、电网与电网之间签订的购售电合同，征收印花税；

④电网与用户之间签订的供用电合同不征收印花税。

（2）承揽合同：包括加工、定做、修缮、修理、印刷、广告、测绘、测试等合同。

（3）租赁合同：包括企业、个人出租门店、柜台所签订的合同，不包括企业与主管部门签订的租赁承包合同。

（4）借款合同：包括银行及其他金融组织和借款人（不包括银行同业拆借）所签订的借款合同。

（5）融资租赁合同。

（6）建筑工程合同：包括勘察、设计、建筑、安装工程合同的总包合同、分包合同和转包合同。

（7）运输合同：包括民用航空运输、铁路运输、海上运输、内河运输、公路运输和联运合同。

（8）技术合同：包括技术开发、转让、咨询、服务等合同。

①技术转让合同，包括专利申请转让和非专利技术转让，但不包括专利权转让、专利实施许可所书立的合同（后者适用于"产权转移数据"）。

②一般的法律、会计、审计等方面的咨询不属于技术咨询，其所立合同不缴纳印花税。

（9）保管合同：包括保管合同或作为合同使用的仓单、栈单（即入库单）。

（10）仓储合同。

（11）财产保险合同：包括财产、责任、保证、信用等保险合同。

【提示】

（1）具有合同性质的凭证应视同为合同征税；企业集团内部执行计划使用的、不具有合同性质的凭证，不征收印花税。

（2）未按期兑现的合同应征税。

（3）同时书立合同和开立单据的不重复征收印花税。

合同是交易双方应该履行义务的明确界定，当事人应当遵循诚信原则，按照约定全面履行自己的义务。不履行合同不仅要承担相应的违约金，甚至面临法律诉讼承担赔偿，影响自己的信用状况。

传统美德

逆境守诺以诚赢天下　难不改约立信为根本

大连集发环渤海集装箱运输有限公司作为船舶运输企业，将诚信经营融入企业发展血脉，努力克服新冠病毒疫情给海运行业带来的不利影响，坚持履约践诺，经受住一次次诚信考验，树立企业良好口碑。

信义当先，定点定班的服务承诺"不打折"。受疫情影响，海运行业普遍存在船舶利用率降低、运费价格持续上涨等问题。对于海运企业，降低航运次数、提高舱位利用率无疑是最直接、最有效、最符合经济利益的选择。但企业为维护自身和客户信誉，坚持从客户利益出发，即使舱位满载率较低，也遵循定点定班运营，确保货物及时运抵目的地。

履约践诺，中标约定的服务价格"不退缩"。疫情造成海运成本持续上涨，整体盈利空间被不断挤压，原本盈利可观的中标项目，出现"折本"运营的情况，企业可能因此遭受巨大经济损失，如果选择"损人利己"单方面终止合同，企业尚可盈利、日子好过。但是，企业坚决立起诚信这一"金字招牌"，坚决履行合同义务，独自承担经济损失，受到合约方赞许，并签署了长期合作意向书。

文化浸润，推动信用体系建设"不停步"。企业坚持"立诚守信，言真行实"的诚信文化，为员工编印《诚信手册》，从岗位诚信到员工信用，从管理制度到服务规范，从客户评价到舆论监督，建立以诚信为核心的工作质效评判制度，对员工的诚实守信自律度提出了全面具体的要求，引导员工将个人业绩与诚信实践紧密结合起来。

（二）产权转移书据

产权转移书据是指单位和个人发生产权买卖、继承、赠与、交换、分割等产权主体发生变更过程中，由产权出让人与受让人之间所订立的民事法律文书。

产权转移书据包括以下几类：

（1）土地使用权出让书据。

（2）土地使用权、房屋等建筑物和构筑物所有权转让书据（不包括土地承包经营权和土地经营权转让）。

（3）股权转让书据（不包括证券交易）。

（4）商标专用权、著作权、专利权、专有技术使用权转让书据。

【案例7-29】（单选题）下列合同，应按"购销合同"税目征收印花税的是（　　）。

A. 发电厂与电网之间签订的购售电合同
B. 企业之间签订的土地使用权转让合同
C. 电网与用户之间签订的供用电合同
D. 开发商与个人之间签订的商品房销售合同

【答案】A

【解析】选项B、D，按照"产权转移书据"税目征收印花税；选项C，电网与用户之间签订的供用电合同不征印花税。

【案例7-30】（单选题）下列合同，应按照"技术合同"缴纳印花税的是（　　）。

A. 设备测试合同　　　　　　　　B. 专利申请转让合同
C. 专利实施许可合同　　　　　　D. 专利权转让合同

【答案】B

【解析】技术合同包括技术开发、转让、咨询、服务等合同，其中技术转让合同包括专利申请转让、非专利技术转让所书立的合同，但不包括专利权转让、专利实施许可所书立的合同。后者适用于"产权转移书据"合同。

【案例7-31】（多选题）下列合同中，按"产权转移书据"计征印花税的有（　　）。

A. 专利实施许可合同　　　　　　B. 专利申请转让合同
C. 商品房销售合同　　　　　　　D. 土地使用权出让合同

【答案】ACD

【解析】选项B，按"技术合同"计征印花税。

（三）营业账簿

营业账簿是指记载实收资本和资本公积的账簿。

（四）证券交易

证券交易是指转让在依法设立的证券交易所、国务院批准的其他全国性证券交易场所交易的股票和以股票为基础的存托凭证。

四、印花税的税目、税率

印花税实行比例税率，详见《印花税税目税率表》，如表7-8所示。

表 7-8 印花税税目税率表

税目		税率	备注
合同	借款合同	借款金额的 0.05‰	指银行业金融机构、经国务院银行业监督管理机构批准设立的其他金融机构与借款人（不包括同业拆借）的借款合同
	融资租赁合同	租金的 0.05‰	
	买卖合同	价款的 0.3‰	指动产买卖合同（不包括个人书立的动产买卖合同）
	承揽合同	报酬的 0.3‰	
	建筑工程合同	价款的 0.3‰	
	运输合同	运输费用 0.3‰	指货运合同和多式联运合同（不包括管道运输合同）
	技术合同	价款、报酬或使用费的 0.3‰	专利权、专有技术使用权转让书据
	租赁合同	租金的 1‰	
	保管合同	保管费的 1‰	
	仓储合同	仓储费的 1‰	
	财产保险合同	保险费的 1‰	不包括再保险合同
产权转移书据	土地使用权出让书据	价款的 0.5‰	包括买卖、继承、赠与、互换、分割
	土地使用权、房屋等建筑物和构筑物所有权转让书据（不包括土地承包经营权和土地经营权转让）	价款的 0.5‰	
	股权转让书据（不包括证券交易）	价款的 0.5‰	
	商标专用权、著作权、专利权、专有技术使用权转让书据	价款的 0.3‰	
营业账簿		实收资本和资本公积合计金额的 0.25‰	
证券交易		成交金额的 1‰	自 2023 年 8 月 28 日起证券交易印花税减半征收

五、印花税的计税依据

（一）应税合同

应税合同的计税依据为合同所列的金额，不包括列明的增值税税款。

【提示】已履行并贴花的合同，实际结算金额高于合同记载金额一般不再补贴印花。

（二）产权转移数据

应税产权转移书据的计税依据为产权转移书据所列的金额，不包括列明的增值税税款。

【提示】 应税合同、产权转移书据没有列明金额的，按实际结算金额计税；没有结算金额的按市场价格计税。依法应当执行政府定价或者政府指导价的，按照国家有关规定确定。

（1）同一凭证载有两个或两个以上经济事项而适用不同税目税率的，如果分别记载金额，分别计算印花税，未分别记载金额的，全部按税率高的计税。

（2）应税凭证所载金额为外国货币的，应按书立当日外汇牌价折合成人民币，计算应纳税额。

（三）营业账簿

应税营业账簿的计税依据为账簿记载的实收资本（股本）、资本公积合计金额。

【提示】 已缴纳印花税的营业账簿，以后年度实收资本（股本）、资本公积金额不变的不再征印花税，金额增加的只按增加额征税。

（四）证券交易

证券交易的计税依据为成交金额。

证券交易无转让价格的，按照办理过户登记手续时该证券前一个交易日收盘价计算确定计税依据；无收盘价的，按照证券面值计算确定计税依据。

六、印花税的应纳税额

$$应纳税额 = 计税依据 \times 适用税率$$
$$合同、产权转移证书应纳税额 = 所列金额 \times 适用税率$$
$$营业账簿应纳税额 = （实收资本 + 资本公积）\times 适用税率$$
$$证券交易应纳税额 = 成交金额 \times 适用税率$$

【案例7-32】花果山食品公司成立时注册资本500万元，建立资金账簿1本；当月与翠云山酒厂签订买卖合同，售价50万元，列明增值税税款6.5万元；与风驰运输公司签订运输合同，不含税价款2万元，其中运费1.5万元，装卸费0.5万元，增值税0.165万元，分别记载。已知，买卖合同、运输合同税率为0.3‰，资金账簿税率为0.25‰，计算花果山公司应缴纳印花税税款。

【答案】 5 000 000×0.25‰+500 000×0.3‰+15 000×0.3‰=1 404.5（元）。

【解析】 装卸费同运输费用单独记载，因此不计税。

七、印花税税收优惠

（一）法定免税

（1）应税凭证的副本或者抄本。

（2）依照法律规定应当予以免税的外国驻华使馆、领事馆和国际组织驻华代表机构为获得馆舍书立的应税凭证。

（3）中国人民解放军、中国人民武装警察部队书立的应税凭证。

（4）农民、家庭农场、农民专业合作社、农村集体经济组织、村民委员会购买农业生产资料或者销售农产品书立的买卖合同和农业保险合同。

（5）无息或者贴息借款合同、国际金融组织向中国提供优惠贷款书立的借款合同。

（6）财产所有权人将财产赠与政府、学校、社会福利机构、慈善组织书立的产权转移书据。

（7）非营利性医疗卫生机构采购药品或者卫生材料书立的买卖合同。

（8）个人与电子商务经营者订立的电子订单。

根据国民经济和社会发展的需要，国务院对居民住房需求保障、企业改制重组、破产、支持小型微型企业发展等情形可以规定减征或者免征印花税，报全国人民代表大会常务委员会备案。

(9) 自 2023 年 8 月 28 日起，证券交易印花税减半征收。

(二) 特定免税

(1) 单据免税。对货物运输、仓储保管、财产保险、银行借款等，办理一项业务，既书立合同，又开立单据的，只就合同征印花税；对所开立的各类单据不再征印花税。

(2) 企业兼并并入资金免税。

(3) 租赁承包经营合同免税（企业与主管部门等签订的租赁承包经营合同，不属于财产租赁合同，不征收印花税）。

(4) 纳税人已履行并贴花的合同，发现实际结算金额与合同所载金额不一致的，一般不再补收印花税。

(5) 保险合同免税。农林作物、牧业畜类保险合同，免征印花税。

(6) 书、报、刊合同免税。书、报、刊发行单位之间，发行单位与订阅单位或个人之间而书立的凭证，免征印花税。

(7) 外国运输企业免税。进口货物的，外国运输企业所持有的一份结算凭证，免征印花税。

(8) 特殊货运凭证免税。军事物资、抢险救灾物资、为新建铁路运输施工所需物料，使用工程临管线专用运费结算凭证。

(9) 物资调拨单免税。

(10) 同业拆借合同免税。银行、非银行金融机构之间相互融通短期资金，免征印花税。

(11) 借款展期合同免税。按规定仅载明延期还款事项的，暂免印花税。

(12) 拨改贷合同免税。对财政部门的拨款改贷款签订的借款合同，凡直接与使用单位签订的，暂免征收印花税。

(13) 委托代理合同免税。代理单位与委托单位之间签订的委托代理合同不征印花税。

(14) 日拆性贷款合同免税。对人民银行向各商业银行提供的日拆性贷款（20 天以内的贷款）所签订的合同或借据，暂免印花税。

(15) 铁道企业特定凭证免税。

(16) 电话和联网购货免税。

(17) 股权转让免税。

八、印花税的征收管理

(一) 纳税方式

(1) 自行贴花。自行贴花的纳税人应在每枚税票的骑缝处盖戳注销或者画销。

(2) 汇贴或汇缴。

(3) 委托代征。

(二) 纳税义务发生时间

印花税的纳税义务发生时间为纳税人书立应税凭证或者完成证券交易的当日。证券交易印花税扣缴义务发生时间为证券交易完成的当日。

(三) 纳税期限

印花税按季、按年或者按次计征。

(1) 实行按季、按年计征的，纳税人应当自季度、年度终了之日起 15 日内申报缴纳税款。

(2) 实行按次计征的，纳税人应当自纳税义务发生之日起 15 日内申报缴纳税款。

(3) 证券交易印花税按周解缴。证券交易印花税扣缴义务人应当自每周终了之日起 5 日内申报解缴税款以及银行结算的利息。

(四)纳税地点

(1)纳税人为单位的,应当向其机构所在地的主管税务机关申报缴纳印花税。

(2)纳税人为个人的,应当向应税凭证书立地或者纳税人居住地的主管税务机关申报缴纳印花税。

(3)不动产产权发生转移的,纳税人应当向不动产所在地的主管税务机关申报缴纳印花税。

(4)证券登记结算机构应当向其机构所在地的主管税务机关申报解缴其代扣税款以及银行结算的利息。

任务六 附加税费及其他

【思考】前面介绍的税种都是独立计税的,有没有依据其他税种缴纳的税款计税的呢?

【教学资源】本知识点对应精品课程视频。

专款专用附加税

一、城市维护建设税

城市维护建设税(以下简称城建税)是对缴纳增值税和消费税的单位和个人征收的一种税。城建税具有以下特点:

(1)税款专款专用:城建税用于保证城市公共事业和公共基础设施的维护和建设。

(2)属于附加税:城建税没有独立的征税对象,以实际缴纳的增值税和消费税作为计税依据,随这两种税的征收而征收。

(3)根据城镇规模设计税率,具有受益税性质。

(4)征税范围较广:城建税的纳税人范围涵盖了增值税、消费税的纳税人范围,征税范围比较广。

【提示】征收城建税,对改善城市基础设施建设产生了积极影响,推动了地方经济发展,加快了城镇化发展的步伐。

(一)城建税的纳税人和征税范围

1. 纳税人

城建税的纳税人是缴纳增值税、消费税中任何一种税的单位和个人。

2. 征税范围

城建税的征税范围包括城市、县城、建制镇,以及税法规定征税的其他地区,只要是缴纳增值税和消费税的地方,除税法另有规定者外,都属于城市维护建设税的征税范围。

(二)城建税的税率

城建税按纳税人所在地区实行地区差别比例税率。

(1)纳税人所在地为市区:7%。

(2)纳税人所在地为县城和镇:5%。

(3)纳税人所在地为市区、县城镇以外的其他地区:1%。

(三)城建税的计税依据和应纳税额

1. 计税依据

(1)纳税人实际缴纳的增值税和消费税。

(2)纳税人被税务机关查补的增值税和消费税。

(3)纳税人出口货物经批准当期免抵的增值税税额。

【提示】城建税计税依据应扣除期末留抵退税退还的增值税。

以下不作为城建税的计税依据:
(1) 违反规定加收的滞纳金和被处的罚款。
(2) 进口环节海关代征的增值税、消费税。

【提示】 城建税是附加税,一般不单独加收滞纳金和罚款,但查补增值税和消费税被加收滞纳金处以罚款的,城建税补税的同时应收取滞纳金和罚款。

2. 应纳税额

城建税应纳税额=(实际缴纳的增值税税额+实际缴纳的消费税税额+增值税免抵税额-增值税留抵退税额)×适用税率

【案例7-33】 花果山公司位于市区(城建税适用税率为7%),申报2023年1月税款时缴纳增值税50万元,1月进口货物缴纳增值税20万元。当月已核准增值税免抵税额10万元,收到增值税留抵退税额5万元,计算1月应申报缴纳的城建税。

【答案】 城建税应纳税额=(50+10-5)×7%=3.85(万元)。

【解析】 进口缴纳的20万元增值税不是城建税的计税依据,5万元留抵退税额应从计税依据扣除。

(四) 城建税的税收优惠

城建税原则上不单独减免,当增值税和消费税减免时,城建税进行相应的减免。
(1) 进口产品征收消费税、增值税时,不征收城建税。
(2) 因直接减免税对增值税、消费税退税的,城建税同时退税。但出口产品退还增值税、消费税时不退还已缴纳的城建税。
(3) 对增值税、消费税实行先征后返、先征后退、即征即退办法的,除另有规定外,对随"两税"征收的城建税一律不予退(返)还。

(五) 城建税的征收管理

1. 纳税地点

(1) 纳税人缴纳增值税、消费税的地点就是缴纳城建税的地点。
(2) 代征代扣增值税、消费税的:代扣代缴义务人纳税地点。

2. 纳税期限

城建税的纳税期限与增值税、消费税的纳税期限一致。城建税的具体纳税期限,由主管税务机关根据纳税人应纳税额的大小分别核定。不能按照固定期限按期纳税的,可以按次纳税。

二、教育费附加、地方教育附加

教育费附加、地方教育附加是对缴纳增值税和消费税的单位和个人征收的一种专项附加费,是正税以外的政府行政收费。由同级教育部门统筹安排,同级财政部门监督管理,同城建税一样"专款专用",用于发展地方教育事业。

【提示】 实施乡村振兴战略,是新时代做好"三农"工作的总抓手。乡村兴则国家兴,乡村振兴关键靠人才,灵魂在文化,基石在教育。乡村教育欣欣向荣,是教育现代化的必然要求,也是社会主义现代化强国建设的呼唤。城市教育与乡村教育要协调发展、融合发展、共同发展。

道德模范

张桂梅感人事迹

感动中国2020年度获奖人物及"七一勋章"获得者张桂梅,矢志不渝,克服种种困难,努力阻断贫困代际传递,于2008年建成针对贫困山区家庭困难女孩的全国第一所全免费女子高中,使1600多名贫困家庭学生圆梦大学,托举起贫困家庭脱贫发展的希望与信心。她立德树人,始终坚持一线言传身教,加强师生思想政治和理想信念教育,给予困难学生母亲般的呵护,深受师生和群众爱戴。她敬业奉献，长期拖着病体忘我工作，将自己工资、所获奖金和社会捐助诊疗费等100多万元全部用于兴教办学，在与时间赛跑和病魔抗争中，以实际行动兑现着自己"只要还有一口气，就要站在讲台上"的诺言，用不懈追求书写着不忘初心、牢记使命，为党和人民事业永远奋斗的绚丽人生。

（一）征收比率

教育费附加征收比率为3%；地方教育附加征收比率为2%。

教育费附加 = 纳税人实际缴纳的增值税和消费税 × 3%

地方教育附加 = 纳税人实际缴纳的增值税和消费税 × 2%

（二）纳税人、征税范围、计税依据、税收优惠、纳税期限、纳税地点

教育费附加、地方教育附加的纳税人、征税范围、计税依据、税收优惠、纳税期限、纳税地点同城建税一致。

【提示】城建税、教育费附加、地方教育附加作为增值税、消费税的附加税费，已经跟增值税、消费税整合一并申报，纳税人无须单独申报附加税费。

【案例7-34】某一市区企业2023年8月销售收入200万元，当期申报纳税实际缴纳增值税9万元，缴纳消费税1万元，当月因迟交税款产生滞纳金500元；当月进口货物缴纳增值税2万元，缴纳消费税0.5万元，计算该企业应缴纳的城建税、教育附加费、地方教育附加。

【答案】应缴纳城建税 = (90 000 + 10 000) × 7% = 7 000（元）；

应缴纳教育附加费 = (90 000 + 10 000) × 3% = 3 000（元）；

应缴纳地方教育附加 = (90 000 + 10 000) × 2% = 2 000（元）。

三、环境保护税

2016年12月对环境保护税予以立法，实行排污费改环保税，提高全社会环保意识，推进生态文明建设和绿色发展。2018年1月1日环境保护税正式实施，环保税的实施有利于构建促进经济结构调整、发展方式转变的绿色税制体系，强化税收调控作用，形成有效的约束激励机制，提高全社会环境保护意识，推进生态文明建设和绿色发展。

（一）环境保护税的纳税人与征税范围

1. 纳税人

在中华人民共和国领域和中华人民共和国管辖的其他海域，直接向环境排放应税污染物的企业事业单位和其他生产经营者为环境保护税的纳税人。

【提示】一般家庭和个人即使有排放污染物的行为，也不属于环境保护税的纳税人。

【案例7-35】（多选题）下列直接向环境排放污染物，属于环境保护税纳税人的有（　　）。

A. 事业单位　　　　B. 个人　　　　C. 家庭　　　　D. 私营企业

【答案】AD

环境保护

海洋环境污染现状

海洋污染表现为石油污染、重金属以及放射性污染、赤潮和海洋垃圾等，其中海洋垃圾对海洋环境的危害尤为突出。根据2022—2027年中国环境污染行业发展研究与"十四五"企业投资分析报告相关数据显示，每年进入海洋的垃圾达到了800万吨，其中有超过70%沉入海底，有15%漂流在海上，另外15%则是滞留在海滩之上。大量的海洋垃圾给海洋生态平衡造成了不

良影响,破坏海洋生态系统,也间接地威胁到了人类的健康。

各国加强协调与合作,加强海洋科技创新,建设多学科支撑的海洋检测系统,推动海洋保护领域的国际合作。

2. 征税范围

环境保护税的征税范围是直接向环境排放的环境污染物,指《环境保护税税目税额表》《应税污染物和当量值表》规定的大气污染物、水污染物、固体废物和噪声(仅指工业噪声)。

【案例7-36】(多选题)下列各项中,属于环境保护税征税范围的有(   )。

A. 大气污染物　　　B. 光污染物　　　C. 煤矸石　　　D. 建筑施工噪声

【答案】AC

【解析】光污染物不属于环保税征税范围,应税噪声污染目前只包括工业噪声,建筑施工噪声不属于工业噪声。

(二)环境保护税的税率

环境保护税实行定额税率,税目税额如表7-9所示。

表7-9 环境保护税税目税额表

税目		计税单位	税额	备注
大气污染物		每污染当量	1.2~12元	
水污染物		每污染当量	1.4~14元	
固体废物	煤矸石	每吨	5元	
	尾矿	每吨	15元	
	危险废物	每吨	1 000元	
	冶炼渣、粉煤灰、炉渣、其他固体废物(含半固态、液态废物)	每吨	25元	
噪声	工业噪声	每超1~3分贝	350元/月	1. 一个单位边界上有多处噪声超标,根据最高一处超标声级计税;当沿边界长度超过100米有两处以上噪声超标,按照两个单位计税。2. 一个单位有不同地点作业场所的,分别计税。3. 昼、夜均超标的环境噪声,昼、夜分别计税。4. 声源一个月内超标不足15天的,减半计税。5. 夜间频繁突发和夜间偶然突发厂界超标噪声,按等效声级和峰值噪声两种指标中超标分贝高的一项计税
		每超4~6分贝	700元/月	
		每超7~9分贝	1 400元/月	
		每超10~12分贝	2 800元/月	
		每超13~15分贝	5 600元/月	
		每超16分贝以上	11 200元/月	

(三)环境保护税的计税依据

(1)应税大气污染物按照污染物排放量折合的污染当量数确定。

(2)应税水污染物按照污染物排放量折合的污染当量数确定。

(3)应税固体废物按照固体废物的排放量确定。

(4)应税噪声按照超过国家规定标准的分贝数确定。

【注释】

(1) 污染当量是指根据污染物或者污染排放活动对环境的有害程度以及处理的技术经济性,衡量不同污染物对环境污染的综合性指标或者计量单位。同一介质相同污染当量的不同污染物,其污染程度基本相当。

(2) 污染当量值是单位污染当量,是以环境污染因素中指定单位量的主要污染物有害程度和对生物体的毒性以及处理费用为基准,其他污染物与之相比相当的量值,即其他污染物相当于每一单位基准污染物污染危害及处理费用时的量值。

(3) 污染当量数是污染当量的总数。

应税大气污染物、水污染物的污染当量数 = 该污染物的排放量÷该污染物的污染当量值

每种应税大气污染物、水污染物的具体污染当量值,依照《应税污染物和当量值表》执行。

(四) 环境保护税的应纳税额

(1) 应税大气污染物的应纳税额 = 污染当量数×适用税额。

(2) 应税水污染物的应纳税额 = 污染当量数×适用税额。

(3) 应税固体废物的应纳税额 = 固体废物排放量×适用税额。

(4) 应税噪声的应纳税额为超过国家规定标准的分贝数对应的具体适用税额。

(五) 环境保护税的税收优惠

1. 法定减免

(1) 农业生产(不包括规模化养殖)排放应税污染物的。

(2) 机动车、铁路机车、非道路移动机械、船舶和航空器等流动污染源排放应税污染物的。

(3) 依法设立的城乡污水集中处理、生活垃圾集中处理场所排放相应应税污染物,不超过国家和地方规定的排放标准的。

(4) 纳税人综合利用的固体废物,符合国家和地方环境保护标准的。

(5) 国务院批准免税的其他情形。

【案例7-37】(单选题)下列情形,不予免征环境保护税的是( )。

A. 农业种植排放应税污染物的

B. 车辆行驶排放应税污染物的

C. 规模化养殖排放应税污染物的

D. 纳税人综合利用的固体废物,符合国家和地方环境保护标准的

【答案】C

2. 特定减免

(1) 纳税人排放应税大气污染物或者水污染物的浓度值低于国家和地方规定的污染物排放标准30%的,减按75%征税。

(2) 纳税人排放应税大气污染物或者水污染物的浓度值低于国家和地方规定的污染物排放标准50%的,减按50%征税。

(六) 环境保护税的征收管理

1. 纳税义务发生时间

纳税义务发生时间是纳税人排放应税污染物的当日。

2. 纳税地点

纳税人应当向应税污染物排放地的税务机关申报缴纳环境保护税。

3. 纳税期限

按月计算,按季申报缴纳。不能按固定期限计算缴纳的,可以按次申报缴纳。

纳税人按季申报缴纳的,应当自季度终了之日起15日内,向税务机关办理纳税申报并缴纳

税款。纳税人按次申报缴纳的，应当自纳税义务发生之日起 15 日内，向税务机关办理纳税申报并缴纳税款。

四、烟叶税

烟叶税是对我国境内收购烟叶的行为，以实际支付的价款总额为计税依据而征收的一种税，体现国家对烟草实行"寓禁于征"政策。

（一）烟叶税的纳税人与征税范围

1. 纳税人

在中国境内，依照《中华人民共和国烟草专卖法》的规定收购烟叶的单位为烟叶税的纳税人。

【提示】我国实行烟草专卖制度，烟叶税的纳税人具有特定性，一般是有权收购烟叶的烟草公司或受其委托收购烟叶的单位。

【案例 7-38】（单选题）下列选项属于烟叶税纳税人的是（　　）。
A. 种植烟叶的农民　　B. 抽烟的烟民　　C. 零售卷烟的超市　　D. 收购烟叶的烟草公司
【答案】D

2. 征税范围

征税范围包括烤烟叶、晾晒烟叶。

3. 纳税环节

烟叶收购环节纳税。

（二）烟叶税的计算

1. 烟叶税的计税依据

烟叶税的计税依据是纳税人收购烟叶实际支付的价款总额。

烟叶价款总额包括纳税人支付给烟叶销售者的烟叶收购价款和价外补贴。按照简化手续方便征收原则，价外补贴统一按烟叶收购价款的 10% 计算。

$$烟叶价款总额 = 烟叶收购价款 \times (1 + 10\%)$$

2. 烟叶税的税率

烟叶税实行比例税率，税率为 20%。

3. 烟叶税的应纳税额

$$应纳税额 = 烟叶价款总额 \times 税率$$
$$= 收购价款 \times (1 + 10\%) \times 20\%$$

【提示】烟叶属于农产品，烟叶收购单位应将价外补贴与烟叶收购价格在同一张农产品收购或销售发票上分别注明，否则价外补贴不得计算增值税进项税进行扣除。

$$购入烟叶准予抵扣的进项税额 = (实际支付的价款总额 + 应纳烟叶税) \times 扣除率$$

此时，实际支付价款总额中的价外补贴为实际支付的金额，不是固定的 10%，与计算烟叶税不一致。

（三）烟叶税的征收管理

1. 纳税义务发生时间

烟叶税的纳税义务发生时间为纳税人收购烟叶的当日。

2. 纳税期限

烟叶税按月计征，纳税人应当于纳税义务发生月终了之日起 30 日内申报并缴纳税款。

3. 纳税地点

烟叶税由税务机关征收管理，纳税人应当向烟叶收购地的主管税务机关申报纳税。

【小结】在流转税、所得税基础上开征其他税种，更多是为了合理开发利用自然资源，加强环境保护，改善广大人民居住条件等。

拓展训练

一、单选题

1. 根据房产税法律制度的规定，下列房屋中，不属于房产税征税范围的是（　　）。
   A. 城市的房屋　　　　B. 农村的房屋　　　　C. 建制镇的房屋　　　　D. 县城的房屋

2. 某公司2023年以1 500万元的价格购入一栋二层别墅，作为办公用房，同年经批准花费200万元将其扩建为3层别墅，并支付30万元安装中央空调，年底完工。已知当地省政府规定计算房产余值的减除比例为30%，从价计征的房产税税率为1.2%，则该公司2023年应缴纳的房产税是（　　）万元。
   A. 1 500×(1-30%)×1.2%=12.6
   B. (1 500+200+30)×(1-30%)×1.2%=14.53
   C. (1 500+200)×(1-30%)×1.2%=14.28
   D. (1 500+30)×(1-30%)×1.2%=12.85

3. 根据房产税法律制度的规定，免征房产税的是（　　）。
   A. 国家机关用于出租的房产　　　　B. 公立学校附设招待所使用的房产
   C. 公立医院自用的房产　　　　D. 公园附设饮食部使用的房产

4. 花果山房地产开发公司2023年实际占用土地面积30 000平方米，其中1 000平方米为售楼处和公司办公区，20 000平方米用于开发普通标准住宅，9 000平方米经批准用于开发经济适用房，已知该企业所处地段适用年税额24元/平方米，公司当年应缴纳的城镇土地使用税税额是（　　）元。
   A. 30 000×24=720 000
   B. (20 000+1 000)×24=504 000
   C. 1 000×24=24 000
   D. 0

5. 根据契税法律制度的规定，下列各项中，免征契税的是（　　）。
   A. 房屋抵押　　　　B. 房屋互换　　　　C. 房屋出租　　　　D. 房屋承继

6. 下列各项不缴纳耕地占用税的是（　　）。
   A. 占用市区工厂土地建设商品房　　　　B. 占用市郊菜地建设公路
   C. 占用林地建设厂房　　　　D. 占用果园建设旅游度假村

7. 下列行为中应缴纳土地增值税的是（　　）。
   A. 转让土地使用权　　　　B. 出租房产
   C. 出让国有土地使用权　　　　D. 继承房产

8. 以整备质量吨位数为车船税的计税依据的是（　　）。
   A. 商用客车　　　　B. 机动船舶　　　　C. 游艇　　　　D. 商用货车

9. 悟空2022年6月1日购入一辆小汽车自用，7月30日申报并缴纳车辆购置税10万元。由于车辆制动系统存在严重问题，2023年5月31日将该车退回，则悟空可以申请退还的车辆购置税是（　　）万元。
   A. 10
   B. 10×(1-10%)=9
   C. 10×(1-20%)=8
   D. 0

10. 某公园占地面积为10 000平方米，其中1 500平方米为索道公司经营用地，500平方米为某旅游公司开办的小商店用地，该公园应该缴纳城镇土地使用税的是（　　）平方米。
    A. 10 000　　　　B. 1 500　　　　C. 2 000　　　　D. 500

11. 甲公司委托乙施工企业建造一栋办公楼，工程于2023年1月31日完工，2023年3月31

日办妥竣工验收手续，2023年9月30日，该办公楼投入使用，应当自（　　）起缴纳房产税。

A. 2023年2月1日　　　　　　　　B. 2023年4月1日

C. 2023年9月30日　　　　　　　　D. 2023年10月1日

12. 甲公司开发一项房地产项目，取得土地使用权支付的金额为1 000万元，发生开发成本6 000万元，发生开发费用2 000万元，其中利息支出900万元无法提供金融机构贷款利息证明。已知当地房地产开发费用的计算扣除比例为10%。甲公司计算缴纳土地增值税时，可以扣除的房地产开发费用为（　　）万元。

A. 1 100　　　　B. 600　　　　C. 200　　　　D. 700

二、多选题

1. 计算土地增值税时，应计入房地产开发成本的是（　　）。

A. 与房地产开发项目有关的广告费　　B. 取得土地使用权缴纳的契税

C. 以出包方式支付的建筑工程费　　　D. 土地征用及拆迁补偿费

2. 房地产公司应当缴纳房产税的有（　　）。

A. 已经开发完成尚未出售的商品房　　B. 出售给个体户甲经营快餐店的门面房

C. 出租给个体户乙经营饭店的门面房　　D. 以自行开发的商品房用于销售部的办公使用

3. 应当计入房产原值计征房产税的有（　　）。

A. 独立于房屋之外的烟囱　　　　　　B. 电梯

C. 房屋排水管道　　　　　　　　　　D. 室外游泳池

4. 关于城镇土地使用税纳税人的表述正确的有（　　）。

A. 拥有土地使用权的单位或者个人为纳税人

B. 拥有土地使用权的单位或个人不在土地所在地的，以代管人或者实际使用人为纳税人

C. 土地使用权未确定或权属纠纷未解决的，暂不缴纳城镇土地使用税

D. 土地使用权共有的，以共有各方为纳税人

5. 下列各项中，免征耕地占用税的有（　　）。

A. 工厂生产车间占用的耕地　　　　　B. 军用公路专用线占用的耕地

C. 学校教学楼占用的耕地　　　　　　D. 医院职工住宅楼占用的耕地

6. 下列关于契税的说法，错误的有（　　）。

A. 在我国境内转让房屋权属的单位应缴纳契税

B. 出让土地使用权应征收契税

C. 转让土地使用权应征收契税

D. 承包土地取得承包经营权应征收契税

7. 2023年2月，甲企业转让2018年自建的一栋房产取得收入2 000万元，该房产购入时的土地成本为600万元，房屋重置成本为400万元，成新率为50%，评估价格为300万元，缴纳增值税100万元、附加税费12万元，评估费5万元，甲企业在计算土地增值税时准予扣除的项目有（　　）。

A. 土地成本600万元

B. 重置成本400万元

C. 评估价格300万元

D. 缴纳的增值税100万元及城建税及教育费附加10万元

8. 属于印花税纳税人的有（　　）。

A. 合同的担保人

B. 证券交易的受让方

C. 产权转移书据的立据人

D. 在国外订立，但在国内使用应税凭证的单位
9. 下列税务机关可以要求纳税人进行土地增值税清算的是（　　）。
A. 房地产开发项目全部竣工、完成销售
B. 整体转让未竣工决算的房地产开发项目
C. 直接转让土地使用权
D. 取得销售（预售）许可证满3年仍未销售完毕
10. 下列属于环保税减免税范围的是（　　）。
A. 农业规模化养殖排放污染物
B. 机动车排放污染物
C. 依法设立的城乡生活垃圾集中处理场所排放污染物
D. 纳税人综合利用的液体废物，符合国家和地方环境保护标准
11. 下列各项中，不征收印花税的有（　　）。
A. 会计师事务所与客户之间签订的审计咨询合同
B. 电网与用户之间签订的供用电合同
C. 软件公司与用户之间签订的技术培训合同
D. 书、报、刊发行单位之间书立的凭证
12. 关于印花税的计税依据，表述错误的有（　　）。
A. 承揽合同为加工承揽收入，包括委托方提供的原料及主要材料价值
B. 融资租赁合同为被租赁财产价值
C. 运输合同为运费，包括装卸费、保险费
D. 借款合同为合同约定的借款利息
13. 属于车辆购置税征税范围的有（　　）。
A. 电动自行车　　　B. 汽车　　　　　C. 汽车挂车　　　　D. 有轨电车
14. 下列各项中免征船舶吨税的有（　　）。
A. 应纳税额在人民币50元以下的船舶
B. 自境外取得船舶所有权的初次进口到港的空载船舶
C. 非机动驳船
D. 军队、武装警察部队专用或征用的船舶
15. 下列关于城建税的说法中，正确的有（　　）。
A. 由受托方代征增值税、消费税的，其代征的城建税适用受托方所在地税率
B. 对进口货物缴纳的增值税、消费税税额，不征收城建税
C. 对出口产品退还增值税、消费税的，应同时退还已缴纳的城建税
D. 对增值税、消费税实行先征后返、先征后退、即征即退办法的，应同时退还已缴纳的城建税

三、判断题

1. 纳税人出租房屋的，房产税的计税基础为含增值税的租金收入。　　　　　　　　（　　）
2. 甲房地产公司以房产与乙公司投资联营，设立丙公司，双方约定甲房地产公司每年从丙公司分配保底利润200万元，甲公司投资的房产由丙企业按房产余值计征房产税。（　　）
3. 李某拥有一套四合院，原一直用于居住，2023年6月转为经营民宿酒店，李某应于2023年7月开始缴纳房产税。　　　　　　　　　　　　　　　　　　　　　　　　　　（　　）
4. 纳税人购置新建商品房，自房屋交付使用当月缴纳城镇土地使用税。　　　　　（　　）
5. 经批准占用耕地的，应当自实际占用耕地之日起30日内申报缴纳耕地占用税。（　　）
6. 房地产开发项目中同时包含普通住宅和非普通住宅的，应分别计算土地增值税。（　　）

7. 一方出地，另一方出资金，双方合作建房，建成后按比例分房自用的，双方均应当征收土地增值税。（   ）

8. 从事机动车第三者责任强制保险业务的保险机构为机动车车船税扣缴义务人。（   ）

9. 依法不需要在车船登记管理部门登记，只在厂内运输货物的货车不征收车船税。（   ）

10. 计算城建税的计税依据时，不得扣除期末留抵退税退还的增值税。（   ）

11. 纳税人应当向烟叶收购地的主管税务机关申报缴纳烟叶税。（   ）

12. 纳税人建造商品房出售，只要增值额未超过扣除项目金额20%都免征土地增值税。（   ）

13. 船籍国与我国签订含有互相给予船舶税最惠国待遇条款的条约或协定的应税船舶，适用船舶吨数优惠税率。（   ）

14. 在查补增值税并被处以罚款时，应同时对偷漏的城建税进行补税、征收滞纳金。（   ）

15. 纳税单位无偿使用免税单位的土地免征城镇土地使用税，免税单位无偿使用纳税单位的土地征收城镇土地使用税。（   ）

四、计算分析题

1. 某烟厂位于市区，2023年10月不含增值税销售收入300万元，当期申报纳税实际缴纳增值税6万元，缴纳消费税4万元，当月因迟交税款产生滞纳金500元；当月进口货物缴纳增值税2万元，缴纳消费税1万元，计算该企业应缴纳的城建税、教育附加费、地方教育附加。

2. 2023年花果山房地产开发公司销售其新建商品房一幢，取得销售收入1.4亿元，已知该公司支付与商品房相关的土地使用权费及开发成本合计为4 800万元；该公司没有按房地产项目计算分摊银行借款利息；该商品房所在地的省政府规定计征土地增值税时房地产开发费用扣除比例为10%；销售商品房缴纳的有关税金为770万元；该项目允许抵扣的增值税进项税额为800万元。计算该公司销售该商品房应缴纳的土地增值税。

五、思政活动

1. 调查所在城市不同区域商品房20年内价格波动，分析国家开征房地产税的重要意义。
2. 调查自己家乡环境污染情况，组织公益讲座，宣传低碳环保的重要性。
3. 组织践诺守信演讲赛。
4. 总结各税种对农村农业发展的税收优惠措施，调查家乡农业发展状况，撰写农村创业项目策划书。

学习评价

评价项目		评价标准	评价方式	分值/分	得分/分
专业知识学习能力	学习在线视频	按照完成率计分	学银在线平台自评	18	
	课前测验	按照系统题量及正确率自动计分	学银在线平台自评	6	
	课堂互动	按照参与活动数量及系统设置分数计分	学银在线平台自评	12	
	课后作业	按照系统题量及正确率自动计分	学银在线平台自评	6	
	项目测验	按照系统题量及正确率自动计分	学银在线平台自评	18	

续表

评价项目		评价标准	评价方式	分值/分	得分/分
职业素养	课前活动布置准备	场地布置、情景模拟道具等	教师评价	2	
	考勤	不迟到、不早退、不旷课	学银在线平台自评	5	
	课堂纪律	不喧哗讲话、不玩手机、不睡觉等	教师评价	5	
	课堂小组活动	每次课小组得分：其他小组点评50%＋教师点评50%；确定小组总分后由组长在组员间分配	小组互评＋教师评价＋组长评分	8	
思政教育	调查房价变动，分析房地产税意义	整理调查结果，拍图上传平台	教师评价	6	
	调查自己家乡环境污染情况，组织公益讲座，宣传低碳环保的重要性	整理调查结果，组织参与公益讲座，拍图或视频上传平台	教师评价	7	
	农业税收优惠，策划农村创业项目	总结政策，调查农村发展报告及创业策划书上传平台	教师评价	7	
总分				100	
教师签字：					

项目八

税收征管不可违

学习目标

（一）知识目标
(1) 区分常见税收违法违规行为；
(2) 阐述纳税信用评价指标；
(3) 列举纳税信用级别对应标准及权限；
(4) 知晓税务检查的流程；
(5) 阐述金税征管系统的功能。

（二）能力目标
(1) 能够识别税收违法违规行为；
(2) 按时准确申报纳税，合法使用管理发票；
(3) 依法配合税务检查；
(4) 能识别并规避经营管理中的税务风险。

（三）素质目标
(1) 遵守税收征管规定，不违法违规；
(2) 加强税务风险识别与管控能力；
(3) 加强沟通协调能力。

思政目标

(1) 诚实守信、遵纪守法；
(2) 加强风险意识，能够规避风险；
(3) 勤学善思、提高技能，参与管理；
(4) 认识依法治税、依法治国、公平公正的重要性。

知识结构

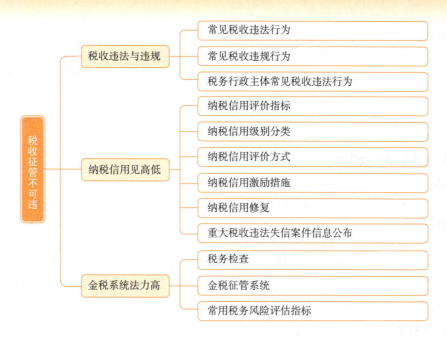

任务导入

我们跟悟空一起认识了税收家族的所有成员，要是他违反税法规定会有哪些后果呢？税务机关又是如何发现纳税人违法违规行为的呢？

任务一　税收违法与违规

【思考】我们知道偷税是违法行为，那么偷税要受到什么处罚呢？除了偷税，还有哪些税收违法违规行为呢？

【教学资源】本知识点对应精品课程视频。

税收违法与违规

一、常见税收违法行为

（一）偷税行为

1. 界定

偷税是纳税人采取伪造、变造、隐匿、擅自销毁账簿、记账凭证；或者在账上多列支出或不列、少列收入，从而减少利润隐瞒真实收入；或者经税务机关通知申报而拒不申报或者进行虚假纳税申报的手段，不缴或者少缴税款的行为。

2. 法律责任

（1）由税务机关追缴不缴或少缴税款、滞纳金，并处以罚款，构成犯罪的，依法追究刑事责任。

（2）编造虚假计税依据的，由税务机关责令限期改正，并处罚款。

（3）为纳税人、扣缴义务人提供银行账户、发票、证明或者其他方便，导致未缴、少缴税款的，税务机关除没收违法所得外，可处以罚款。

《中华人民共和国刑法》（以下简称《刑法》）对逃税罪的量刑：纳税人采取欺骗、隐瞒手段进行虚假纳税申报或者不申报，逃避缴纳税款数额较大并且占应纳税额百分之十以上的，处3年以下有期徒刑或者拘役，并处罚金；数额巨大并且占应纳税额百分之三十以上的，处3年以上7年以下有期徒刑，并处罚金。

【思考】漏税跟偷税是一样吗？

漏税是指纳税人因无意识而发生的漏缴或少缴税款的违章行为。如因不了解、不熟悉税法规定和财务制度，或因工作粗心大意，错用税率，漏报应税项目，少计应税数量、销售金额和经营利润等。

漏税行为虽属无意，但已构成违章，税务机关应限定漏税者如期补缴所漏税款；逾期未缴者，应从漏税之日起，按日加收滞纳金。

（二）逃避追缴欠税行为

1. 界定

纳税人欠缴应纳税款，采取转移或隐匿财产手段，妨碍税务机关追缴欠缴税款的行为。

2. 法律责任

《刑法》对逃避追缴欠税罪的量刑：纳税人欠缴应纳税款，采取转移或者隐匿财产的手段，致使税务机关无法追缴欠缴的税款，数额在1万元以上不满10万元的，处3年以下有期徒刑或者拘役，并处或者单处欠缴税款1倍以上5倍以下罚金；数额在10万元以上的，处3年以上7年以下有期徒刑，并处欠缴税款1倍以上5倍以下罚金。

（三）抗税行为

1. 界定

以暴力、威胁方法拒不缴纳税款的行为。

2. 法律责任

（1）构成犯罪的：追缴拒缴的税款、滞纳金，依法追究刑事责任。

（2）未构成犯罪的：追缴拒缴的税款、滞纳金，处以罚款。

《刑法》对抗税罪的量刑：以暴力、威胁方法拒不缴纳税款的，处3年以下有期徒刑或者拘役，并处拒缴税款1倍以上5倍以下罚金；情节严重的，处3年以上7年以下有期徒刑，并处拒缴税款1倍以上5倍以下罚金。

（四）骗税行为

1. 界定

纳税人用假报出口或其他欺骗手段，骗取国家出口退税的行为。

2. 法律责任

（1）追缴骗取的退税款，处1倍以上5倍以下的罚款；构成犯罪的，依法追究刑事责任。

【提示】对骗取出口退税款的，税务机关可以在规定期间内停止为其办理出口退税。

（2）为纳税人、扣缴义务人提供银行账户、发票、证明或者其他方便，骗取国家出口退税款的，税务机关除没收违法所得外，可处未缴、少缴或骗取税款1倍以下的罚款。

《刑法》对骗取出口退税罪的量刑：以假报出口或者其他欺骗手段，骗取国家出口退税款，数额较大的，处5年以下有期徒刑或者拘役，并处骗取税款1倍以上5倍以下罚金；数额巨大或者有其他严重情节的，处5年以上10年以下有期徒刑，并处骗取税款1倍以上5倍以下罚金；数额特别巨大或者有其他特别严重情节的，处10年以上有期徒刑或者无期徒刑，并处骗取税款1倍以上5倍以下罚金或者没收财产。

【案例8-1】（单选题）以下行为属于偷税的是（　　）。

A. 在账上多列支出、少列收入，从而少缴纳税款

B. 以暴力、威胁方法拒不缴纳税款

C. 不按规定期限进行纳税申报
D. 假报出口骗取国家出口退税

【答案】A

法治中国

深圳"惊雷3号"虚开骗税地下钱庄案

2020年7月,深圳税务部门联合公安、海关、人民银行以及税务总局驻广州特派办成功破获"惊雷3号"虚开骗税地下钱庄案,打掉虚开、骗税、地下钱庄等多个环节的9个犯罪团伙,抓获犯罪嫌疑人77人。经查,该团伙非法获取上游虚开的增值税专用发票抵扣进项税额后,将他人货物冒充成自身企业货物报关出口,取得报关单据骗取出口退税,涉嫌虚开发票金额40多亿元,涉嫌骗取出口退税1.5亿元。

二、常见税收违规行为

(1) 纳税人有以下行为之一的,由税务机关责令限期改正,可以处2 000元以下的罚款;情节严重的处2 000至1万元罚款:

①不按规定设置账簿;
②不按规定保管账簿、记账凭证及其他资料;
③不按规定向税务机关报送财务、会计制度或者财务、会计处理方法和会计核算软件;
④不按规定向税务机关报送全部银行账号;
⑤不按规定安装、使用税控装置,或损毁、擅改税控装置;
⑥不按规定期限办理纳税申报或者报送纳税资料;
⑦不按规定期限报送代扣代缴、代收代缴申报资料。

(2) 非法印制、转借、倒卖、变造或伪造完税凭证的:责令改正,处2 000元至1万元罚款;情节严重的处1万至5万元罚款;构成犯罪的,依法追究刑事责任。

(3) 纳税人违反税务规定未缴或少缴税款的,除补缴税款、滞纳金外,处税款的50%以上3倍以下的罚款。

(4) 首违不罚制度。

为推进税务领域"放管服"改革,更好地服务市场主体,国家税务总局推行"首违不罚"清单制度,如表8-1所示。对于首次发生清单中所列事项且危害后果轻微,在税务机关发现前主动改正或者在税务机关责令限期改正的期限内改正的,不予行政处罚。税务机关应当对当事人加强税法宣传和辅导。

表8-1 税务行政处罚"首违不罚"事项清单

序号	事项
1	纳税人未按照税收征收管理法及实施细则等有关规定将其全部银行账号向税务机关报送
2	纳税人未按照税收征收管理法及实施细则等有关规定设置、保管账簿或者保管记账凭证和有关资料
3	纳税人未按照税收征收管理法及实施细则等有关规定的期限办理纳税申报和报送纳税资料
4	纳税人使用税控装置开具发票,未按照税收征收管理法及实施细则、发票管理办法等有关规定的期限向主管税务机关报送开具发票的数据且没有违法所得
5	纳税人未按照税收征收管理法及实施细则、发票管理办法等有关规定取得发票,以其他凭证代替发票使用且没有违法所得

续表

序号	事项
6	纳税人未按照税收征收管理法及实施细则、发票管理办法等有关规定缴销发票且没有违法所得
7	扣缴义务人未按照税收征收管理法及实施细则等有关规定设置、保管代扣代缴、代收代缴税款账簿或者保管代扣代缴、代收代缴税款记账凭证及有关资料
8	扣缴义务人未按照税收征收管理法及实施细则等有关规定的期限报送代扣代缴、代收代缴税款有关资料
9	扣缴义务人未按照《税收票证管理办法》的规定开具税收票证
10	境内机构或个人向非居民发包工程作业或劳务项目,未按照《非居民承包工程作业和提供劳务税收管理暂行办法》的规定向主管税务机关报告有关事项

三、税务行政主体常见税收违法行为

（一）渎职行为

（1）税务人员滥用职权,故意刁难纳税人、扣缴义务人的,调离税收工作岗位,并依法给予行政处分。

（2）税务人员徇私舞弊,对依法应当移交司法机关追究刑事责任的不移交,情节严重的,依法追究刑事责任。

（3）税务人员利用职务上的便利,收受或者索取纳税人、扣缴义务人财务或者牟取其他不正当利益,构成犯罪的,依法追究刑事责任；未构成犯罪的,依法给予行政处分。

（4）税务人员徇私舞弊或者玩忽职守,不征或者少征应征税款,致使税收遭受重大损失,构成犯罪的,依法追究刑事责任；未构成犯罪的,依法给予行政处分。

（5）税务人员对控告、检举税收违法行为的纳税人、扣缴义务人以及其他检举人进行打击报复的,依法给予行政处分；构成犯罪的,依法追究刑事责任。

（二）其他违法行为

（1）税务人员与纳税人、扣缴义务人勾结,唆使或者协助纳税人、扣缴义务人实施税收违法行为,构成犯罪的,依法追究刑事责任；未构成犯罪的,依法给予行政处分。

（2）违反法律行政法规的规定提前征收、延缓征收或者摊派税款的,由其上级机关或者行政监察机关责令改正,对直接负责的主管人员和其他责任人员依法给予行政处分。

任务二　纳税信用见高低

【思考】违法税收管理规定,除了对纳税人追缴税款、滞纳金,处以罚款,追究刑事责任,还会对纳税人产生哪些不良影响呢？

【教学资源】本知识点对应精品课程视频。

纳税信用级别是指税务机关根据纳税人履行纳税义务情况,就纳税人在一定周期内的纳税信用所评定的级别。

纳税信用见高低

【提示】纳税信用是纳税人履行税收义务的客观反映,直接体现纳税人对社会、对国家的信用。在推进信用中国建设进程中,纳税信用既是社会信用体系建设的重要组成部分,也是落实各项信用建设举措的有力抓手。

一、纳税信用评价指标

（一）税务登记情况

（1）开业登记。

（2）扣缴税款登记。

（3）税务变更登记。

（4）登记证件使用。

（5）年检和换证。

（6）银行账号报告。

（7）纳税认定情况（包括一般纳税人认定等）。

（二）纳税申报情况

（1）按期纳税申报率。

（2）按期纳税申报准确率。

（3）代扣代缴按期申报率。

（4）代扣代缴按期申报准确率。

（5）报送财务会计报表和其他纳税资料。

（三）账簿、凭证管理情况

（1）报送财务会计制度或者财务会计处理办法和会计核算软件。

（2）按照规定设置、保管账簿、凭证，根据合法、有效凭证记账，进行核算。

（3）发票的保管、开具、使用、取得。

（4）税控装置及防伪税控系统的安装、保管、使用。

（四）税款缴纳情况

（1）应纳税款按期入库率。

（2）欠缴税款情况。

（3）代扣代缴税款按期入库率。

（五）违反税收法律、行政法规行为处理情况

（1）涉税违法犯罪记录。

（2）税务行政处罚记录。

（3）其他税收违法行为记录。

二、纳税信用级别分类

纳税信用级别分 A、B、M、C、D 五级。

（一）A 级信用

考评分在 90 分以上的，为 A 级。

有下列情况之一的，不得认定为 A 级：

（1）实际生产经营期不满 3 年的。

（2）上一评价年度纳税信用评价结果为 D 级的。

（3）非正常原因一个评价年度内增值税连续 3 个月或者累计 6 个月零申报、负申报的。

（4）不能按照国家统一的会计制度规定设置账簿，并根据合法、有效凭证核算，向税务机关提供准确税务资料的。

（二）B 级信用

年度评价指标得分在 70 分以上不满 90 分的，为 B 级。

（三）M 级信用

未发生《信用管理办法》第二十条所列失信行为的下列企业适用 M 级纳税信用：

(1) 新设立企业。

(2) 评价年度内无生产经营业务收入且年度评价指标得分 70 分以上的企业。

（四）C 级信用

年度评价指标得分在 40 分以上不满 70 分的企业，为 C 级。

（五）D 级信用

年度评价指标得分在 40 分以下的或者直接判级确定的企业，为 D 级。

若有下列情形之一的，不进行计分考评，一律定为 D 级：

(1) 存在逃避缴纳税款、逃避追缴欠税、骗取出口退税、虚开增值税专用发票等行为，经判决构成涉税犯罪的。

(2) 存在前项所列行为，未构成犯罪，但偷税（逃避缴纳税款）金额 10 万元以上且占各税种应纳税总额 10% 以上，或者存在逃避追缴欠税、骗取出口退税、虚开增值税专用发票等税收违法行为，已缴纳税款、滞纳金、罚款的。

(3) 在规定期限内未按税务机关处理结论缴纳或者足额缴纳税款、滞纳金和罚款的。

(4) 以暴力、威胁方法拒不缴纳税款或者拒绝、阻挠税务机关依法实施税务稽查执法行为的。

(5) 存在违反增值税发票管理规定或者违反其他发票管理规定的行为，导致其他单位或者个人未缴、少缴或者骗取税款的。

(6) 提供虚假申报材料享受税收优惠政策的。

(7) 骗取国家出口退税款，被停止出口退（免）税资格未到期的。

(8) 有非正常户记录或者由非正常户直接责任人员注册登记或者负责经营的。

(9) 由 D 级纳税人的直接责任人员注册登记或者负责经营的。

(10) 存在税务机关依法认定的其他严重失信情形的。

三、纳税信用评价方式

纳税信用评价采取年度评价指标得分和直接判级两种方式。年度评价指标得分采取扣分方式。纳税人评价年度内经常性指标和非经常性指标信息齐全的，从 100 分起评；非经常性指标缺失的，从 90 分起评。直接判级适用于有严重失信行为的纳税人。

纳税信用评价周期为一个纳税年度，有下列情形之一的，不得参加本期纳税信用评价：

(1) 纳入纳税信用管理时间不满一个评价年度的。

(2) 本评价年度内无生产经营业务收入的。

(3) 因涉嫌税收违法被立案查处尚未结案的。

(4) 被审计、财政部门依法查出税收违法行为，税务机关正在依法处理，尚未办结的。

(5) 已申请税务行政复议、提起行政诉讼尚未结案的。

(6) 其他情形。

【提示】纳税人对指标评价情况有异议的，可在评价年度次年 3 月份填写《纳税信用复评（核）申请表》，向主管税务机关提出复核申请，主管税务机关将在 4 月份确定评价结果时一并审核调整。

纳税人有下列情形的，不影响其纳税信用评价：

(1) 由税务机关原因或者不可抗力，造成纳税人未能及时履行纳税义务的。
(2) 非主观故意的计算公式运用错误及明显的笔误造成未缴或者少缴税款的。
(3) 国家税务总局认定的其他不影响纳税信用评价的情形。

四、纳税信用激励措施

税务机关按照守信激励、失信惩戒的原则，对不同信用级别的纳税人实施分类服务和管理。

（一）A级信用

对纳税信用评价为A级的纳税人，税务机关予以下列激励措施：
(1) 主动向社会公告年度A级纳税人名单。
(2) 一般纳税人可单次领取3个月的增值税发票用量，需要调整增值税发票用量时及时办理。
(3) 普通发票按需领用。
(4) 连续3年被评为A级信用级别（简称3连A）的纳税人，除享受以上措施外，还可以由税务机关提供绿色通道或专门人员帮助办理涉税事项。
(5) 税务机关与相关部门实施的联合激励措施，以及结合当地实际情况采取的其他激励措施。

（二）B级信用

对纳税信用评价为B级的纳税人，税务机关实施正常管理，适时进行税收政策和管理规定的辅导，并视信用评价状态变化趋势选择性地提供激励措施。

（三）M级信用

税务机关适时进行税收政策和管理规定的辅导。

（四）C级信用

对纳税信用评价为C级的纳税人，税务机关应依法从严管理，并视信用评价状态变化趋势选择性地采取管理措施。

（五）D级信用

对纳税信用评价为D级的纳税人，税务机关应采取以下措施：
(1) 公开D级纳税人及其直接责任人员名单，对直接责任人员注册登记或者负责经营的其他纳税人纳税信用直接判为D级。
(2) 增值税专用发票领用按辅导期一般纳税人政策办理，普通发票的领用实行交（验）旧供新、严格限量供应。
(3) 加强出口退税审核。
(4) 加强纳税评估，严格审核其报送的各种资料。
(5) 列入重点监控对象，提高监督检查频次，发现税收违法违规行为的，不得适用规定处罚幅度内的最低标准。
(6) 将纳税信用评价结果通报相关部门，建议在经营、投融资、取得政府供应土地、进出口、出入境、注册新公司、工程招投标、政府采购、获得荣誉、安全许可、生产许可、从业任职资格、资质审核等方面予以限制或禁止。
(7) D级评价保留2年，第三年纳税信用不得评价为A级。
(8) 税务机关与相关部门实施联合惩戒措施，以及结合实际情况依法采取的其他严格管理措施。

【提示】税务部门定期按照信用信息目录，向全国信用信息共享平台推送A级纳税人名单、税收违法"黑名单"等税务领域信用信息,并联合发改、金融、公安、市场监管、海关等部门实施守信联合激励、失信联合惩戒,让守信企业在税收服务、融资授信、项目管理、进出口等领域享受更多优惠和便利。纳税信用已成为企业参与市场竞争的重要信用资产,企业一定不能透支这项资产。

五、纳税信用修复

(一)纳税信用修复的条件

纳入纳税信用管理的企业纳税人,符合下列条件之一的,可在规定期限内向主管税务机关申请纳税信用修复。

(1)纳税人发生未按法定期限办理纳税申报、税款缴纳、资料备案等事项且已补办的。

(2)未按税务机关处理结论缴纳或者足额缴纳税款、滞纳金和罚款,未构成犯罪,纳税信用级别被直接判为D级的纳税人,在税务机关处理结论明确的期限期满后60日内足额缴纳、补缴的。

(3)纳税人履行相应法律义务并由税务机关依法解除非正常户状态的。

(二)纳税信用修复程序

向主管税务机关的办税服务厅(场所)提交《纳税信用修复申请表》2份,符合条件的可免于申请。

(三)具体规定

(1)发生未按法定期限办理纳税申报、税款缴纳、资料备案等事项且已补办的纳税人,失信行为已纳入纳税信用评价的,可在失信行为被税务机关列入失信记录的次年年底前向主管税务机关提出信用修复申请。发生未按法定期限办理纳税申报、税款缴纳、资料备案等事项且已补办的纳税人,失信行为尚未纳入纳税信用评价的,纳税人无须提出申请,税务机关将调整纳税人该项纳税信用评价指标分值并进行纳税信用评价。

(2)未按税务机关处理结论缴纳或者足额缴纳税款、滞纳金和罚款,未构成犯罪,纳税信用级别被直接判为D级,在税务机关处理结论明确的期限期满后60日内足额缴纳、补缴的纳税人和履行相应法律义务并由税务机关依法解除非正常户状态的纳税人,可在纳税信用被直接判为D级的次年年底前向主管税务机关提出申请,税务机关将根据纳税人失信行为纠正情况调整该项纳税信用评价指标的状态,重新评价纳税人的纳税信用级别,但不得评价为A级。

(3)非正常户失信行为纳税信用修复一个纳税年度内只能申请一次。纳税年度自公历1月1日起至12月31日止。

(4)纳税信用修复后纳税信用级别不再为D级的纳税人,其直接责任人注册登记或者负责经营的其他纳税人之前被关联为D级的,可向主管税务机关申请解除纳税信用D级关联。

(5)纳税信用修复完成后,纳税人按照修复后的纳税信用级别适用相应的税收政策和管理服务措施,之前已适用的税收政策和管理服务措施不作追溯调整。

六、重大税收违法失信案件信息公布

为维护正常税收征收管理秩序,惩戒重大税收违法失信行为,保障税务行政相对人合法权益,促进依法诚信纳税,推进社会信用体系建设,税务机关向社会公布重大税收违法失信案件信息,并将信息通报相关部门实施监管和联合惩戒。

(一)公布信息的案件范围

(1)伪造、变造、隐匿、擅自销毁账簿、记账凭证,或者在账簿上多列支出或者不列、少列收入,或者经税务机关通知申报而拒不申报或者进行虚假的纳税申报,不缴或者少缴应纳税

款 100 万元以上，且任一年度不缴或者少缴应纳税款占当年各税种应纳税总额 10% 以上的，或者采取前述手段，不缴或者少缴已扣、已收税款，数额在 100 万元以上的。

（2）欠缴应纳税款，采取转移或者隐匿财产的手段，妨碍税务机关追缴欠缴的税款，欠缴税款金额 100 万元以上的。

（3）骗取国家出口退税款的。

（4）以暴力、威胁方法拒不缴纳税款的。

（5）虚开增值税专用发票或者虚开用于骗取出口退税、抵扣税款的其他发票的。

（6）虚开增值税普通发票 100 份以上或者金额 400 万元以上的。

（7）私自印制、伪造、变造发票，非法制造发票防伪专用品，伪造发票监制章的。

（8）具有偷税、逃避追缴欠税、骗取出口退税、抗税、虚开发票等行为，在稽查案件执行完毕前，不履行税收义务并脱离税务机关监管，经税务机关检查确认走逃（失联）的。

（9）为纳税人、扣缴义务人非法提供银行账户、发票、证明或者其他方便，导致未缴、少缴税款 100 万元以上或者骗取国家出口退税款的。

（10）税务代理人违反税收法律、行政法规造成纳税人未缴或者少缴税款 100 万元以上的。

（11）其他性质恶劣、情节严重、社会危害性较大的税收违法行为。

（二）公布案件的信息内容

（1）失信主体基本情况。

（2）主要税收违法事实。

（3）税务处理、税务行政处罚决定及法律依据。

（4）适用的法律依据。

（5）走逃（失联）情况。

（6）实施检查的单位。

（三）公布管理

（1）税务机关通过国家税务总局各省、自治区、直辖市、计划单列市税务局网站向社会公布失信主体信息，也可通过税务机关公告栏、报纸、广播、电视、网络媒体等途径以及新闻发布会等形式向社会公布。

（2）国家税务总局归集各地税务机关确定的失信主体信息，提供至"信用中国"网站公开。

（3）税务机关对失信主体，纳入纳税信用评价范围的，按照纳税信用管理规定，将其纳税信用级别判为 D 级，适用相应的 D 级纳税人管理措施。

（4）税务机关将失信信息提供给相关部门，由相关部门依法依规采取失信惩戒措施。

（5）失信主体信息自公布之日起满 3 年的，税务机关在 5 日内停止信息公布。

（6）失信信息公布期间，符合下列条件之一的，失信主体或者其破产管理人可以向作出确定失信主体决定的税务机关申请提前停止公布失信信息：

①按照《税务处理决定书》《税务行政处罚决定书》缴清（退）税款、滞纳金、罚款，且失信主体失信信息公布满六个月的；

②失信主体破产，人民法院出具批准重整计划或认可和解协议的裁定书，税务机关依法受偿的；

③在发生重大自然灾害、公共卫生、社会安全等突发事件期间，因参与应急抢险救灾、疫情防控、重大项目建设或者履行社会责任作出突出贡献的。

失信受限

联合惩戒税收违法失信典型案例

叶某于 1998 年成立宁波某食品有限公司，在不法分子的诱骗下通过虚开发票骗取出口退税，造成国家税款损失千万元，被税务和公安部门联合立案查处，企业补缴了税款并被停止出口退税3年。

企业不仅被列入税收违法"黑名单"，向全社会公布，而且被推送给相关部门实施联合惩戒。随后纳税信用等级被直接判为D级，企业面临更加严格的税务管理，叶某作为法定代表人被阻止出境，公司经营陷入困境，想从银行贷款解燃眉之急，却被银行拒贷。"信用受限"不仅使叶某东山再起之路步履维艰，原来兼任某协会的职务也因此被取代。

税务稽查机关向她详细解释了重大税收违法失信案件信息公布、部门实施联合惩戒措施等相关的制度办法，叶某深受触动，表示今后一定诚信经营、依法纳税，把失去的信誉重新赢回来。

案例点评：涉案企业的生产经营者只顾一时利益，参与骗取国家出口退税，触犯刑法及税收法律，即使接受刑事处罚、及时补缴税款也难以将涉税违法影响"一笔勾销"。一旦被列入税收违法"黑名单"，跨部门的联合惩戒会让失信者处处受限、寸步难行。纳税人要牢固树立诚信经营、依法纳税的理念，警钟长鸣，切莫心存侥幸，因小失大。

任务三　金税系统法力高

【思考】为何税务机关对很多事务不再要求审批备案？这样纳税人会不会虚假申报偷税呢？放宽税务征管工作的同时，税务稽查部门又通过什么手段监管纳税人呢？

【教学资源】本知识点对应精品课程视频。

金税系统法力高

一、税务检查

税务检查是税务机关依据税收法律、行政法规的规定，对纳税人、扣缴义务人履行纳税义务、扣缴义务及其他有关税务事项进行监督、审查、核实活动的总称。

【提示】税务检查是税收征收管理的重要内容，也是税务监督的重要组成部分。搞好税务检查，对于加强依法治税，保证国家财政收入，具有重要意义。

（一）税务检查的方法

1. 税务查账法

税务查账是对纳税人的会计凭证、账簿、会计报表以及银行存款账户等核算资料所反映的纳税情况所进行的检查。这是税务检查中最常用的方法。

2. 实地调查法

实地调查是对纳税人账外情况进行的现场调查。如检查纳税人的生产经营场所、仓库、工地等现场，以发现纳税问题或验证账中存在的可疑问题。

3. 盘存法

盘存法是对纳税人的货币资金、存货及固定资产进行盘点清查，核实账实是否相符，进而发现纳税问题的方法。

4. 外部调查法

外部调查法指对被查纳税人有怀疑或已经掌握一定线索的经济事项，通过向与其有经济联系的单位或个人进行调查，予以查证核实的方法。

（二）税务检查的形式

税务检查形式是指税务机关开展税务检查的具体组织方式。税务检查形式往往因检查时间、检查内容和检查目的的不同而不同，主要有以下几种：

1. 群众性检查

这种检查形式是通过税务机关组织纳税人开展自查或互查的方式，来了解不同行业纳税人或同行业不同纳税人的纳税义务履行情况，属于一般性检查，带有普查性质。

2. 专业性检查

这种检查形式是税务机关组织税务人员对纳税人的各项涉税事宜进行的专业检查，主要有日常检查、专项检查和专案检查等几种形式。

（1）日常税务检查。

税务机关组织依照税收法律、法规的规定，对纳税人履行纳税义务的情况所进行的常规检查，包括日常的税务稽核、税务检查和违章处理。

（2）专项税务检查。

税务机关根据特定的目的和要求，依据征收管理部门或其他信息部门提供的信息、数据资料，通过分类、分析，选取特定的检查对象进行某个方面或某些方面的检查，以实现特定的检查目的。

（3）专案税务检查。

税务检查部门对上级指示、有关部门转办、征收管理部门提供、公民举报以及国际、省际情报交换等案件线索进行的专门检查。这种检查形式往往适用于对重大案件的查处。

3. 联合性检查

多个部门联合组织开展的检查形式，主要有以下两种：

（1）税务机关内部各部门之间的联合检查。包括征收部门与检查部门的联合检查，检查部门之间的联合检查。其特点是检查力量强、检查效果好。

（2）税务部门与其他经济部门之间进行的联合检查。一般由税务机关会同企业主管部门、财政、银行、物价等部门进行综合检查，促使企业加强内部监督，遵守财经纪律。其特点是检查范围广、查处问题全面、解决问题及时、能发挥综合治理的作用。

【提示】税务机关可以依据检查需要、结合企业实际，灵活运用多种检查方法。为加快检查进度、提高检查效果，应将专业检查与群众检查相结合，从而实现税务检查的预期目标。

（三）税务机关在税务检查中的职权和职责

（1）税务检查的权限。

①检查纳税人的账簿、记账凭证、报表和有关资料；检查扣缴义务人代扣代缴、代收代缴税款账簿、记账凭证和有关资料。

②到纳税人的生产、经营场所和货物存放地检查纳税人应纳税的商品、货物或者其他财产；检查扣缴义务人与代扣代缴、代收代缴税款有关的经营情况。

③责成纳税人、扣缴义务人提供与纳税或者代扣代缴、代收代缴税款有关的文件、证明材料和有关资料。

④询问纳税人、扣缴义务人与纳税或者代扣代缴、代收代缴税款有关的问题和情况。

⑤到车站、码头、机场、邮政企业及其分支机构检查纳税人托运、邮寄应纳税商品、货物或者其他财产的有关单据、凭证和有关资料。

⑥经县以上税务局（分局）局长批准，指定专人负责，凭全国统一格式的检查存款账户许可证明，查询从事生产经营的纳税人、扣缴义务人在银行或者其他金融机构的存款账户。

【提示】税务机关在调查税收违法案件时，经设区的市、自治州以上税务局（分局）局长批准，可以查询案件涉嫌人员的储蓄存款。税务机关查询所获得的资料，不得用于税收以外的用途。

（2）税务机关对从事生产、经营的纳税人以前纳税期的纳税情况依法进行税务检查时，发现纳税人有逃避纳税义务行为，并有明显的转移、隐匿其应纳税的商品、货物以及其他财产或者应纳税的收入迹象的,可以按照《中华人民共和国征收管理法》规定的批准权限采取税收保全措施或者强制执行措施。

(3) 税务机关调查税务违法案件时,对与案件有关的情况和资料,可以记录、录音、录像、照相和复制。

(4) 税务机关依法进行税务检查时,有权向有关单位和个人调查纳税人、扣缴义务人和其他当事人与纳税或者代扣代缴、代收代缴税款有关的情况。

(5) 税务机关派出的人员进行税务检查时,应当出示税务检查证和税务检查通知书,否则,被检查人有权拒绝检查。

【案例8-2】(多选题)税务机关在进行税务检查时可以采取的措施(　　)。
A. 检查扣缴义务人代扣代缴、代收代缴税款账簿
B. 到货物存放地检查纳税人应纳税的商品
C. 检查纳税人托运货物的单据
D. 不经批准直接查询纳税人在银行的存款账户
【答案】ABC

(四) 纳税人、扣缴义务人不配合税务检查的法律责任

税务检查期间,纳税人、扣缴义务人发生以下不配合税务检查的行为,由税务机关责令改正,可以处1万元以下的罚款;情节严重的,处1万元以上5万元以下的罚款。

(1) 逃避、拒绝或者以其他方式阻挠税务机关检查的。
(2) 提供虚假资料,不如实反映情况,或者拒绝提供有关资料的。
(3) 拒绝或者阻止税务机关记录、录音、录像、照相和复制与案件有关的情况和资料的。
(4) 在检查期间,纳税人、扣缴义务人转移、隐匿、销毁有关资料的。
(5) 有不依法接受税务检查的其他情形的。

(五) 税务检查的程序

1. 告知税务检查的相关内容

在税务检查前,税务机关应当告知被查对象检查时间、需要准备的资料等,但预先通知有碍检查的除外。

2. 出示税务检查证和《税务检查通知书》

税务检查应当由两名以上检查人员共同实施,并向被查对象出示税务检查证和《税务检查通知书》。未出示税务检查证和《税务检查通知书》的,纳税人、扣缴义务人及其他当事人有权拒绝检查。

3. 实施税务检查

在税务检查中,税务机关按照规定的检查内容,依照法定权限和程序,采取适当的检查方式。

4. 听取陈述申辩

税务机关在税务检查结束,作出税务处理、处罚决定前,应当告知纳税人作出处理、处罚决定的事实、理由及依据,并充分听取纳税人的意见,对纳税人提出的事实、理由和证据,应当进行复核;纳税人提出的事实、理由或者证据成立的,税务机关应当采纳。

5. 作出检查处理

税务检查结束后,税务机关应当制作并送达税务检查结果文书。有税收违法行为,应当进行税务处理的,制作《税务处理决定书》;有税收违法行为,应当进行税务行政处罚的,制作《税务行政处罚决定书》;税收违法行为轻微,依法可以不予税务行政处罚的,制作《不予税务行政处罚决定书》;没有税收违法行为的,制作税务稽查(检查)结论。

二、金税征管系统

金税工程是经国务院批准的国家级电子政务工程,是国家电子政务"十二金"工程之一,是税收管理信息系统工程的总称。

(一) 金税三期征管系统

金税三期征管系统是首个全国统一的国地税征管应用系统,围绕着"一个平台、两级处理、三个覆盖、四个系统"的总体目标而建立。该系统融合了税收征管变革和技术创新,统一了全国国地税征管应用系统版本,搭建了统一的纳税服务平台,实现了全国税收数据大集中。

金税三期征管系统主要功能:

(1) 实现全国国地税征管应用系统的统一,最终促成国税、地税合并,从而简化了征管工作,提高了纳税效率。

(2) 统一规范全国纳税服务系统,为纳税人和社会公众提供统一规范的信息服务、办税服务,实现征纳互动服务,真正实现了税务便民服务,拉近了纳税人与征税机关的距离。

(3) 建立统一的网络发票系统,统一了网络发票管理、查询系统。所有的发票都可以查询真伪、验明正身,从而杜绝假发票。

(4) 打通市场监管、税务、社保等部门的信息。各部门实现信息共享,对税务系统的业务流程实现了全面监控。

(5) 具有强大的大数据评估及云计算功能。推行征管数据集中采集、大数据纳税风险评估,电子稽查,标志着税务稽查进入了大数据时代。

【提示】金税三期系统不仅让许多违法违规行为无所遁形,还使企业信息更加全面、透明,也让纳税人节省办税时间,提高了办税效率。

(二) 金税四期征管系统

金税四期在金税三期基础上纳入了"非税"业务,搭建了各部委、人民银行以及银行等参与机构间信息共享和核查的通道,实现企业相关人员手机号码、企业纳税状态、企业登记注册信息核查三大功能,实现了对业务更全面的监控。

金税四期征管系统下税务稽查的重点:

(1) 企业发票问题:税务机关稽查时查的不仅是发票和账本,企业要保证资金流、发票流、合同流、货物流"四流合一",要杜绝虚开发票,做好存货管理,避免库存账实不一致。

(2) 税负率异常:各行业增值税、所得税等税种的税负率及变化在系统都有记录,如果企业税负率低于行业平均税负率,就会成为税务机关的重点关注对象。

(3) 增值税零申报:对于正常经营的增值税一般纳税人企业,长期零申报不交税长达6个月的,税务机关会重点关注,怀疑存在隐匿收入有偷税行为。

(4) 企业社保缴纳问题:实施"社保入税",在各部门大数据联网的情况下,企业一举一动都被纳入了监管系统。社保系统与个税申报系统的数据不统一,试用期不入社保、社保挂靠或代缴社保等行为都已经行不通。

(5) 虚假开户企业:企业信息联网核查,银行、非银行支付机构等可以核实企业人员手机实名信息、企业纳税状态、企业登记注册信息,能多维度核查企业真实性,了解经营状况,识别是否有开户资格。

(6) 空壳企业:防范空壳公司开户、虚假证明文件开户等风险的能力提高,提升开户审核水平,遏制电信网络诈骗、洗钱、偷逃税款等违法犯罪行为。

【提示】在阵容强大的金税征管系统下,纳税人应守法经营、合法筹划、依法纳税,才可安全长久经营下去。

三、常用税务风险评估指标

1. 税负率

$$税负率 = 应纳税额 \div 应税销售收入 \times 100\%$$

2. 税负变动率

$$税负变动率 = (本期税负率 - 上期税负率) \div 上期税负率 \times 100\%$$

3. 期末存货与当期累计收入差异幅度

$$期末存货与当期累计收入差异幅度 = (期末存货 - 当期累计收入) \div 当期累计收入$$

【提示】如果指标值超过预警值，可能存在销售货物未确认收入，库存商品不真实的情况。

4. 销售额变动率与应纳税额变动率的弹性系数

$$销售额变动率与应纳税额变动率的弹性系数 = 销售额变动率 \div 应纳税额变动率$$

对增值税一般纳税人来说，如果本期不存在固定资产进项税，正常情况下两者应同步变动，弹性系数接近1。

5. 收入成本率

$$收入成本率 = 主营业务成本 \div 主营业务收入 \times 100\%$$

6. 成本利润率

$$成本利润率 = 利润 \div 成本 \times 100\%$$

7. 销售利润率

$$销售利润率 = 利润 \div 销售收入 \times 100\%$$

8. 存货周转率

$$存货周转率 = 销售成本 \div 存货平均余额 \times 100\%$$

9. 存货周转率与销售收入变动率的弹性系数

$$存货周转率与销售收入变动率的弹性系数 = 存货周转变动率 \div 销售收入变动率$$

10. 毛利率

$$毛利率 = (主营业务收入 - 主营业务成本) \div 主营业务收入 \times 100\%$$

11. 毛利率变动率与税负率变动率弹性系数

$$毛利率变动率与税负率变动率弹性系数 = 毛利率变动率 \div 税负变动率$$

12. 应收账款变动率与销售收入变动率弹性系数

$$应收账款变动率与销售收入变动率弹性系数 = 应收账款变动率 \div 销售收入变动率$$

13. 预收账款变动率与销售收入变动率弹性系数

$$预收账款变动率与销售收入变动率弹性系数 = 预收账款变动率 \div 销售收入变动率$$

14. 期间费用变动率与销售收入变动率弹性系数

$$期间费用变动率与销售收入变动率弹性系数 = 期间费用变动率 \div 销售收入变动率$$

15. 主营业务收入变动率与主营业务利润变动率弹性系数

$$主营业务收入变动率与主营业务利润变动率弹性系数 = 主营业务收入变动率 \div 主营业务利润变动率$$

16. 流动资产变动率与主营业务收入变动率弹性系数

$$流动资产变动率与主营业务收入变动率弹性系数 = 流动资产变动率 \div 主营业务收入变动率$$

【小结】面对功能强大的金税征管系统和纳入社会信用体系的纳税信用评价，纳税人要清楚认识违反税收法规的代价，应时刻关注税收政策，合法筹划、依法纳税。

拓展训练

一、单选题

1. 李某欠缴个人所得税 100 万元，并采取转移财产的手段，妨碍税务机关追缴欠税，该行为属于（   ）。
   A. 欠税　　　　　B. 逃税　　　　　C. 抗税　　　　　D. 骗税

2. 下列不属于重大税收违法失信案件的是（   ）。
   A. 纳税人经税务机关通知申报而拒不申报不缴应纳税款 100 万元以上且占当年各税种应纳税总额 10% 以上
   B. 纳税人采取转移财产妨碍税务机关追缴欠缴的税款金额 5 万元以上
   C. 虚开增值税专用发票
   D. 虚开普通发票 100 份

3. 下列不属于重大税收违法失信案件公布的案件信息内容的有（   ）。
   A. 法人名称　　　B. 适用的法律依据　　　C. 主要违法事实　　　D. 自然人家庭住址

二、多选题

1. 不得认定为纳税信用 A 级的情况有（   ）。
   A. 实际生产经营期不满 3 年
   B. 上一评价年度纳税信用评价结果为 D 级
   C. 非正常原因一个评价年度内增值税累计 3 个月零申报、负申报
   D. 不能按照国家统一的会计制度规定设置账簿，并根据合法、有效凭证核算，向税务机关提供准确税务资料

2. 下列情形中，纳税人本评价年度的纳税信用应当直接判为 D 级的有（   ）。
   A. 虚开增值税专用发票构成犯罪
   B. 提供虚假申报材料享受税收优惠政策
   C. 骗取国家出口退税款，被停止出口退（免）税资格未到期
   D. 由 D 级纳税人的直接责任人员负责经营

3. 不得参加本期纳税信用评价的情况有（   ）。
   A. 纳入纳税信用管理时间不满一个评价年度
   B. 因涉嫌税收违法被立案查处尚未结案
   C. 被审计、财政部门依法查出税收违法行为，税务机关已经依法处理办结
   D. 已申请税务行政复议、提起行政诉讼尚未结案

4. 属于重大税收违法失信案件信息公布渠道的有（   ）。
   A. 省税务机关门户网站　　　　　B. 新闻发布会
   C. 国家税务总局门户网站　　　　D. 微信朋友圈

5. 以下属于税务机关税务检查的权限的有（   ）。
   A. 检查纳税人的账簿、记账凭证、报表和有关资料
   B. 到纳税人的生产、经营场所和货物存放地检查纳税人应纳税的商品、货物或者其他财产；检查扣缴义务人与代扣代缴、代收代缴税款有关的经营情况
   C. 到车站检查纳税人托运、邮寄应纳税商品、货物
   D. 凭工作证明直接到银行查询纳税人在银行的存款账户

三、判断题

1. 纳税人未按税务机关处理结论缴纳税款、滞纳金和罚款，未构成犯罪，纳税信用级别被直接判为 D 级的纳税人，在税务机关处理结论明确的期限期满后 90 日内足额缴纳的，可以申请

纳税信用。（　　）
2. 由于不可抗力造成纳税人未能及时履行纳税义务的不影响纳税信用评价。（　　）
3. 税务机关行使交通邮政检查权时，可以到车站、码头、机场检查旅客自带的行李物品。（　　）

四、思政活动

1. 宣传偷税等违法行为的危害及惩处措施。
2. 组织践诺守信专题演讲赛。
3. 查阅金税征管系统下税务检查典型案例，分析企业如何规避税务风险。

学习评价

评价项目		评价标准	评价方式	分值/分	得分/分
专业知识学习能力	学习在线视频	按照完成率计分	学银在线平台自评	12	
	课前测验	按照系统题量及正确率自动计分	学银在线平台自评	4	
	课堂互动	按照参与活动数量及系统设置分数计分	学银在线平台自评	8	
	课后作业	按照系统题量及正确率自动计分	学银在线平台自评	4	
	项目测验	按照系统题量及正确率自动计分	学银在线平台自评	12	
实践操作能力	能够识别税务风险	完成税务风险评估系统案例	教师评价	20	
职业素养	课前活动布置准备	场地布置、情景模拟道具等	教师评价	2	
	考勤	不迟到、不早退、不旷课	学银在线平台自评	5	
	课堂纪律	不喧哗讲话、不玩手机、不睡觉等	教师评价	5	
	课堂小组活动	每次课小组得分：其他小组点评50%+教师点评50%；确定小组总分后由组长在组员间分配	小组互评+教师评价+组长评分	8	
思政教育	宣传偷税等违法行为的危害及处罚	通过朋友圈或抖音等方式发视频、文字，截图上传平台	教师评价	6	
	组织践诺守信专题演讲赛	拍图或视频上传平台	教师评价	7	
	查阅金税征管系统下税务检查典型案例，分析企业如何规避税务风险	查阅资料链接及分析报告上传平台	教师评价	7	
总分				100	
教师签字：					

项目九

智能财税显神威

学习目标

（一）知识目标
（1）知晓人工智能、财务共享对财务领域的影响；
（2）阐述智能财税账务、税务处理流程；
（3）列举财务外包不同业务处理流程。

（二）能力目标
（1）能够适应人工智能、财务共享下的财税工作；
（2）熟悉财务共享模式下的财务工作流程和业务处理；
（3）积极提升数据分析能力、财务管理能力和税务筹划能力，适应财税工作转型。

（三）素质目标
（1）积极学习新知识，适应时代发展需求；
（2）学无止境，培养自主学习的能力；
（3）合理规划职业和未来，积极储备知识和技能。

思政目标

（1）勤学善思、精益求精、提高技能；
（2）积极进取、敢于创新。

知识结构

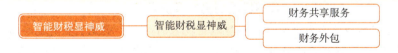

任务导入

随着我国网络信息技术的发展，区块链、人工智能、大数据等现代科学技术正在改变着社会各行各业的运营和发展，人工智能已经可以取代财会领域的基础会计工作，财会行业从业人员的工作面临新的挑战。

任务一　智能财税显神威

【思考】财务机器人可以完全取代财务人员吗？人工智能时代会计行业会消失吗？我们广大财务工作者该何去何从呢？

【教学资源】本知识点对应精品课程视频。

智能财税显神威

一、财务共享服务

以往企业的会计核算流程同业务流程、管理流程都是独立运行的，企业内部信息数据没有实现共享，财务人员数据归集和核算工作量大，工作效率不高。财务共享服务将大数据应用、人工智能、云计算等技术充分运用到财税工作中，通过原始数据分布式采集，自动归纳整理票据、数据和凭证，自动记账，财税报表和纳税申报表自动生成，能实现票据处理智能读取和一键纳税申报，将业财税工作一体化。

下面是财务共享服务模式的具体工作流程：

1. 票据采集

票据采集，将原始票据扫描上传财务系统。

【提示】虽然系统可以自动获取数据，但是会计人员在票据采集时，还应仔细核对票据信息，如金额、税额、日期、计量单位、客户、供应商等信息是否错漏，有错的要及时修改。

2. 自动生成凭证

系统获取的票据可以在线审核，审核无误后可以在系统自动生成记账凭证，也可以手动修改。

3. 共享开票数据

发票管理系统开具的发票也可以共享到账务系统，自动生成记账凭证。

4. 自动结账、出具报表

系统可以对记账凭证进行计算、归纳、汇总、结账，自动生成财务报表。

5. 批量生成纳税申报表

纳税申报系统也能实现数据共享，可以智能读取开票数据。线上填写纳税申报表时，当月的进项税和销项税都能自动从账务系统、开票系统获取数据。

【提示】在财务共享模式下，大型集团公司下的法人企业的财务信息都可以实时并联和共享，从而实现财务集中核算，提高财务管理效率。

科技创新

海尔集团财务共享服务中心

海尔集团通过财务共享平台的建设和智能化技术的运用，实现了业财税一体化；通过云端搭建"财务云平台"，链接差旅服务、办公用品、大宗采购以及内部资源采购，实行"互联网化、云化"，实现企业消费业务和采购业务对供应商的直接结算。

通过统一各项核销标准、资金支付标准、核算标准，能够有效规避经营管理中各个环节的风险。通过各项流程及标准的规范，有效规避了流程及账务舞弊等风险。

基于电子发票信息，能实时抽取、归集各分、子公司的进销项数据，提供数据分析和决策支持，规避税务和经营风险。

【思考】财务机器人如何实现财税工作智能化呢？

机器人不仅可以高效处理重复性基础财务核算工作，还可以开具发票报税，进行内部审计，其采购和升级、实施和运营维护的成本比业财一体化信息系统更低。

（1）录入票据、记账、出报表。

（2）录入信息、合并数据、汇总统计。

（3）开具发票。机器人能自动抓取开票数据，并录入到开票系统中。机器人可以通过手机短信验证码获取能力、网页图片验证码识别能力安全有效地登录系统，并进行业务自动化处理。

（4）纳税申报。机器人可以通过 OCR 与开票系统接口，对发票进行识别验真，进行税费核算后自动生成纳税申报表，自动执行纳税申报任务，填写各种数据，完成整个纳税申报过程的自动化。

（5）审计工作。机器人可以使用适当的清单和模板来设置和填充每个审计程序，审计过程中可以自动创建工作附件，填写标准化模板和标题，简化交叉引用以及创建报告。按照指出的趋势进行数据分析，为管理评审做好准备。审计完成后可以将审计报告发送给利益相关方，合并管理层的反馈，按照截止日期的方式进行跟进。

二、财务外包

随着共享服务和外包产业的成熟完善，很多企业机构已经在财务、人力资源等职能工作上采用共享服务或外包服务模式，以达到高效率低成本，最终达到业务增值的目的。

财务外包业务主要有商旅与费用报销外包、薪酬业务外包、业财一体化外包、成本核算外包、固定资产业务外包。

1. 业财一体化外包

采购业务完成后，相关人员把合同、采购发票和采购入库单等票据上传，平台会根据采购业务流程，在线上实现物资采购报账、对外付款报账等付款结算相关业务并生成凭证。

销售业务完成后，相关人员在共享平台上上传销售合同和销售发票等票据，财务共享中心人员会根据企业业务流程对票据审核，最后根据企业审批结果进行收款办理，系统自动生成财务凭证。

借助平台实现供应链数据的共享，不仅可以防止采购付款过程中的差错和舞弊，还可以促进款项催收工作。

2. 商旅业务外包

在发生商旅业务前，共享中心会通过期初录入的预算控制数据，通过第三方平台预订机票、酒店。出差结束后，可以直接从商旅平台取得报销数据和票据，归集整理自动进行发票识别查验，完成费用审批流程，费用报销后生成凭证。企业员工可以通过电脑或者手机，随时随地进行差旅申请、报账，使商旅费用的报销便捷高效。

3. 固定资产业务外包

借助共享中心的管理平台，将企业的固定资产分类录入，设置使用寿命、折旧年限、净残值率、折旧方式等期初数据，平台会根据设置的信息每月自动计算折旧并生成记账凭证。

4. 薪酬业务外包

通过人力资源上传的考勤记录，财务共享平台可以把各员工的工资薪酬、社会保险和个人所得税自动计算并汇总，形成高效快捷的薪酬结算支付。

5. 成本核算外包

企业把每月的领料单和费用单据归集，上传到财务共享平台，可以依据企业发出材料的计价方法核算材料的成本并确定归属对象；自动获取薪酬外包平台上的工资表，自动生成人工费用成本。在平台获取费用数据，通过期初设定的费用分配方法，系统自动把费用计算分配计入成本并生成凭证。

平台还能根据成本核算资料生成固定模式的分析报告，报送相关负责人，通过数据分析进一步提高企业管理水平。

通过外包服务，企业不仅能摆脱日常事务的处理，节省精力，还可以借助外包服务中心多样化的技术和数据，提升商业洞察力，制定可行的商业决策。

【思考】财务共享、财务机器人以及财务外包，都需要一定的财力支撑，众多小微企业难以企及，在人工智能时代，他们的财税工作又该何去何从呢？

为了节省人工成本、降低财税风险，小微企业可以将财税工作外包给专业的税务代理和会计代理机构。代理机构可以借助针对小微企业研发的智能财税软件，提高传统账务、税务工作效率。

【小结】新兴技术的应用引发了财税治理领域的根本性变革，智能财税已经取代传统会计核算和纳税申报。人工智能虽然可以代替人类完成简单、烦冗、重复性的基础会计核算工作，但永远不会完全取代财务人员。数据分析、财务预算、财务分析、预测、决策、纳税筹划这些管理型财务工作依然需要财务人员来完成。智能财务的发展对财务人员提出了更高的要求，高层次的管理会计型人才是人工智能时代财务人员的发展方向。我们应顺应时代发展，提升数据抓取、数据分析、财务管理及税务筹划能力，做业财税融合的管理会计型人才。

拓展训练

一、综合应用题

学习智能财税系统业财税一体化操作视频，完成基础案例操作。

二、思政活动

1. 调查了解不同规模企财务共享、财务外包具体实施方案。
2. 组织如何做人工智能时代合格的财务人才的演讲赛。

学习评价

评价项目		评价标准	评价方式	分值/分	得分/分
专业知识学习能力	学习在线视频	按照完成率计分	学银在线平台自评	9	
	课前测验	按照系统题量及正确率自动计分	学银在线平台自评	3	
	课堂互动	按照参与活动数量及系统设置分数计分	学银在线平台自评	6	
	课后作业	按照系统题量及正确率自动计分	学银在线平台自评	3	
	项目测验	按照系统题量及正确率自动计分	学银在线平台自评	9	
实践操作能力	能够进行业财税一体化操作	在智能财税模拟系统完成建账、核单记账、报税的基础操作	教师评价	30	
职业素养	课前活动布置准备	场地布置、情景模拟道具等	教师评价	2	
	考勤	不迟到、不早退、不旷课	学银在线平台自评	5	
	课堂纪律	不喧哗讲话、不玩手机、不睡觉等	教师评价	5	
	课堂小组活动	每次课小组得分：其他小组点评50% + 教师点评50%；确定小组总分后由组长在组员间分配	小组互评 + 教师评价 + 组长评分	8	
思政教育	调查了解不同规模企业（3家以上）财务共享、财务外包具体实施方案	整理资料上传平台	教师评价	10	
	组织如何做人工智能时代合格的财务人才的演讲赛	拍图或视频上传平台	教师评价	10	
总分				100	
教师签字：					

参 考 文 献

[1] 财政部会计财务评价中心．经济法基础［M］．北京：经济科学出版社，2022．
[2] 财政部注册会计师考试委员会办公室．税法［M］．北京：经济科学出版社，2023．
[3] 梁文涛．企业纳税实务［M］．4版．北京：高等教育出版社，2023．
[4] 梁文涛．税收筹划［M］．北京：高等教育出版社，2020．
[5] 梁伟样．税法［M］．7版．北京：高等教育出版社，2023．
[6] 全国会计专业技术资格考试岗课赛证融通教材编委会．经济法基础［M］．3版．北京：高等教育出版社，2023．
[7] 徐春梅．税收实务［M］．北京：北京交通大学出版社，2019．
[8] 黄洁洵，东奥会计在线．2023年会计专业技术资格考试应试指导及全真模拟测试：经济法基础［M］．北京：北京科学技术出版社，2023．